四川省志

Sichuan Shengzhi

共青团志

1986—2005

【第二十卷】

四川省地方志编纂委员会 编

方志出版社
Publishing House of Local Records

图书在版编目（CIP）数据

四川省志．共青团志：1986—2005／四川省地方志编纂委员会编．—北京：方志出版社，2020.3

ISBN 978-7-5144-4141-3

Ⅰ.①四…　Ⅱ.①四…　Ⅲ.①四川—地方志②中国共产主义青年团—共青团工作—四川—1986-2005　Ⅳ.①K297.1

中国版本图书馆 CIP 数据核字（2020）第 044007 号

四川省志·共青团志（1986—2005）

编　　者：四川省地方志编纂委员会
责任编辑：陈　菁

出 版 者：方志出版社
地址　北京市朝阳区潘家园东里 9 号（国家方志馆 4 层）
邮编　100021
网址　http://www.zgfzch.cn
发　　行：方志出版社图书经销中心
电话（010）67110500
经　　销：各地新华书店
装帧设计：成都未来人图文设计有限公司
印　　刷：成都现代印务有限公司

开　　本：889×1194　1/16
印　　张：17.25
字　　数：459 千
版　　次：2020 年 3 月第 1 版　　2020 年 3 月第 1 次印刷
印　　数：0001～2000 册

ISBN 978-7-5144-4141-3　　定价：223.00 元

领导关怀 LINGDAOGUANHUAI

1986年12月21日，中共四川省委常委黄启璪（二排左六）出席四川省“农村青年科技致富”总结表彰大会，图为参会人员合影

1989年6月24日，中共四川省委副书记、四川省人民政府省长张皓若（右二）到四川农业大学视察，并调研大学生思想教育工作

1992年12月，中共四川省委副书记、四川省人民政府副省长李伯勇在共青团四川省第九次代表大会上讲话

1996年5月4日，中共四川省委副书记、四川省人民政府省长宋宝瑞（前排左七）出席四川省纪念五四运动七十七周年暨跨世纪青年人才群英会，图为参会人员合影

1997年4月29日，中共四川省委常委陶武先（二排左八）出席四川省纪念五四运动七十八周年暨颁发“五四”奖章表彰“双十佳”大会，图为参会人员合影

1998年5月4日，中共四川省委副书记杨崇汇（二排左八）出席四川省纪念五四运动七十九周年表彰大会，图为参会人员合影

1999年5月4日，中共四川省委书记谢世杰（前排左九）出席四川省纪念五四运动八十周年会议，图为参会人员合影

2000年3月24日，共青团中央书记处书记巴音朝鲁（前排左四）看望共青团四川省委机关人员

2002年3月14日，中共四川省委常委甘道明（中）出席中共四川省委青少年教育工作领导小组会议

2002年8月28日，中共四川省委常委黄彦蓉（右一）接见四川省第五届十大杰出青年农民

2002年9月，共青团中央在四川省乐山市举行“首批全国保护母亲河示范工程命名仪式”，共青团中央书记处书记赵勇出席仪式并讲话

2002年12月，中共四川省委书记张学忠（前排右二）和中共四川省委副书记、四川省人民政府省长张中伟（前排右四）出席共青团四川省第十一次代表大会

2004年11月6日，共青团中央书记处书记杨岳（左一）在四川省成都市春熙路考察城市青年中心

2005年6月，中共四川省委常委、四川省总工会主席李登菊（左一）接见参加全国少先队代表大会的四川省少先队员代表

服务青年 FUWU QINGNIAN

1989年5月，四川“五四运动七十周年学术研讨会”举行（左二为共青团四川省委书记刘鹏）

1992年12月，共青团四川省第九次代表大会举行投票选举（右一为共青团四川省委书记彭渝）

1997年1月，四川省青少年发展基金会迎新春理事座谈会召开（左二为共青团四川省委书记黄丹华）

1998年1月，共青团四川省第十届委员会第二次全体会议召开，图为参会人员合影（左九为共青团四川省委书记黄新初）

2002年3月9日，四川省保护母亲河行动宣传日现场（前排右二为共青团四川省委书记尧斯丹）

2004年5月29日，“同在一片蓝天 共建文明新城”六一儿童节活动在成都市举行（右一为共青团四川省委书记罗强）

组织建设 ZUZHI JIANSHE

1985年8月，四川省少先队工作委员会第一次代表大会召开，图为参会代表发言

1995年10月，四川省学生联合会第六次代表大会在成都市召开，图为参会人员合影

1998年4月14日，四川省青少年宫协会全体会议代表留影

2002年12月23日，共青团四川省第十一次代表大会在成都市召开

2003年6月27日，四川省共青团“推优”工作座谈会召开，图为参会人员合影

2003年9月，非公有制经济组织成都市互惠实业有限责任公司举行中国共产主义青年团成都市互惠实业有限责任公司第一次代表大会暨建团仪式

2003年11月16日，四川基层团干部参加共青团中央组织的“西部团干部培训班”

2005年8月22日，四川省青年联合会举行第十一届三次常委（扩大）会议新增委员联谊会

2002年10月24日，四川省暨泸州市“永远跟党走”——社区青年文化节活动在泸州市举行

2002年11月11日，四川各族各界青年畅谈学习中共十六大精神体会

2003年3月4日，四川省纪念学习雷锋活动40周年大会在成都市举行

2003年6月4日，中共四川省委宣传部、中共成都市委宣传部举办“改陋习　树新风　争做文明青少年”活动

2003年9月11日，“四川省青少年爱国主义教育基地”授牌仪式举行

2003年11月10日，四川省大学生学习宣传实践“三个代表”重要思想经验交流会召开

2004年4月30日，四川暨成都市“弘扬五四精神，肩负历史使命”18岁成人仪式宣誓活动在成都市举行

2004年9月25日，四川省大中小学生“感谢祖国”大型歌咏会在四川师范大学东校区举行

生产文化科技活动 SHENGCHAN WENHUA KEJI HUODONG

2000年12月，四川省第三届乡村青年文化节举行，图为活动现场

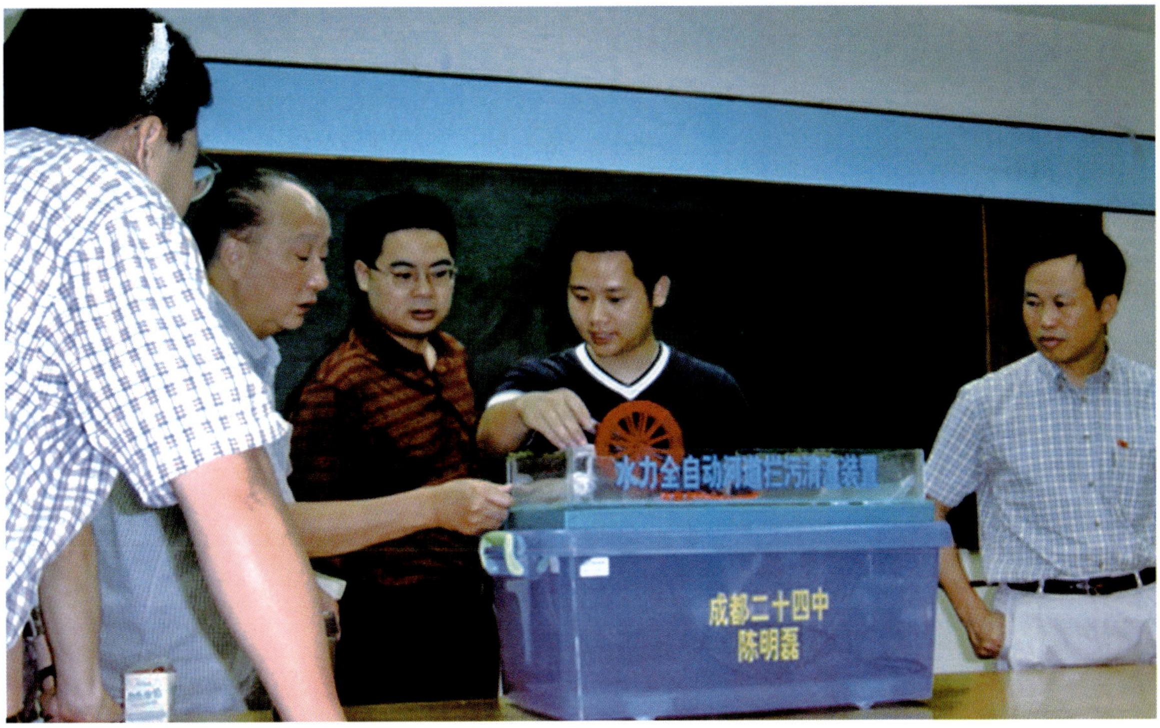

2003年7月3日，四川省第九届亿利达青少年发明奖评选活动举行，图为参赛学生答辩现场

2003年9月19日，农村青年实用人才培训在成都市龙泉驿区波尔羊养殖场进行现场教学

2003年9月27日，四川省社区青少年文化月活动启动仪式举行，图为启动仪式现场

2003年12月23日，四川省暨资阳市“移动通信杯”乡村青年文化节举行，图为活动现场

2004年9月27日，四川省青年文明号活动十周年表彰大会召开

2004年11月23日，四川省青年焊工技能大赛举行

2004年12月9日，“联通杯”第二届四川青年文化节闭幕式大型文艺演出在泸州市举行

社会活动 SHEHUI HUODONG

1996年7月，川疆少年儿童"手拉手心连心"联谊会举行，图为四川省关心下一代工作委员会与新疆少数民族儿童联谊

1998年7月，四川省大学"三下乡"赴凉山州布拖县服务团医疗组在布拖县医院义诊

2002年5月31日，四川省暨成都市“青少年维权行动月”启动仪式举行

2002年9月，共青团中央在四川省乐山市沙湾区举行“首批全国保护母亲河示范工程命名仪式”

2003年5月，抗击非典型肺炎疫情期间，团员青年帮助成都市金堂县农户插秧

2003年7月7日，共青团四川省委召开四川省共青团组织防治非典型肺炎工作总结表彰电视电话会议

2003年8月26日，海军上海基地向华蓥市海军希望小学捐赠仪式举行

2003年9月10日，四川省扶贫接力计划工作总结表彰大会暨第四批青年志愿者出征仪式在成都市举行

2003年12月2日，共青团中央在成都市举行大学生志愿服务西部计划工作会议

2004年3月12日，四川省第一个“青年绿色劳动营”在成都市龙泉驿区建立

2004年6月1日，全国首届希望小学运动会举行开幕式

2004年6月15日，香港游乐场协会一行到四川参观考察

2004年7月，全国青年志愿者工作培训班举行，图为四川代表团合影

2004年9月1日，四川省成都市希望工程——金龙鱼农民工子女助学金发放公开课举行

2004年10月27日，四川省青年民族工作会联欢晚会在凉山州举行

2005年4月28日，土耳其副总理阿里·沙辛（前排右二）一行参观共青团四川省委机关

人才工程 RENCAI GONGCHENG

1998年2月20日，四川十大杰出青年“爱岗敬业”事迹报告会在成都市举行

1998年5月，第八届四川省十大杰出青年合影

四川省农村青年增收成才工作会议代表合影

2002年8月29日成都

2002年8月29日，四川省农村青年增收成才工作会议在成都市召开，图为会议代表合影

2003年4月28日，四川青年五四奖章颁奖仪式举行

2003年9月17日，共青团四川省委举办“四川省农村青年实用技术人才培训班” 开学仪式

2004年3月19日，四川省农村青年转移就业培训基地授牌仪式举行

2004年3月30日，共青团全国青年人才工作会议在成都市召开

2004年4月22日，四川省暨成都市首届大中学生社团文化艺术节开幕式及四川省普通高等学校第六届“十佳青年教师”“十佳青年学生”颁奖仪式举行

2004年8月6日，“中国电信杯——技能进阶天府行”全省青年技能大赛活动（石油系统技能竞赛选拔赛）在遂宁市川中油气公司举行

2004年10月13日，四川省第七届“十佳少先队员”、第六届“十佳少先队辅导员”暨首届“星星火炬”奖章获得者表彰大会举行，图为获奖人员合影

调查研究 DIAOCHA YANJIU

1998年5月25日，四川省团委系统办公室主任暨信息调研工作会召开，图为参会人员合影

2000年3月24日，全国省级团委办公室（研究室）主任会议在成都市召开，图为参会人员合影

2003年3月，“青少年文明行为习惯养成教育研究实践基地”授牌仪式举行

2003年9月，“青少年行为习惯养成教育专家报告会”在德阳市举行

2004年9月29日，《四川青少年年鉴》首发式在成都市举行

2004年11月6日，全国青年就业问题与对策研讨会在成都市召开

四川省地方志编纂委员会成员

《四川省志（1986—2005）》
审核委员会成员

主　　任	王　宁			
副主任	蔡　竞			
委　　员	马小彬	冯宝运	何晓平	胡品生
	王孝平	谭继和	陈世松	陈廷湘

《四川省志(1986—2005)》
总编、副总编

总　　编	陈建春			
副 总 编	赵　行	邓　瑜	陶利辉	熊　倩
	张兆法	高伟明	朱艳林	牛　淼

《四川省志·共青团志（1986—2005)》
责任总编、责任编辑

责任总编	牛　淼
责任编辑	冯国梅

《四川省志·共青团志（1986—2005）》编纂委员会成员

《四川省志·共青团志（1986—2005）》编纂委员会成员

（2013年3月至2018年8月）

《四川省志·共青团志（1986—2005）》
编纂委员会成员

（2007年6月至2013年2月）

主　任	张　彤				
副主任	周　键	谭红杰	彭　闯	祝　云	罗振华
	赵　勇	刘会英	王　军	江　海	张　荣
	克　克	张　征	赵京东		
委　员	（按姓氏笔画为序）				
	马超文	王　超	王德彰	刘泽斌	刘　玥
	刘　勇	李　建	李　静	李　霞	李　鑫
	杨志远	杨　顺	余　力	余文吉	张　利
	张桂香	陈星宇	陈燕琳	郑　涛	哈秋松
	袁　波	彭　涛	董　康	辜　彬	

《四川省志·共青团志（1986—2005）》
初评审核小组成员

（2010年5月）

负责人	张　彤				
成　员	周　键	罗振华	刘会英	彭　闯	王　军
	赵京东	江　海	李　静	杨志远	哈秋松
	彭　涛	王　超	王德彰	李　霞	刘泽斌
	郑　涛	余　力	余文吉	杨　顺	董　康
	马超文	陈燕琳	刘　勇	张　利	

《四川省志·共青团志（1986—2005）》总编室

总　　编	张　荣			
副 总 编	张　征	唐经天	彭　涛	任世强
	许　静	焦浩鹏	陆　川	
编 辑 室				
主　　编	刘　勇			
副 主 编	唐语茉	金　文	管　雷	
编纂人员	卿丹丹	张子明	黄　梅	雷剑波
	张　欢	李昕颖		

《四川省志（1986—2005）》

凡　例

一、本书编纂工作以马克思列宁主义、毛泽东思想、邓小平理论、“三个代表”重要思想、科学发展观、习近平新时代中国特色社会主义思想为指导，坚持辩证唯物主义和历史唯物主义的立场、观点和方法，全面客观地记述四川省行政区域内自然、政治、经济、文化和社会的历史与现状。

二、本书系中华人民共和国成立后首部《四川省志》续编，总名《四川省志（1986—2005）》，由总类、大事纪述、专志、人物、市（州）概况、附录共92卷构成。各分卷名称为《四川省志·××志（1986—2005）》或《四川省志·××志》（后者为特色志志名），设中英文目录。

三、本书上限一般起自1986年，下限一般截至2005年。对前志未设之分卷或篇章从事物发端写起；对前志漏载、误载的某些事项进行补载、更正；对前志记载后变化不大的某些事项进行简要复载；升格详载具有地方特色的某些事项。

四、本书记述的地域范围以1986—2005年四川省行政区划为准。

五、本书采用述、记、志、传、图、表、录等体裁，以志为主。

六、本书总类卷设序言、凡例、总述、卷目等，为各卷之首，全书之纲。关于自然环境、建置沿革、经济与社会历史发展状况等基本省情在总述中作简要复载或反映。各专志（分卷）根据社会分工和学科分类的实际，按“以类相从”或“突出地方特色”的原则设立，以篇、章、节横分类别，节、目以下纵述史实，立足反映四川省行政区域某一事物（事业、行业）断限期内历史与现状的全貌。人物志卷采用传、录、表诸种表述形式，坚持“生不立传”原则，在世人物的突出事迹以事系人载入相关分卷。人物传统一收入人物志。本书大事记以编年体为主，辅以纪事本末体。为完整记述一些重要事物，保存有价值史料，有些分卷设置了专记。

七、本书使用规范的现代语体文记述，行文严谨、朴实、简洁、流畅。使用规范汉字，用词概念准确，符合现代汉语语法规范。使用的标点符号、数字、计量单位等均按国家规定的统一标准书写。

八、本书使用公元纪年，各卷正文（除引文外）采用第三人称表述；行文涉及机构、会议、文件、职衔、地名等，均按当时称谓；除涉及人名、地名、纪年和简称等项采用括注外，其余采用页下脚注。

九、本书资料来源于文献、档案、报刊、书摘、口碑及实地调查等，所用资料均经各修志部门考证、核实。各分卷数据一般采用省统计局公布的数据，省统计局缺乏的，采用有关部门正式提供的数据。

十、各分卷图片分为前置图片和随文插图，随文插图和表格均以篇为单位依次排序编号；所用地图均以省测绘局审定的为准。

十一、各分卷需要特别说明的事项，均在各分卷的《编辑说明》中注明。

《四川省志·共青团志（1986—2005）》

编辑说明

一、首轮修志中，“青年团体”作为《四川省志·党派团体志》中的一篇，记述了1919年五四运动后至1985年四川省的青年工作。第二轮修志单独设立《四川省志·共青团志（1986—2005）》，作为首轮志书的续修和补充，故《四川省志·共青团志（1986—2005）》对某些内容作适当追溯。

二、本志记述的地域范围以断限期内四川省行政区划为准，1997年3月前含今重庆市辖区。

三、本志以四川省青年工作为主线，记述了四川青年工作的发展和创新，以及对四川经济社会发展所做出的贡献。在《附录》中收录人物录、大事记、重要文献辑存与正文。本志采用篇、章、节式框架结构，除《概述》和《附录》外，正文部分设7篇、20章、60节，约40万字。

四、本志简称使用，一般单位名称第一次出现时用全称，后括注简称，以后均用简称。例如：中国共产党四川省委员会（以下简称省委），四川省人民政府（以下简称省政府），后均用省委、省政府。

目 录

第七篇　调查研究

附　录

Contents

Part 2 Organizational Construction

Part 3 Publicity and Education

概 述

中国共产主义青年团（以下简称共青团）是中国共产党领导的先进青年的群团组织，是广大青年在实践中学习中国特色社会主义和共产主义的学校，是中国共产党的助手和后备军。共青团四川省委（以下简称团省委）受中共四川省委领导，同时受共青团中央领导。

共青团从诞生、发展成长为社会生力军和中国共产党后备力量的80多年间，四川青年运动经历了不同社会制度的变革，四川省各级团的组织也随着近现代中国民主革命、社会主义革命和建设事业的发展而不断成长。

1986—2005年，在中共四川省委、四川省人民政府领导下，团省委紧紧围绕中共中央确定的中心任务，结合四川实际，团结、带领广大青年投身改革开放和社会主义现代化建设，着力加强组织建设，注重宣传教育，大力开展生产文化科技和社会活动，积极实施人才工程，推进理论研究，有力推动经济社会发展，促进青年健康成长。广大四川青年为实现四川跨世纪宏伟目标积极建功立业，贡献青春。

一

1919年，五四运动在北京爆发，四川各界特别是青年学生积极声援，各类进步团体纷纷成立。1919年6月15日，少年中国学会成都分会成立。同年7月，四川学生联合会成立。自此，四川在进步青年中，相继成立了马克思读书会、四川学生联合会、社会问题研究会、涪陵新人社、四川平民社、文学团体“烂漫社”各类进步青年团体。这些青年进步团体指导会员学习《共产党宣言》《资本论》等马克思经典著作，引导青年学习《〈政治经济学批判〉序言》《社会主义从空想到科学的发展》等宣传进步思潮的书籍，组织阅读《新青年》和《民报》等进步报刊；组织会员和进步青年参加各种社会活动，深入到工人群众中了解他们的疾苦，宣传马克思主义，传播马克思主义，发动工人运动。

1922年5月5日，中国社会主义青年团第一次全国代表大会召开后，在党的领导下，四川各地开始建立团的地方组织。1922年5月，恽代英指导成立社会主义青年团泸县支部。1922年10月，王右木指导成立社会主义青年团成都地方执行委员会。1929年10月，共青团四川省第一次代表大会在重庆市召开，会议选举产生了团省委。1933年2月，刚建立的中共川陕省委就召开了川陕省第一次团的工作会议，成立了共青团临时川陕省委。同年7月，共青团川陕省第一次代表大会召开，大会通过一系列决议和决定，正式成立少年先锋队，改选成立了共青团川陕省委（即少共川陕省委）。团川陕省委为进一步指导青年工作，翻印了团中央局在1931年作的关于《团在苏维埃区域中的任务决议》和《苏维埃区少年先锋队工作决议》等文件，进一步加强了团和少先队的建设。少共川陕省委还创办机关报《少年先锋》，指导团的工作。团的各级组织逐步建立和健全。在川陕根据地存在的2年多时间里，有20多个县（市）建立团组织，发展团员2万人。全省有组织的青年群众近10万人。川陕苏区共召开过3次团的全省代表大会和两次少先队、童子团代表大会，这些大会都在不同时期，推动了青年运动的发展。

1935年12月，共青团中央为适应党建立抗日民族统一战线的要求，宣告改造自己的组织为抗日救国的青年团体。至此，四川团的组织开始改变组织形式和工作方针，以“民先队”“救国会”等各种青年救国组织的形式领导团员青年投入到抗日救国的洪流中。1942年，党在重庆、成都等地的青年工人、职业青年和青年学生中，建立了一种进步青年的秘密组织，称之为“据点”。四川青年在中国共产党的领导下，以“据点”为依托，组织各种后援会，1944年10月，在成都建立“民主青年协会”（以下简称民协）；1945年7月，重庆成立“新民主义青年社”（以下简称新青社）。先后参加声援昆明“一二·一”惨案、反美抗暴、声援“五二〇”血案、成都“四五”运动、成都“四九血案”、重庆“四二一”运动等重大斗争。1949年春，民协根据中共成都市委指示，同中共成都市委领导下的秘密外围组织火星社一起为保存革命力量，及时地把工作重心转移到护厂、护校、护城等迎接解放的工作上，为解放军接管成都做了大量工作，做出重要贡献。

四川共青团组织与各类进步团体，在中共地下组织的领导下，团结进步青年建立团的组织和开展斗争，充分发挥中共的助手作用和联系群众的纽带作用，是成都地区开展人民民主运动的一支重要力量，为党培养和输送了大批有一定马列主义理论水平、共产主义理想、斗争经验和科学文化知识的干部。

中华人民共和国成立初期，四川先后成立6个省级团组织，分别是：中国新民主主义青年团重庆市工作委员会、中国新民主主义青年团川东区工作委员会、中国新民主主义青年团川南区工作委员会、中国新民主主义青年团川西区工作委员会、中国新民主主义青年团川北区工作委员会、中国新民主主义青年团西康省工作委员会。

1952年9月，川西、川东、川北、川南四个行政区合并为四川省，四个区的团工委合并成立中国新民主主义青年团四川省工作委员会。1954年西南行政大区撤销，中国新民主义青年团重庆市委归属团四川省委领导。1955年10月，西康省建制撤销并入四川省，团西康省委归属团四川省委领导。1957年5月，中国新民主主义青年团更名为中国共产主义青年团，中国新民主主义青年团四川省委随之更名为中国共产主义青年团四川省委员会（以下简称团省委）。

团省委成立以来，先后在1953年、1956年、1959年、1963年、1973年、1979年、1982年召开7次全省团的代表大会。

1953年，全省团员青年积极参加“抗美援朝，保家卫国”教育活动，四川籍志愿军战士黄继光、邱少云在抗美援朝战争中荣获朝鲜民主主义共和国授予的“共和国英雄”称号；积极参加征粮剿匪斗争，英勇牺牲的丁佑君就是他们中涌现出的杰出代表；积极参加党中央开展的反贪污、反浪费、反官僚主义的“三反”运动，通过这些斗争和运动，四川广大团员青年阶级觉悟大为提高。

四川工矿企业团员青年响应党的号召，积极投入到爱国主义劳动竞赛运动中。他们努力学习和改进生产技术，提高生产效率，厉行节约，发挥先锋突击作用，许多工矿企业团组织还建立起了以团员为主体的青年突击队。据不完全统计，截至1955年底，全省工矿企业、基建、地质勘探、交通运输等行业部门建立的较大型的青年突击队已有248个，小型青年突击队不计其数。

1956年，四川省团组织和广大青年在“比先进、学先进、赶先进、帮后进、超先进”的活动中，发挥了生力军作用，涌现出大批青年先进人物。

1958年8月13日，共青团四川省委作出《关于组织青年学习毛主席著作的决定》（以下简称《决定》）。该《决定》下发后，全省广大团员青年踊跃参加学“毛著”的活动。据统计，1960年3月初，全省已有107.90万名青年参加学“毛著”活动，建立7.40万个学习小组。

1963年3月15日，共青团四川省委发出在全省青年中广泛开展学习雷锋活动的号召，学雷锋活动在四川各地青少年中迅速掀起高潮。1977年1月28日，共青团四川省委发出进一步开展“向雷锋同志学习”活动的号召。从1981年开始，每年3月成为全省各级团组织和青少年“学雷锋、树新风”活动月，涌现出“英雄少年”赖宁等一批在全国有较大影响的先进典型。

1979年3月1日，共青团中央作出《关于在全国青年中开展争当新长征突击手活动的决定》，得到四川省团组织和广大青年的热烈响应。四川省工业战线上的团组织带领广大团员青年在这项大规模活动中，紧密结合各个阶段党的中心工作和自身实际，创造性地以各种形式广泛开展“新长征突击手”活动，取得显著成绩。

20世纪80年代初期，四川省青工战线团组织普遍以“五小”“QC”活动为载体，开展以提高青工素质、促进企业技术进步、推动现代化管理和“双增双节”为主要内容的青工建功立业、“人才、效益、创新”定向达标等活动。“五小”“QC”活动走在了全国前列，为四川的经济建设造就了一批青年人才。

1949—1985年，四川共扫除文盲2285万余人，青壮年文盲从中华人民共和国成立前的85%下降到15%以下，通过扫盲和业余学习，130万人达到小学毕业文化程度，46万余人达到初中毕业文化程度，6万余人达到高中毕业文化程度。

1982年，团省委成立调研科，研究青年运动；邀请专家开设《社会调查与统计分析方法入门》系列讲座，对团干部进行调研基本技能和方法的培训。1984年5月，经四川省编制委员会批准，团省委成立青运史研究室。1985年2月，团省委正式成立研究室。团省委还与省社科院等相关部门一起，先后组织成立“四川省青少年研究会”“四川省青年运动史研究学会”“四川省少数民族地区青年工作研究会”“四川社会舆论调查中心”等机构，全省各地也建立了各种青年工作研究团体。各调研机构和团体积极开展工作，办调研刊物，交流调研信息，评比、推广调研成果。这些机构的工作对全省共青团和青少年研究工作起到了积极的推动作用。

二

中共十一届三中全会以来，团省委根据党工作重心的转移，团结带领全省青年认真学习贯彻毛泽东思想、邓小平理论、“三个代表”重要思想和科学发展观，紧密围绕改革开放和经济建设开展工作；注重加强团的全面建设，建立完善与社会主义市场经济体制相适应的共青团和青年工作运行机制。团的政治、社会职能作用得到充分发挥，团的事业不断发展壮大。

1986—2005年间，团省委坚持党建带团建，进一步加强团的自身建设。紧跟党建发展步伐，实施基层团建基础工程，巩固学校、国有企业和机关事业单位团的建设，着力加强和探索农村、城市社区和新经济组织、新社会组织的团建工作；加大团员发展力度，加强团干部作风建设和教育培训，提高团干部素质。从巩固和扩大党执政的青年群众基础的战略高度，下大力气抓好基层组织建设。

1988年和1989年，团干部年培训率均在90%左右。1990年，各级团校、党校等培训专职团干部14909人，培训率达93.3%。团省委对市（地、州）团委，市（地、州）团委对县（市、区）团委等层层建立并实施工作考核制度。

1994年，团的基层组织建设工作进一步加强，尤其加强了对新形势下共青团工作的研究。团省委先后召开全省共青团组织工作会议和现代企业制度建立与团的工作研讨会，确立新形势下加强团的组织建设的指导思想、工作原则和主要任务，统一全省团干部在市场经济条件下加强团的自身建设的思想认识。全省各级团组织认真贯彻团员发展方针，在保证质量的前提下，把团员发展工作作为全年的重要工作任务来抓。共青团四川省委、中国少年先峰队四川省工作委员会会同有关部门下发《关于做好推荐中学优秀少先队员作团的发展对象的意见》，要求充分发挥少先队作为团的预备队的作用；加强流动团员的管理工作，总结、宣传和推广流动团员管理工作的先进经验；积极开展推荐优秀团员作党的发展对象和推荐优秀青年作生产和工作骨干的“双推”工作。在团干部队伍建设方面，全省各级团组织加大培养复合型团干部的工作力度，采取多种措施推进团干部队伍建设；逐级健全完善对团干部的协管考核制度；进一步加大团干部培训力度。

1995年，全省各级团组织适应新形势的要求，在全省农村基层团组织开展“团建奔小康”活动，结合省委开展的以党支部为核心的村级组织建设，对瘫软团支部进行较大面积的整改，团的基层组织特别是农村团组织状况有了明显改观。随着改革开放的深入和市场经济的发展，乡镇企业、“三资”企业、股份制企业和私营企业迅猛发展。各级团组织根据各类经济组织的情况，进行深入调查研究，依靠党组织的领导，采取多种形式，加强了新经济组织建团工作，特别是乡镇企业的建团率有了较大幅度的上升。团省委还在调查研究基础上，会同中共四川省委组织部、四川省乡镇企业局出台了《关于加强乡镇企业团组织建设的意见》。

1996年，共青团四川省委、中共四川省委组织部下发《关于加强乡镇团委建设的意见》，要求各级团组织结合“服务万村行动”的开展，继续对农村瘫软团支部进行整建。同时，四川进一步贯彻落实《关于加强乡镇企业团的建设的意见》和《关于加强股份制企业团的建设的意见》精神，乡镇企业、“三资”企业、民营企业、股份制企业等新经济组建团率逐步提高。全省各级团组织加强团员的发展、教育和管理，党员增长率超过10%。

1997—1998年，各级团组织加大团员发展力度，注重团员队伍建设，加强对流动团员的管理，团员流失问题得到进一步控制。新经济组织建团工作稳步发展。

1999—2000年，全省各级团组织坚持以党建带团建的原则，着力开展“强乡带村”、创建“五四红旗团委”、团建创新试点等工作。根据《关于基层党建带团建工作的试行意见》《关于党建带团建中加强团干部教育培训工作的意见》精神，全省开展党建带团建工作调研，举办团县委书记、少先队辅导员等团队干部培训班，加强团干部协管工作，对市（州）和部分省直团委班子进行考核，表彰了一大批优秀团组织、团干部和共青团员。

2001—2002年，各基层团委以省“党建带团建”工作会议精神为指导，以“四好”（班子建设好、主题活动好、支部建设好和阵地建设好）为主要内容，扎实推进“五四红旗团委”创建活动，创建活动的创建范围进一步扩大。全省表彰了4个“全国五四红旗团委（标兵）”、2个“全国五四红旗团支部”和20个“全国五四红旗团委”创建单位，确定一大批“四川五四红旗团委（标兵）”“四川五四红旗团委”和“四川五四红旗团支部”创建单位。在广大基层团组织中进一步形成争先创优的浓厚氛围，团的基层组织建设再上新台阶。

20世纪80—90年代，随着改革开放的深入，各类新经济组织崛起和非公有制企业迅速发展，根据1994年共青团十三届三中全会通过的《关于加强团的建设若干问题的决定》精神，全省巩固现有团的基层组织，适时调整团的基层组织设置，抓紧在新经济组织中建团，全省各级团组织深入调研，积极举措，加强新经济组织建团工作，成效显著，尤其是乡镇企业建团率大幅度提升。新经济组织团建工作成为共青团工作的一项重要任务。到2005年，各级团组织积极创新团的工作方式和运行机制，加大社区、非公有制经济组织、民办学校建团力度，树立一批新经济组织团建典型，积极开展青年中心建设试点工作，评选表彰一批省级“五四红旗团委”“五四红旗团支部”“四川青年五四奖章”以及优秀团干部、优秀团员，凝聚了一大批优秀青年。

三

1986年，共青团四川省委、四川省学生联合会开展以“扶贫兴蜀、实践成才”为主题的社会实践建设营活动。全省有60所高校10万名大学生、150余所中等专业学校的9万多名学生参加，占全省大、中专学生人数总数的90%。省、和（地、州）、校（系）共组织近千个社会实践建设营和科技服务小分队。活动覆盖四川省46个贫困县和云南省、贵州省部分贫困县。到1988年暑期，参加活动的学生遍及全省近200个县（市、区）及全国25个省（直辖市、自治区）。全省高校首次举办科技成果转让暨大学生社会实践活动项目洽谈会，与全省50多个县（市、区）、200多个厂家、企业达成（签订）正式意向性科技成果转让和科技开发项目协议（合同）403项，金额近千万元。四川中学生社会实践活动形成了从普通中学到重点中学，从农村到城市的各具特色、各有侧重的实践教育体系。

1987年，四川省各地团组织按照中央一号文件和邓小平关于坚持四项基本原则，反对资产阶级自由化的重要讲话精神，以及共青团中央《关于认真开展坚持四项基本原则教育的通知》精神，广泛开展“两坚持一反对”思想教育活动。同年，四川省农村各级团组织以“学、兴、当”活动为主题，围绕农村第二步改革和培养“四有”新型农民的目标，深入开展农村青年实用技术培训活动。活动中，坚持“实际、实用、实效”的原则，多渠道、多层次、多形式办培训班，为受训青年学以致用铺路搭桥，使一大批农村青年学到技术，走上致富道路。据统计，仅20世纪80年代中期的3年里，全省农村各级团组织共培训农村青年600万余人次。

1988年9月，共青团四川省委和四川省科学技术协会决定，在四川省农村全面开展培养“青年星火带头人”活动。到1995年底，已培养县级以上农村青年星火带头人74562人，涌现出全国青年星火标兵22名，全国青年星火带头人140名。共青团四川省委两次被共青团中央、国家科学技术委员会授予“全国青年星火带头人活动组织奖”，共青团四川省委青农部于1993年被国家科学技术委员会授予全国星火计划特别荣誉奖。

1990年起连续3年，团省委以“学雷锋精神，做四有新人”为主题，安排布置1990—1993年“学雷锋，树新风”主题系列活动，并作为四川共青团开展的“让团徽闪耀理想光芒，做社会主义忠诚儿女”活动的主要内容；还将该活动纳入四川省人民政府“三优一学”创文明城市竞赛活动序列。

1990年3月22日，四川省青少年发展基金会响应共青团中央、中国青少年发展基金会实施希望工程的号召，与中国青少年发展基金会签订在四川实施希望工程的协议。同年4月18日，团省委创建四川省第一个“救助贫困地区失学少年基金”。1999年12月，中国青少年发展基金会授予四川省青少年发展基金会“希望工程攻坚奖”。四川是全国第一个实施希望工程的省份。截至2005年，希望工程已走过15年的发展历程，惠及10万余名农村孩子，为贫困家庭青少年的成长成才作出重要贡献。

1990年9月5日，《四川省未成年人保护条例》（以下简称《保护条例》）经四川省七届人大常委会第十八次会议审议通过。这是四川省第一部保护未成年人健康成长的专门法规，它的颁布施行标志四川青少年权益保护工作开始纳入法制化轨道。团省委于1995年11月成立“维护青少年权益部”（以下简称权益部），标志着四川共青团工作在代表维护青少年利益方面，有了专门的组织机构。2004年6月，共青团四川省委、四川省未成年人保护委员会、四川省预防青少年违法犯罪工作领导小组、四川省创建优秀“青少年维权岗”活动领导小组联合18家相关单位在全省范围内开展四川省“未成年人维权行动月”活动，包括“吸烟时请远离儿童”，维护少年儿童合法权益专项治理，“让少年儿童平安回家”“关爱外来务工家庭子女”，网络文明行动，“我COOL！我敢对毒品说NO”网上签名6项内容，受到社会各界广泛关注与好评。

1991年3月11日，四川青年联合会选派人员参加全国青联代表团，于4月21—28日赴中国香港参加“青少年与法制”研讨会。这是中华人民共和国成立以来，四川青年团体派员正式访港的较早记载。从1991年4月至1997年6月，6年间往来计12批，约150人次。同时，中外之间的国际交流与民间交往日益频繁，在青年科技文化方面的交流尤显突出。这些交流活动促进了四川青年和青年组织同港澳台青年和青年组织，同美国、日本、澳大利亚、韩国以及第三世界国家之间的友好交往，为四川的经济发展和社会进步提供了机遇和舞台。

1992年，团省委发起“巴蜀青年优质长防绿化工程”活动，把植树造林纳入共青团的工作日程。到1997年上半年，全省已建青年长防绿化工程18350个，造林203万亩。获全国绿化表彰的集体60个，个人60名，优秀青年绿化工程20个。1998年，四川在全国率先开展在母亲河——长江源头及上游开展植绿护绿活动的“保护母亲河行动”和小流域综合治理工程。2000年3月，共青团四川省委、四川省水电厅、四川省绿化委员会、四川省林业厅、四川省人大城乡建设环境资源保护委员会、四川省青少年发展基金会发出《关于动员全省青年积极投身西部大开发全面推进“保护母亲河行动”的意见》。截至2001年6月，已建成国家级及省级保护母亲河重点项目9个，绿化、治理面积达34950亩，成活率94.2%。

1993年12月，四川省少先队工作会议传达中国少年先锋队全国工作委员会关于实施“跨世纪中国少年雏鹰行动”的精神后，开始以“五自”学习实践活动、“手拉手”互助活动、启明星科技活动、百花园文化艺术活动为纲要，全面实施“雏鹰行动”，取得丰硕成果。

1994年3月5日，四川青年志愿者行动启动，以开展“青年志愿者暨团员青年学雷锋奉献日”、青年志愿者支教扶贫、青年志愿者支医扶贫等为重要内容。1994年暑期，共青团四川省委、中共四川省委宣传部和四川省教育委员会重点组织以科技文化服务、智力支边、希望工程、医疗服务、普法宣传、支教扫盲、义务家教、社区服务、重点工程、经济管理知识培训10个方面的19支大学生志愿者社会实践服务示范队开展“三下乡”活动。此后每年寒、暑假，全省各地大、中专学校组建起上千支志愿者社会实践服务队，数万名大、中专学生志愿者活跃在巴蜀大地。

1994年，四川省广大窗口行业青年职工以高度的敬业精神和极大热情投入到“青年文明号”创建活动中，抓服务、抓质量、抓效益，取得了一流的业绩，涌现出一大批先进青年群体。该年9月，团省委举办四川省首届青年职工财会能手大赛，来自全省各地的30名选手中有10名选手荣获“四川省青年岗位能手”称号。1996年11月，团省委等4家单位在四川江油举办“川电杯”四川青年维修电工技能大赛，40名选手中有6名优秀选手被破格晋升为技师。1997年2月，在中共四川省委、四川省人民政府组织召开的全省1996年度青工工作总结表彰会上，四川十大杰出青年岗位能手首次获得中共四川省委、四川省人民政府表彰，且享受省级劳动模范待遇。

1995年3月，四川各级团组织把“服务万村行动”作为统揽农村团的工作的纲要，加强农村基层组织建设，增强团组织的吸引力和战斗力。“服务万村行动”开展以来，全省共调整4544名村团支书，村团支部书记的配备率达98%。乡镇一级团干部被提拔担任乡镇领导干部的达25.7%。截至1996年底，全省农村团员总数达169万人，农村团青比达11%。

1996年7月，共青团四川省委、四川省青年企业家协会、四川青年报社开始实施振兴中小企业“明珠杯”行动。1998年6月，共青团四川省委、四川省扶贫开发办发出《关于开展百万农村青年脱贫致富奔小康竞赛活动的意见》。全省63个贫困县全面启动“百万农村青年脱贫致富奔小康竞赛活动”。1999年1月，共青团四川省委、中国少年先锋队四川省工作委员会、四川省教育委员会下发《关于贯彻落实团中央、教育部〈关于深入开展“中国少年雏鹰行动”推进素质教育的意见〉的通知》。1999年11月至2000年1月，按中央统一要求和中共四川省委安排，共青团四川省委开展领导班子、领导干部及处级干部“三讲”（讲学习、讲政治、讲正气）教育。2000年4月，共青团四川省委、四川省民政厅、四川省文化厅、四川省建设委员会、四川省体育委员会、四川省工商局、四川电视台在成都市启动四川省“青年文明社区大家乐”活动。2001年1月，团省委召开十届五次全委会，会议通过《关于动员带领全省团员青年为实现四川国民经济和社会发展“十五”计划作贡献的决议》。2003年，团省委以“高举团旗跟党走，增强党性强素质，爱岗敬业争先锋”为主题，在机关全体党员中全面开展保持共产党员先进性教育活动。2003年6月，共青团四川省委、四川省教育厅、四川省财政厅、四川省人事厅出台7条优惠政策，鼓励大学生志愿服务西部，四川大学生志愿服务计划项目管理办公室、共青团四川省委发出《关于做好四川省大学生志愿服务西部计划志愿者选拔工作的通知》。同年9月，四川省扶贫接力计划2002—2003年度工作总结表彰大会暨第四批青年志愿者出征仪式在成都市举行。2004年6月，中共四川省委宣传部、四川省人才开发暨知识分子工作领导小组办公室、共青团四川省委、四川省经济委员会发出《关于开展首届四川省十大杰出青年经济人物评选活动的通知》。2005年4月，中共四川省委宣传部、共青团四川省委、四川省建设厅、四川省工商局、四川省地税局、四川省国税局、四川省工商联开展的首届四川杰出城市创业青年暨最受城市创业青年欢迎企业表彰大会在成都市召开。6月，四川省委宣传部、共青团四川省委、四川省国税局、四川省地税局、四川省工商行政管理局、四川省中小企业局、四川省青年民营企业家协会作出《关于表彰第三届四川省杰出（优秀）青年民营企业家的决定》。

四川共青团继承创新，真抓实干，团结带领广大青年充分发挥生力军作用，为实现四川跨世纪宏伟目标努力拼搏，建功立业，为加快四川改革开放和经济建设步伐贡献了青春力量。

第一篇　组织机构

中共十一届三中全会以来，在中共四川省委和共青团中央领导下，团省委根据党的工作重心的转移，紧密围绕改革开放和经济建设开展工作。团的政治、社会职能作用得到充分发挥；注重加强团的全面建设，建立完善与社会主义市场经济体制相适应的共青团和青年工作运行机制。团的事业不断发展壮大。团省委团结带领全省青年认真学习贯彻毛泽东思想、邓小平理论、“三个代表”重要思想和科学发展观，为推进社会主义现代化建设事业做出重要贡献，促进了全省青少年的健康成长。

第一章　省级共青团组织机构

团省委由中共四川省委和共青团中央领导，是四川共青团的最高领导机构，办公地点设在成都市多子巷2号。截至2005年底，团省委机关内设12个职能（工作）部门，8个直属企事业单位，2个其他单位。

第一节　共青团四川省委

一、团情概况

1985年底，共青团四川省委下辖22个市（地、州）团委；1997年重庆成立直辖市后，共青团四川省委下辖21个市（地、州）团委；截至2005年底，全省基层团委13307个，团总支15649个，团支部110030个。农村基层团委5499个，团总支3908个，团支部41504个。学校基层团委2971个，团总支5714个，团支部29621个。机关企事业团委4406个，团总支5555个，团支部31635个。城镇街道团委431个，团总支472个，团支部2014个。

二、工作职责

依据省委编办批复，共青团四川省委主要工作职能：领导全省共青团和少先队工作，指导全省青联、学联工作，对全省性青年社团组织进行指导和管理；参与制定全省青少年事业发展规划和青年工作方针、政策，对全省青年工作院校、青少年活动阵地、青少年报刊、青少年服务机构的建设和青少年读物出版等事务进行规划和管理；参与有关全省青少年事务的法律、法规的制定和实施，协助省委和省政府处理、协调与青少年利益相关的事务；调查青年思想动态和青年工作状况，研究青少年运动、青少年工作理论和思想教育问题，提出相应对策，开展各种青少年活动；协助政府教育部门做好大、中、小学学生的教育管理工作，维护学校稳定和社会安定团结；在国家经济建设中，组织和带领青年发挥生力军和突击队作用；会同有关部门对全省青少年外事工作进行归口管理和提供服务，负责与国外青少年团体、政府青年机构、国际地区性青年组织及其他友好团体的交流工作；参与制定全省有关青年统战工作的政策，做好全省青年统战对象的团结教育工作，维护和促进祖国统一和民族团结；承担省委、省政府和团中央交办的有关事项。

第二节　共青团四川省委职能（工作）部门

一、办公室

协助团省委领导处理机关日常事务；承担有关会议的会务工作；负责机关文秘、信息、档案、机要、保密、保卫及财务、行政管理工作；负责来信来访接待；指导直属单位的财务、资产管理。

二、研究室

为团省委常委会科学决策做好调研准备；组织协调全省共青团和青年工作的调查研究，承担团省委有关重要文件、领导讲话、工作汇报等材料的撰写；管理机关图书资料；编辑出版《四川共青团》杂志。

三、组织部

研究、制定全省共青团组织、干部和团员队伍建设的政策、措施；指导市（地、州）、县（市、区）共青团机关基层组织、干部队伍和团员队伍建设；协助市（地、州）党委管理市（地、州）团委的领导班子；规划和协调全省团干部的教育培训；负责团省委机关和直属单位的机构编制、干部人事、工资、职称等工作；负责团省委机关离退休人员的管理服务工作。

四、宣传部

研究分析全省团员青年思想动态，根据党的要求和青年的实际，提出各个时期全省团的思想政治工作意见，及时反映影响社会稳定的重大事件和问题；负责团省委和指导全省团的新闻宣传工作；发现和宣传典型经验并用于指导团的工作；指导团员青年理论学习，提供和编写团员青年学习教育材料；指导青少年阵地建设，开展健康有益的文化、体育活动；指导青少年报刊和出版工作；抓好全省团的宣传队伍建设。

五、青工部

研究、指导全省城市企业和城区街道、社区共青团和青年工作，围绕经济建设中心开展团的各项活动；负责全省青工战线先进人物、先进集体的评选、表彰和宣传工作；开展适合青工特点的各项文化、教育活动，搞好全省下岗青工创业行动，协助做好青工的稳定工作；指导城市企业、城区街道、社区的基层建设。

六、青农部

研究、指导全省农村、牧区和乡镇企业团的工作；组织全省农村青年围绕经济建设开展活动、学习科技和文化知识，进行实用技术培训，培养农村青年致富人才；指导农村团的基层建设，发挥农村团员的模范作用。

七、学校部

研究、指导全省大、中专院校团的工作，了解掌握青年师生的思想动态和学校团的工作情况，遵循党的教育方针开展团的各项活动，指导大、中学生开展社会实践、勤工助学和课外科技、文化活动；负责省学联的日常事务；指导和帮助各级学联、学生会、研究生会组织开展工作和活动；指导学校团的基层建设。

八、少年部

研究、指导全省少先队工作，加强少先队辅导员队伍建设；研究少年儿童的思想品德教育，协调和配合社会有关部门调查研究、反映情况、制定政策；指导少先队校外活动阵地建设，指导少年宫（少年之家）开展各种有益于少年儿童的文化、体育活动；负责少先队宣传工作，对省少先队队报、队刊进行指导；负责省少工委的日常工作。

九、统战联络部

研究、指导全省青年统战工作和民族地区团的工作，在青年知识分子、民主党派青年、信教青年及少数民族和民办（私营）企业青年中开展交流和联谊工作；开展对港、澳、台地区青年及侨胞青年的统战工作；加强与国外青年、学生组织和政府青年机构建立联系并开展交流活动；负责《四川青联通讯》的编发工作；加强对全省青年社团的指导和管理；负责省青年联合会的日常事务及委员的联络工作。

十、维护青少年权益部

研究全省有关青少年发展问题，参与制定全省关于保护青少年健康成长的法律、法规；参与监督青少年法规的执行，协助处理侵害青少年权益的问题，指导基层维护青少年权益部门的工作；围绕青少年特殊需要，为青少年健康成长提供服务，处理青少年来信来访及青少年咨询问题，推进青少年社会化服务体系的建立。

十一、青运史研究室

负责和指导全省团史、青运史和青少年事务的调查研究工作；向省委、共青团中央和社会报告全省青少年发展状况；抢救、收集、整理青运史资料；承担省团史的编修工作，完成省委、省政府和团中央下达给团省委的编史修志任务；为团省委领导和团的工作提供青运史信息咨询服务；将工作成果转化为对青少年进行革命史和革命传统教育的通俗读物；根据需要组织青少年开展各种实践活动。其业务接受省委党史研究室和团中央青运史研究室的指导。1984 年 5 月，经省编委川编委发〔1984〕25 号文批准，团省委青运史研究室成立。1997 年 10 月更名为四川省青少年研究中心，2003 年 6 月更名为四川省青少年事务发展中心。

十二、机关党委

负责团省委机关及直属单位党的思想、组织、作风建设和纪律检查工作，领导机关及直属单位的工、青、妇等工作。

第三节　团省委直属企事业单位

一、四川省团校

四川省团校于1954年初建成，1955年，由成都迁往重庆石桥铺原西南团校校址。1954年4月，第一期团干部培训班开学。截至1966年“文化大革命”前，共开办团干培训班15期。

1992年，四川省团校由重庆市石桥铺迁至成都市龙泉驿区。学校采用和加强了函授培训、与各市（地、州）团委联合培训及组织团干部到中央团校、外省团校参训等培训形式，使团干部培训工作多渠道、多形式、长短结合、校内校外结合地开展，基本适应四川省团干培训工作的需要。

截至2002年底，四川省团校共举办各级各类团干部培训班157期，培训团干部6万人次，参训团干部根据不同的班次分别获得学校颁发的“团干部一级岗位培训证书”“团干部二级岗位培训证书”，部分团县委书记获得省委组织部颁发的“干部岗位培训证书”。举办的三届大专班，共有456名学员获得大专文凭。

二、四川自修大学

1981年9月，经省委批准成立四川青年自修大学。1982年1月，学校正式开学。

四川青年自修大学吸收陶行知的教育思想，主张为振兴中华办“义学”，提出“为青年自学成才铺路搭桥，为四化建设培养合格人才”的办学宗旨。

1986年，四川自修大学成都辅导中心成立。学校坚持党的教育方针，严格遵守国家有关的规定，严格管理，规范办学，成绩卓著，赢得学员和社会广泛赞誉，历年来均被评为省、市先进办学集体，受到国家、省、市教育行政部门和省委以及团中央、团省委表彰。

四川自修大学是四川省唯一列入国家正式编制的专门从事高等教育自学考试教学的大学，实行指导委员会领导的管理体制。经过20多年发展，四川自修大学先后培养40万余名各类人才，其中有6万多人获得国家承认学历的大学专科、本科毕业证书，取得了显著的育才效益。

三、四川省青少年发展基金会

四川省青少年发展基金会是由团省委、省青联、省学联、省少工委共同创办的具有独立法人地位的非营利性社会团体，于1988年10月13日经省政府批准成立。四川省青少年发展基金会的宗旨是：在党和政府的支持下，动员、聚集海内外关心四川青少年的团体、人士的支持和赞助，促进四川省青少年工作和青少年社会教育、科技、文化、福利事业的发展，推动现代化建设和祖国统一，促进国际青年间的友好关系，维护世界和平。

四、四川青年报社

1986年，为进一步加强青年工作，团省委在办好以往的《青年世界》杂志的同时，成立四川青年报社，推出《青年晨报》（周刊，对开4版），中共中央总书记胡耀邦题写报名。1988年，《青年晨报》更名为《晨报》。1989年，为了与20世纪50年代《四川青年报》相衔接，恢复其历史面貌，更好地服务四川广大青年，《晨报》恢复为《四川青年报》。1999年7月19日，《四川青年报》改为日报，2001年10月22日，《四川青年报》停刊。

1992年后，四川青年报社又相继创办四川省少先队队刊《少年世界》（月刊，32开本），其后更名为《少年时代》，并编辑出版团省委机关内部刊物《四川共青团》。

四川青年报社在团省委党组领导下，以一报两刊为阵地，坚持不懈地通过报刊用邓小平理论教育青少年，坚持“以科学的理论武装人，以正确的舆论引导人，以高尚的精神塑造人，以优秀的作品鼓舞人”的工作精神，根据四川省情及青少年特点，在宣传团、服务于团员及青少年等方面做了大量工作。

五、四川省中国青年旅行社

1985年12月，中国青年旅行社四川分社经四川省旅游局和中国青旅总社分别批准同意成立，是国家二类旅行社，团省委直属旅游企业单位。

成立初期，主要接待中国青旅总社和青旅系统组织的海外旅行团队。1989年12月，四川省中国青年旅行社首次成功组织第一个海外旅游团队，实现了自组团队“零突破”。1990年，全国“青旅集团温冷点销售会议”在成都召开，四川省中国青年旅行社具体承办此次会议。四川旅游业对会议给予关注和支持，使这次会议取得成功，四川省中国青年旅行社的组织能力和接待能力得到展现，在中国旅游界和青旅集团系统产生了良好影响。1989—1990年，四川省中国青年旅行社的接待量已达20764人/天（游客一人游览一天为1人/天），营业收入创汇346万元。1990年，四川省中国青年旅行社根据中央有关政策，率先开发中国公民赴东南亚旅游项目，取得了较好的社会效益和经济效益。1993年，四川省中国青年旅行社的产值创历史高峰，仅税利就达176万元。1994年，四川省中国青年旅行社在全国1000多家一、二类旅行社中脱颖而出，获全国“1994年度百强旅行社”称号，全国排名第76位。1996年，四川省中国青年旅行社由成立时的国家二类旅行社发展为国家一类社，进而成为注册资金达300万元的国际旅行社。2002、2003、2004年，连续3年获“全省旅游工作先进单位”称号。

六、四川省出入境人员服务中心

四川省因私出入境人员服务中心，于1993年1月经团省委研究同意成立，隶属于四川省中国青年旅行社，其法定代表人由四川省中国青年旅行社法定代表人兼任。2003年，因事业发展需要，经团省委同意，从四川省中国青年旅行社分离出来，成立独立的四川省出入境人员服务中心，并随即改制成股份制企业。

四川省出入境人员服务中心自创办以来，为四川出入境人员提供服务和帮助，同时向国外有关学校推荐出国留学人员330人，赴国外短期培训人员200人，办理商务外出考察320人，组织2600名大中学生赴境外开展夏令营活动。

七、四川省峨眉青少年教育活动中心

四川省峨眉青少年教育活动中心是由省委青少年教育工作领导小组办公室和峨眉山市委联合创

办的事业单位，是四川省青少年教育工作的重要基地和全国青少年活动营地。地址位于峨眉山市。该中心的宗旨是：以优质高效的工作为共青团事业服务、为青少年开展活动服务。在实现社会效益的前提下，力求经济效益的提高。其工作主要面向全省青少年，开展扩大视野、增强知识的旅游活动和健康有益的科技、文化娱乐及体育活动，为培养四有新人服务，为青少年教育工作服务。

该中心于1987年建成营业。1994年，团省委通过购买属当地政府产权部分的形式，将其收归为团省委的直属单位，正式纳入机关对直属单位统一的承包经营的形式进行管理。

八、四川青年影视制作中心

四川青年影视制作中心于1988年成立，是团省委直属自收自支事业单位。影视中心自成立以来，围绕党的中心工作和青少年思想教育活动，共拍摄了16部电视片，其中《赖宁》《血案警示录》《金色的喇叭》《创造与奉献》《问苍茫大地》《少年魂》等片分别获得中央、省、市级各类奖项；影视中心还拍摄制作了其他各类的电视新闻报道、电视广告片、青少年个人音像制品等。

第四节 团省委其他单位

一、省委青少年教育工作领导小组办公室

省委青少年教育工作领导小组及办公室（以下简称省委青教办）成立于20世纪80年代初，主要负责全省青少年教育工作的领导和协调，20世纪80年代末曾短暂撤并，改为四川省青少年教育工作委员会。1990年，省委发出《关于恢复省委青少年教育工作领导小组的通知》，恢复成立中共四川省委青少年教育工作领导小组及其办公室，并决定由省委分管共青团工作的副书记任省委青教领导小组组长，省政府联系共青团工作的副省长、团省委书记任副组长，省人大、省政协联系共青团工作的领导和省委部分老领导任顾问，省级24个相关部门的负责人为领导小组成员。领导小组下设办公室，办公室设在团省委，接受团省委党组的具体领导。团省委分管副书记任办公室主任，一名中层干部任办公室常务副主任。

省委青少年教育工作领导小组作为全省青少年教育工作的领导机构，其职责是：根据中央、省委的指示精神制定全省青少年教育工作的方针、政策；研究确定全年或一个阶段青少年教育工作的主要任务、工作重点、实施方案；组织召开青少年教育工作领导小组会议，研究决定有关全省青少年教育的重大问题；协调省内各有关部门、单位按照各自职能做好青少年教育工作；领导、督促、检查各市、地、州青少年教育工作领导小组工作；指导青教办制定青教工作规划，定期听取青教办工作汇报，搞好青教办机构的组织建设。

省委青少年教育工作领导小组办公室作为省委青少年教育工作领导小组的办事机构，其工作直接对省委青少年教育工作领导小组负责。其职责是：贯彻执行省委青少年教育工作的各项决定；根据省委青少年教育工作领导小组关于青少年教育工作的意见和要求，制定青少年教育工作方案；总结推广青少年教育工作经验；负责省委青少年教育工作领导小组的日常工作；向省委、省政府提供青少年教育情况和信息。

二、四川省关心下一代工作委员会办公室

1991年1月18日，省委办公厅发出《关于成立四川省关心下一代工作委员会的通知》，决定成立四川省关心下一代工作委员会（以下简称省关工委）。省关工委由顾问、主任、常务副主任、副主任、委员等组成。省关工委下设四川省关心下一代工作委员会办公室（以下简称省关工委办公室），行政级别处级，省关工委办公室由主任、副主任、工作人员组成，挂靠在团省委，办公地址在成都市多子巷2号。2003年，省委、省政府两办下文，确认省关工委为省委、省政府的议事协调机构，省关工委办公室负责处理省关工委日常事务。

第二章　市（地、州）级团委和省直属团委

第一节　市（地、州）级团委

1986年，全省共有市（地、州）团委机构22个，分别是成都团市委、重庆团市委、自贡团市委、攀枝花团市委、泸州团市委、德阳团市委、绵阳团市委、广元团市委、遂宁团市委、内江团市委、乐山团市委、南充地区团委、宜宾地区团委、达县地区团委、万县团市委、涪陵地区团委、黔江地区团委、雅安地区团委、资阳地区团委、阿坝州团委、甘孜州团委、凉山州团委。1997年重庆成立直辖市后，重庆团市委、万县团市委、涪陵地区团委、黔江地区团委从四川共青团系统分离出去，划归共青团重庆市委管辖；而后又在四川建立了广安团市委、眉山团市委、巴中团市委。全省有21个市（地、州）团委（市团委12个、地区团委6个、州团委3个）。2000年，四川省撤地建市，所有地级团委都更名为市级团委。2005年，全省有市（州）团委21个，其中市级团委机构18个，州级团委机构3个。

1986—2005年四川省市（地、州）团委机构变化表

表1－1

年份 名称	1986年	1997年（重庆直辖后）	2005年
市团委	（11个）成都、重庆、自贡、渡口（现攀枝花）、泸州、德阳、绵阳、广元、遂宁、内江、乐山	（12个）成都、自贡、攀枝花、泸州、德阳、绵阳、广元、遂宁、内江、乐山、宜宾、广安	（18个）成都、自贡、攀枝花、泸州、德阳、绵阳、广元、遂宁、内江、乐山、南充、宜宾、广安、达州、巴中、雅安、眉山、资阳
地区团委	（8个）南充、宜宾、达县、万县、涪陵、黔江、雅安、资阳	（6个）南充、达州、巴中、雅安、眉山、资阳	—
州团委	（3个）阿坝、甘孜、凉山	（3个）阿坝、甘孜、凉山	（3个）阿坝、甘孜、凉山

1987年，全省基层团委14369个，团总支9609个，团支部180069个。1997年重庆直辖后，基层团委11266个，团总支7373个，团支部136808个。2005年，全省基层团委13307个，团总支15649个，团支部110030个。

1986—2005年四川省市（地、州）共青团基层团组织建设统计表

表1-2

市（地、州）＼基层组织	年份	直属团委	团总支	团支部	基层团委
成　都	1985	—	1190	19353	1035
	1989	—	1152	17334	944
	2005	410	—	—	2300
重　庆	1984	—	29106		1877
	1996	119	1772	29783	2096
	1997年，重庆市直辖				
自　贡	1986	94	187	4668	377
	1991	106	267	5160	398
	2005	112	276	3582	840
攀枝花	1997	—	309	2735	220
	1998	—	367	2828	221
	2005	32	181	—	144
泸　州	1991	—	—	—	—
	2005	63		—	832
德　阳	1986	—	232	4762	346
	1994	—	345	5487	498
	2006	41	127	3964	397
绵　阳	1986	—	364	7436	656
	1998	45	7036	—	502
	2005	—	500	6370	550
广　元	—	—	—	—	—
	—	—	—	—	—
	2005	35	—	—	—
遂　宁	1985	—	50	3837	474
	—	—	—	—	—
	2005	—	998	8237	1129
内　江	—	—	—	—	—
	—	—	—	—	—
	2005	—	108	1475	247
乐　山	1993	—	622	11291	956
	2001	87	563	6268	437
	2005	72	508	5598	427

续表1－2

基层组织 市（地、州）	年份	直属团委	团总支	团支部	基层团委
南　充	1986	42		510	—
	1992	49		520	—
	2005	64		—	—
宜　宾	1986	—	—	4260	1885
	2000	—	—	—	—
	2002	—	310	6500	1985
达　州	1986	—	31	506	38
	2002	—	474	9365	993
	2005	—	424	9046	1193
雅　安	—	—	—	—	—
	—	—	—	—	—
	2005	—	112	2590	320
资　阳	—	—	—	—	—
	—	—	—	—	—
	2005	107		—	—
阿　坝	1991	—	80	2392	275
	1998	—	84	2448	280
	2005	54	102	2363	279
甘　孜	1986	4	297	3056	342
	1990	10	302	3295	388
	2005	24	148	2461	352
凉　山	1986	51	309	7049	972
	1998	64	285	7274	932
	2005	47	1247	10600	951
广　安	1994	—	160	5164	288
	2002	42	270	4072	448
	2005	—	130	3603	542
眉　山	—	—	—	—	—
	2003	—	177	2578	382
巴　中	2002	3	332	2934	838
	2005	—	—	—	—
万　县	1996	—	289	14205	1024
涪　陵	1996	—	312	5685	423
黔　江	1996	—	196	4047	454

第二节　省直属团委

一、共青团四川省直属机关工作委员会

共青团四川省直属机关工作委员会领导省直机关团的工作。主要职责和任务是：负责提出省直机关团的工作规划，指导省直机关团组织的思想、组织、作风建设和团员的教育管理；指导省直机关团组织围绕党和政府的主要任务和中心工作，开展适合团员、青年特点的各项活动；开展调查研究工作，做好团员、青年的思想政治工作；审批省直机关各部门机关团委（直属团总支、支部）的建立、组成人员，书记、副书记的任免和培训工作；负责省直机关青年联合会的工作。

二、共青团四川省国防科技工业工作委员会

2000 年，四川省国防科技工业办公室机构改革调整后，共青团四川省国防科技工业工作委员会与组织处、宣传处合并，成立组织宣传处，保留共青团四川省国防科技工业工作委员会，对外独立开展工作。2002 年，共青团四川省国防科技工业工作委员会有下属团委 36 个，基层团委和团总支 182 个，团支部 937 个。全系统有 14—35 周岁青年 51863 人，团员 14714 人，团青比例为 28.4%，其中 18 周岁以下团员 6057 人，18 周岁以上团员 8639 人。

三、共青团四川省地质矿产勘查开发局团委

共青团四川省地质矿产勘查开发局团委下属 24 个团委和 4 个团总支都配有专职或兼职团干部。全局团的组织建设由党群工作部（机关党委）负责。

四、共青团四川省冶金地质勘查局工作委员会

共青团四川省冶金地质勘查局工作委员会，下设 7 个直属团委，1 个团总支，1 个直属支部，分布在成都及成都市新都区、彭州市、双流县，攀枝花市，广元市，眉山市彭山县等地。2002 年，有 14—28 周岁团员 219 人，占 35 周岁以下青年的 24.09%，14—35 周岁的青年 909 人，占各类专业技术人员的 68.14%。

五、共青团四川省测绘地理信息局团委

2002 年，共青团四川省测绘地理信息局团委有专职副书记（主持工作）1 名，全局有局属团委 4 个，团总支 1 个，团支部 18 个，团员 294 人，35 岁以下青年 646 人。局属各单位团委、团总支为：四川省第一测绘工程院团委、四川省第三测绘工程院团委、四川省遥感信息测绘院团委、成都地图出版社团委、四川测绘局机关团总支。另有四川省第二测绘工程院团委，因在重庆市，其组织关系在当地。

第三章　其他省级青少年组织

第一节　四川省青年联合会

一、沿革

1953年4月，四川省第一次青年代表大会召开，成立四川省民主青年联合会。成立时制订的《四川省民主青年联合会章程（草案）》规定：四川省民主青年联合会以全省青年代表大会为最高权力机关。在全省青年代表大会闭幕期间由大会选出常务委员会为最高权力机关，由常委会负责领导工作。常委会设主席和副主席。常委会下设秘书处，由秘书长主持秘书处日常工作，协助主席、副主席处理事务。

1957年5月，四川省第三次青年代表大会决定改青联代表大会制为委员会制。委员会由全省各会员团体、各有关单位和各地区协商推选出的青年代表组成，是四川省民主青年联合会最高权力机关。

1960年6月，四川省民主青年联合会正式启用“四川省青年联合会”（以下简称省青联）名称。

二、职责职能

省青联是中国共产党领导下的四川省基本人民团体之一，是以共青团为核心力量，汇聚了科技教育、文化艺术新闻出版、卫生体育、经济、农业与农村、军队政法、宗教、祖国统一促进8个界别的团体会员的优秀青年组织，是中华全国青年联合会的团体会员。

省青联的基本任务是：高举邓小平理论伟大旗帜，认真学习贯彻“三个代表”重要思想，强力推进“三个转变”，弘扬爱国主义精神；激励青年不断学习，最广泛地代表和维护各族各界青年的合法权益；加强同港、澳、台青年及国外青年侨胞的联系，增进同世界各国青年的友谊，为促进祖国统一、维护世界和平、推进四川发展新跨越而努力奋斗。

省青联以服务大局、服务社会、服务青年为基本宗旨。致力于充分发挥人才智力优势、团结联络优势和综合协调优势，团结带领团体会员和广大委员积极投身经济建设和社会进步事业，为四川省三个文明建设建功立业。

三、成员

省青联实行团体会员制。省青联有共青团四川省委员会、四川省学生联合会、四川省青年企业家协会、四川省青年乡镇企业家协会、四川省青少年研究会、成都基督教青年会、成都基督教女青年会、四川省科技青年联合会、四川省青年摄影家协会、中国工程物理研究院青年科技协会、铁道部第二勘测设计院青年科技协会、中科院成都分院青年科技工作者协会、四川省地矿厅青年科技协会等33个团体会员。

1986—2005年，省青联共召开7次全体会议。1988年10月，省青联第八届一次全体会议在成都召开，出席会议的青联委员有396人；2003年12月，省青联第十一届一次全体会议在成都召开，出席会议的青联委员有535人。历届会议汇聚了科技教育、文化艺术新闻出版、卫生体育、经济、农业与农村、军队政法、宗教、祖国统一促进等八个界别工作委员会和共青团等33个团体会员的优秀青年。

四、重要活动

（一）“为‘七五’建设出成果作贡献”

中国国民经济建设和社会发展第七个五年计划实施期间，团省委、省青联在全省各级青联组织和青联委员中开展了“为‘七五’建设出成果作贡献竞赛”活动（以下简称“七五竞赛”活动）。省青联按照省委、省政府要求，根据青联组织的特点，把围绕改革开放、经济建设中心，大力开展“科技扶贫”“智力支边”“科技兴企”和“为七五重点工程做贡献”活动作为四川省“七五竞赛”活动的重点。

“七五竞赛”活动分两个参赛面进行，即全省各级青联组织（含各会员团体）和各级青联委员（包括这一届和下一届委员），对两个参赛面采取分别评比表彰的办法。竞赛活动时间为5年（1986—1990年），分两个阶段进行。1986年1月至1988年10月为第一阶段。1986年12月，在省青联七届二次全会期间，省青联举办了部分委员成果展览，展出了100名委员的270件奖品和成果。中期表彰和青联委员成果展示于1988年10月在成都召开的省青联八届一次全委会上进行，对重庆市青年联合会等8个先进集体和高敏等168名青联委员予以表彰。1988年10月至1990年10月为第二阶段，全面总结和表彰于1990年11月在成都进行。

为完善竞赛机制，使活动在组织上得到保证，省青联采取相应活动措施：对活动的指导采取分级负责制的办法；在各地区建立省青联地区办事处。从1989年开始，把“七五竞赛”活动列入全省团的主题系列活动之中，做到年年有考核、有评比，各地也采取相应措施。甘孜、泸州、攀枝花成立竞赛活动指导委员会。重庆、成都、乐山、自贡等地结合团内改革，将这次活动纳入干部任期目标考核中。在交通不便、委员分散的阿坝、甘孜等地区，成立青联分会和县青联活动小组。全省形成纵横联系、条块结合的竞赛网络。

1986—1990年，参加“七五竞赛”活动的委员参赛率达95%以上。各级青联开展有较大影响的活动67个。各级青联委员取得成果200多项，其中80多项获得国家级奖励，100多项获省、部级奖励，60多项获得国家专利。活动中涌现出了“中国十大杰出青年”成都空军被服厂厂长蔡伟素、世界“跳水皇后”高敏、“七五竞赛”活动先进青年著名电影演员潘虹、被攀枝花市冶金行业誉为“创造奇迹的人”的攀枝花市十九冶电装公司副总工程师周海凌、获“郭沫若文学奖”的藏族作家意西泽仁等一大批先进人物。

（二）"青春献'八五'，奉献在本职"

1991—1997年，省青联开展了"青春献'八五'、奉献在本职、创业在今天"活动（以下简称"八五"活动）。"八五"活动的宗旨是：围绕四川"八五"计划的实施过程，把青联工作同整个社会的发展和进步紧密结合起来，充分发挥青联组织的人才、智力优势，组织动员各级青联组织、青联委员及广大中青年知识分子立足本职岗位，发挥专业特长，乐于奉献，勇于创业，为促进经济发展、科技进步、教育振兴、文化繁荣，实现四川的"八五"计划做出积极的贡献。

1991年3月开始，"八五"活动第一阶段的主题活动是"献计献策"。在"八五"活动第一阶段的"为深化改革献计献策"主题活动中，全省广大青年知识分子以各种形式举办献计献策发布会47次，向党政领导及有关决策部门提供有参考价值的合理化建议近6000条，涉及企业、农村改革等11个方面内容。

另据统计，1991年全省各级青联组织和会员团体，基本上都开展了大型的科技扶贫、咨询、定点服务等活动，各级青联参与面60%左右。全省各级委员立功受奖达总数40%，取得部、省级科研成果数十项，有的经评审达到国际先进水平；有不少委员还参加国家级大赛，取得了好名次。仅重庆统计，委员在该年共发表有价值的论文53篇，获各种奖励26次，10名委员参加全国或省级学术交流，申报30项专利成果，其中12项获专利证书。

1993年，"八五"活动进入第二阶段主题活动——"东西互助，共同迈向富裕"。该年8月，省青联秘书处组织两个"科技扶贫、智力支边"服务团分赴凉山西昌、会理，阿坝理县开展活动。服务团的足迹遍及两州的8个乡镇，共接待咨询群众近千人次，培训科技、医务人员150余人；义务诊病520余人，解答各种疑难问题260多项；为180多名党政工团干部传授社会主义市场经济的有关知识，推销科技成果8万多元，推广各类实用技术30多项。

全省各级青联组织、团组织协同作战，据不完全统计，全省85%的青联组织、团组织积极制定了各地的实施方案；组织5700个科技文教、卫生、民族宗教政策咨询、医疗服务队；举办各级各类促进当地经济发展培训班5200期，受训人员达75万人次；帮助解决技术难题3228个；免费赠送优良种子、化肥、农药等价值8000多元；免费赠送资料、书刊50000余册；结成东西互助"友好城市"8个；推广科技新技术65项。乐山市组织青年志愿者科技服务团深入基层，开展科技服务项目24个，培训干部、群众2763人，赠送科技资料1900余册，支援资金15000元。

1994年5月，全国青联、省青联联合组织"青年志愿者科技扶贫服务队"，奔赴乐山、万县等民族地区、三峡库区开展科技扶贫，达成合作项目19项，培养人才意向5项，提供建议和信息18条，作专题报告4场。乐山、泸州、凉山等地青联组织积极组建"青年志愿者科技服务队"，深入贫困地区进行技术、项目等的交流协作。

1995年，全省各级青年组织继续深化"东西互助，共同迈向富裕"活动。主要开展三项工作，分别为：继续开展科技扶贫活动；大力推进"服务万村行动"；对"东西互助，共同迈向富裕"活动进行终期总结表彰。在活动中，四川涌现出一大批先进集体和个人。省青联、泸州市青联、乐山市青联等单位和李后强、王安泰、蔡力、张汝全、杨晓红等个人受到团中央、全国青联的表彰。成都市青联等12个单位和丁任重等25名个人被团省委、省青联授予先进集体、先进个人称号。

（三）"九五建功业，迈向新世纪"

为实现四川省经济和社会发展"九五"计划和2010年远景目标贡献力量，全省各级青联组织积极开展“九五建功业，迈向新世纪”竞赛活动（以下简称“九五”竞赛活动），发挥人才智力优势、帮助“老、少、边、贫”地区脱贫致富。活动形式：献计献策活动；智力支边、科技扶贫、东西互助活动；开展社会主义精神文明建设活动；培养青年人才活动。

1996 年，全省各级青联组织积极开展献计献策、送戏下乡活动。3—5 月，积极参与“二十一世纪中国青年科技发展论坛”，组织“科技发展论坛”征文 35 篇，评选优秀论文 10 篇并上报全国青联。4—10 月，省青联举办以“四川农业可持续发展战略”为主题的“首届中国青年发展论坛四川分论坛”活动，共收到《现代农业关键技术》《四川农业可持续发展的模式分析》等近百篇论文及报告。1996 年 10 月，对“八五”期间有突出贡献的省青联委员李后强等 92 名先进个人，成都市青联等 18 个先进集体进行表彰。

1997 年，全省各级青联组织服务中心谏言献策，省青联出版《四川农业与农村可持续发展研究》一书；针对社会主义市场经济构建过程中出现的新情况、新问题，省青联与省科技青联举办“走向 21 世纪的四川经济”学术研讨会。部分市（地、州）青联和会员团体也组织召开“为建立社会主义市场经济体制献计献策”座谈研讨会。省青联组织近 200 名科教、文化、医疗界别青年，赴黑水、南坪、遂宁、自贡、资阳等地开展“三下乡”扶贫活动。先后组织经济形势报告 5 场，举办农技培训班 6 期，农技指导 5000 多人次，医疗义诊 3000 多人，帮助联系援建希望小学 1 所，资助资金近 100 万元，举行大型文艺演出 11 场，观看群众达 6 万余人。

1998 年，围绕经济建设中心，谏言献策，举办四川省青年科技专家成果汇报会，支持省科技青联出版《新时期四川经济发展战略》文集；围绕国有企业改革，开展“振兴中小型企业行动”，参与下岗职工再就业工程；围绕扶贫攻坚战略，把“东西互助，共同迈向富裕”活动与“服务万村行动”有机结合，组织青年赴凉山州美姑县、昭觉县等贫困地区进行项目合作、科技推广、人才培训、政策咨询、文艺演出、医疗义诊；围绕 1998 年抗洪救灾，为灾区捐赠款物达 2000 万余元。

1999 年，围绕经济建设中心，发挥青联人才智力优势。团省委、省青联联合有关部门下发《四川省青年科技创新行动方案》，举办中国青年科技论坛四川分论坛，撰写了《四川省资源环境保护与产业化发展的对策建议》综述报告，推荐部分青年专家参加中国青年科技总论坛。省青联组织推荐的西南化工研究院等 4 个单位分别被命名为首批中国青年科技创新行动教育基地和示范基地。申请组织中组部、团中央派出的“博士服务团”到川挂职。围绕扶贫攻坚，组织阿坝州小金县、成都市金堂县 2 次“三下乡”活动。

第二节　四川省学生联合会

一、沿革

1919 年 5 月 25 日，成都学界在少城公园成立“学界外交后援会”。同年 7 月 17 日，经学生代表会议决议，改“学界外交后援会”为“四川省学生联合会”，同时加入全国学联总会。1925 年 12 月 1—15 日，四川省学生联合会第一届代表大会在成都高等师范致公堂举行，来自全川部分地区的 52 名学生代表出席会议，会后，全川 60 余县的学联都归入省学联，并建立川东、川南、川北学联（因省学联在成都，故无川西学联）。至此，四川省的学生运动出现了“五四”以来不曾有过的新局面。1935年12月9日，“一二·九”运动爆发后，成都、重庆等地相继成立学生救国联合会。四川省学联工作自行停止。

中华人民共和国成立初期，川东、川南、川西、川北先后成立“学生联合会”。1952年12月中旬，为统一领导并开展工作，撤销川东、川南、川西、川北四区学生联合会，正式成立四川省学生联合会筹备委员会。

1954年2月15—20日，四川省第一届学生代表大会在成都召开，大会正式成立“四川省学生联合会”。

四川省学生联合会分别在1954年、1956年、1979年和1983年召开了4次代表大会（1966年“文化大革命”开始，省学联工作瘫痪，至1979年才重新恢复正常工作）。

二、机构与主要职能

四川省学生联合会（以下简称省学联）是中国共产党领导下的四川省高等学校学生会、研究生会和中等学校学生会的联合组织。它是四川省青年联合会的团体会员。

省学联实行团体会员制。国民教育体系中全日制普通高等和中等学校的学生会、高等学校和科研教育机构的研究生会，凡承认省学联章程的，均可为省学联的团体会员。

省学联的最高权力机构是代表大会。代表大会每5年召开一次，由省学联代表大会选举产生的省学联委员会是代表大会闭会期间的最高权力机构，省学联委员会选举产生的省学联主席团作为省学联委员会闭会期间的常设机构，省学联主席团实行执行主席制度暨驻会制度。省学联秘书处是省学联主席团领导下的日常工作机构，负责处理省学联国内和国际日常事务。

其宗旨和任务是：遵循和贯彻党的教育方针，促进学生德、智、体全面发展，团结和引导学生成为热爱祖国、符合社会主义建设要求的合格人才；发挥党和政府联系学生的桥梁和纽带作用，表达和维护学生的具体利益；倡导自我服务、自我管理、自我教育的办会方针，创造良好的学习生活条件，为学生健康成长服务；增进各民族学生的团结，加强与台湾和港澳同学的联系，促进中华民族的团结和祖国的统一；发展同各国学生组织的友谊和合作，支持各国人民和学生的正义事业。

三、重要活动

（一）大中专学生社会实践活动

20世纪80年代初期，一些学生自发开展了一些社会实践活动，随后在共青团的倡导和推动下，大、中专学生的社会实践活动得到党和政府的重视和支持，发展成为国家高等教育的一个重要组成部分。

1987年，团省委、省学联共同研究决定，暑假期间在全省大专院校和中等专业学校学生中广泛开展以“扶贫兴蜀、实践成才”为主题的社会实践建设营活动。活动的重点是科技和信息扶贫，活动的内容放在全省老、少、边、穷地区（主要是46个贫困县）的经济开发项目上，帮助千家万户脱贫致富。同时组织学生参加在全省贫困地区青年中开展的“脱贫致富小开发竞赛活动”和开展小设计、小攻关、科技咨询、为民服务、短期培训等项目。

1987年5月，省委宣传部、团省委、省教委、省教育工会联合举办全省高校科技成果转让暨大学生社会实践活动项目洽谈会。由县有关部门提供项目地点、需要人数，由学校代表根据自身情况确定项目、人数或由学校代表介绍学校专业情况，由县代表提出具体要求。通过这次洽谈会，推广了学校科研成果，洽谈社会实践具体项目，签订合同、达成协议。5月下旬，团省委、省学联组织40所高校，60余名团干部和学生到黔江县、开县、合江县进行实地考察，落实项目，各高校也派人到46个贫困县挂钩联系点、对口支援的单位落实活动项目。7月8日，团省委举行“四川省大、中专学生‘扶贫兴蜀、实践成才’社会实践建设营”开营式，成立社会实践建设营总营、分营组织机构。各高校以党委的名义安排或转发暑期社会实践活动实施计划，并以党委挂帅成立活动领导小组，做到六个落实：组织领导落实，指导教师落实，参加活动人员落实，资料、器材落实，经费落实，实施方案落实。实施地区的市（（地、州）委宣传部、教委、团委联合成立了活动领导小组。

不少贫困县也以县委或县政府牵头，成立活动接待领导小组，为学生参加活动予以具体实在的支持和帮助。在“扶贫兴蜀，实践成才”活动中，全省有60所高校10万名大学生、150余所中等专业学校的9万余名学生参加，占全省大、中专学生人数总数的90%。省、市（地、州）、校（系）共组织近千个社会实践建设营和科技服务小分队。活动的地域覆盖四川省46个贫困县和云南省、贵州省部分贫困县。活动内容丰富，有社会调查、义务劳动、知识咨询、科技服务、教学实习、军事训练、科研等。

活动形式包括：结合教学科研深入开展专题考察、为民服务。华西医科大学①、成都中医学院②、泸州医学院部分学生分赴合江县、开县、古蔺县、德阳市、绵竹县、什邡县、广汉市、眉山县、乐山市和铜街子水电站，进行妇幼保健、计划生育、门诊、基层医疗机构设置、人口死亡原因分析、农村精神病和卫生现状及典型地方病分析、少数民族体格调查等项目的考察，写出了《什邡烟厂女工病因考察》《眉山县广济乡晋玉村精神病调查》等百余篇考察报告。开展临床服务，共诊治病人5000人次。成都气象学院部分师生围绕气象工作在森林防火中的作用、攀枝花市郊立体农业的发展与气象工作等专题进行专题考察，完成7个专题考察报告。四川建材工业学院③9名师生在平武县承担《平武县水泥厂椒园与石灰尘岩矿山技术经济评价》和《矿区有害高镁层成因的初步研究》两个专题项目，并对矿区含矿层位、矿区地质构造等成矿地区特征进行初步研究，初步解决了项目中的主要技术难点，使该厂一年可降低成本近10万元。

运用所学专业知识，开展科技服务。四川大学组织4个建设营、数十个小分队奔赴合江县、开县、古蔺县、巴中县等地开展活动，承担10余个项目。生物系的同学帮助县肉联厂开发猪肉副产品，开发出的胆红素、肝素钠、血粉合成3个项目，每年可创利润数万元。成都科技大学④水利工程系16名研究生和本科生，在两名副教授的指导下，为青川县曲河电站的修建进行实地测量论证，实测面积25万平方米，完成6张四等水准地形图，按国家有关规定计算，直接经济效益近万元。

举办各种培训班和讲座，开展咨询服务。四川师范大学为400名中学教师进行“专业合格考试”培训；西南财经大学的15名研究生和本科生针对合江县经济发展状况，为各行各业技术骨干举办培

---

① 2000年9月，华西医科大学与四川大学合并，组建新的四川大学，华西医科大学更名为四川大学华西医学中心。

② 1995年，经国家教育委员会批准，更名为成都中医药大学。

③ 1993年，经国家教育委员会批准，更名为西南工学院；2000年8月，西南工学院和绵阳经济技术高等专科学校合并组建西南科技大学。

④ 1994年3月，国家教育委员会、四川省人民政府决定四川大学、成都科技大学合并组建为四川联合大学；1998年12月，四川联合大学更名为四川大学。

训班和讲座，重庆师范学院①、四川外语学院、重庆建筑专科学校②分别为黔江县600多名中学教师和百余名建设工作技术人员开办培训班。据不完全统计，全省有18万名大、中专学生参加社会调查、改革考察活动和军事训练，写出调查报告、考察报告、心得体会10万余份。在教师的指导下，开展了教师、财会人员、厂长经理、建筑工程人员、区乡农业技术员培训；举办经济管理、法律知识、医疗卫生、计划生育、农村实用技术等各种讲座；开展科技知识咨询、送医送药上门、为民服务、科技攻关、技术服务、农房住宅设计、小型工程设计等多项为民服务活动；参与制定社会、经济、科技、扶贫战略规划等600余个项目设计，涉及专业500余个。

活动结束后，不少学校和地方就今后长期开展活动，建立稳定的社会实践活动基地达成协议，包括为地方提供学校开发的新技术、新产品、新工艺；地方委托学校研制所需要的科研项目，并提供一定的科技经费，成果共同享用；学校根据地方需要培训高中级技术人才，建立互通情报、信息、学校资料、教学生产实习的内容和科技协作等。合江县以县人民政府的名义与10多所高校签订科技服务协议书，涉及地方单位50多个。四川材料工业学院与平武县人民政府、县水泥厂签订为地方提供学校开发的新技术、新产品、新工艺等项目的协议书。据不完全统计，各校带回继续研究的项目达500余项，与地方建立长期挂钩、对口支援的活动基地近千个。

开学后，各校组织学生交流、汇报社会实践活动的感受、体会和见闻，评比表彰成绩突出的集体和个人，举办征文活动、编辑社会调查报告集。许多学校还规定参加社会实践活动的学生可免于参加暑期中的生产实习，以社会实践活动成绩计入生产实习分。对活动中具有技术可行性和较大经济效益的项目，若因周期长不能在假期完成的，可以列入今后学生毕业设计或列入学校对外科技协作项目，地方给学生参加活动后的鉴定、学生评选上的优秀社会调查报告与学生的“三好生”“奖学金”评定挂钩，把社会实践活动逐步纳入正常的教学计划。

1987年10月，省委宣传部、省教委、团省委、省教育工会决定：授予109名同学“1987年高等学校暑期社会实践活动优秀学生”；授予106名教师“1987年高等学校暑期社会实践活动优秀教师”；评选“1987年高等学校暑期社会实践活动先进集体”71个，评选111名同学撰写的10篇调查报告为1987年高等学校暑期社会实践活动优秀调查报告。

1988年暑假，团省委根据中央宣传部、国家教委、团中央《关于1988年暑期中开展学生社会实践活动中的几点意见》的精神，结合四川实际，继续在全省大、中学生中广泛深入地开展“扶贫兴蜀、实践成才”为主题的社会实践活动。参加活动的学生遍及全省近200个县及全国25个省、市、自治区。全省高校首次举办科技成果转让暨大学生社会实践活动项目洽谈会，与全省50多个县、200多个厂家、企业达成（签订）正式意向性科技成果转让和科技开放项目协议（合同）403项，金额近千万元。

这次活动以思想内容为主线开展：以“国情与改革”征文活动为主体，引导学生参与改革，为领导机关决策、为基层单位建设献计献策。据不完全统计，全省有8万余名大学生参加这项社会调查征文活动，共写出调查报告、考察报告、心得体会8万余份；深入开展以“扶贫兴蜀、实践成才”

① 2003年4月，教育部批准，更名为重庆师范大学。

② 1992年4月，更名为重庆建筑专科学校；2000年4月，重庆大学、重庆建筑大学、重庆建筑专科学校合并组建新的重庆大学。

为主题的为振兴四川经济办实事、做贡献的社会实践建设营活动。四川大学2000余名师生组建38个分团和小分队，赴省内27个市、县的200多个单位开展活动，兴办经济管理、工业会计合同法、外语、中小学师资、无线电维修技术、计算机原理及运用微生物技术等46个培训班，培训人员达5700余人，完成科技服务、成果转让项目208个，创直接和间接经济效益450万元以上。成都科技大学转让科技成果5项，承接科技开发项目9个。据统计，全省高校共组织2000余个社会实践建设营、科技服务小分队，覆盖全省90%的县。在千余名教师的指导下，共完成各种科技文化知识培训、讲座、科技咨询、科技服务、成果转让、设计论证、战略规划、专题报告等千余个项目，涉及专业500多个，直接和间接经济效益达1500万余元；组织回乡大学生以"为家乡建设献计出力"为主题，促进家乡经济社会发展的智力支乡活动。智力支乡活动是西南农业大学①、四川农业大学、四川畜牧兽医学院②等院校开展社会实践活动为农村经济建设服务的新路子。西南农业大学共组建了赴四川、云南、贵州、宁夏、陕西"智力支乡"小分队34个，深入112个区乡、上千家农户，以乡镇农校为依托，举办农业实用技术培训班；开展街头田间咨询、宣讲农业新科技；利用有线广播，开辟农业科技园地；深入基层、落户农家实地指导农业生产；推广农业科技新技术，共发放农业实用技术资料3800余份，举办农业技术广播讲座45次，转让和推广科技成果10项，与200多家农户建立长期技术协作，受益人数达10万余人，创直接经济效益数十万元；把有偿服务纳入社会实践活动，培养广大学生逐步具备符合商品经济发展趋势的价值规律素质，为深入持久开展社会实践活动提供物质依托和经费来源的勤工助学活动和有偿服务活动。重庆师范学院有计划地组织1000多名学生担任家庭教师，开展家庭教育服务活动的学生占全校学生总数的30%。一个月时间，学生平均收入50余元，最高收入达200多元。成都地质学院承担的花岗石、大理石、大青石、重晶石的开发，提供成套机械设备和加工抛光的技术以及改进陶瓷厂生产工艺等项目，有的项目已经完成，有的项目已取得进展，均产生了较好的经济效益。

活动结束后，各高校与地方签订了长期稳定的科技协议书500余份，项目千余个，长期挂钩，对口支援，建立活动基地2000余个。为巩固消化暑假活动成果，扩大活动成果的教育面和思想政治工作作用，各高校普遍采用座谈会、报告会、演讲会、成果展览、总结表彰等形式，把参加社会实践活动作为学生一门必修课和对学生全面考核、评选"三好学生""优秀学生干部"、评定奖学金的内容之一。对参加教师计入教师工作量，并作为"教书育人"职称评定的重要依据之一。

1988年，四川获全国表彰的大中专学生社会实践活动先进单位有：共青团四川大学委员会、成都科技大学、共青团西南农业大学委员会、西南师范大学、共青团攀枝花大学委员会、共青团重庆医科大学委员会、共青团西南石油学院委员会、西南民族学院③、万县师范专科学校④赴纳溪县建设营、共青团内江县委员会、共青团成都电子科技大学委员会11个单位。

（二）中学生实践教育活动

为响应1985年中共中央作出的《关于教育体制改革的决定》和1987年共青团中央、国家教育

① 2005年，西南农业大学与西南师范大学合并组建为西南大学。

② 2001年，西南农业大学、四川畜牧兽医学院、中国农业科学院柑桔研究所组建新的西南农业大学；2005年，西南农业大学与西南师范大学合并组建西南大学。

③ 2003年，经教育部批准，更名为西南民族大学。

④ 1994年3月，万县师范专科学校、万县教育学院合并组建为四川三峡学院；2000年2月，四川三峡学院更名为重庆三峡学院。

委员会、中国科学技术协会、农牧渔业部《关于在中学开展实践教育活动的意见》，从1985年开始，中学生实践教育活动在全川各地中学开展起来，形成了从普通中学到重点中学，从农村到城市的各具特色的局面。全省有南充、万县、乐山、泸州、德阳5个重点示范市地，全省21个市（地、州）有7个示范县、乡、校。在示范地县、乡中，各级团组织着重抓“三个落实”：抓经费落实，通过财政拨一点，学校挤一点，学生交一点，社会助一点，勤工俭学，有偿服务创一点；抓师资落实，组织有关部门的技术干部、党政领导、学校教师、回家度假的大中专学生担任教师；抓基地落实，充分利用工厂、乡镇企业科研单位、校办厂（场）、青年之家、农村专业户等现有条件和设施。活动形式主要是社会实践、科技实践、文体实践、文明实践、军事训练等。活动的主题是“扬理想风帆、走成才道路”“走向未来”“理想、学习、实践、成才”等。在活动的层次和类别上，形成了农村中学主要开展技能实践活动，城市中学主要开展社会实践、科技实践活动，职业中学主要开展专业技能培训和社会实践等活动。开展活动始终围绕着从实际出发，因地制宜，“实用实效，分层推进”的原则。

各地把中学生实践教育活动纳入地方经济社会发展总体规划之中。南充、万县、乐山等地把活动纳入各地党政重要议事日程。万县、南充等地成立了有地委副书记、行署副专员任组长，团委、教委、农委、经委、劳动局、工商局、乡镇局、科委、科协等部门为成员的地区中学实践教育活动领导小组，转发了团地委等9家的《关于开展和深化中学实践教育活动报告》，明确地把应届初高中毕业生实用技术培训纳入全地区“星火”“丰收”计划。各部门之间分工负责，齐抓共管，每年都以地委、行署的名义对全区活动进行总结表彰。各地还把实践教育活动纳入了学校的教育计划和教学计划。农村中学普遍实行了毕业证和实用技术培训合格证齐发的制度，对培训毕业生进行严格考试后，对成绩合格者，学校与县科委联合签发“劳动技术教育合格证”，装入毕业生档案，并规定农村录用干部时优先考虑，在城市中普遍实行了《社会实践活动登记表》制度，装入档案作为升学的重要依据。各地还把实践教育活动纳入社会、家庭关心支持的范围。中共南部县委、南部县人民政府每年定期研究活动，加强对活动指导，为全县中学实践教育活动提供经费4万多元。南充地区团委与银行部门挂钩，对有一技之长的回乡毕业生进行追踪服务，在贷款等方面给予适当优惠，帮助发展生产，排忧解难。

各地把中学生社会实践活动重点一直放在农村中学，进而推动活动的全面开展，形成农村中学、城市中学、职业中学各有侧重、各具特色的实践教育体系。农村中学的重点突出一个“技”字。在贫困地区以脱贫致富为中心，发挥当地资源优势，着重选择种、养殖、农产品加工等“短”“平”“快”项目对学生进行培训。普通中学突出一个“能”字，分层次开展社会考察、公益劳动、军训等活动，组织学生利用节假日，春游等时间深入社会，了解国情，进行社会实践，文明实践，科技实践，生产劳动实践等活动。重点中学侧重提高学生的“三自”能力和创造能力，使他们有健康的心理和思想品德，树立正确的理想，为高一级学校输送合格的学生打基础。厂矿中学重在根据企业性质和生产发展需要及发展前景，规划和安排活动内容，为培训本企业发展所需要的合格劳动者和专门人才做准备。职业中学重在一个“专”字，根据学生所学专业，组织引导学生参加各种社会服务活动，提高学生的专业技能。各地中学的团组织，注重横向与纵向的联系，做到了与“星火”“燎原”计划示范乡建设相结合；与青农战线“青年星火带头人”活动相结合；与高校社会实践活动相结合；与改革教育相结合；与学校第二课堂活动、校园文化活动、勤工俭学相结合；与人才培养和输送相结合。

1986年，全省开展“扬理想风帆，走成才道路”为主题的团支部活动，把培养“四有”新人的目标落实到基层团组织。1987年3月，团省委对成都团市委、广安团县委等25个团市（地）县委、成都石室中学高87级6班团支部进行了表彰。1988年，全省在开展“走向未来”中学社会实践活动中，在各地总结评选推荐的基础上，团省委评选出南充团地委等6个地（市）为“实践教育活动先进地（市）”；团峨眉山市委等24个县（市、区）为“实践教育活动先进县（市、区）”；成都七中等41所中学为“实践教育活动先进学校”并给予表彰。1989年，全省各级团组织围绕“理想、学习、实践、成才”为主题，创造性地在广大团员学生中开展丰富多彩的活动，取得了显著成效。团省委于1990年12月，对万县团地委等11个市（地）团委授予“红旗单位”称号，对遂宁等10个市（地、州）团委授予“先进单位”称号，对南川团县委等25个县、校团委授予“先进单位”称号。此后，中学实践教育活动已成为长期性的活动。

第三节 中国少年先锋队四川省工作委员会

一、沿革

1949年10月13日，中国共产党委托共青团建立全国统一的少年儿童组织——中国少年儿童队。1953年6月，改为中国少年先锋队，简称少先队。1952年12月12日，中国新民主主义青年团四川省第一次少年儿童工作会议在成都召开。1954年3月25日，中国新民主主义青年团四川省第二次少年儿童工作会议召开。1955年5月7日，中国新民主主义青年团四川省第三次少年儿童工作会议召开。

在“文化大革命”（1966—1976年）期间，四川省少先队组织遭到破坏，少先队的名称被取消，代之以批判“走资派”为目标的“红小兵”组织，大批少年儿童被排除在少年儿童组织之外。1976年10月粉碎江青反革命集团以后，少先队组织获得新生，1978年，少先队名称得以恢复。1979年11月28日，四川省少先队工作会议在成都召开。1980年5月，四川省少先队工作学会成立，标志着新时期四川省少先队工作进入科学化、学科化阶段。1984年11月29日，四川省少先队工作会议在成都召开。1985年8月，经省委批准，成立了中国少年先锋队四川省工作委员会。同年8月18日，中国少年先锋队四川省第一次代表会议在成都召开。

二、机构与主要职能

中国少年先锋队四川省工作委员会（以下简称省少工委）是全省少先队组织的领导机构，负责指导全省的少先队工作，由中国少年先锋队四川省代表大会选举产生。省少工委的主要职能是：根据中共四川省委、共青团四川省委和共青团中央、全国少工委的要求，提出每个时期少先队工作任务，制定工作规划；负责少先队的组织发展工作；倡导并指导开展多种形式的少先队活动；指导少先队辅导员的配备、培训和表彰工作；指导队报、队刊和少年宫的工作；指导少先队的理论研究工作；反映少年儿童的状况，提出政策性建议；在“少代会”闭会期间，执行“少代会”的决议。

省少工委下设办公室，作为常设机构，其日常工作在团省委党组领导下进行。

三、重要活动

（一）“学英模、挂奖章”

1986 年 1—10 月，团省委，省少工委在全川 1860 万余名少年儿童中开展“学英模，挂奖章”活动（以下简称“学挂”活动）。活动组织者为少年儿童确立了 4 个方面的英雄模范：革命先烈、革命前辈；保卫祖国四个现代化建设的英雄；活跃在四化建设各条战线的先进模范人物；少年儿童中的英雄。通过“学英模”，引导少年儿童将英模的精神落实到自己的行动上，为在学习英模的活动中取得明显进步的个人和集体挂上光荣的奖章。

南充地区是革命老前辈邓小平、朱德、罗瑞卿的家乡，该地区学校围绕学习革命前辈、学习革命先烈这一主题开展一系列活动。南充市开展了“家乡的英模，我们向你们敬礼”的活动；广安县开展了“学习邓爷爷，立志创伟业”的活动。

在“学挂”活动中，几乎每所学校都有学习“两山”（老山、者阴山）英雄这一主题。如开展了“为半个军功章添光彩”“你保卫边疆，我美化校园”“英雄的眼睛注视着我”“老山兰”等活动。为表达全省 1800 万名少年儿童对前方将士的敬意，1986 年 10 月，省少工委组织“四川省红领巾‘学英模、挂奖章’活动赴前线汇报团”前往云南边防进行为时七天的汇报、慰问活动，这是全国第一个少年儿童赴前线慰问团。在活动中，全省少年儿童听英模报告 25418 场，写慰问信 622956 封，送慰问品 318906 件，收到前线将士的回信 41222 封。

阿坝藏族自治州是红军长征经过的地方，为纪念红军长征 50 周年，全州少先队开展“长征路上小红星”活动，他们在各种报刊上发出几十则活动消息。泸州市梓桐路小学曾是“川南师范学堂”的旧址，党的早期革命活动家恽代英曾在此点燃泸州革命之火，该校四（4）中队在开展“心花”系列活动中，根据队员们收集的资料，举行了怀念英烈的“校门前的回忆”活动。

学习少年英雄是重要的活动内容。20 世纪 60 年代的刘文学，20 世纪 70 年代的何运刚，20 世纪 80 年代的罗从林等，在全川甚至全国都产生了一定影响。在何运刚的家乡梁平县，南正街小学四（1）中队开展“在何运刚牺牲的土地上”活动。内江市紧紧抓住为抢救同学而光荣负伤的赖雪梅的事迹，在全市开展“小草”“找雪梅”“雪梅催开三月花”等活动。

全省 92% 以上的少年儿童、95% 以上的少先队组织参加“学挂”活动竞赛。短短半年多时间开展 1908570 个活动。其中农村少先队开展活动 1526857 个，占全省总数 80%。除普通学校外，盲哑学校、弱智学校、工读学校等特殊类型的学校都积极投入竞赛。

（二）“学赖宁、做党的好孩子”

赖宁（1974—1988 年），四川省石棉县人。生前是石棉县中学初中学生。为保护国家财产，曾三次自觉上山扑火。1988 年 3 月 13 日，该县海马山发生山林火灾。为挽救山林，保护地面卫星接收站，他在烈火中奋战四五个小时，献出了宝贵的生命，年仅 14 岁。团中央、国家教委于 1988 年 5 月 31 日授予赖宁“英雄少年”的光荣称号，赖宁还被评为全国“十佳”少先队员。

1989 年 7 月 1 日，省委宣传部、省教育委员会、团省委、省少工委联合发出《关于在全省中小学开展向“英雄少年”赖宁学习活动的通知》，主题活动内容命名为“学赖宁，做党的好孩子”少先队榜样教育活动（以下简称“学做”活动）。活动分三个阶段进行：宣传赖宁、学习赖宁、争做赖宁。1989年9月，由赖宁家长、生前教师、辅导员和他所在地县党团干部组成的“赖宁事迹报告团”行程万余里，在四川重庆、内江、南充等11地市巡回演讲。10月，报告团赴北京汇报演讲，受到中共中央总书记江泽民、国务院总理李鹏、全国政协主席邓颖超等党和国家领导人及老一辈无产阶级革命家的亲切接见。新闻、出版、广播、影视等部门配合学赖宁活动产生了一大批有关赖宁的报告文学、连环画、宣传画、电视专题片、故事及歌曲盒带。四川省会同有关方面联合摄制了四集电视连续剧《赖宁》，康克清为之题词：“少年魂。”全省中小学校普遍开展学赖宁活动，覆盖面达95%。广大中小学生成立成千上万的护树队、护林队、护路队、演唱队、书画组、小记者、小警察、为民服务队、送温暖小组等，活跃在城乡街头，走进烈军属、孤寡老人、“五保”老人家中，受到群众的称赞，并涌现出一大批学赖宁的动人事迹和先进人物。泸州、乐山两市三县被团中央、全国少工委评为全国学赖宁活动“先进单位”。

第四章 省级青少年组织代表大会及全委会

1986—2005年，四川共青团共召开4次全省代表大会，21次全体（扩大）会议。省青联共召开7次全体会议，18次青年联合会常委（扩大）会议。省学联共召开4次代表大会。省少先队共召开3次代表大会。

第一节 中国共产主义青年团四川省代表大会

按照团的章程，团省委每5年召开一次全省代表大会，选举产生新的一届委员会。1953—2005年，共召开11次全省团代表大会。团代会闭会期间由团省委全体委员会选举产生的常务委员会负责领导全省团的工作，并向全委会报告工作。

一、中国共产主义青年团四川省第八次代表大会

代表大会于1987年8月16—20日在成都召开。正式代表802名，列席代表40名，代表全省480万名团员。

大会主要议程：审议共青团四川省第七届委员会的报告，确定此后五年全省团的工作任务；选举四川省出席共青团第十二次全国代表大会的代表；选举产生共青团四川省第八届委员会。

团省委副书记刘鹏致开幕词。省委副书记聂荣贵代表省委致辞。成都军区政治部副主任郑贤斌向大会致祝辞，省总工会副主席佟柏芬代表省总工会、省妇联、省文联、省科协、省侨联、省台湾同胞联合会等群众团体向大会致辞。省委副书记、省长蒋民宽在会作了《坚持“改革、开放、搞活”共谋四川经济的发展》的讲话。

大会审议通过团省委书记杨崇汇在会上作的题为《以建设有中国特色的社会主义为己任，为巴山蜀水更加美好的明天贡献青春》的工作报告。报告提出了今后五年的主要任务：一是青年要勇敢地担负起历史赋予的光荣责任；二是全省团组织要成为团结教育青年的坚强核心。

大会选举产生共青团四川省第八届委员会，委员110名，候补委员10名，其中常委14名。刘鹏当选为书记，彭渝、崔连彬、王雨顺、罗安明、李柏云、黄丹华当选为副书记。大会还选举产生了四川省出席共青团第十二次全国代表大会的代表。

二、中国共产主义青年团四川省第九次代表大会

代表大会于1992年12月19—22日在成都召开。大会代表592名，列席代表7名，代表全省495

万名团员。

省委副书记李伯勇在大会上祝辞。省总工会副主席李家钊代表省总工会等群众团体致辞。会议审议并通过团省委书记彭渝在会上作的《勇担重任，开拓前进，为加快四川改革开放和经济建设步伐贡献青春》的工作报告。该报告提出，全团要全面贯彻十四大精神的总体思路，坚持党的基本路线的指导思想及带领广大青年促进经济发展为团的工作中心。

大会选举产生共青团四川省第九届委员会，委员63名，候补委员27名，其中常委14名。彭渝当选为书记，黄丹华、邓川、尧斯丹、王晓东、李伟当选为副书记。

三、中国共产主义青年团四川省第十次代表大会

代表大会于1997年11月26—28日在成都召开。大会代表598名，列席代表11名，代表全省2100万名团员青年。

省委、省人大、省政府、省政协领导及有关部门领导出席大会。团中央给大会发来贺信。大会的主要任务是：学习领会党的十五大精神，学习和讨论省委领导的重要讲话；审议并通过共青团四川省第九届委员会的工作报告。

团省委副书记罗强致开幕词。省委副书记杨崇汇在大会上致辞。省委副书记、省长宋宝瑞致贺信。大会审议通过黄新初代表共青团四川省第九届委员会所作的《高举邓小平理论伟大旗帜，团结带领青年为实现四川跨世纪宏伟目标建功立业》的工作报告。报告提出以后五年全省共青团工作的总体思路和任务是：高举邓小平理论伟大旗帜，把培养和造就跨世纪社会主义事业建设者和接班人作为全部工作的出发点和落脚点。继续推进跨世纪青年文明工程、跨世纪青年人才工程和服务万村致富行动。遵循团的工作与四川经济建设和社会发展相一致的原则，与建立社会主义市场经济体制进程相协调的原则，与青年的需求和发展相适应的原则，与四川实际情况相符合的原则，与充分发挥团的社会职能相配套的原则，使团的工作在服务大局和促进两个根本性转变中作用更加突出，在代表维护青年利益方面更加有力，在创造四川特色方面更加明显，使团的自身建设在建设有中国特色社会主义民主政治进程中切实加强，把全省共青团事业全面推向二十一世纪。

大会选举产生共青团四川省第十届委员会，委员63名，候补委员27名，其中常委17名，黄新初当选为书记，尧斯丹、罗强、丁成明当选为副书记。

四、中国共产主义青年团四川省第十一次代表大会

代表大会于2002年12月23—25日在成都召开。大会代表579名，列席代表15名，代表全省1975万名团员青年。

省委、省人大、省政府、省政协主要领导及在蓉的全体省委常委出席大会。省委书记张学忠接见了全体代表并发表讲话。省委副书记刘鹏在大会上致辞。大会审议通过了罗强代表共青团四川省第十届委员会作的题为《全面贯彻"三个代表"重要思想，团结带领青年为实现四川发展新跨越而努力奋斗》的工作报告。报告提出以后五年全省共青团工作的总体思路和任务是：高举邓小平理论伟大旗帜，全面贯彻"三个代表"重要思想，以跨越式发展为主题，以培养"四有"新人为根本，以改革创新为动力，开拓新的工作领域，调动一切积极因素，努力使团的工作在服务大局中实现更高的参与率、贡献率、认同率。在服务青年中突出更强的主动性、针对性、实效性，全面增强团组

织的吸引力、凝聚力和战斗力，团结带领广大青年在推动先进生产力和先进文化的发展中发挥生力军作用，为实现四川发展新跨越而奋斗。

大会选举产生由57名委员、33名候补委员组成的共青团四川省第十一届委员会，其中常委17名。罗强当选为书记，吴旭、宣迅、邵革军、周键、谭红杰当选为副书记。

第二节　中国共产主义青年团四川省委全体（扩大）会议

一、中国共产主义青年团四川省委八届一次全会

会议于1987年8月20日在成都召开。会议选出由卜永秀、王雨顺、邓川、任来、刘鹏、刘俊杰、李柏云、杨永培、沈纪中、欧可平、罗安明、黄丹华、彭渝、崔连彬14名人员组成的共青团四川省第八届委员会常务委员会，刘鹏当选为书记，彭渝、崔连彬、王雨顺、罗安明、李柏云、黄丹华当选为副书记。省委书记杨汝岱作《青年干部多注重增长实际才干》的讲话，要求全省团干部要眼睛向下，注意向群众学习，向实践学习；要经受住各种考验，过好名、位、权、利益关；要在培育“四有”新人中带出一个好的作风来。刘鹏作题为《为实现四川省第八次团代会提出的光荣任务而奋发努力》的报告。大会通过了《关于工作报告的决议》。

二、中国共产主义青年团四川省委八届二次全体（扩大）会议

会议于1989年12月20—23日在成都召开。团省委委员、候补委员，各市、（地、州）及省直团（工）委和团省委机关各部门及直属单位负责人参加会议。团省委副书记彭渝作题为《紧随历史车轮前进，我们为把巴山蜀水建设得更加美好做了实实在在的工作》的工作总结，团省委书记刘鹏在会上传达了团中央工作会议和十二届二中全会精神，并作了关于《共青团四川省委1990年工作意见》的报告。会议讨论了团省委关于1990年全省青工、青农、学校、少儿和青联统战等方面的工作意见，确立了1990年全省各级团组织的三项基本任务：抓住有利时机，开展生动活泼的、以坚持四项基本原则、反对资产阶级自由化的教育，开展国情省情教育和艰苦奋斗、勤俭建国教育及共产主义思想教育为主要内容的思想政治工作；深入扎实地搞好以基层建设，团干部队伍建设和团员管理为主要内容的团的自身建设，为完成团的各项任务打下坚实基础；紧扣党的中心工作，带领团员、青年艰苦奋斗，诚实劳动，做好本职工作。

会议号召全省各级团组织充分发挥组织的先进性，努力活跃基层共青团工作，为动员全省团干部、团员和青年，以中共十三届四中、五中全会精神和邓小平、江泽民的重要讲话精神统一思想，坚定信念，振奋精神；为加强青年思想政治工作，引导团员、青年坚持四项基本原则，反对资产阶级自由化；为带领他们在进一步治理整顿和深化改革中，脚踏实地为克服暂时经济困难和持续、稳定、协调地发展经济奉献青春的热血和智慧，为培养新一代巴蜀优秀儿女作出新的贡献。

三、中国共产主义青年团四川省委八届三次全体（扩大）会议

会议于1990年12月23—25日在成都召开。第八届团省委委员、候补委员，各市（地、州）团

委及省直团（工）委和团省委机关各部门及直属单位的负责人参加会议。团省委副书记王雨顺在会上做工作总结。会议讨论了1991年全省团的工作的基本任务：继续开展生动活泼的思想政治教育，把重点放在具体深化上；继续狠抓团的自身建设，把重点放在巩固发展上；继续带领团员青年诚实劳动，把重点放在提高质量上。为保证各项任务的圆满完成，继续开展"为进一步治理整顿深化改革和发展经济建功，使团员青年在忠诚党、忠诚社会主义之路上成才，在团的自身建设中创优"（以下简称"建功、成才、创优"）主题系列活动。会议要求：全省各级团组织在围绕"建功、成才、创优"主题开展各项活动时，应根据各自的特点，紧密结合实际，发挥主观能动性，创造性地开展工作，真正做到"主题明确，口号响亮，任务落实，措施具体，青年响应，党政满意，效果显著"，力争1991年全省团的工作迈上一个新台阶。

四、中国共产主义青年团四川省委八届四次全体（扩大）会议

会议于1991年12月23—25日在成都召开。第八届团省委委员、候补委员，各市（地、州）团委及省直团（工）委负责人和团省委机关全体中层干部及直属单位负责人参加会议。会议深入学习中央〔1989〕12号文件和省委〔1990〕11号文件，传达贯彻中共十三届八中全会和省委五届九次全会精神，通过学习讨论，进一步明确了做好共青团工作的基本思路。团省委副书记李柏云做工作总结。团省委副书记彭渝结合团中央常委扩大会和省委五届九次全委会的精神及四川工作实际，从围绕中心、突出重点、提高质量、稳步发展等方面对1992年全省团的工作提出建议。会议表彰了1991年"建功、成才、创优"主题系列活动先进集体和个人。

五、中国共产主义青年团四川省委九届一次全会

会议于1992年12月22日在成都召开。团省委第九届委员会领导班子于12月21日选举产生，全会选举彭渝为团省委书记，黄丹华、邓川、尧斯丹、王晓东、李伟为团省委副书记。经会议研究，拟提请省委任命彭渝为团省委党组书记，黄丹华为党组副书记，邓川、尧斯丹、王晓东、李伟为党组成员。中共中央政治局委员、四川省委书记杨汝岱发表讲话并向新一届委员会表示祝贺，对于青年干部的成长提出建议。

六、中国共产主义青年团四川省委九届二次全体（扩大）会议

会议于1994年1月5—7日在乐山市彭山县召开。共青团四川省第九届委员会委员、候补委员，各市（地、州）团委及省直团（工）委负责人和团省委机关及直属单位负责人参加会议。团省委书记彭渝在会上作讲话。会议围绕共青团十三届二中全会精神和会议审议通过的《在建立社会主义市场经济体制进程中我国青年工作战略发展规划》（以下简称《规划》）作了认真学习和讨论，认为：《规划》是共青团适应社会主义市场经济的重大举措，是团的工作的继承和发展、创新。《规划》以实施两大工程为重点突破，用十条措施调整运行机制，加强基础建设，形成了共青团工作的新格局。《规划》推出了"跨世纪青年文明工程"和"跨世纪青年人才工程"，这是开创共青团工作新局面的重大举措，它是以后全省共青团工作的行动纲领。四川省贯彻《规划》需要解决两个问题：一是要统一思想，二是要密切结合实际，从实际出发，量力而行。会议还就团组织对青少年的培养方向方法和团干部作风建设方面提出了重要建议。

七、中国共产主义青年团四川省委九届三次全体（扩大）会议

会议于1994年12月15—16日在成都召开。共青团四川省第九届委员会委员、候补委员，各市（地、州）团委及省直团（工）委负责人和团省委机关及直属单位负责人参加会议。省委副书记杨崇汇、团省委书记彭渝分别在大会上发表讲话，强调要认真学习、贯彻中共十四届四中全会精神，提高基层团组织的战斗力，团的干部要以更高、更严格的标准来要求自己。团省委副书记黄丹华对团省委1995年工作要点作了说明。会议着重研究了在1995年和以后团的工作中，如何认真贯彻落实中共十四届四中全会精神，全面加强团的建设，更好地完成党赋予团的任务等问题。会议通过了团省委九届委员会委员的卸职递补确认案。

八、中国共产主义青年团四川省委九届四次全体（扩大）会议

会议于1995年12月17—18日在成都召开。共青团四川省第九届委员会委员、候补委员，各市（地、州）团委及省直团（工）委负责人和团省委机关及直属单位负责人参加会议。会议主题是贯彻落实中共十四届五中全会、省委六届六次全会和团中央十三届四中全会精神，动员、带领青年为实现四川跨世纪宏伟目标艰苦创业和在创业中成才。团省委书记黄丹华在会上作讲话。她在讲话中强调：在新的历史条件下，共青团组织承担着比以往更加重大的历史责任，肩负着比以往更加重要的任务，也面临着新的困难和问题。面对机遇与挑战、困难与希望、发展与制约并存的局面，要担当起跨世纪发展的重任，实现共青团的使命。会议研究部署了1996年的工作，研究探讨了四川共青团在中国跨世纪现代化建设进程中如何发挥更大作用等问题。

九、中国共产主义青年团四川省委九届五次全体（扩大）会议

会议于1997年1月6—7日在成都召开。共青团四川省第九届委员会委员、候补委员，各市（地、州）团委及省直团（工）委负责人和团省委机关及直属单位负责人参加会议。会议的主题是：深入学习贯彻中共十四届六中全会、省委六届七次、八次全会和全省经济工作会议精神，研究部署1997年全省团的工作。着力深化“跨世纪青年文明工程”和“跨世纪青年人才工程”，不断推进“服务万村行动”，大力加强团的基层组织建设。省委副书记杨崇汇出席会议，并就1997年全省团的工作提出三点意见：深入贯彻中共十四届六中全会和省委六届八次全会精神；带领巴蜀青年投身改革开放和经济建设主战场；保证团的自身建设适应发展社会主义市场经济的需要。团省委书记黄丹华作《认清形势，把握大局，努力提高我省共青团工作整体水平》的讲话。会议通过《关于召开共青团四川省第十次代表大会的决议》以及《共青团四川省九届五次全会关于团省委委员的卸职确认案》。团省委副书记尧斯丹作大会总结。全会分别由团省委副书记尧斯丹、罗强主持。

十、中国共产主义青年团四川省委十届一次全会

会议于1997年11月28日在成都召开。会议讨论通过《共青团四川省十届一次全会选举办法》。省委组织部常务副部长彭柏林介绍了常委、书记、副书记候选人情况，讨论通过监察人名单共7人。选举黄新初为书记，尧斯丹、罗强、丁成明3人为副书记。会议结束时，省委书记谢世杰、省委副书记杨崇汇亲临全会并作讲话。谢世杰指出：“共青团四川省委第十次代表大会开得很好，很成功。”

他希望新一届委员会“认清形势，肩负重任，扎实工作，开拓前进，团结带领广大团员青年为实践四川跨进宏伟目标而努力奋斗”。坚持用中共十五大精神指导和统率团的各项工作，组织动员团员青年投身到改革开放的伟大实践中去，坚持不懈地抓好团的自身建设，切实加强党对共青团工作的领导。

十一、中国共产主义青年团四川省委十届二次全体（扩大）会议

会议于1998年1月12日在成都召开。团省委十届委员会委员、候补委员，市（州）和省直团（工）委负责人和团省委机关及直属单位负责人参加会议。省委副书记杨崇汇、省委常委甘道明出席会议并讲话。会议的主要任务是：以中共十五大和省七次党代会精神为总揽，总结1997年工作，安排1998年工作，推进全省共青团事业深入发展。团省委常委会为此作专题研究，并向省委领导作汇报。会议作出以下决议：认真学好省第七次党代会的主要文件，重点是学习省委书记谢世杰所作的《解放思想，加快发展，全面推进四川跨世纪现代化建设事业》的报告；紧紧围绕服务改革攻坚大局和经济发展全局，按照省十次团代会的部署，进一步深化跨世纪青年文明工程、跨世纪青年人才工程和服务万村行动；切实加强团的自身建设，围绕国有企业改革攻坚这个重点，深入推进城市下岗青工再就业工程；继续推进青年志愿者行动、青年文明号活动和“手拉手”互助活动，实施好“希望工程”，代表维护好青少年合法权益，不断优化青少年成长的社会环境。

十二、中国共产主义青年团四川省委十届三次全体（扩大）会议

会议于1999年1月9—11日在成都召开。团省委十届委员会委员、候补委员，市（州）和省直团（工）委负责人和团省委机关及直属单位负责人参加会议。省委常委甘道明出席会议并讲话。他强调：“1999年是中国重要的一年，将迎来建国50周年和澳门回归。全省各级团组织要高举邓小平理论伟大旗帜，全面贯彻中共十五大和十五届三中全会的精神，认真学习和贯彻省委十届三次全委会和经济工作会议精神，认清形势，把握大局，结合实际，明确任务，坚持创新，重点突破，开创全省共青团工作的新局面。”团省委副书记尧斯丹、罗强分别在会上讲话。

十三、中国共产主义青年团四川省委十届四次全体（扩大）会议

会议于2000年1月4—5日在成都召开。团省委十届委员会委员、候补委员，市（州）和省直团（工）委书记，团省委机关及直属单位负责人参加会议。省委副书记席义方出席会议并讲话。他介绍了省委1999年的工作情况，阐明当前面临的形势和任务，肯定了过去全省团的工作，对以后一段时间全省团的工作提出三点意见。省委常委甘道明就全省各级团组织在以后的工作中如何贯彻落实好省委的工作部署及省委领导的讲话精神，进一步做好团的工作，提出具体要求。团省委书记黄新初围绕研究新情况、解决新问题、适应新形势、认真做好跨世纪共青团工作等问题，讲了三点意见。团省委副书记尧斯丹作会议总结。会议总结1999年的工作，部署2000年的工作，通过了共青团四川省第十届委员会委员、候补委员卸职、递补确认案。

十四、中国共产主义青年团四川省委十届五次全体（扩大）会议

会议于2001年1月15—16日在成都召开。团省委十届委员会委员、候补委员，市（州）和省

直团（工）委负责人和团省委机关及直属单位负责人参加会议。省委常委甘道明、团省委书记尧斯丹出席会议并分别在会上讲话。团省委副书记罗强对2000年的工作进行总结，并对2001年的工作要点作说明；会议认真讨论和学习中共十五届五中全会和省委七届八次全会精神，进一步明确新世纪之初四川共青团面临的新形势和新任务，统一思想，理清工作思路。会议通过《关于动员带领全省团员青年为实现四川国民经济和社会发展“十五”计划作贡献的决议》；会议表彰了先进。团省委副书记丁成明作会议总结。

十五、中国共产主义青年团四川省委十届六次全体（扩大）会议

会议于2002年1月14—16日在成都召开。团省委十届委员会委员、候补委员，市（州）和省直团（工）委负责人和团省委机关及直属单位负责人参加会议。省委副书记陶武先到会并讲话，他肯定了2001年全省共青团工作取得的成绩并提出希望。省委常委甘道明出席会议。团省委书记尧斯丹在会上讲话。会议的主要任务：以“三个代表”重要思想为指导，学习贯彻中共十五届六中全会、省委七届九次全会和共青团十四届五中全会精神，总结2001年全省共青团工作，对2002年全省共青团工作进行安排部署。会议通过团省委十届委员卸职确认案，增补团省委常委、委员，通过《关于召开共青团四川省第十一次代表大会的决议》，表彰了一批“五四红旗团委标兵”和“五四红旗团委”。团省委副书记丁成明作总结讲话。

十六、中国共产主义青年团四川省委十届七次全体（扩大）会议

会议于2002年11月26—27日在成都召开。团省委十届委员会委员、候补委员，市（州）和省直团（工）委负责人和团省委机关及直属单位负责人参加会议。会议主要议题是：学习贯彻中共十六大精神；讨论四川省第十一次团代会工作报告（草案）；研究部署四川省第十一次团代会有关工作。省委常委黄彦蓉出席会议并讲话。团省委副书记、党组副书记罗强代表团省委常委会，就全省共青团组织如何进一步学习宣传贯彻中共十六大精神、认真筹备省第十一次团代会和做好当前及今后一段时期团的各项工作提出具体要求。团省委副书记吴旭在会上讲话。会议认真学习中共中央总书记江泽民在中共十六大上所作的《全面建设小康社会开创中国特色社会主义事业新局面》的报告，学习《中国共产党章程》，学习中共十六大的各项决议和十六届一中全会公报；学习《中共中央关于认真学习贯彻党的十六大精神的通知》；听取中共十六大代表周学东关于十六大精神的宣讲和省委宣传部副部长郑晓幸关于十六大精神的辅导报告。会议通过了《关于深入学习宣传贯彻党的十六大精神，团结带领全省团员青年奋力推进四川发展新跨越的决议》。会议对获“四川五四红旗团委标兵”“四川五四红旗团委”“四川五四红旗团支部”和创建“五四红旗团委”活动组织奖的单位给予表彰。

十七、中国共产主义青年团四川省委十一届一次全会

会议于2002年12月25日在成都召开。省委常委黄彦蓉出席会议并作讲话。会议选举产生共青团四川省第十一届常务委员会委员共17人，以及团省委新一届领导班子。罗强当选为团省委书记，任团省委党组书记。吴旭、宣迅、邵革军、周键、谭红杰当选为团省委副书记，任团省委党组成员，团省委纪检组长张剡任团省委党组成员。

十八、中国共产主义青年团四川省委十一届二次全体（扩大）会议

会议于2003年8月8日在成都召开。团省委十一届委员会委员、候补委员，市（州）和省直团（工）委负责人和团省委机关及直属单位负责人参加会议。省委常委黄彦蓉出席会议并讲话。团省委书记罗强代表常委会作工作报告。会议表决通过《四川新跨越人才发展计划》；对“四川青年五四奖章”获得者和四川省“十大杰出青年”进行了表彰。

十九、中国共产主义青年团四川省委十一届三次全体（扩大）会议

会议于2004年1月13日在成都召开。团省委十一届委员会委员、候补委员，市（州）和省直团（工）委负责人和团省委机关及直属单位负责人参加会议。省委副书记刘鹏代表省委作书面讲话。团省委书记罗强向全会作工作报告。会议传达了中央书记处对团的工作的指示和中共中央政治局委员王兆国在共青团十五届二中全会上的讲话。会议通过《关于认真学习贯彻党的十六届三中全会精神，团结带领全省团员青年在完善社会主义市场经济体制的历史进程中充分发挥生力军作用的决议(草案)》，通过《关于团省委委员、候补委员卸职递补的确认案（草案)》，增补了团省委常委。会议对在创建“五四红旗团委”活动中涌现出的先进集体进行了表彰。

二十、中国共产主义青年团四川省委十一届四次全体（扩大）会议

会议于2005年1月12日在成都召开。团省委十一届委员会委员、候补委员，市（州）和省直团（工）委负责人和团省委机关及直属单位负责人参加会议。省委常委李登菊出席会议并讲话，她肯定了全省各级团组织在过去一年取得的成绩，对做好当前和以后一个时期的共青团工作提出意见。团省委书记罗强作工作报告。他在报告中总结了全省共青团在加强青少年思想道德建设、服务四川经济发展、服务青少年健康成长、加强青年人才培养、加强团的基础建设等方面取得的成绩。会议贯彻了省委八届四次全会和共青团十五届三中全会精神，表彰了2004年度四川省五四红旗团委、团支部，团建先进县（市、区）及四川“五四红旗团委”创建活动组织奖。

二十一、中国共产主义青年团四川省委十一届五次全体（扩大）会议

会议于2005年12月27—28日在成都召开。团省委十一届委员会委员、候补委员，市（州）和省直团（工）委负责人和团省委机关及直属单位负责人参加会议。省委常委李登菊出席会议并作讲话，她对团省委一年来的工作给予高度肯定，并就当前和以后一段时间的共青团工作提出新的要求。团省委书记、达州市委副书记、代市长罗强出席会议。团省委副书记（主持工作）邵革军代表团省委常委会向全委会作工作报告。会议传达学习省委八届六次全会和团十五届四次全会精神，通过《共青团四川省第十一届委员会委员、候补委员卸职递补确认案》。会议表彰了四川省五四红旗团委创建活动组织奖、团建先进县（市、区）和五四红旗团委标兵、团省委重点工作先进集体、十大优秀主题和特色工作、信息工作先进集体和个人及优秀调研论文；会议组织与会代表前往成都锦江区和双流县参加了“积极投身社会主义新农村建设”主题参观活动。

第三节　四川省青年联合会全体会议

一、四川省青年联合会第七届二次全体会议

会议于1986年12月10—12日在成都召开。省青联主席彭渝，副主席聂秀香、崔连彬、张竹、童若春，新增选的副主席王雨顺、王安泰、薛现林，新增补15名常委及88名委员共200余人参加会议。副主席张竹致开幕词。省委常委、省委宣传部部长许川代表省委讲话。大会讨论通过了团省委副书记彭渝代表省青联第七届常务委员会作的题为《振奋精神，开拓前进，谱写我省青联工作的新篇章》的工作报告。委员熊大经传达了全国青联六届二次会议精神，省经济体制改革办公室郭恩良作关于经济体制改革的专题报告。省委统战部部长王于到会作关于新时期党的统战工作的报告。会后，新组成的常委会召开会议，决定接纳中国科学院成都分院青年科技协会为青联七届委员会团体会员。

二、四川省青年联合会第八届一次全体会议

会议于1988年10月15日在成都召开。省委常委、省委宣传部部长许川代表省委在会上宣读祝辞，会议审议并通过彭渝代表省青联第七届常务委员会所作的题为《高举社会主义和爱国主义旗帜，团结各族各界青年为统一祖国振兴四川艰苦奋斗》的工作报告。会议号召全省各族各界青年紧密团结在党的周围，高举有中国特色的社会主义旗帜，高举统一祖国振兴中华的爱国主义旗帜，坚持社会主义初级阶段的基本路线，以发展生产力为中心，锐意进取，开拓创新，艰苦奋斗，为深化和加快改革步伐，振兴四川经济，加速祖国四化建设和统一祖国大业做出新的贡献。省青联决定对重庆市青联等八个先进集体和高敏等168名青联委员予以表彰。团省委书记刘鹏在会议闭幕式上作总结讲话。会议选举产生省青联第八届委员会主席：彭渝，副主席：王安泰、王雨顺、邱森林、周勇、姜冰、黄丹华、童若春、魏东。

三、四川省青年联合会第八届二次全体会议

会议于1990年11月27—28日在成都召开。省委、省顾问委员会、省人大、省政府、省政协领导到会祝贺。省委副书记聂荣贵代表省委、省政府讲话。四川省总工会副主席李家钊在会上宣读祝辞。团省委书记刘鹏在会上阐述了青联组织面临的历史任务和肩负的光荣使命。会议审议通过团省委副书记彭渝代表省青联第八届常务委员会所作的工作报告，讨论决定以后三年省青联的工作方针和任务，增选省青联第八届委员会常务委员会委员和副主席。会议号召全省各族各界青年，继续高举社会主义、爱国主义旗帜，为实现四化，统一祖国，维护世界和平艰苦奋斗。

四、四川省青年联合会第九届一次全体会议

会议于1993年11月11—12日在成都召开。会议主要任务是：审议并通过省青联第八届常务委员会工作报告；选举产生省青联第九届委员会；讨论和确定以后五年青联工作的主要任务；表彰先进。省委副书记杨崇汇在会上讲话，团省委副书记、省青联副主席尧斯丹致开幕词，团省委副书记、

省青联副主席黄丹华作工作报告。这届委员会经省青联23个会员团体及各地、有关部门的推荐和民主协商，由400人组成。他们代表全省3000万余名青年，分别来自政法、科技、教育、工业企业、农牧、文艺、卫生、财贸、交通邮电、体育、宗教、个体、港澳等22个界别和12个民族。会议选举产生了省青联第九届常务委员会的常委、主席、执行主席、副主席；省青联第九届委员会由杨学忠、张山等57人组成常务委员会。彭渝任主席，黄丹华任执行主席，王安泰、王晓东、邓川、吉狄马加、尧斯丹、李伟、杨芝虎、肖龙、张炜、张建魁任副主席。

五、四川省青年联合会第九届二次全体会议

会议于1996年10月30日在成都召开。全省各界、各族的400余名青联委员出席会议。省委常委、省委秘书长陶武先代表省委到会祝贺。团省委书记黄丹华在会上致辞。团省委副书记黄新初代表省青联第九届常委会向大会作工作报告。会议增补了部分省青联委员、常委和副主席。会上，第六届“四川十大杰出青年”和“四川省优秀青年”以及“四川省青联为‘八五’建设作出突出贡献的先进集体和个人”受到表彰。

六、四川省青年联合会第十届一次全体会议

会议于1998年11月15日在成都召开。省党、政、军有关领导出席会议。省委副书记秦玉琴代表省委讲话。团省委书记黄新初代表团省委向会议致祝辞。会议审议通过省青联副主席、团省委副书记尧斯丹受省青联第九届常务委员会委托向大会作题为《高举邓小平理论伟大旗帜，团结和动员一切爱国青年、为推进四川跨世纪社会主义现代化建设事业努力奋斗》的工作报告。会议选举产生由77名常务委员组成的省青联第十届常务委员会。尧斯丹当选为省青联第十届委员会主席。罗强、丁成明、张建魁、王安泰、李后强、张炜、陈达云、姜志刚、张山、刘作明、周孟林、顾培东、天波、惠朝旭当选为副主席。会议对成都市青联等10个先进集体和王军等50名先进个人进行了表彰。

七、四川省青年联合会第十一届一次全体会议

会议于2003年12月25—28日在成都召开。团省委书记罗强在会上讲话，省青联副主席李后强为开幕式致辞。这次会议学习中共十六大和十六届三中全会精神；听取和讨论省委副书记刘鹏的讲话；审议通过省青联副主席吴旭代表省青联第十届常务委员会作的题为《以“三个代表”重要思想为指导，团结一切爱国爱社会主义青年为推进四川省发展新跨越而努力奋斗》的工作报告；通过新的《四川省青年联合会章程》；选举省青联第十一届委员会常务委员、主席、副主席；表彰了16个先进集体和135名先进个人。

第四节 四川省青年联合会常委（扩大）会议

一、四川省青年联合会七届三次常委（扩大）会议

会议于1986年9月3—4日在成都召开。省青联副主席聂秀香、崔连彬、童若春、张竹出席并

分别主持会议。各市（州）青联秘书长和团省委统战部负责人列席会议。

会议听取省青联副主席崔连彬关于全国青联六届二次全会精神的传达报告，讨论通过关于在全省各级青联委员和各市、州青联中开展“为‘七五’建设出成果、作贡献”竞赛活动的决议；关于省青联七届委员会委员增补和局部调整的方案；关于省青联七届委员会主席、副主席的改选和增补方案；关于接纳四川省青年中医协会为省青联团体会员的决定和关于省青联七届委员会正副秘书长的任免事项。会议还就省青联七届二次全体会议的召开时间、地点、各项筹备工作和工作报告要点进行了讨论。

二、四川省青年联合会七届四次常委（扩大）会议

会议于1988年2月8—9日在自贡市召开。省青联主席彭渝、副主席崔连彬、童若春、王安泰出席会议。各市（州）青联秘书长和地区团委分管统战工作的书记列席会议。会议的主要内容是：总结1987年青联工作，布置1988年青联工作任务；讨论协商省青联第八届委员会组成方案；讨论协商地区青联办事处和青联活动小组的建立方案。省青联副主席崔连彬在会上总结1987年省青联工作。省青联主席彭渝作总结发言。会议增补团省委副书记黄丹华为省青联第七届委员会副主席；增补省青联委员，团省委统战部部长赵光鑫为省青联委员会秘书长。

三、四川省青年联合会八届四次常委（扩大）会议

会议于1991年12月25—27日在成都召开。省青联秘书长、省青联常委王晓东，副秘书长刘吉蓉出席会议。内江市青年联合会秘书长黎英在大会上作“发挥人才优势，为经济建设服务”的发言。会议对1991年省青年联合会工作做总结；以中共十三届七中全会为精神，表彰“七五”杰出青年代表。会议提出1992年省青联工作意见：以经济建设为中心，为完成十年规划和“八五”计划第二年任务进一步发挥青联组织智力优势，人才优势和影响优势，积极促进科技进步。

四、四川省青年联合会八届五次常委（扩大）会议

会议于1992年12月22—23日在成都召开。会议总结1992年工作，提出要发挥青联组织的“三优势”，为振兴四川经济做贡献；以促进科技进步为主线，全面发展的1993年全省工作意见。大会增补11名青联成员，通过《关于彭渝同志辞去省青联主席的报告》，由黄丹华接任省青联主席，审议《四川省青年联合会地区工作委员会暂停工作条例（草案)》。

五、四川省青年联合会八届六次常委（扩大）会议

会议于1993年10月29日在成都召开。团省委书记彭渝，副书记黄丹华、邓川、尧斯丹出席会议。会议通报省青联九届一次全会筹备情况，讨论修改省青联八届委员会工作报告，研究召开省青联九届一次全会有关事宜，讨论确定有关工作，通过《关于接纳四川省科技青年联合会为四川省青年联合会会员团体的决定》。

六、四川省青年联合会九届二次常委会议

会议于1994年12月16—18日在成都召开。省青联主席彭渝，执行主席黄丹华，副主席尧斯丹、

邓川、李伟等出席会议。省青联主席彭渝在会上讲话。大会总结1994年省青联工作，研究1995年省青联的工作任务，审议通过四川省青年联合会第九届委员会指定席位委员、常委卸职替补及增补新委员，听取省青联副主席尧斯丹作的1994年工作总结。执行主席黄丹华就青联1995年的工作思路作发言。会议审议通过《四川省青年联合会九届二次常委会关于增补曹蓉等二十一名同志为四川省青年联合会第九届委员会委员的决定》《四川省青年联合会九届二次常委会关于确认指定席位卸职替补决定》等。

七、四川省青年联合会九届三次常委（扩大）会议

会议于1996年1月11日在成都召开。省委副书记杨崇汇、团省委书记黄丹华分别在会议上讲话。会议传达了全国青联八届二次常委（扩大）会议精神，总结省青联1995年工作，表彰全国和四川省“东西互助，共同迈向富裕”活动先进集体。会议通过《关于接纳四川地矿局青年科协为四川省青年联合会会员团体的决定》和《关于召开四川省青年联合会九届二次全委会的决定》，增补省青联九届常委，改选省青联九届主席为团省委副书记黄新初，副主席为四川省学生联合会主席侯亚辉，通过省青联委员卸职替补和增补确认案等。

八、四川省青年联合会九届四次常委会议

会议于1996年10月29日在成都召开。审议通过省青联卸职、替补委员、常委、副主任建议名单，并选举秘书长，确认新增补委员名单，审议省青联增补委员、副主任候选人建议名单。听取尧斯丹在会上作省青联九届二次全委会筹备情况汇报工作报告的说明。

九、四川省青年联合会九届五次常委（扩大）会议

会议于1997年4月2日在成都召开。省青联秘书长张刿传达全国青联八届三次常委扩大会议精神，省青联副主席尧斯丹总结省青联1996年工作及1997年工作说明，通过增补委员提案，增选刘作明等7人为常委，团省委副书记罗强与中国雷剑企业发展（集团）总公司总经理蔡伟素任九届副主席的提议。

十、四川省青年联合会十届一次常委会议

会议于1998年11月14日在成都召开。省委常委刘绍先在会议上讲话，肯定了1992—1997年5年来省青联的工作成绩，就如何做好新一届青联工作提出希望和建议。省青联主席尧斯丹作《面向新世纪，创造新世纪》的书面讲话。会议讨论通过了《四川省青年联合会常务委员会工作规则（试行）》。

十一、四川省青年联合会十届二次常委（扩大）会议

会议于2000年1月20日在成都召开。会议回顾总结了1999年省青联的工作；研究部署省青联20世纪最后一年的工作任务；调整充实省青联领导成员；探讨省青联事业的跨世纪发展大计。团省委书记黄新初就青联组织如何在四川实施西部大开发战略中发挥积极作用，使省青联工作再上新台阶讲了三点意见。团省委常务副书记、省青联主席尧斯丹在会上作工作报告。

十二、四川省青年联合会十届三次常委（扩大）会议

会议于2000年7月23日在成都召开。省委常委甘道明与会并讲话。大会组织全省各族各界青联委员深入学习贯彻中共十五届四中全会精神、省委七届七次全会和全国青联九届一次全委会精神，号召青年积极参与西部大开发，深入开展青年科技创新行动，投身“科教兴川”的伟大实践，为实现四川追赶型、跨越式发展做出新的贡献。

十三、四川省青年联合会十届四次常委（扩大）会议

会议于2001年3月14—15日在成都召开。会议主要内容：学习贯彻中共十五届五中全会、中央经济工作会议和全国统战工作会议精神；传达全国青联九届二次常委（扩大）会议精神；总结2000年省青联工作；研究新世纪之初青联工作面临的形势；部署2001年的青联工作任务；确认2000年增补的省青联委员，卸职和增补省青联常委、副主席。省青联主席尧斯丹在会上作工作报告。

十四、四川省青年联合会十届五次常委（扩大）会议

会议于2002年1月16日在成都召开。会议主要内容：学习贯彻江泽民总书记“七一”重要讲话、中共十五届六中全会和省委七届九次全会精神，回顾和总结省青联2001年工作，讨论和通过有关人事事项，探讨新时期的青联工作，研究部署2002年的工作任务。团省委书记、省青联主席尧斯丹在会上作工作报告。

十五、四川省青年联合会十届六次常委（扩大）会议

会议于2003年1月22日在成都召开。省政协、团省委、省青联、省学联有关领导及各市（州）青联（工委、办事处）、各会员团体负责人，秘书长160余人参加会议。会议学习领会中共十六大和省委八届二次全会精神，听取省政协副主席阿称代表省政协所作的讲话，审议省青联副主席吴旭代表省青联十届常委会所作的工作报告，讨论省青联2003年工作要点。会议确认2002年度增补的省青联委员，选举省青联第十届委员会新的主席、执行主席和副主席。新当选的省青联主席、团省委书记罗强在会上讲话。省青联副主席李后强作大会总结。会议通过了《关于召开四川省青年联合会第十一届委员会第一次全体会议的决定》和《关于接收四川省青年摄影家协会作为四川省青年联合会团体会员的决定》。

十六、四川省青年联合会十一届二次常委（扩大）会议

会议于2005年1月26日在成都召开。会议以邓小平理论和“三个代表”重要思想为指导，深入学习贯彻中共十六届四中全会和省委八届四次会议精神，总结省青联2004工作，安排部署省青联2005年工作，审议通过省青联第十一届委员会常委、委员卸职、递补、新增。会议听取了省青联主席吴旭在会议上作的工作报告及团省委书记罗强在会上作的书面讲话。

十七、四川省青年联合会第十一届三次常委（扩大）会议

会议于2005年8月22日在成都召开。会议由省青联副主席蔡伟素主持。团省委副书记、省青联

副主席邵革军出席会议并讲话。省青联副主席张山传达全国青联十届一次全委会和十届一次常委会会议精神；省青联秘书处向大会报告2005年上半年工作，介绍了四川青联网站的基本情况。会议通报了省青联第十一届委员会新增委员名单，确认省青联第十一届委员会副主席、常委和秘书长卸职、替补名单，选举了省青联新增副主席、常委。

十八、四川省青年联合会十一届四次常委（扩大）会议

会议于2005年12月28日在成都召开。团省委、省青联及部分在川全国青联委员、各市（州）团委书记、青联主席、秘书长，新增委员以及中组部、团中央第六批赴川“博士服务团”成员近200人参加会议。会议由省青联副主席彭宇行和谭红杰先后主持。会上，团省委副书记（主持工作）、省青联副主席邵革军代表团省委书记、省青联名誉主席罗强和团省委向新当选的省青联副主席、常委及新增补的省青联委员表示祝贺。省青联副主席周键受会议委托向大会作省青联2005年工作报告。会议通报了新增青联委员名单，确认了省青联副主席、常委卸职、替补名单，选举省青联新的副主席、常委。

第五节　四川省学生联合会代表大会

一、四川省学生联合会第五次代表大会

会议于1990年11月28—30日在成都举行。参加大会的正式代表141名，列席代表27名，特邀代表8名。省委、省顾问委员会（省顾委）、省人大、省政府、省政协及省委老领导聂荣贵、宋宝瑞、徐世群、杨崇汇、许梦侠、扎西泽仁、刘西林、韩邦彦、李培根、杨岭多吉、天宝、张力行出席大会开幕式。聂荣贵代表省委、省政府讲话。团省委书记刘鹏代表团省委在开幕式上向大会致辞，省总工会副主席李家钊代表省总工会等七个群众团体向大会致祝辞。邀请部分学联代表进行了座谈。

会议传达了全国学联二十一次代表大会的精神，审查通过张成军同学代表省学联第四届委员会向大会所作的题为《坚定正确的政治方向，热爱祖国，勤奋学习，在建设有中国特色的社会主义伟大实践中锻炼成长》的工作报告；会议通过新制定的《四川省学生联合会章程》；选举产生由四川大学研究生会、重庆大学研究生会、成都科技大学学生会等53个团体组成的省学联第五届委员会；会议还通过《向陈邦清同志学习，走全面发展的成长道路》和《为失学儿童献上爱心，让失学少年返回校园》的倡议书，并为“希望工程”进行了募捐。

二、四川省学生联合会第六次代表大会

会议于1995年10月23日在成都召开。省委、省人大、省政府、省政协、省军区领导及省级有关部门领导出席大会。省委副书记杨崇汇代表省委、省政府讲话，团省委书记黄丹华代表团省委致辞。大会传达了全国学联二十二次代表大会的精神；审议通过侯亚辉同学代表省学联第五届委员会所作的《热爱祖国，勤奋学习，勇于实践，努力成为建设有中国特色社会主义的跨世纪人才》的工作报告；总结了省学联五大以来全省学生运动取得的积极进展和基本经验；选举产生省学联第六届

委员会；修改省学联章程；确定了省学联以后五年的工作方针和任务。

三、四川省学生联合会第七次代表大会

会议于2001年5月23—25日在成都举行。省委、省人大、省政府、省政协领导及省级有关部门领导出席大会。中华全国学生联合会给大会发来贺电，省委常委甘道明代表省委、省政府讲话，团省委书记、省青联主席尧斯丹在大会上发言。大会传达了全国学联二十三次代表大会的精神，通过王亚代表省学联第六届委员会作的工作报告，选举产生省学联第七届委员会。

四、四川省学生联合会第八次代表大会

会议于2005年11月29日在成都召开。省委常委李登菊、省人大常委会副主任张宗源、省政协副主席王恒丰、省政府副秘书长陈保明以及省委组织部、省委宣传部、省教育厅等部门负责人出席大会。会前，李登菊等省委、省政府领导亲切会见了参加大会的184名代表。李登菊代表省委、省政府讲话。团省委副书记（主持工作）邵革军代表团省委向大会致辞。大会回顾和总结省学联七大以来的主要工作，传达全国学联二十四次代表大会的精神，审议通过黄进同学代表省学联第七届委员会所作的《担负时代重任，谱写青春华章，为全面建设小康社会奋发成才》的工作报告。大会选举产生省学生联合会第八届委员会。

第六节　中国少年先锋队四川省代表大会

一、中国少年先锋队四川省第二次代表大会

会议于1991年8月23—25日在成都举行。出席这次大会的代表254人，代表全省51个民族的1500万名少先队员和40万名少先队辅导员。省委、省顾委、省人大、省政府、省政协、省军区领导及省级有关部门负责人出席大会。聂荣臻元帅办公室代表聂荣臻元帅给大会发来贺电，张爱萍将军给大会题词。团中央、全国少工委及25个省（市自治区）团委、少工委给大会发来贺信、贺电。

大会完成各项议程：认真学习和讨论了省委副书记宋宝瑞代表省委、省政府作的讲话；审议通过团省委副书记黄丹华代表省少工委作的《坚持基础的共产主义教育方向，培养社会主义事业建设者和接班人》工作报告；协商选举产生新一届少先队四川省工作委员会。新一届省少工委由团省委、省教委、省级有关单位和各地市州团委、教委的代表86人组成。会议选举黄丹华为主任，王可植为第一副主任，刘毓森、邓全忠为副主任。大会表彰了省“十佳少先队辅导员”、297名省优秀少先队辅导员、100名省优秀少先队员、20个“赖宁中队”和78个优秀少先队集体。

二、中国少年先锋队四川省第三次代表大会

会议于1996年9月16—18日在成都举行。出席这次大会的代表有267名。省委、省人大、省政府、省政协、省军区领导及省级有关部门负责人出席大会。大会主要任务：以邓小平建设有中国特色社会主义理论和党的基本路线为指导，贯彻落实中国少年先锋队全国第三次代表大会精神，总结

1991—1995 年 5 年来全省少先队工作，制定以后一个时期全省少先队工作的任务。省委副书记杨崇汇代表省委、省政府讲话。团省委书记黄丹华作大会发言。大会听取并审议通过黄新初代表省少工委作的《面向新世纪，肩负历史责任，努力培养社会主义事业的合格建设者和接班人》工作报告；选举产生少先队四川省第三届工作委员会；表彰了一批优秀少先队集体、个人和优秀少先队辅导员。

三、中国少年先锋队四川省第四次代表大会

会议于 2001 年 9 月 17—19 日在成都召开。出席这次大会的代表有 240 名。省委书记接见了大会代表并发表讲话。省委副书记陶武先代表省委、省政府在大会上致辞并讲话。大会主要任务是：以邓小平理论和中共十五大精神为指导，遵循党的教育方针，贯彻落实江泽民总书记关于少先队工作的一系列重要指示和中国少年先锋队全国第四次代表大会精神；大会总结了 1996—2000 年以来全省少先队工作的基本经验；讨论和确定全省少先队在新世纪的历史任务；听取和审议通过吴旭代表省少工委所作的《锐意进取，开拓创新，为培养社会主义事业合格建设者和接班人而努力奋斗》的工作报告；大会选举产生中国少先队四川省第四届工作委员会；表彰了一批优秀少先队集体、个人和优秀少先队辅导员。

第二篇 组织建设

团省委加强共青团组织建设，联合省委组织部加大党建带团建力度，加强对团干部的配备、培训、考核、转业安排，加强对各地团组织班子和工作考核，加强团员发展、教育管理和推优入党工作，积极创新团组织的设置方式，扩大“五四红旗团委”创建范围，广泛开展团支部“达标创优”竞赛活动，有力地探索加强了社会主义市场经济体制相适应的共青团基层组织建设。

第一章　团情概况与基层组织建设

第一节　团情概况

1987年，全省团员有5133990人，比1986年增加30万人。团青比（团员总数占青年总数的比例）为16.6%。全年新发展团员82万余人，入党团员4万余人。团的专职干部有16345人。基层团委14369个，团总支部9609个，团支部180069个。

1988年，全省团员有5049234人，其中女团员1986081人，少数民族团员224778人，全年新发展团员735519人。基层团委14794个，团总支部9565个，团支部182768个。全省团干部15878人，其中女团干5340人，少数民族团干1059人，大学文化程度的3691人，高中文化程度的10522人，初中文化程度的1395人。

1989年，全省基层团委14790个，团总支部9465个，团支部182790个。全省团干部15858人，大学文化程度的4099人，高中文化程度的10022人，初中文化程度的1077人。

1990年，全省团员4564698人，团青比为14.64%。全年新发展团员699684人，其中女团员305362人，共有26767名团员加入中国共产党。全省专职团干部16870人，全年共调入专职团干部3543人，调出2599人。全省基层团委14789个，团总支部9106个，团支部183321个。

1992年，全省基层团委13838个，其中乡（镇）团委6785个，团县委217个，市（州）团委14个，地区团工委7个，省直属团委9个，省直团工委2个。

1993年，全省14—28周岁青年3173.30万人，全省团员473.80万人，团青比为14.9%，与全国团青比15.8%相比，低近一个百分点。

1994年，全省团员发展工作基本呈现正常增长势头，团员总数比1993年略有上升。团员入党数达4.70万名。乡镇企业建团工作成绩明显，建团率从1993年的10%以下提高到22.3%。

1995年，全省新发展团员81.7万人，总数达到489万人，团青比为15.1%。

1997年3月，原属四川省的重庆市经全国人大八届五次全会通过成立直辖市。四川省区划调整后，四川团组织机构的设置和团员队伍、团干部队伍的数量、区域分布、结构构成、行业分布等都发生了明显的变化：行政区划调整后全省有21个市（地、州）团委（12个市团委、6个地区团委、3个州团委），18个省直属团委，180个县级团委，11266个基层团委（其中农村5915个，占52.50%），7373个基层团总支（其中农村967个，占13.11%），136808个基层团支部（其中农村61601个，占45.02%）。全省14—28周岁团员3803998人，其中，农林牧渔水利业团员1739074人，占45.72%；工矿、交通、服务业团员548885人，占14.43%；教科文卫团员1425169人，占

34.47%；机关街道及其他，团员90850人，占2.39%。1997年新发展团员889882人，占总数15.51%。

行业团青比构成：全省农林牧渔水利业14—28周岁青年16215470人，团员1739094人，团青比10.72%；工矿、交通、服务业青年2119055人，团员548865人，团青比25.90%；文化教育卫生科技青年2778984人，团员1341614人，团青比48.27%；机关、社会团体青年170981人，团员83555人，团青比48.88%；城市街道青年368380人，团员56665人，团青比15.51%。

地区、单位团青比构成：全省团青比平均17.5%。团青比在15%以下的有3个市（地）：泸州14.63%，内江14.22%，眉山14.44%；团青比在15%—17%之间的有5个市（地）：广安15%，广元15.6%，达川15.36%，自贡15.4%，宜宾15.11%；团青比在17%—20%之间的有7个市（地、州）：巴中17.4%，绵阳17.5%，凉山17.5%，乐山17.89%，南充18.26%，德阳18.82%，成都19.62%；团青比在20%以上的有5个市（地、州）：雅安20.12%，甘孜20.36%，遂宁20.7%，阿坝27.8%，攀枝花33.72%。省直属团委团青比在39.33%—65%的有5个单位：省国防工办39.33%，省建总公司46%，省地矿局58.9%，省储备局61.11%，省石油局63.47%；团青比在70%—90%之间的有4个单位：省直团工委71%，省电力局71.79%，西南石油地质局74.45%；团青比在90%以上的有2个单位：科分院96.7%、核九院96.7%。

1998年，全省14—28周岁青年2031万人，团员424万人，团青比达到20.87%。有基层团委13554个，基层团支部131995个，专职团干部11137人。

1999年，全省14—28周岁青年19984123人，团员4421383人，团青比达到22.12%。其中女团员1833649人，占41.47%。全年发展新团员712929人，其中学校（含大、中专、中学）发展新团员343533人，农村新发展团员279154人。农村青年总数13510739人，农村团员总数1813907人，占全省团员总数的41.02%，其中农村女团员715435人。全年外出团员410133人，外出率22.6%。学校青年总数3515499人，团员1809963人，占全省团员总数的40.93%，其中女团员782253人。全省基层团委19059个，团总支部8472个，团支部131995个。其中农村基层团委10399个，团总支部1712个，团支部47684个；学校基层团委3427个，团总支部2527个，团支部26635个。全省专职团干部10185人，其中女团干4297人。

2000年，团员发展工作继续加强，新发展团员50万名，团员总数达4537368人，占14—28周岁青年的22.98%。全省有基层团委12400个，团总支8020个，团支部110871个，专职团干部9574人。

2001年，团中央下发《关于加强团员发展工作的通知》，全省新发展团员50万余名，团员总数达4408160人，占14—28周岁青年总数的23.02%。全省有基层团委13487个，团总支16377个，基层团支部130399个，专职团干部10668人，兼职团干部19946人。

2002年，全省新发展团员572196人，团员总数达4378372人，占14—28周岁青年总数的22.67%。其中女团员1890648人，占43.18%；少数民族202853人，占4.63%。全省农村团员1834019人，占农村14—28周岁青年的14.18%；农村团员外出305382人，外出率16.65%。全省学校团员1793975人，占学校14—28周岁青年的49.68%。全省机关企事业团员725608人，占机关企事业团青比例的27.15%。全省有基层团委14115个，团总支16652个，团支部130846个，团工委1637个。全省专职团干部10136人，其中：女性团员4411人，占43.52%；少数民族689人，占

6.80%。专职团干中，大专以上学历6104人，占60.22%；中专（含职高、高中）学历的3890人，占38.38%。

2003年，全省14—28周岁青年19739980人，团员4437266人，团青比为22.48%。全年共发展新团员553052人，其中女团员263895人，占47.72%。全省流动团员情况：流入数约19万人，流出数约51万人。有基层团委15153个，基层团总支17375个，基层团支部131193个。专职团干9562人，其中女团干4273人，占44.69%。在专职团干中，有研究生178人，占1.86%；大专以上5955人，占62.28%。兼职团干20969人，其中女团干9037人，占43.10%。在兼职团干中，有研究生95人，占0.45%；大专以上9575人，占45.66%。

2004年，全省14—28周岁青年19987088人，团员4707567人，团青比为23.55%；其中农村14—28周岁青年为12494568人，占14—28周岁青年总数的62.51%，农村团员1729849人，占团员总数36.75%，女团员2031665人，占团员总数43.16%。全年共发展新团员588248人，其中女团员283378人，占48.17%。全省各级团组织“推优”数154540人，经“推优”入党的团员有78188人。全省流入团员约17万人，流出约48万人。全省有基层团委14697个，基层团总支部16550个，基层团支部129166个。其中农村基层团委5589个，团总支部4508个，团支部59504个。全省有专职团干部8973人，其中女团干3938人，占43.89%。从学历看，研究生178人，占1.98%，大专以上5505人，占61.35%，中专及其以下3468人，占38.65%。其中，党员6396人，占71.28%，系同级党委成员的231人，占2.57%。全省有兼职团干部22549人，其中女团干9647人，占42.9%，从学历看，研究生107人，占0.47%，大专以上10550人，占46.79%，中专及其以下11999人，占53.21%。

截至2005年底，全省14—28周岁青年20024396人。全省团员数4567239人，团青比例为23%。全省农村14—28周岁青年10250677人，团员1626237人，农村团青比例15.86%。全省学校14—28周岁青年4308522人，团员2180552人，学校团青比例50.61%。机关企事业14—28周岁青年2764821人，团员848693人，机关企事业团青比例30.69%；全省基层团委13307个，团总支15649个，团支部110030个。农村基层团委5499个，团总支3908个，团支部41504个。学校基层团委2971个，团总支5714个，团支部29621个。机关企事业团委4406个，团总支5555个，团支部31635个。城镇街道团委431个，团总支472个，团支部2014个；全省专职团干部8394人，其中，女团干3256人，占38.78%，少数民族587人，占6.99%，党员6363人，占75.8%，系同级党委成员的231人，占2.75%，大学以上学历5293人，占63.05%。全省兼职团干部21927人，其中女团干9577人，占43.67%。少数民族1426人，占6.5%，党员11076人，占50.51%，大学以上10894人，占49.68%。

第二节　基层组织建设

为加强对下级团委干部的协管工作，1988年，团省委和省委组织部两次联合发文，对团干部的配备、培训、考核、转业安排等，都作出了明确规定，并决定每年由团省委会同市（地、州）委组织部对市（地、州）团委班子进行一次考核。1988年和1989年，团干部年培训率都在90%左右。

1990年，各级团校、党校等培训专职团干部14909人，培训率达93.3%。团省委对市（地、州）团委，市（地、州）团委对县团委等层层建立并实施了工作考核制度。

1994年，团的基层组织建设工作进一步加强，尤其加强了对新形势下共青团工作的研究。团省委先后召开全省共青团组织工作会议和现代企业制度建立与团的工作研讨会，确立新形势下加强团的组织建设的指导思想、工作原则和主要任务，统一全省团干部在市场经济条件下加强团的自身建设的思想认识。随着改革开放的深入和迅猛发展，新经济组织不断涌现，全省各级团组织在调研当地新经济组织情况后，根据各类经济组织的实际情况，紧密依靠党组织的领导和行政的指导，采取多种形式，加强新经济组织的建团工作。提出建设服务体系、构建新型纽带的工作思想。农村团组织围绕实行农村第二步改革，建立社会化服务体系，在引导和帮助农村青年勤劳致富的实践中，增强团组织的凝聚力和战斗力；企业团的组织建设始终围绕生产经营这个中心，积极探索在转换企业经营机制和建设现代企业制度中巩固和发展团的组织建设的途径和方法，研究、总结、推广在“三资”企业、股份制企业等新型经济组织中团的组织建设、工作机制、活动方式等方面的成功经验；学校团的基层组织建设坚持围绕培养全面发展的社会主义事业接班人这一根本目标来进行，着力提高学生的科学文化水平和思想道德素质，为学生的成才服务。

全省各级团组织贯彻团员发展方针，在保证质量的前提下，把团员发展工作作为全年的重要工作任务来抓。逐级召开团的组织工作会议，通报团员发展情况，表扬先进，督促后进；层层制定团员发展规划，把团员发展工作作为全省团的工作的指令性任务之一；进一步强调团员发展的重点，继续抓好中学这个源头，加强农村这个大头，特别注意新经济组织的建团和团员发展工作。同时，团省委、省少工委会同有关部门联合下发《关于做好推荐中学优秀少先队员作团的发展对象的意见》，发挥少先队作为团的预备队的作用；加强流动团员的管理工作，总结、宣传和推广了流动团员管理工作的先进经验；开展推荐优秀团员作党的发展对象和推荐优秀青年作生产和工作骨干的“双推”工作，向党组织输送了一大批新鲜血液。全省各级团组织积极协助党组织贯彻全国及省“推优”工作座谈会精神，进一步建立“推优”制度，完善“推优”程序。

在团干部队伍建设方面，全省各级团组织加大培养复合型团干部的工作力度，采取多种措施推进团干部队伍建设，促进团干部健康成长。逐级健全完善对团干部的协管考核制度；进一步加大团干部培训力度。团省委、省青年企业家协会与四川联合大学联合开办乡镇企业团干部培训班，省少工委举办少先队工作干部培训班，省团校利用现有师资力量，继续开展函授培训。全省各级团组织在团干部培训中普遍进行市场经济理论、现代科学知识、现代管理知识的培训，提高了团干部的思想素质、业务素质和投身经济建设的本领；探索团干部实践锻炼的新路子。全省有一大批团干部被选拔到经济建设第一线和地方党政领导岗位；在部分地区和单位进行机构改革中，争取政策，做好指导协调工作，基本保持了团的组织系统的独立和团干部的稳定。

1995年，全省各级团组织适应新形势的要求，在全省农村基层团组织开展了“团建奔小康”活动，结合省委开展的以党支部为核心的村级组织建设，对瘫软团支部进行了较大面积的整改，团的基层组织特别是农村团组织状况有了明显改观。

随着改革开放的深入和市场经济的发展，乡镇企业、“三资”企业、股份制企业和私营企业迅猛发展。各级团组织根据各类经济组织的情况，进行深入调查研究，依靠党组织的领导，采取多种形式，加强了新经济组织建团工作，特别是乡镇企业的建团率有了较大幅度的上升。团省委还在调查研究的基础上，会同省委组织部、省乡镇企业局出台《关于加强乡镇企业团组织建设的意见》。

全省各级团组织加强团员发展、教育和管理的工作：在坚持标准的前提下，加大团员发展力度，把农村、中学特别是农村中学和普通中学作为发展团员的重点，把要求进步的先进青年特别是工作和生产第一线的先进青年吸收到团内；加强团员思想教育，增强团员意识，促进团员素质的提高，发挥团员的模范带头作用；探索了流动团员管理的新办法。各级团组织结合本地本单位实际，探索流动团员管理的新机制，逐步将流动团员管理纳入有序状态。同时加强对回乡初、高中团员组织关系接转的管理，出现外出务工青年积极要求入团的好势头；开展推荐优秀少先队员作团的发展对象、推荐优秀团员作党的发展对象和推荐优秀青年作生产和工作骨干的工作，向党团组织输送了一大批新鲜血液。

团干部队伍建设取得新进展。全省各级团组织贯彻中共十四届四中、五中全会精神，加大培养复合型团干部的力度，落实对团干部的协管考核制度，团省委集中力量在年内考核了23个市（地、州）团委领导班子和领导干部，优化团干部健康成长环境；团干部培训受到重视。团干部学历教育、短期培训有所加强，培训层次不断提高，培训渠道越来越多。各级团组织在培训中普遍增加了市场经济理论、现代科技知识，现代管理知识等内容，较大地提高团干部的素质和投身经济建设的本领；在部分地区和部分单位进行机构改革中，争取政策，做好指导、协调，基本保持了团干部队伍的稳定；大力倡导团干部树立全心全意为人民服务的观念，勤政廉洁、拼搏奉献、深入青年、深入基层，调查研究，求真务实，模范执行党的群众路线。

1996年，团省委与省委组织部联合下发《关于加强乡镇团委建设的意见》，要求各级团组织结合“服务万村行动”的开展，继续对农村瘫软团支部进行整建。同时进一步贯彻落实《关于加强乡镇企业团的建设的意见》和《关于加强股份制企业团的建设的意见》精神，乡镇企业、“三资”企业、民营企业、股份制企业等新经济组建团率逐步提高。加强团员的发展、教育和管理，党员增长率超过10%。团省委进一步加强团干部协管工作，完成对省直属团委班子和领导干部的协管考核。各级团组织通过组织各种培训和落实挂职、交流等制度，使一大批复合型的团干部被选派到经济建设第一线和地方党政领导岗位。

1997年，各级团组织加大团员发展力度，全省拥有团员379万名，团青比例达17.5%，全年发展团员增幅达10%左右；团员流失问题得到进一步控制，较1996年下降29%；新经济组织团建工作稳步推进，建团率达30%；推优入党工作规范发展，推优率达到5%，入党率达到1%。各级团组织注重团干部的思想政治素质的提高和作风建设，不断加强团干部文化知识、专业技能的学习，强化对团干部的选拔、培训和管理工作，使全省团干部队伍保持了稳定，团干部素质明显提高，工作能力不断增强。加强对团干部的协管工作，对市（地、州）及省直团委的换届工作给予积极指导。团干部输出工作取得较大进展。

1998年，各级团组织注重团员队伍建设，从薄弱环节入手，抓好中学、农村团员发展工作，加强团员发展工作的指导督促。据统计，全年新发展团员58.3万名，团青比例达到20.19%。加强对流动团员的管理，团员流失问题得到进一步控制。新经济组织建团工作稳步发展。各级团组织进一步强化了对团干部的选拔、培训和管理，全省市（地、州）以上团组织培训团干部1650名。

1999年，各级团组织坚持以党建带团建的原则，着力开展“强乡带村”、创建“五四红旗团委”、团建创新试点等工作。全省乡镇团委书记配备率达到95%，全年新发展团员58万人，团青比例保持在20%以上。团省委等4个单位获得团中央创建“全国五四红旗团委”称号。共青团仁寿县委书记李秀英获“全国共青团系统先进工作者”称号；加强团干部培训和协管工作，全省各级团校全年共调训团干部4500多人。省团校恢复办学，调训团干部666人。按照中央和省委的要求，认真开展了团省委领导班子、领导干部和处级干部“三讲”（讲学习、讲政治、讲正气）教育，并通过“三讲”教育带动团的各级领导机关和领导班子、团干部思想作风建设。

2000年，团省委会同省委组织部召开全省基层党建带团建工作会议，印发《关于基层党建带团建工作的试行意见》，开展全省党建带团建工作调研，继续深化创建“五四红旗团委”活动，32个基层团委被选定为第二批“全国五四红旗团委”创建单位，4个单位被评为全国“五四红旗团委”，3个单位获得全省创建“五四红旗团委”活动组织奖。开展四川省首届“五四红旗团委（标兵）”及组织奖评选活动。探索团建试点工作，确定全省第二批9个团建试点单位，重点对民办高校和社区团建工作进行调研指导。团员发展工作继续加强，新发展团员50万名，团青比达到23%；团干部培训工作得到加强，汇同省委组织部制定《关于党建带团建中加强团干部教育培训工作的意见》，举办团县委书记、少先队辅导员等7个团队干部培训班，调训团队干部500多名。加强了团干部协管工作，对市（州）和部分省直团委班子进行考核。授予9名人员“四川青年五四奖章”，表彰了全省“十佳团组织”“十佳团干部”，表彰了92个优秀团组织、198名优秀团干部、399名优秀共青团员。

2001年，全省各基层团委以省“党建带团建”工作会议精神为指导，以“四好”为主要内容扎实推进创建活动，作出一定的成绩。涌现出“全国五四红旗团委”8个，确定第二批省级“五四红旗团委”96个，市（州）一级1300个，并启动全省“五四红旗团支部”创建活动。评选五四奖章获得者，袁秀平等10名优秀青年获得“四川青年五四奖章”，22人获得“四川青年五四奖章”提名奖。开展全省“党建带团建工作”的工作调研，督促检查省“党建带团建”会议精神贯彻落实情况。全省各市（州）、县相继召开党建带团建工作会议，贯彻落实省党建带团建工作会议精神，进一步加强基层团干部队伍和团组织建设。继续抓好团建试点工作，重点加强对社区、新经济组织、民办高校团建工作的指导与调研，开展对民办学校团建工作的摸底调查，确定直接联系点23个，新津县非公有制经济组织团建经验在全国非公有制经济组织团的建设工作现场推进会上作交流。继续做好团员发展工作和团干部培训工作。下发《关于加强团员发展工作的通知》，发展50万余名新团员；进一步加大团干部培训力度，省团校已调训11期650名团干部，协助团中央调训团干部36名。抓住乡镇机构改革这一契机，加强基层团组织建设。利用团省委开展“走、进、访”活动和半年工作检查的机会，深入基层了解情况，制定下发《关于在乡镇机构改革中加强团组织建设的通知》，对乡镇机构改革中团干部配备和团的建设提出明确要求。

2002年，“五四红旗团委”创建活动的创建范围进一步扩大，涌现出4个“全国五四红旗团委（标兵）”、2个“全国五四红旗团支部”和20个“全国五四红旗团委”创建单位，确定了10个“四川五四红旗团委（标兵）”、79个“四川五四红旗团委”和46个“四川五四红旗团支部”创建单位。四川青年农民刘光基获得“中国青年五四奖章”，评选表彰8名“四川青年五四奖章”获得者，19人获得“四川青年五四奖章”提名奖，209名优秀团干部和297名优秀共青团员受到表彰；团干部培训力度进一步加强，团省委和省委组织部联合下发《2002—2005年全省团干部教育培训规划》，协助团中央调训团干部62人，省团校调训17期培训团干部1242名，3名团干部和3名共青团员分别获“全国优秀团干部”和“全国优秀共青团员”光荣称号，4人分别被评为全国团干教育培训工作先进个人和全国团校优秀教师；继续做好团员发展工作，进行了2002年度组织工作情况调查，在巩固2001年发展成果基础上，新发展团员48.2万名，团青比例保持在20%以上。

2003年，各级团组织创新团组织设置方式，加大社区、非公有制经济组织、民办学校建团力度。团省委确定首批40个“四川省团建先进县（市、区）创建单位”和第四批97个“四川五四红旗团委”创建单位。树立成都高新区留学人员博士创业园、彭州市华融化工股份有限公司、成都八一家具城和成都互惠超市有限公司等4家新经济组织团建典型；开展青年中心建设试点工作。全省在双流、金堂、中江三个全国试点县及泸州、乐山、宜宾、广安、雅安、眉山、资阳7个市中各选一县作为省级试点县开展试点工作；评选表彰省级“五四红旗团委”69个、“五四红旗团支部”82个、“四川青年五四奖章”获得者8名、优秀团干部116名、优秀团员199名。各级团组织进一步加强对团干部的协管工作，团省委于11月对各市（州）团委领导班子及领导干部进行考核。举办6期团干部培训班，培训各级团干部690余人（次）。团省委召开“四川省共青团推优入党工作座谈会”，对推优工作进行系统总结。

第二章　重要活动与获奖情况

第一节　团支部“达标创优”竞赛活动

为进一步加强团的自身建设，团省委决定，1990年在全省各条战线团组织中开展团支部“达标创优”竞赛活动，并于1990年3月下发《共青团四川省委关于开展“达标创优”竞赛活动的意见》。该意见规定了团支部“达标创优”的基本条件：有一个健全的团支部领导班子；有一套可行的基本制度①；有一支整齐的团员队伍（无团员受团纪、政纪、法纪处分）；每月至少有一次活动。优秀团支部的基本条件是：班子配齐、表率好；制度健全、落实好；队伍整齐、作用发挥好；活动经常、效果好。

团省委部署“达标创优”活动后，全省各级团组织结合学习贯彻《中共中央关于加强和改善党对工会共青团妇联工作领导的通知》精神，制定实施方案。很多单位结合本地、本行业实际，认真研究，及时制定贯彻意见。据不完全统计，自贡、攀枝花、德阳、绵阳、乐山、宜宾、雅安、阿坝、凉山、万县、涪陵、省地矿局、西南石油地质局等市（地、州）和省直单位都制定了“达标创优”实施方案，自贡、攀枝花、德阳市还专门编印简报指导基层工作。自贡团市委制定具有自贡特色的“达标”团支部十条标准和“创优”团支部六条标准，达县团地委下发《关于加强基层团支部建设的意见》。广元团市委在“达标创优”活动中，与市委组织部、市人事局、财政局等单位联合发文，首先解决全市基层团干部的配备、政治生活待遇等问题，使“达标创优”活动有了组织保证。自贡、攀枝花市委分管领导亲自参加团市委全委扩大会议，对全市团组织开展“达标创优”活动提出明确要求。川中矿区党委要求基层党政领导每月必须保证生产第一线的团支部书记3—5天的时间做团的工作。自贡市东碳厂等一批企事业单位为提高团员组织生活质量，在“达标创优”活动中请党委批转《团的组织生活制度》，保证团支部思想教育工作的正常开展。攀枝花、乐山、阿坝等地组成“抓基层、抓实事、抓落实”工作组，由书记带队，下基层具体指导“达标创优”活动，帮助基层解决实际问题。攀枝花市仁和区福田乡团委通过整顿乡团委、村团支部两级领导班子，建立健全团支部的组织制度、工作制度和活动制度，使全乡团支部基本上达到“达标”条件，一部分还进入“创优”行列。广元团市委组织团干部深入乡、村两级整顿团支部，使后进团支部的面貌有了明显的改观。

1991年初，团省委八届三次全会后，各市（地、州）和一些省直属单位通过召开团的全委会、

① 即：三会一课制度、团费收缴制度、团籍注册制度、团员花名册、青年花名册和团的会议、活动记录簿、团费收缴登记簿。

工作会，强调“达标创优”活动的重要性，将“达标创优”活动作为全年共青团工作的重要内容进行安排。攀枝花、乐山、宜宾、达县、省建总公司下发深入开展“达标创优”活动的实施意见，乐山团市委在巩固上年成果的基础上，把开展优秀团委竞赛、基层团的工作制度的配套建设、强化团干部培训、抓好基层团组织的阵地建设等工作作为当年活动的主要内容。泸州市和万县地区还分别对试行《团支部工作手册》和进一步开展团员教育评议活动作了详尽的部署。宜宾地区举行“达标创优”活动的动员誓师大会，并通过层层签订“达标创优”的目标责任书，做到一级抓一级。达县地区提出结合村级组织建设加强农村团支部建设的具体意见，并要求基层团委同团支部一道开展“达标创优夺红旗”的竞赛活动。

1991 年 3 月，团省委下发《共青团四川省委关于深入开展“达标创优”竞赛活动的意见》，制定《团支部、基层团委“达标创优”基本标准（试行）》。“意见”下发后，各地团委在原有基础上将活动引向深入。

重庆团市委积极推进团的基层整体化建设，在继续抓好团支部“达标创优”活动的同时，搞好合格团委的建设工作，重点解决基层团委的团干配备、政治经济待遇的落实问题，使直属团委的班子配备率达 98%，团干待遇落实率达 95%，基层团委的班子配齐率达 90%，有 621 名团委书记进入同级党委，有 869 名团干部列席同级党委会。同时狠抓制度建设，使基层团委工作走上正规化、制度化的轨道。1991 年上半年，在全市团委实行基层团委工作手册制度。

攀枝花团市委在全市范围内开展了“学团章、戴团徽、唱团歌，用团证、守团纪、扬团威”活动，编印《团员教育系列教材》，使团证注册为中心的团员证制度走上了正轨，团员教育评议形成了制度，乡一级团委书记配备率达 100%，村团支书配备 99% 以上；攀矿公司团委专职团干由 1990 年的 39 人增加到 98 人。

泸州团市委下发《泸州市乡（镇）共青团组织规范化建设细则》，对全市团支部进行了换届改选，配齐了团支部班子，普遍推行《团支部工作手册》。截至 1991 年 7 月，已办各种类型培训班 100 多期，培训团员青年 6000 多人；为了解决农村团支部报酬较低的问题，他们在全市推广了农村团支部兼农技员的工作，兼职兼薪，全市有 40% 的团支书兼职为农技员。

德阳团市委以整体化建设工作为重点，继续抓紧抓好团支部“达标创优”主题竞赛活动，在全市实行《共青团干部政绩卡》管理制度，推行《团支部工作手册》。58 个直属团委 5451 个支部参加了团支部“达标创优”活动，参赛率达 100%，合格率 88%，优秀率 35%，涌现出市级“红旗团支部”199 个，县级“红旗团支部”1800 余个，县级以上团委建立工作联系点 304 个，举办各类团干部培训班 73 期，参训人数达 4735 人。

绵阳团市委在活动中狠抓团支部班子的合格化建设，全部配齐团支部书记；5020 名团支部书记接受培训，占总数的 63.6%；他们结合农村社教工作，加强团员和青年的思想教育，通过思想教育，吸引 52282 名青年要求入团，发展其中 25181 名入团；他们还召开基层团建工作研讨会，形成调研文章 57 篇。

乐山团市委进一步统一全市团干部对“达标创优”活动的认识，继续把基层组织“达标创优”活动作为评比先进的条件。团市委提出“巩固、配套、强化、发展”的加强基层组织建设的目标：即开展“优秀团委”竞赛；巩固“达标创优”成果；搞好基层组织的配套建设；强化团干部培训；还在活动阵地独自筹措经费建设阵地上有了新的发展。团市委建立“达标创优”活动联系点制度；

建立和实行团员考评制度。召开达标创优经验交流研讨会；配备和调整基层团委委员 1674 名；培训基层团委书记或副书记 927 人，占应培训人数的 97.6%。

南充团地委争取党政支持，进一步落实团干部的政治生活待遇和团的工作经费等问题，县级团委建立了中层机构；分战线召开基层组织建设经验交流会；42 个区（镇）培训团支部书记，95% 的团支书参加团省委组织的岗位知识大赛；1991 年上半年即发展新团员 7.2 万人，比 1990 年同期增加 2.2 万人；全区 14480 个团支部普遍推行《团支部工作手册》制度。

涪陵团地委结合农村社会主义思想教育加强团组织建设，70% 的党支部建立对团支部的分管制度。社教中，共改选团干部 416 名。1991 年上半年，全区有 60% 的团干部接受培训。有 91% 的村团支书进入村委会。全区发展新团员 16321 名，向党组织推荐 2143 名优秀团员作党的发展对象，被党组织吸收 443 名。

万县团地委广泛开展“学团章、唱团歌、戴团徽、用团证”的“四团”教育活动。通过中学生团校、乡（镇）团校、企业团校的培训，共培训团干 413 人。全面推行《团支部工作手册》管理制度；召开“达标创优”夺旗经验交流会，举办“达标创优”夺旗成果展览。

达县团地委下发关于在全区团支部中开展达标创优夺红旗的工作意见，和在村级组织建设中加强农村团支部建设的意见；健全团支部班子，全区新配团支书 2312 人；100% 的团支部实行《团支部工作手册》，制定手册管理使用制度；95% 的支部建好“青年之家”或“党团活动室”，90% 的团支部有创建活动经费；团支部书记培训率达 90% 以上；发展新团员 11270 人，推优入党 741 人。

宜宾团地委开展以“九有四落实”为主要内容的团支部“达标创优”竞赛活动，层层签订以“达标创优”为主要内容的《目标管理责任书》，召开“达标创优”经验交流、现场观摩会，直接利用地委党校培训乡以上团干 500 名，全部配齐团支部书记，该年上半年内发展新团员 2.1 万多名。有 85% 的团支部达标，25% 的团支部创优。

雅安团地委 1991 年上半年，其县、乡、村三级团组织普遍完成换届选举工作，99% 的农村团支部配齐团支书，推行《团支部工作手册》，186 个乡配专职团干 139 名，兼职团干 61 名，培训农村团支书 874 人，占农村团支书总数的 60% 以上，发展新团员 6481 名，推荐优秀青年入党 135 人。农村团支书的经济待遇落实率为 99.5%，有 1683 个团支部建立了党支部分管制度。

第二节　创建“五四红旗团委”活动

1998 年，团中央部署在全国开展创建“五四红旗团委”活动。团省委及时向省委分管领导作了汇报，得到省委重视和支持，创建活动纳入党建的总体规划，确定了以党建带团建的方法来推动四川省“五四红旗团委”创建活动的全面开展。团省委专门成立基层组织建设领导小组。各地、市、州团委，各省直属团委也成立相应的创建领导机构，确定创建的重点内容和目标，制定了层层创建措施。

团省委将创建“五四红旗团委”活动列为团的组织建设的重点工作。各级团组织按照团中央提出的“班子建设好、主题活动好、支部建设好、活动阵地好”（以下简称“四好”）的要求开展创建活动。团省委结合本省实际，以“四好”为标准，制定下发《共青团四川省开展创建“五四红旗团委”活动的方案》和《共青团四川省委关于开展创建“五四红旗团委”活动的意见》，分别制定企事业、农村、学校、社区“四川五四红旗团委”标准，各地团委结合实际，分战线制定本级“五四红旗团委”标准，把“五四红旗团委”创建活动作为组织建设的一项常规性的重要工作。

1999 年 6 月，团省委下发《四川省五四红旗团委组织评选表彰办法》，对“五四红旗团委”的申报、考评、表彰程序进行规范，制定考核方式和奖励标准。团省委在调查摸底的基础上，结合创建“五四红旗团委”活动，对农村、机关企事业单位、学校、社区提出创建工作的重点、难点和主攻方向，并加大对基层团组织建设创建创新工作的指导力度。

在创建工作中，团省委着重抓国家级、省级创建单位的指导工作，市（地、州）、省直属团委着重抓三级创建单位的指导工作，并实行创建单位联系点工作制，做到各综合部门、战线部门联系归口的创建单位职责明确。团省委与省委组织部联合下发《关于进一步加强和改进国有大中型企业共青团工作的意见》，为全省企业团的工作开展提供有效的政策保障；各级团组织加强创建单位情况调研，拟定创建方案，确定创建阶段目标，具体指导实施，及时发现解决创建活动中出现的新情况、新问题；团省委及各市（地、州）团委充分利用《四川青年报》《四川青年专报》《四川团情》和各级团组织的团情简报等团内刊物和电视、广播等新闻媒体，进行“创建五四红旗团委”专题宣传。团省委在《四川青年专报》《四川团情》上开辟“创建五四红旗团委”活动专栏，集中反映各地、各单位创建活动情况，及时交流创建活动经验，推动创建活动广泛深入开展。

团省、市（地、州）委在创建活动中定期对各创建单位工作情况进行督促、指导。团市（地、州）委每季度听取一次本地区三级创建单位创建工作情况汇报。团省委每半年听取一次各市（地、州）创建活动情况汇报，对创建工作中出现的问题及时予以指导。达川团地委专门制定季度工作汇报表，并设置“同级党委”和“上一级团委”意见栏，横向、纵向双重管理考核，对未完成工作任务的或未按期完成创建指标的，下发工作限改通知书，待下一季度考核验收，若连续两季度工作无改观，团地委对本级创建单位将视其情况予以取消创建资格。四川石油管理局团委制定表彰办法，明确规定创建经费至少占团的活动经费的 30%。

1999 年，全省首批确定“五四红旗团委”创建单位国家级 60 个，省级 120 个，市（地、州），省直属单位级 1000 余个。按照团中央申报“全国五四红旗团委”及活动组织奖的要求，经过层层推荐、严格审查，团省委推荐水电七局团委、华西集团十二公司团委、绵阳三台县芦溪镇团委、乐山市中区牟子镇团委、雅安市草坝镇团委，甘孜州康定民族师范学校团委、自贡自流井区新街团委 7 个单位参加“全国五四红旗团委”的评选，推荐德阳团市委、达川团地委、成都市金牛区团委、四川石油管理局团委 4 个单位参加“全国五四红旗团委”组织奖的评选。

2000 年 6 月，四川攀枝花银江镇团委等 32 个单位被团中央确定为第二批“全国五四红旗团委创建单位”；2001 年 7 月，四川省乐山市沙湾区嘉农镇团委等 20 个单位，被确定为四川省第三批“全国五四红旗团委创建单位”；2001 年 5 月，成都印钞公司团委等 96 个单位被确定为四川省第二批“四川五四红旗团委创建单位”。

2001 年 12 月，团省委印发《共青团四川省委关于表彰‘四川五四红旗团委标兵’、‘四川五四红旗团委’和颁发创建‘五四红旗团委’活动组织奖的决定》，授予攀枝花煤业（集团）公司团委等 10 个基层团委“四川五四红旗团委标兵”称号，授予成都印钞公司团委等 99 个基层团委“四川五四红旗团委”称号，对成都团市委等 31 个单位颁发创建“五四红旗团委”活动组织奖。

2002年5月，成都市武侯区浆洗街街道团工委获“全国五四红旗团委标兵”称号；四川沱牌集团有限公司团委、四川大学团委、广安华蓥市公安局团委获“全国五四红旗团委”称号；泸州市龙马潭区莲花池街道宏达社区团总支、西南财经大学工商管理学院团总支获“全国五四红旗团支部”称号。

2002年6月，西南交通大学团委等100个单位被确定为第三批“四川五四红旗团委创建单位”；同年12月，团省委印发《共青团四川省委关于表彰“四川五四红旗团委标兵”“四川五四红旗团委”“四川五四红旗团支部”和颁发创建“五四红旗团委”活动组织奖的决定》，决定授予西南交通大学团委等10个基层团委“四川五四红旗团委标兵”称号，授予攀钢集团成都钢铁有限责任公司团委等79个基层团委“四川五四红旗团委”称号，授予成都市西御河沿街社区团支部等46个团支部“四川五四红旗团支部”称号，对成都市金牛区团委等22个县级团委颁发创建“四川五四红旗团委”活动组织奖。

2003年5月，四川农业大学动物科技学院团总支获“全国五四红旗团支部标兵”称号；省交通厅直属机关团委、东方汽轮机厂团委、四川长虹电子集团有限公司团委、成都飞机工业集团有限责任公司团委、巴中市供电公司团委、乐山师范学院团委、大竹县城西乡团委、南充高级中学团委获“全国五四红旗团委”称号；中国工程物理研究院化工材料研究所材料研究部团支部、四川航天工业总公司7111厂十四车间团支部、眉山车辆厂货车公司货一车间团支部、四川科伦大药厂团总支、甘孜军分区独立营二连团支部、广元市市中区人民检察院团支部、甘孜州畜牧局团总支、绵竹市武都镇新开村团支部、自贡市工业开发区团总支、峨眉山市交通局团总支、攀枝花市国税局机关团总支、邻水县收费路桥管理所团支部、内江市公安局巡警支队团支部、金川县卡拉脚乡二普鲁村团支部获“全国五四红旗团支部（总支）”称号。

2004年1月，团省委下发《关于表彰四川五四红旗团委、四川五四红旗团支部、四川省团建先进县（市区）和颁发创建五四红旗团委活动组织奖的决定》，授予四川航天工业总公司长征机械厂团委等10个基层团委“四川五四红旗团委标兵”称号，授予成都卷烟厂团委等60个基层团委“四川五四红旗团委”称号；授予四川省汽车运输自贡集团有限公司翔宇分公司团支部等51个团支部（总支）“四川五四红旗团支部”称号；授予共青团广安市广安区委等10个团县（市、区）委“四川省团建先进县（市、区）”称号；对共青团成都市委等10个团市（州）委颁发创建“五四红旗团委”活动组织奖。

2005年1月，团省委下发《关于表彰四川五四红旗团委、四川五四红旗团支部、四川省团建先进县（市区）和创建五四红旗团委活动组织奖的决定》，授予成都市商业银行团委等10个基层团委“四川五四红旗标兵”称号，授予攀枝花第十中学团委等63个基层团委“四川五四红旗团委”称号；授予共青团成都市锦江区委等10个团县（市、区）委“四川省团建先进县（市、区）”称号；对共青团德阳市委等10个团市（州）委颁发创建“五四红旗团委”活动组织奖。

2005年12月，团省委下发《关于表彰四川五四红旗团委、四川五四红旗团支部、四川省团建先进县（市区）和创建五四红旗团委活动组织奖的决定》，决定授予四川航天技术研究院团委等8个基层团委“四川五四红旗团委标兵”称号，授予成都市公共交通集团公司团委等74个基层团委“四川五四红旗团委”称号；授予成都市光明光电股份有限公司销售公司团支部等51个团支部（总支）“四川五四红旗团支部”称号；授予成都市金牛区等10个团县（市、区）委“四川省团建先进县

（市、区）”称号；对共青团成都市委等10个团市（州）委颁发创建“五四红旗团委”活动组织奖。

2005年12月，德阳市旌阳区扬嘉镇团委、四川久大盐业集团公司团委、绵阳南山中学团委、乐山职业技术学校团委、彭山县观音镇团委、丹巴县巴旺乡团委、中国工程物理研究院化工材料研究所团委、彭州市九尺镇团委获“全国五四红旗团委”称号；广汉三星堆博物馆团支部获“全国五四红旗团支部标兵”称号；中国石化集团四川维尼纶厂供排水车间团支部、四川师范大学数学与软件学院2003级第4团支部、攀钢集团钢城企业总公司合金分公司团支部、泸州市江阳区大山坪街道纪念标社区团支部、广元市人民检察院团支部、内江市市中区临江小区社区团总支、南充市国家税务局团总支、宜宾市翠屏区妇幼保健院团支部、四川达竹煤电（集团）公司金刚煤矿机电队团支部、巴中市劳动和社会保障局团支部、雅安市财政局团支部、乐至县天池镇南街社区团支部、汶川县绵池镇羌锋村团支部、凉山州地方税务局机关团支部、中科院成都计算机应用研究所办公自动化事业部团支部获“全国五四红旗团支部”称号。

第三篇 宣传教育

1986—2005 年，四川省各级团组织积极探索，大胆创新，把政治思想教育与青年的工作实践紧密结合起来，开展内容丰富多彩，形式多种多样，具有良好效果的主题活动，促进政治思想教育工作上台阶，上水平；用爱国主义和革命传统教育，引导广大团员和青年不断提高政治思想素质和科学文化素质；把思想建设与阵地建设相结合，省市级团校、自修大学及青年报刊的创办，以正确的舆论引导青年一代，使青少年宣传教育工作成为社会主义精神文明建设的重要组成部分。

第一章　政治思想教育

第一节　“两坚持一反对”教育活动

一、团干部率先学习阶段

1987年2月，省内各地团组织按照中央一号文件和邓小平关于坚持四项基本原则，反对资产阶级自由化的重要讲话精神和团中央《关于认真开展坚持四项基本原则教育的通知》精神，广泛开展“两坚持一反对”① 思想教育活动。

团的领导机关、团干部率先集中学习、统一思想、提高认识。在团省委召开的各市（地、州）团委书记会议前后，成都、遂宁、凉山等地和省石油管理局团委都先后召开党组会、全委扩大会或机关中层以上干部会，学习中央一号文件和邓小平的讲话精神。通过集中、系统地学习讨论，团干部一致认识到，中央一号文件和邓小平的讲话精神，对于坚定社会主义方向，维护安定团结的政治局面，建设具有中国特色的社会主义的重要性；共青团是党的助手，应该在“两坚持一反对”的斗争中发挥助手作用，在广大团员青年中积极有效地开展思想教育，坚定青年自觉跟党走的信念。成都团市委研究室编印《学习中共中央〔87〕1号文件的几点认识》下发到基层。遂宁团市委提出三项措施：城区各级团组织组织团干部继续学习好中央指示精神；理直气壮地宣传四项基本原则，宣传改革、开放的大好形势，宣传党和政府为人民、为青年办的好事；协助开展大中学生寒假社会实践和其他教育活动。为指导基层的学习，万县、双流等县（市）团委专门发出开展学习的通知，成都铁二局团委将团省委宣传部编印的《共青团员要旗帜鲜明地坚持四项基本原则》发到基层团委书记人手一册。

在活动过程中，省、市（省直）团委机关的学习教育注意与对基层组织的指导相结合。团省委、成都团市委均安排专门的时间，组织党员学习中央文件，组织其他职工学习有关重要文章。团的省、市报刊（包括内部刊物）都由主管书记负责，结合编辑工作实际，开展思想、业务整顿。为加强对基层组织的指导，省级机关团委在几天内，连续召开有30多个厅局团委（支部）干部参加的座谈会，全面了解机关青年干部和职工的各种思想反映，共同研究如何配合机关党委在青年干部中开展坚持四项基本原则教育的具体办法。渡口团市委及时召开宣传工作会议，传达团省委召开的市（地、州）团委宣传部长会议关于“两坚持一反对”思想教育的精神，在当好党的助手、改进思想工作、

① 坚持党的四项基本原则，坚持改革开放、搞活，反对资产阶级自由化。

严格宣传纪律，管好青年刊物等方面，提出六项要求。广元、德阳等地团委发出在团员青年中加强坚持四项基本原则教育的意见。

二、团员青年学习阶段

各地团组织通过组织座谈、联系沟通，把“两坚持一反对”的教育深入到青年和学生中去。省建总公司，内江、凉山、涪陵等地团委先后组织青年工人、青年职工、团干部、青联委员等不同对象参加的座谈会，共同认识开展“两坚持一反对”教育的重要性和长期性，教育各行业青年牢记自身职责。成都发动机公司团委注意了解中央文件传达前后青工中的不同思想反映，研究分析哪些认识是正确的，哪些认识是模糊的，通过文件的传达学习，哪些问题得到澄清，下一步应该着重从哪几个问题入手，有针对性、有说服力地开展教育，做到了心中有数。西昌城区团干部在参加座谈会时纷纷提出，要充分发挥共青团团结教育青年的主渠道作用，把“两坚持一反对”的教育深化、实化、具体化。民航成都管理局团委邀请劳动模范与青年和大学生对话交心，鼓励青年和同学们争做“四有”合格人才，为祖国的民航事业贡献聪明才智。省地质矿产局所属二〇七地质队、南江水文队团委就“振兴中华与当代大学生的职责”问题与大学生们开展讨论，希望同学们多搞社会调查，增长才干，同时也为地质工作的发展提供有价值的建议、论文和改革方案。泸州团市委、眉山通信设备厂和遂宁市一些团组织也开展了类似的活动。各地团组织将坚持四项基本原则的教育与精神文明建设、法制纪律教育结合起来。万源团县委严格按照上级部署，注意政策，用生动的形式对团员进行正面教育并组织了以团支部为单位参加的《坚持四项基本原则，促进社会主义精神文明建设》知识竞赛。泸州团市委把这一教育同学雷锋、树新风的活动衔接起来，安排在3月开展“酒城，微笑的三月”主题活动。川煤九处团委在对工程处新招的30名合同制工人的入厂教育中，开设了坚持四项基本原则，坚定共产主义信念的专题内容。万县团地委会同教育局，在学校团队工作意见中提出：要按照中央的通知精神，广为宣传六届全国人大常委会第十九次会议通过的《关于加强法制教育维护安定团结的决定》，在青年学生中进行以宪法为主要内容的法制教育。乐山市团委把学习邓小平理论作为思想教育工作的中心，重点抓好青年学生、团干部特别是团的领导干部理论学习。各级团组织开展“高举邓小平理论旗帜、争做跨世纪‘四有’新人”主题活动，先后成立15个邓小平理论研究会，举办各类大型学习活动300余场（次），6万名团员青年参加。在全市学生团员青年中开展“高举邓小平理论伟大旗帜，加强爱国主义教育”知识竞赛，8万名学生团员参加。乐山团市委编写《党团知识读本》，发行2万余册。

三、高校团员、青年学习阶段

活动中，省高校团组织在学校党委的领导下，围绕“两坚持一反对”这个中心，在广大团员和学生中开展形式多样、生动活泼的正面教育。

开学初，各校利用各种形式调查了解学生寒假返校后的思想动态。成都市、重庆市、攀枝花市、自贡市分别召开高校团委书记联席会、全省师范专科学校团的工作研讨会，交流情况，具体分析学生“沉默”和“三多”① 的表现和原因，为下一阶段有针对性地开展工作打下基础。

---

① 私下议论多、谣传多、疑虑担心多。

各校通过座谈会，汇报会，演讲会，社会实践活动成果展览、编印社会调查报告和心得体会小册子、表彰社会实践活动成绩突出的个人和集体等形式，扩大寒假社会实践活动的教育面，引导广大学生进行自我教育。开学以后，各校纷纷组织学生开展社会实践活动。南充师范学院，乐山师专组织团员和学生进行“遵纪守法”“社会需要的初中教师”为题的社会调查。四川大学把社会实践活动与教学实习结合起来，作为学生的一门课纳入正常的教学轨道，建立定点开展活动的基地，制定相应的制度。有800多名文科学生，分别到广汉县、广安县、广元市担任副乡长、区文书，进行挂职锻炼。社会实践活动的开展，促进学生对学潮、对自身冷静的反思，对“两坚持一反对”的重要性和迫切性进行认真的思考。

寒假前，各高校或以校长、或以团委的名义给每一个学生家长去信，要求家长配合学校作好学生的思想教育工作。开学后，家长纷纷将自己的体会、感受、对子女的期望、要求以及对学校工作的建议等写信寄到各校，学校团组织不失时机地运用家长提供的丰富生动的材料对学生进行正面教育。成都科技大学开学不到一周，就收到家长回信740多封，该校团委根据这些素材，在全校团员和学生中进行了一次以“人民的重托、家长的厚望”为主题的教育活动，对学生进行热爱党、热爱社会主义、珍惜安定团结大好局面的教育，取得了好的效果。

各校团组织根据学生在学潮中反映出来的各种思想认识问题，主题明确、有针对性地寓思想教育于各种活动之中：重庆团市委组织重庆市高校团组织开展“爱国成才跟党走”主题校园之春活动、成都团市委组织成都市高校开展“校园歌手大奖赛”、四川大学举办标志每个时代青年特点的电影回顾展、成都科技大学的周末助你成才系列讲座、西南财政法学院的“把青春献给党”主题文化艺术周活动、西南民族学院的学风校风大讨论……各校还普遍开展马列知识、党团知识、法律知识、中国革命史、改革大事知多少等竞赛活动，多种主题讲演、论辩会、系列讲座、主题鲜明的艺术节、文化周、体育节等。

各校团组织围绕“双增双节”运动，针对各校的实际开展艰苦奋斗、勤俭节约的教育活动。重庆建筑专科学校的同学自觉组织起来参加学校的公益劳动；成都大学团委组织学生开展“自理活动”，自己管理宿舍、教室、食堂和环境；华西医科大学团委在全校团员和学生中开展“拾贝建厦、勤俭爱国”活动，号召团员和学生节约一度电、一滴水、一粒饭、一张纸，组织学生收集废旧物资，并向成都市大、中学校发出共同开展“节约一度电、一滴水”活动的倡议。

开学以来，电力普遍紧张，团组织一方面走访电力部门，向学生如实讲清电力紧张的实际情况；一方面想尽办法保障学生的用电。学校在生活上尽可能为学生提供方便，各校伙食品种多样，价格适宜。重庆建筑工程学院拨款10万余元为学生修建了活动场所，各校团委在学校设立意见箱，在团委和学生会办公室设立院校长、党委书记接待日，并经常深入学生宿舍、食堂、教室了解和收集学生的意见和建议，用各种形式召开信息发布会，及时向学生通报情况。西南师范大学、四川外语学院、成都科技大学、成都电讯工程学院等校分别在与学生切身利益有关的几个部门，聘请学生参加工作，担任助手或副职，沟通了学校和学生正常的民主渠道。

各校普遍利用业余党团校的形式，加强对学生干部的培训，充分发挥他们的作用，带动更多的学生进步。各校还从收缴团费，双周过一次组织生活入手，健全团组织生活，提高团组织活动的思想性和教育性，开展团章和团的基础知识再学习和合格共青团员教育，严格团的纪律、健全规章制度，加强对团干部的考核和管理。

第二节　“讲学习、讲政治、讲正气”教育活动

按照中央统一要求和省委安排部署，团省委领导班子、领导干部及处级干部“三讲”（讲学习、讲政治、讲正气）教育，从1999年11月至2000年1月，分四个阶段进行。

一、“思想发动、学习提高”阶段

在这一阶段，团省委把深入学习、提高认识、统一思想作为整个“三讲”教育的首要环节来抓。1999年11月23日，团省委召开了包括离退休干部在内的全体干部职工参加的“三讲”教育动员大会，团省委书记黄新初受团省委党组委托作动员报告，中共四川省委驻团省委“三讲教育”巡视组组长杨灿清作讲话，团省委“三讲”教育领导小组对实施方案作具体说明。11月29日，团省委又召开领导干部及处级干部集中学习动员大会。“三讲”教育开始前，团省委召开机关及直属单位副处级以上干部会议，学习与“三讲”教育相关的文章。在召开动员会以后，将学习内容分为“讲学习”“讲政治”“讲正气”三个专题，每个参加“三讲教育”的职工都按照专题学习的要求，通读了毛泽东、邓小平、江泽民的有关重要论述，学习了中央有关文件和领导的讲话。学习采取分散与集中相结合、自学与讨论相结合、理论与实际相结合的方式。在学习提高认识基础上，实行“一专题一对照一总结”的办法，按照每个专题的要求，联系全省共青团工作和青年工作的实际，联系各单位各部门的领导层，特别是个人的思想和工作实际，检查专题学习方面存在的差距和问题。通过这种形式，不仅系统地学习了“三讲”教育必读篇目和重要文件，而且初步查摆“三讲”方面的不足和差距，为自我剖析奠定了理论和思想基础。团省委采取个别访谈、发放征求意见表、召开座谈会、设置意见箱等多种形式，敞开大门，广纳群言，共发放领导班子和党组成员《征求意见表》49份，发放处级干部《征求意见表》247份，向各市（地、州）团委、省直属团委和18个部委厅局办发放《征求意见表》58份。同时，省委驻团省委“三讲”巡视组和团省委党组成员先后找离退休同志、处级干部和机关职工谈心，多方面听取意见，通过这些渠道，收集到对团省委领导班子提出的意见和建议37条，对领导干部提出的意见和建议36条，对班子和个人的意见和建议42条，并将这些意见和建议原样反馈给班子和个人，并要求大家边学习、边反思、边提高。经过初步联系实际查找问题，广泛征求干部群众意见，对群众反映强烈而又马上能改的问题，本着边整边改的精神，提出进一步严肃机关劳动纪律、加强对直属单位的管理、加强老干部工作、加强党组自身建设、加强直属机关党委建设等五条整改措施。

二、“自我剖析、听取意见”阶段

在这一阶段，按照中央和省委要求，结合自身实际，着重查找自己在党性党风方面存在的突出问题，着力在剖析原因、分清是非、提高认识和改造世界观上下功夫。并在此基础上形成班子和个人的剖析材料，接受干部群众评议。这个阶段突出抓了三个方面的工作：分别是反复进行思想发动，找准、抓住主要问题和认真搞好民主评议。1999年12月10日，团省委通过转段动员会和副处以上中层干部会进行思想发动，明确要求大家清除思想顾虑，对照干部群众提出的意见，一定要在找准、

抓住党性党风方面存在的突出问题和进行深入剖析上狠下工夫。经过10多天的反思、总结，数易其稿，写出班子和个人的自我剖析材料；12月下旬，针对部分剖析材料没有完全抓住自己党性党风方面存在的突出问题和剖析不够深入的问题，多次召开党组会议，要求班子和个人进一步修改好自我剖析材料；12月27日，召开对领导班子和领导干部自我剖析材料的意见征求会及民主评议会，收到对领导班子的建议和意见2条，对领导干部的建议和意见5条，并将这些建议和意见都原样反馈给了领导班子和领导干部，同时要求再次认真修改和完善剖析材料。团省委领导班子和班子成员对搞好剖析材料非常重视，本着对党负责、对全省团的工作负责、对全省各级团组织负责的精神，认真剖析，深刻反思。对领导班子的剖析材料，采取专题研究和班子集体反复讨论的办法，先后五易其稿。领导干部坚持以马克思主义的标准为尺子，以群众评议意见为镜子，以批评和自我批评为武器，自觉解剖自己，亲自撰写、反复修改个人的剖析材料。剖析材料形成后，领导班子及成员之间对剖析材料开展了互评活动，并听取了省委巡视组同志的意见。12月29日，召开团省委领导班子和领导干部“三讲”教育剖析材料满意度测评大会，在机关副处级以上干部和直属单位主要负责人中进行民主测评，测评结果对班子剖析材料满意度为95.2%，对班子成员剖析材料满意度达到92.9%以上。以后还进一步扩大了测评范围，2000年1月4日，向全省21个地（市、州）团委书记发放测评表，测评结果对领导班子和班子成员剖析材料满意度均为100%。同时，团省委还对处级干部的剖析材料进行认真测评。

三、“交流思想、开展批评”阶段

在这一阶段，要求领导干部和处级干部再次学习毛泽东、邓小平、江泽民关于开展批评和自我批评的论述，促使大家自觉拿起这一思想武器。在做法上，把谈心交心作为开好民主生活会、搞好批评与自我批评的必要前提。领导班子的主要领导与班子成员进行了个别谈心，班子成员之间开展了相互谈心。通过谈心交心，沟通了思想，交换了看法，营造了开好民主生活会的良好氛围；大家根据群众反馈的批评和建议意见，本着不怕丑、不护短、不怕痛的精神，对自己党性党风方面存在的突出问题进行了严肃认真的自我批评，特别是根据中纪委、中组部的有关规定，着重对照检查了自己在党风廉政建设和廉洁自律上存在的问题；主要领导带头开展批评，开诚布公地向其他成员提出意见，并注意启发和引导；班子所有成员都能够把意见摆到桌面上，相互之间开展了中肯的批评，真正做到帮助同志，增强团结，共同进步，达到预期的目的。在专题民主生活会上，党组成员相互提批评意见32条，党员处级干部相互提批评意见140条。

四、“认真整改、巩固成果”阶段

在这一阶段，团省委把认真制定落实整改措施作为“三讲”教育的落脚点。围绕查摆出来的主要问题，在“思想发动、学习提高”阶段提出边整边改五条措施的基础上，系统地提出10个方面的整改措施。团省委领导班子高度重视整改措施的制定，召开专题会议研究，组织专门力量起草。初稿形成后，在班子集体讨论的基础上，印发给机关各部门和直属单位征求意见。团省委党组会多次修改审定各方面的整改意见。这些整改意见形成后，以团省委文件下发，逐条贯彻落实。班子及班子成员在“三讲”教育过程中，都自觉地坚持用“三讲”的要求规范自己的言行，边整边改，立说立行，不等不拖，及时提出了切实可行的整改措施。

第三节 “保持共产党员先进性”教育活动

按照中共四川省委的安排，2003年3月20日至8月28日，共青团四川省委以“高举团旗跟党走，增强党性强素质，爱岗敬业争先锋”为主题，在机关全体党员中全面开展保持共产党员先进性教育活动（以下简称“先教”活动）。按照省委的统一要求和安排，团省委机关保持共产党员先进性教育分四个阶段进行。

一、教育学习阶段

3月20日，为确保教育学习活动有的放矢，不走过场，团省委成立由团省委书记、党组成员罗强任组长，团省委副书记谭红杰，团省委直属机关党委书记、纪检组长、党组成员张剡为副组长的“先教”活动领导小组及办事机构，制定《共青团四川省委机关保持共产党员先进性教育试点工作实施方案》和《实施方案日程安排表》。3月28日，团省委召开包括离退休干部在内的全体干部职工参加的“先教”活动动员大会，团省委书记罗强代表团省委“先教”活动领导小组作了讲话。在学习中，注重内容与形式的有机统一，以内容为核心，以形式为载体，确保学习入脑入心。机关分支部先后召开21次支部大会，并集中3天时间，组织党员按照学习要求，认认真真、原原本本通读“先教”读本。为加深对开展“先教”活动的认识和理解，采取组织领导讲、专家讲、典型讲的方式。按照省委要求，4月11日，团省委书记罗强以“增强党性，提高素质，做党放心青年满意的干部”为题为全体干部职工（含离退休职工）上了一堂党课。为引导大家认真读书，采取分散与集中相结合、自学与讨论相结合、理论与实际相结合的方法组织学习，机关每位党员都坚持做到每天学习两小时。在开展讨论活动中，机关全体党员进行了严肃认真、不走过场的专题讨论和分支部讨论。通过讨论，团省委结合实际，从多角度、多方面、多层次形成10条团省委机关党员先进性的具体要求和不合格党员的3条认定标准，20条表现形式为检查教育学习效果，团省委“先教”办采取定期与不定期相结合的方式，对每个党员所做学习笔记、心得体会进行检查；先后分两次组织省直机关保持共产党员先进性教育活动学习测试；通过发放表格和无记名投票的方式，对团省委党组成员和处以上党员干部进行民主测评和意见征求，并进行汇总分析。为提高学习效率，确保学习效果，使学习有形化，团省委要求每个党员每天撰写读书笔记；为避免学习走过场、流于形式，团省委专门成立综合协调监督组；为保证党员参学率100%，对未能参加活动的党员分批次组成临时党支部，利用周六、周日及晚上等业余时间组织“补课”；针对较长时间在外地工作、学习的党员，以邮寄或电子邮件方式组织远程学习；为坚持开门教育、互动教育原则，广纳众言，通过印发《关于团省委机关党员先进性教育活动征求意见的函》，广泛收集意见和建议；根据团省委机关年轻人多的特点，举办以“党在我心中”为主题的诗歌朗诵比赛；结合保持共产党员先进性教育活动的开展，还在部分省直机关、企业、高校、农村团组织中进行保持共青团员先进性教育活动的试点工作。这一阶段，团省委机关实际参加学习培训班的党员总数为78人（其中县处级以上党员领导干部47人），参学率达到95.1%。

二、分析评议阶段

在这一阶段，团省委按照省委先教办的安排部署，结合工作实际，从“真、准、深、像”四个方面狠下工夫，通过抓基础、抓关键、抓落实、抓结合的方式，认真开展先进性分析评议工作。认真搞好思想动员。5月6日，机关召开分析评议阶段动员大会，团省委书记罗强着重就分析评议阶段的工作做了安排部署，并对分析评议阶段工作提出具体要求。省委先教办驻团省委巡视组组长鲁满保对此阶段的工作提出希望。为进一步提高思想认识，在前一阶段学习的基础上，通过召开支部大会、团省委常委（扩大）会和书记办公会，举行青工系统、青农系统、学校系统和统战系统青年的学习座谈会等方式，组织党员对照党章要求和合格、不合格党员标准开展了14个学时的学习讨论，认真学习贯彻胡锦涛总书记到川视察所作的重要指示和省委第四十次常委会议精神，同时结合先进典型引路、组织观看优秀革命影片，进一步活跃学习活动。

团省委就机关党组织和党组、党员的思想作风、学风、工作作风、领导作风和干部生活作风等多方面内容，通过召开座谈会、设置征求意见箱、在四川共青团网站青年社区栏目开展网上调查、专项问卷调查、到基层实地调查研究、个别访谈等多种形式，向21个市（州）团委、直属团委、部分区（县）团委，省级机关有关部门，以及机关党内外群众、直属单位党员和机关离退休同志广泛深入收集征求各方面意见。据统计，各种方式向服务对象征求意见277人次，召开座谈会2次，发出信函142封，派出实地调查工作组5个，个别访谈257人次，电话及网络征求意见5次，征求意见下属单位35个（包括各市、州团委、机关直属企事业单位）。根据反馈信息并整理，累计提出意见26条。

在意见多层次的反馈基础上，机关党员和党组织按照“三个代表”重要思想、党章规定的党员标准和教育学习阶段提出的10条机关党员先进性具体要求，认真进行先进性分析。按照“重点写问题、认真找原因、关键查自身”的原则，全体党员和各党支部本着实事求是，治病救人的态度，认真撰写了不少于1500字的先进性分析材料，并分层次进行严格审查。

按照安排，团省委全体党组成员在机关全体党员大会上、其余党员在党支部大会上作了严肃认真、求真务实的个人先进性分析报告，并接受满意度评议。结果显示，有98%以上的党员满意度高于90%，无一人满意度低于60%。

团省委机关切实按照“三个必须”[①] 要求，以帮助党员提高认识、查找问题、修正错误、相互帮助为目的，开展多层次交互式交心谈心活动。据统计，团省委机关共谈心231人次，其中：党组书记谈心32人次，党组其他成员谈心42人次，支部书记谈心49人次，党员互相谈心108人次，巡视组谈心18人次。通过交心谈心，党员们之间坦诚相见，沟通思想，征求意见，提出问题，开展批评与自我批评，提出希望与建议，取得共同进步。

三、整改建设阶段

在这一阶段，团省委坚持“全”（面）、“实”（效）、“快”（速）的工作要求，以“见实效”为

① 党组书记必须主动找每一位在职的厅级党员领导干部谈心一次以上，找有关部室领导谈心，厅级党员领导干部互相谈心；党组成员必须分别与分管部室的党支部书记谈心一次以上；党支部书记必须与本支部全体党员谈心一次以上。

核心内容，认真开展整改建设工作。首先通过机关“先教”办工作人员先动员，做到准备在先、分工合理、责任明确、认识到位；其次召开机关全体党员整改阶段动员大会，提出整改建设阶段“全”（面）、“实”（效）、“快”（速）的工作要求；然后通过党支部再动员，使党员进一步明确本阶段的工作要求、步骤、做法和要达到的目的，合理安排好部门工作计划和整改建设工作要求。

严格抓好整改方案的制定和审查监督。整改方案的制定分为团省委机关、机关党委、各党支部和党员个人四个层面；整改方案的审查采取层层把关的方式，由支部书记对党员个人形成的整改方案进行严格把关，团省委党组对机关整改方案和机关党的建设整改方案进行严格把关；民主监督通过设立“公示室”、召开离退休人员和直属企事业单位座谈会等多种形式，更直接、更具体地听取大家对整改方案的意见。

开展“权为民所用，情为民所系，利为民所谋”为主要内容的转变机关作风主题活动。把机关作风建设与为基层服务，为青年服务，尤其是为边远贫困地区和少数民族地区青年办实事紧密结合起来。

整改期间，团省委在机关开展“三个代表”重要思想学习活动，组织开展“‘三个代表’重要思想和十六大精神知识竞赛”活动，以支部为单位组织党员学习《“三个代表”重要思想学习纲要》，并展开讨论。各支部纷纷行动，开展“走出去”与老党员、有突出贡献的年轻党员交流、联谊活动，让党员在轻松愉快的交谈中受触动、获教育。7 月 22—26 日，共青团第十五次全国代表大会在北京召开，全省共青团组织迅速掀起学习贯彻团十五大精神的高潮。整改期间，机关党委多次组织党员集中观看《全面建设小康社会》《让党员起作用，为群众干实事》等教育片，并在“七一”组织观看优秀的主旋律影片《横空出世》。使党员在整改中学习，在学习中进行反思，在反思中促进整改。

在党员队伍建设上，着重以完善机关基层党组织管理长效机制为抓手，构建“学习型、创新型、廉洁型”党组织和党员队伍。在机关党组织建设和领导班子建设上，健全和落实机关党建工作责任制，进一步深化以“学习创新、民主团结、勤政为民、清正廉洁”为主要内容的“四好”班子建设。

四、巩固提高阶段

在这一阶段，团省委着力把巩固提高工作与深化整改建设成果结合起来，准确认定和严肃处置不合格党员，切实做到“对下解决问题见成效，对上回答问题出成果”，针对共产党员队伍状况进行系统分析，通过调查摸底，初步掌握合格、基本合格、不合格党员以及要求退党和自行脱党党员的情况，做到心中有数，为先进性承诺申请和组织处理工作做好准备。

每个党员都以书面形式，向党组织提出申请，表明自己保持共产党员先进性的政治态度。支部对提出申请的党员进行表决，形成合格、基本合格或不合格的支部决议，并召开支部大会宣布审批结果。结果显示，在团省委机关实际参加民主评议的 76 名党员中，被评定为合格党员 73 名，不合格党员 3 名，无基本合格党员。

党支部严格按照有关程序，准确把握政策界限，严格履行工作程序，对不合格党员进行处置和对基本合格党员进行诫勉谈话。

按照省委统一安排，团省委组织评定，为合格的党员重温入党誓词，进行了集中宣誓，向党组织和人民群众作出学习实践“三个代表”重要思想，始终保持共产党员先进性的庄严承诺。

在“先教”活动中，团省委机关被省委先教领导小组确定为重点课题研究部门。接到课题研究任务后，团省委领导高度重视，专门成立团省委课题研究小组，由机关党委书记张剡担任组长，抽调机关年轻骨干作为成员组成课题小组。在近一个月时间里，课题小组成员与机关全体党员齐心协力，并肩作战，举全团之力，集全团之智，抓住共青团机关党员特点，深入分析共青团机关保持先进性的具体要求和现实差距，探索解决存在问题的实现途径，经过八易其稿，完成共青团机关党员保持先进性要求分析与实现途径的课题研究任务，为全国团的机关开展保持共产党员先进性教育活动提供了有益的经验借鉴。

第二章　道德教育

团省委对全省团员青年从迎接香港澳门回归教育、纪念红军长征胜利60周年、青少年教育基地、四川青年庆祝新中国成立50周年、民族地区的爱国主义教育等方面开展道德教育刻不容缓，责任重大。

第一节　爱国主义教育

1994年，中共中央下发《爱国主义教育实施纲要》。团省委根据纲要精神，制定下发《共青团四川省委关于学习爱国主义教育实施纲要的意见》，启动“跨世纪——巴蜀千万青年爱国、创业、建功”主题实践教育活动。活动中，全省各级团组织加强制度建设，认真抓好常规教育，通过青年报刊大力宣传爱国主义精神。开展以爱国主义、社会主义、集体主义和革命传统教育为主要内容的各种教育活动，通过重大纪念日、重大历史事件和各种大型活动，运用升国旗、唱国歌等仪式，开展爱国主义教育。同时切实加强青少年教育基地和爱国主义教育基地的建设、管理和指导工作。

该次主题实践教育活动是以爱国主义思想教育为中心，同时结合各条战线的传统活动一起开展。宣传、教育等部门的团组织开展了“学纲要、忆长征、迎回归”教育活动；青工战线的团组织将爱国主义教育同“五小”“QC”“建功立业”等活动结合起来；农村团组织同“培养星火带头人”“致富奔小康”等活动结合起来；少年儿童将爱国主义教育同“雏鹰行动”“五自”（自理、自学、自律、自护、自强）等活动结合起来，使广大青少年在现实环境和具体工作岗位上接受爱国主义思想的深刻教育。

一、迎接香港澳门回归

各地青少年宫、青少年活动中心以“迎接香港回归”为主题组织各种演讲、征文、展览及知识竞赛、文艺演出等活动。例如，1997年，乐山团市委围绕“迎香港回归”开展爱国主义教育，组织乐山城区少先队开展“庆六一，迎回归”演讲赛，共有20支队伍、20人参赛。乐山市各级团组织举办以“爱祖国、迎回归”为主题的文艺演出1000多场，开展各类知识竞赛3000多次，62万名团员青年参加活动；四川省体育运动委员会团组织开展了“爱国、建功、成才”主题活动。

二、纪念红军长征胜利60周年

为纪念红军长征胜利60周年，全省各地团组织纷纷组织广大青少年开展了以“红军从咱家乡过”“重走红军长征路”“长征路上话今昔”“长征需要接班人”等为主题的纪念活动。1996年，乐山团市委、乐山市学联以“纪念红军长征胜利60周年”“纪念建党75周年”“香港回归”为主题，组织全市各校师生开展纪念活动。同年7月，团市委、市学联、市关工委组织市老干部报告团，在乐山一中、二中、卫校等学校和峨边县举行以“继承和发扬革命传统，为祖国争光，为人民立功”为主题的报告会5场，9600余名青年学生聆听报告。团省委还组织了“纪念中国工农红军长征胜利60周年暨成人宣誓仪式”，表彰了全省爱国主义教育先进集体。

三、开展青少年教育基地活动

1996年，团省委和省青教办先后数次到省内10多个市（地）调查了解青少年教育基地工作开展情况。针对有关部门反映省内一些纪念馆所接待学生参观收费不合理的情况，随即与省委宣传部等部门取得联系，及时下发《关于学校有组织的参观教育活动减免收费的通知》。与此同时，各青少年教育基地按照要求，举办大量青少年教育活动。乐山团市委首批建立五通丁佑君烈士纪念馆等8个市级爱国主义教育基地，召开纪念抗日战争暨世界反法西斯战争胜利50周年座谈会，举办“侵华日军南京大屠杀暴行图片展”，对团员青年进行爱国主义教育；重庆歌乐山烈士陵园组织的《红岩魂——白公馆、渣滓洞革命先烈斗争史实展览》，先后赴北京、上海、沈阳、大连、南昌、成都等地展出，在全国掀起“红岩热”，成千上万的青少年及社会各界人士争相参观，接受教育。仅北京的展出，在短短的45天，就接待62万人次，成为北京10年来最具轰动的一次展览。红岩革命纪念馆加大投入对红岩村、曾家岩50号、周公馆、桂园等进行充实和维修，对学生一律实行半票、1/4票或免票。附近学校、单位的入队、入团、入党宣誓仪式和青年志愿者活动都在红岩村举行；成都市大邑县地主庄园陈列馆因地制宜地开展青少年教育活动，也收到好的效果。

2004年2月，为贯彻《爱国主义教育实施纲要》，充分发挥青少年爱国主义教育基地在对青少年进行爱国主义教育方面的重要作用，省委青少年教育办公室、团省委联合制定《四川省青少年爱国主义教育基地管理办法》。

2005年，攀枝花团市委对全国中小学生爱国主义教育基地——金色攀枝花展览馆，组织实施改造；攀枝花市少年军校，自1997年创建以来，已成为攀枝花市对少年儿童进行爱国主义教育、国防教育和艰苦奋斗教育的重要载体，至2005年共招收学员800余名，深受全市少年儿童和家长的信赖、喜爱和支持，被评为全国优秀少年军校。

四、庆祝中华人民共和国成立50周年

1999年，各级团组织以中华人民共和国成立50周年，澳门回归、五四运动80周年、迎接新千年为契机，大力开展爱国主义教育活动。攀枝花团市委及下属各级团委充分利用“金色的攀枝花”展览馆、攀钢、二滩等爱国主义教育基地，组织青少年参观、学习、座谈。“金色的攀枝花”展览馆全年接待参观人员3.5万余人次。

2003年，攀枝花团市委邀请重庆市关心下一代工作委员会报告团成员来攀枝花举行爱国主义教育专题讲座，“红岩精神的传播者”魏仲云做爱国主义教育报告，3500名机关干部和青少年学生受到教育。

五、民族地区爱国主义教育

四川省民族地区共青团组织结合当地青少年工作的实际情况，充分利用五四青年节、港澳回归等纪念日，广泛开展以“祖国观”“民族观”“宗教观”“英雄观”为内容的爱国主义思想教育活动，通过活动引导民族地区少年儿童把爱国热情转化为报国之志，把民族地区青年引导到富民兴国的实践中去。

1997 年，凉山州金阳县以香港回归为契机，帮助青少年了解“一国两制”方针和香港回归祖国的伟大意义。“五四”之际，开展“回归杯”正文比赛和县级“青年岗位能手”评选表彰，并命名了 24 名金阳县首批“青年岗位能手”。4—7 月，会理县各级团组织在各中小学广泛开展迎回归系列爱国主义教育活动，该县有 1 万多名中小学生参加全省举办的迎回归知识竞赛，其中 66 名获优胜奖。

西昌市、昭觉县、雷波县等各级团组织也充分利用中华人民共和国成立、建团、建队等节日契机，积极组织知识竞赛、歌舞表演、诗歌朗诵、书法比赛等活动，引导青少年了解历史，弘扬民族精神。

冕宁县各级团组织充分利用西昌卫星发射基地、彝海结盟遗址、红军长征纪念馆、大桥水库、烈士陵园等对广大团员青年开展革命传统和爱国主义、集体主义教育。特别是 1997 年和 1999 年喜迎香港和澳门回归活动，以及在 1998 年抗洪抢险中解放军战士的英雄壮举，把全县青少年的爱国主义、集体主义教育推向高潮。

第二节　学雷锋活动

学雷锋、树新风活动是全省团组织在 20 世纪 80 年代开展的一项长项活动。1989 年，党中央加强了社会主义精神文明建设，为学雷锋、树新风活动在全省的进一步深入开展奠定了坚实基础。1990 年 3 月 5 日，各大报刊发表江泽民、杨尚昆、李鹏等党和国家领导人的题词。1990 年 3 月 5 日，在召开的全国学雷锋先进代表座谈会上，中共中央政治局常委、中央书记处书记李瑞环代表中共中央指出：雷锋是“光辉的榜样”“鲜明的旗帜”。他要求“把握雷锋精神的本质，立足现实的需要，把学习雷锋活动推向前进。”

根据团中央的指示，团省委以“学雷锋精神，做四有新人”为主题，安排布置 1990—1993 年“学雷锋，树新风”（以下简称为“学树”活动）主题系列活动，并作为四川共青团开展的“让团徽闪耀理想光芒，做社会主义忠诚儿女”活动的主要内容。还将活动纳入省政府“三优一学”创文明城市竞赛活动序列。1990 年 3 月 4 日，团省委组织“全省百万青年奉献日”义务劳动，中旬又相继召开“四川各界知名人士雷锋座谈会”和“四川省雷锋精神理论研讨会”。1991 年 3 月，团省委组织开展“十万团支部共产主义奉献月”活动，1992 年 3 月 1 日，开展“共青团服务一条街”活动。1993 年，团省委与省委宣传部、省政府办公厅、省文明办等单位联合召开学雷锋树新风纪念和表彰大会，组织开展“青春献人民，真情满巴蜀”纪念、实践活动、“雷锋精神与社会主义市场经济”理论研讨会、“共青团为民服务一条街活动”交流研讨会和“岗位学雷锋，社会树新风”现场观摩会等活动。与此同时对活动进行了声势浩大的宣传报道。1990—1993 年，“学树”活动在省内高潮迭起，显示了雷锋精神的强大生命力，形成“四学一包”的四川模式。四学一包是：学在社会、学在岗位、学在基层、学在成才，建立健全承包责任制。

学在社会：开展全社会的“学树”活动，形成良好的社会氛围，既使“学树”活动形成社会影响，又保证了“学树”活动拥有社会共识。四川党政领导多次为“学树”活动发表专题讲话和电视讲话，强调“学雷锋是全社会的共同职责”，省内 29 个城市市长均担任当地“学树”活动领导小组组长，每年 3 月、5 月，都要开展大规模便民利民服务活动，参与人员达千万人次。成都“四职”明星优质服务竞赛成为全市青年柜台、班组、车组的擂台大赛，成为时尚；在重庆，刘崇和学雷锋服务队坚持开展社会性为民服务 14 年，衍生出 600 多个服务分队，李瑞环为此题词赞扬：“发扬雷锋精神，树一代新风”；自贡市建立学雷锋服务总队，下设 141 个分队，2918 个小队；绵阳盐亭县，雷锋生前所在部队 800 名退役官兵组成的“学雷锋协会”，带动全县精神文明进步；乐山市开展主题为“弘扬雷锋精神、我为创卫作贡献”的“青年志愿者学雷锋奉献日”活动，全市 75 个单位的 3000 余名团员青年、少先队员、驻乐山部队官兵参加活动，清扫主要街道 5 条共计万余米，清理陈年垃圾 30 余吨，印发宣传资料 2000 余份。

学在岗位：“岗位作贡献，行业树新风”活动引导青年实践雷锋精神，立足本职为改革开放和经济建设服务。结合岗位，结合行业开展活动，容易激发青年热情，也使青年争上进有目标，赶先进有标准，能积极参与实践。在工业战线，把青年突击队活动与“五小”、QC、技术练兵活动，青年文明岗，安全岗活动等有机融合，使青年成为生产、管理的生力军；在商业战线，把“学树”活动与文明柜台、服务明星竞赛、“打假”等结合，使商业战线青工成为技术高超、服务上乘的能手。成都人民商场团委开展“优质服务竞赛”活动 3 年，使“人民商场人好货真”声名远播。农村各级团组织则把开展星火带头人活动和实用技术培训活动与“学树”活动结合，逐渐把“帮贫助耕”向“送科技上门”转化。

学在基层：开展“学树”活动，关键的是群众参与，社会公认，活动在基层，实效在基层。立足基层，着眼基层，使学树活动既有了参与面和覆盖面，又能深入持久开展。到 1993 年，全省“学树”活动组织达 30 万余个。攀枝花市即有学雷锋小组 5000 余个，青年为民服务队 800 余个，农村帮户助耕小组近千个；绵阳市逢节假日，就有“学树”队伍出现在“为民服务一条街”上；乐山市粮油部门团组织将城区所有烈军属、五保户的购粮事务承担下来，定时定员送粮上门；铁二局四处八队“青年学雷锋服务队”，走到哪里活跃到哪里，在群众中引起强烈反响。

学在成才：开展“学树”活动，要着力提高青少年思想道德素质和科学文化素质，重在育人，意在成才，才能保证“学树”活动的方向性和目标性。学树活动的实践，成功地促使一批青少年优秀人才和先进集体脱颖而出。如少年英雄赖宁，“战士企业家”蔡伟素以及他领导的“学雷锋先进集体”，中科院青年女助工徐清兰等等，层出不穷。巴蜀青年身边的典型，给全省青少年以极大的鼓舞和鞭策。

建立健全承包责任制：在“学树”活动中，全省普遍建立了对五保户、烈军属、劳动技术双缺户、孤寡老人的承包责任制。把“学树”活动引向目标管理，包户、包人、包指标，定时、定员、定内容，认真考核检查。

第三章 团属院校及报刊

为推动青少年教育工作，四川省建有中国共产主义青年团四川省团校（以下简称四川省团校）、成都市团校、四川自修大学等学校，创办有《四川青年报》《青年世界》《四川共青团》《少年时代》《新生代》等报刊，出版图书有《四川青少年年鉴》《WTO与中学生心理辅导》《我的梦》《就业、择业、创业》等。这些培养青少年的重要阵地，坚持用正确的舆论引导人，在团的宣传教育工作中起到了重要的作用。

第一节 团属院校建设

一、四川省团校

（一）沿革及职能

四川省团校是一所具有悠久历史和光荣传统的学校，是四川省规模最大的共青团干部和青年教育基地。基本职能是培训团干部、少先队辅导员和青年工作者；从事共青团工作和青年工作理论研究，服务于全省的重点工作。

1952年，四川省团校在成都东郊水巷子原中华女子中学的校址上开始筹建，于1954年初建成并开始培训团干部。1955年3月，西南团校随大区撤销而撤销，学校随即由成都迁入重庆石桥铺原西南团校校址。1992年9月，经中共四川省委、四川省人民政府批准，四川省团校又由重庆市迁至国家级经济技术开发区成都市龙泉驿区。

四川省团校实行党委领导下的校长分工负责制，根据工作性质和需要不断完善工作机构。学校下设教务科、学员科、青少年研究所、图书馆、哲学教研室、政治经济学教研室、科学社会主义教研室、青少年工作理论教研室、专业基础理论教研室、办公室、组织人事科、社会培训部、财务科、管理科、膳食科、工会、团委、劳动服务公司、中通汽车运输公司及省团校驻渝办事处等机构。

（二）人才培养

1967—1974年，四川省团校的培训团干部工作曾一度中断，至1975年9月，学校又恢复办学，并举办了第一期团县委正、副书记培训班。1985年9月，学校开始独立举办政治理论大专班，从1988—1994年，该校独立举办三届政治理论专业大专班，共计培养团干部456人。1999年3月，学校举办了从重庆搬迁到成都后的第一期团干部培训班。2001年11月19—23日，由共青团中央青农部主办的有西部10个省（区）团干部参加的“全国五四红旗团委创建培训班”在该校顺利进行。从1999—2005年，学校共举办各类培训班共计92期，培训团干部人数达6500人次。参训团干部完成学业，并获得培训结业证书。

1986年10月，学校经由中共四川省委组织部批准为大专体制。1998年12月，四川省教育厅批准四川省团校设立社会力量办学性质的“四川青年专修学院”，学校由此获得从事高教自考助学与高等学历文凭考试试点学校资格。1999年7月，四川省团校与四川大学合作，联合举办成人高等教育，设立“四川大学龙泉校区”，从事高等教育全日制自考助学（专科、本科自考），开设了文秘、英语、法律、计算机等近20个专业，在校学生3500余人。1999—2004年，先后有7254名青年在校区内接受高等教育。2004年7月，四川省团校开始与四川天一学院合作开展合作办学，在校学生维持在2500人/年规模，取得了较好的社会效益与经济效益。

（三）师资队伍的培养

在教学、科研方面，四川省团校重视教师的理论和业务水平的提高，在鼓励教师自修和参加社会实践的同时，有计划地分期分批将教师送到省市党校、中央团校及地方重点院校脱产进修，对新调入的教师和大学毕业分配来校的年轻教师则安排到基层单位从事团的工作锻炼或到校内学员科锻炼半年到一年；选派教师参加团的各种会议或活动，以丰富实践知识和工作经验；支持教师参加社会学术的理论研讨会，不少教师分别在全国、全团及地方的理论研究机构中担任职务。学校有计划地组织教师轮流到基层进行社会调查和专题研究；组织由分管校长、骨干教师、学员参加的教师课堂效果测评；不断完善专业技术职称的评聘办法；定期开展教研活动等等。

四川省团校坚持教学促科研，科研为教学服务的原则，鼓励全校职工特别是从事教学和科研工作的人员加强理论学习和学术研究，积极撰写论文，编写具有团校特色的各级各类教材。1985年，学校创办内部理论刊物《青年潮》，为科研工作提供了理论阵地；1999年以来，学校先后两次编写培训教材《共青团和青年工作理论讲义汇编》；2005年，出版由学校主编，四川人民出版社出版的《未成年人性知识教育理论探索》和《企业共青团与青年工作》两本专著。

省团校坚持每年开展优秀论文评选活动，1987年，举办首届全校性的科研成果展览。20年来，学校科研成果显著，据不完全统计，学校公开和内部出版发行的著作、教材、教学参考书87本，在中央、省、市级理论刊物上发表论文500余篇，其中获全国、省、市级优秀著作和论文奖的有近40余部（篇）。

二、成都市团校

1987年4月，为适应成都市共青团事业建设和发展的需要，经成都市委批准，成都市团校成立。该校是受共青团成都市委直接领导，专门从事培养基层团干部和青少年工作者的干部学校。

成都市团校坐落在以杜甫草堂为中心，浣花溪为纽带的浣花风景区。学校占地7000余平方米，建有教学综合楼、学员宿舍、食堂、教师住宅等，建筑面积6000余平方米，配有教室、微机室、会议室、图书阅览室以及浴室、篮球场、多功能厅、ADSL宽带校园网等教学配套设施。学校可同时容纳600人上课，400人就餐，300人住宿。设有机构办公室、培训部、继续教育部，同时附设“成都市青年培训中心”。

经过长期的积累与发展，成都市团校已逐步成为全市培训共青团干部的主要阵地和青少年成长的重要基地，20年来为各行各业输送了大批优秀干部。

三、四川自修大学

四川自修大学由团省委于1982年创办，以“为青年自学成才铺路搭桥，为四化建设培养合格人才”为办学宗旨。1985年底，自修大学建立自学辅导站40个，面授人数8000人。1988年，学校又扩大招生范围，增开自考助学专业，四川自修大学一跃成为全省自考助学规模最大的学校。学校开设的专业从5个增加到21个。1989年，学校与四川大学、四川师范大学、西南财经大学联合办学，使全日制高校师资力量雄厚的优势与自修大学多年助学的经验和信誉相结合，吸引了更多的人入学。1988年，招生达12717人，在1987年的基础上翻了两番。1990年，招生人数达3万多人，是1987年的10倍。

1990年2月，省教委、省财政厅、省人事厅、团省委等13个单位联合发出《关于进一步办好四川自修大学，推动我省群众性自学活动广泛深入发展的联合通知》，使自修大学在倡导自学中发挥了带头作用和骨干作用，学校也根据上级的要求进行了教育改革的探索。1993年，经四川省编制委员会批准，自修大学实行企业化管理，单独核算、自负盈亏。学校实行责、权、利相结合的岗位目标责任制，在内部进行了一系列重大改革。1994年，经省委领导批准，省委常委、省纪检书记杨崇汇担任自修大学校长，改校务委员会为指导委员会，由杨崇汇任主任委员。1997—1998年，自修大学把办学结构调整作为主题，把新校建设作为调整的重大举措，力争在发展职业教育，拓宽办学渠道方面取得新的突破，形成自考函授、业余面授、全日制教学、职业教育相结合的多渠道、多形式、多门类、多层次的发展教育格局。

四川自修大学经过多年努力，先后培养40万余名各类人才，其中有6万多人获国家承认学历的大学专科、本科毕业证书，取得了显著的育才效益。学校通过勤俭办校，已具备一定的经济实力，自筹资金兴建的校舍和添置的教学设备价值2000万余元。经过选调和校内培训，一批学历高、业务熟的骨干积累了丰富的教学和管理经验，形成了一支精干的干部队伍。由于办学指导思想正确和取得显著成绩，四川自修大学得到社会各界的肯定。1984年，在教育部、团中央、全国科协召开的自学经验交流会上，四川自修大学受到表彰；1989年和1994年，两次被省教委、省考委评为“四川省自学考试工作先进集体”；1992年，被评为“青少年教育先进单位”，受到省委表彰；1996年，被评为全国“高教自考工作先进集体”，受到国家教委表彰；2000年，被评为“四川省自学考试工作先进集体”，受到省教委、省考委表彰；2003年，由成都市教育局、劳动局、民政局授予“先进教育集体”称号；2004年，由四川省高教自考委和四川省教育厅授予全省“先进助学组织”称号。

第二节　团属报刊

一、《四川青年报》

1986年，团省委成立四川青年报社，推出团省委机关报《青年晨报》（周刊，对开4版），中共中央总书记胡耀邦题写报名。1988年，《青年晨报》更名为《晨报》。为与20世纪50年代《四川青年报》相衔接，恢复其历史面貌和面向四川广大青年，1989年《晨报》恢复为《四川青年报》。1989年下半年，在全国报刊整顿中，为适应整体布局，团省委党组决定刊、报合并共办《四川青年报》。1990年1月2日，合并后的第一张《四川青年报》（周二刊，对开4版）诞生。1997年7月，《四川青年报》改版为综合性日报，实现了《四川青年报》历史上的一次突破。到2001年10月休刊为止，日报程序共运行两年零三个月，累计出版日报796期（1211—2007期），在此期间报纸日发行量最高时达到8万多份，两年多的时间里平均期发数约6万份左右。

二、《青年世界》

《青年世界》杂志，是团省委的机关刊物，每月一期，月初出版，主办单位四川青年报社，大16开本，64页。1987年，经省新闻出版局批准，《青年世界》杂志临时登记出刊。1989年，根据全国整顿压缩报刊的精神和四川省的实际情况，《青年世界》杂志和《四川青年报》进行了合并，共同办《四川青年报》，《青年世界》杂志从1990年初正式停刊。

三、《少年时代》

四川青年报社主办的《少年时代》杂志，是四川省唯一面向全国公开发行的少先队队刊。杂志自1992年创刊以来，一直坚持“体现时代育人需要，激励少年儿童健康成长，全心全意为少年儿童服务”的办刊宗旨，以精彩的内容，独特的创意，丰富的栏目，精美的装帧赢得了广大少年儿童的喜爱。《少年时代》的编辑质量以及发行量一直名列四川省同类期刊前茅，被省委宣传部、省新闻出版局列为四川省重点期刊之一。杂志发行量每月15万册左右。

四、《新生代》

《新生代》杂志由团省委主管主办，以四川中学生为主要读者对象，以提高中学生综合素质，培养能够与国际接轨的优秀人才为宗旨，致力于让中学生“在踏进社会前了解社会，在投入人生之前思考人生”。《新生代》以“尊严、诚信、爱心、创造、个性”为主题，坚持“开门办刊”的原则，开拓出一条“中学生写，写四川中学生”的办刊之路。《新生代》于2003年1月创刊以来，在中学生中的影响与日俱增。杂志为旬刊，发行量每月有1万册左右。

第三节 编纂图书

一、《四川青少年年鉴》

该书经省委批准，由团省委主办，四川青少年年鉴编辑委员会组织编辑的一部以青少年事务为特定内容的大型年刊（蓝皮书），每年出版一卷，2003年卷为首卷，2004年、2005年为合卷。其宗旨是翔实、全面、系统地反映上一年四川青少年成长发展、青少年工作和青少年问题研究的新情况、新成果，为各级领导部门制定有关青少年的经济、教育、科学、文化、卫生、法律、思想道德、社会管理、劳动就业等政策规划提供事实与理论依据，为广大科研和教育教学工作者进行青少年问题研究提供新信息，为各有关部门培养青少年、服务青少年，开展青少年工作导向，促进四川省青少年事业各个领域的发展及与国内外的交流，促进四川青少年健康成长。《四川青少年年鉴》填补了四川省无青少年省情报告的空白，在全国省级行政区的青少年工作中当属首位。

二、《WTO与中学生心理辅导》

该书由团省委青少年研究中心人员与省社科院专家联合编写。分为“一枝红杏出墙来”“不拘一格降人才”“只留清气满乾坤”“惟有真才能血性”“须从本色见英雄”“勤做学问三冬暖”6个篇章，对中学生的生活、学习、情感、性格、道德等方面进行心理辅导，于2002年11月由四川民族出版社出版发行。

三、《我的梦》

该书是团省委青少年研究中心和成都武侯高级中学联合编写，是武侯高中“志远班”同学们自己谈学习、谈生活、谈人生的作文集。从“我的家庭”“军营生活”“我有一个梦”等方面收录了近80篇文章，书中反映了“志远班”同学天真淳朴、热情善良、富于幻想、渴望发展、吃苦耐劳、努力求知的那种热烈而真诚的面貌。该书于2003年1月由天地出版社出版发行。

四、《就业、择业、创业》

该书是由四川省青少年事务发展中心人员编辑的有关青年和大学生就业等问题研究的论文集。书中收集了省内部分专家学者和青少年工作者的23篇文章，如《因势利导，促进青年就业创业》《青年职业观价值的变迁》等，于2005年11月由电子科大出版社出版发行。

第四篇　生产文化科技活动

面对经济建设和改革开放的历史任务，四川各级团组织解放思想，转变观念，积极引导团员青年立足本职岗位创优争先，提高科学文化水平，引导青少年学科学、增知识、长才干，为经济建设和改革开放服务。引导、帮助青年学习现代科技知识，丰富文化生活，是时代的需要。充分利用团组织的资源，通过各种形式的宣传渠道和实践活动，宣传科学精神，传播文化知识，将最新的科技信息、实用的知识技能及时普及到青年中去。

第一章　生产活动

1986—2005年，青工战线开展了建功立业活动、“青年文明号”活动、下岗青工再就业工程、“双争双创”活动；青农战线开展了实用技术培训活动、“青年星火带头人”活动。这些活动在各自战线都取得了突出的成绩。

第一节　工业生产活动

一、建功立业活动

20世纪80年代，四川青工战线的各级团组织转变观念，适应改革要求，拓宽团的工作领域，在继续加强和深化“新长征突击手”活动的同时，普遍开展了以提高青工素质，促进企业技术进步，推动现代化管理和“双增双节”（即增产节约、增收节支）为主要内容的青工建功立业活动。青工建功立业活动有两项重要内容：开发青年职工智力的“五小”①竞赛和“QC”②活动。

（一）“五小”竞赛

四川共青团组织根据团中央、国家经委、全国总工会1983年4月发出的《关于在全国青年职工中开展“五小”智慧杯竞赛活动的通知》精神，结合四川实际，制定竞赛具体内容。“五小”竞赛是共青团动员和组织青年职工在完成本职工作的基础上，紧密围绕企业生产、技术和管理中存在的问题开展的活动。

在全川青工系统开展“五小”智慧杯活动中，全省团组织把青年的创造热情与企业的振兴、发展紧密结合起来，得到党政领导和有关部门的高度重视和大力支持。成都、攀枝花、泸州、德阳、绵阳、广元、乐山、宜宾、凉山、阿坝等市（地、州）成立了有党政主要领导和科技部门负责人参与的夺杯竞赛领导小组，负责竞赛活动的领导、组织、鉴定、推广和总结表彰工作。

在活动中，成都、重庆、攀枝花、泸州、德阳、绵阳、乐山、宜宾等市（地、州）各级团组织与有关部门协调建立“五小”活动评审机构，制订一定的奖励表彰措施。为保证活动向正规化、经常化持久地发展，各级团组织还在建议、健全“五小”活动的内部机制方面做了不少工作。活动的组织状况不断改善，队伍不断扩大。仅成都市就成立76个青年发明协会（含青年科协、“五小”协会），1230

① “五小”即小发明、小革新、小改造、小设计、小建设。

② QC即全面质量管理。

个发明、革新小组，拥有骨干成员1.3万余名，建立“成都市发明协会青年分会”，统一了青年的“五小”活动的组织，形成一股强大的社会力量。德阳、乐山、重庆、攀枝花等市（地、州）各级团组织相继建立了“五小”协会（或青年发明协会、青年科协、青年技术促进会）等群众性的革新发明组织，制定了章程，明确了任务，制订了阶段工作目标。据统计，竞赛活动中全省建立的“五小”协会等群众性革新发明组织有1241个，青年攻关小组10054个，技术咨询站2360个。

（二）“QC”活动

“QC”活动是青工建功立业活动的另一重要内容。在1986—1987年的“QC活动管理杯”活动中，各级团组织把健全QC活动机构和管理放在重要位置。南充地区成立共青团QC小组和青年QC小组1464个，建立QC竞赛活动领导班子310个，青工参赛达97%，形成一支庞大的QC队伍。其它地区团组织在QC活动的方针目标上采取指导性计划与指令性计划相结合的原则，把目标及考核指标层层分解到基层，形成一个“宝塔式”的工作责任制体系，使QC活动运转正常，更有效力。南充地区在QC竞赛活动中制定了青年QC活动“管理旗”的考核内容及参赛要求，在组织形式及参赛面到实现QC成果都提出具体要求，各县（市）、厂矿都制定了大赛的QC目标。层层落实、突破了初定的目标，取得了更大成绩。各级团组织还普及QC知识教育工作：广泛运用全面质量管理的理论，对团员、青年进行经常性的“以质量求生存，以品种求发展”的教育，帮助青年树立“质量第一”的意识；利用各种行之有效的方式，如举办QC知识培训班，对广大青年职工进行教育培训；在教育培训内容和方法上结合实际，有针对性、有选择地组织青工学习QC知识，解决好学习与生产的矛盾；是开展多种形式的QC知识竞赛抢答赛，利用板报、广播、专栏在广大青工中进行QC知识的教育和宣传。

全省青工系统开展的“QC”管理杯活动和“五小”智慧杯竞赛活动，取得了可喜的成绩。成都市的420个企业的30万余名青工参加了竞赛，出“QC”成果1782项，创经济价值2120万元；出“五小”成果35200项，创经济价值6700万余元。先后举办“五小”“QC”成果展览，展出成果2000余项，有10项填补了国内空白，21项达到国内先进水平，35项获省、市等方面的科技成果奖。攀枝花市部分单位将“QC”成果选编成册，在广大青年和群众中产生了巨大影响；阿坝州团委结合少数民族地区青工工作的特点，开展“五小”雪山杯的竞赛活动，参加青工2万多名，占全州青工总数的85%以上。省石油管理局团组织在全局共举办青工“QC”知识培训班138期，培训青工“QC”骨干5091人次，成立青工“QC”小组570个，取得“QC”成果283项，获得省级以上单位表彰的“QC”成果23项，共创经济效益1034万余元。南充团地委举行的“QC金杯大赛”，青工参赛面达97%，建立青年“QC”小组1464个，举行“QC”知识竞赛1820次，创“QC”成果737项，开展“QC”咨询1224次，创经济价值815万余元。

“五小”“QC”活动的开展，造就了一批青年人才。攀枝花钢铁公司炼铁厂煤汽车间青年助理工程师顾文发设计并组织实施的将攀钢1号高炉热风炉“眼睛型火警”改为“椭圆型火警”的改造项目，使高炉的经济效益增加了34.7万元；德阳第二重型厂机器厂青工浇铸的350牌坊，在工艺和一次性浇铸钢水使用量上填补了国内空白，达到国际先进水平，被机械工业部和省委领导赞誉为“娃娃们浇铸出来的世界水平”；成都无缝钢管厂青工张宁有7项发明获得国家专利，在第三十七届比利时“尤里卡”博览会上获“骑士勋章”。四川省开展的“五小”“QC”活动成效显著，在1987年11月召开的全国质量管理先进代表大会上，团省委首家发言，介绍了省内开展青工“QC”活动的经验，受到中国质量管理协会和共青团中央及国家有关部委的肯定和赞扬。据不完全统计，1983—1992 年，全省共取得“五小”成果 5.7 万项，创经济效益 22251 万元，“QC”成果 10672 项，创经济效益 11234 万元。

为提高青工技术水平，把青年学技术、创一流的热情引导到本职岗位上来，全省各级团组织还紧紧围绕“建功立业”这个中心，开展岗位练兵和技术比武竞赛活动。其中影响和规模最大的是 1986—1987 年在全省范围内开展的“精英杯”夺杯竞赛活动。据统计，全省各级团组织组织竞赛 1.7 万多次，参赛工种（专业）达 1402 个，竞赛中涌现出各种技术尖子达 2 万多人，有 2.4 万名青年被破格晋级并受到表彰。德阳全市团员、青年参赛人数 39114 人，占总数的 80%，团支部参赛率达 90% 以上。

成都市各企业团组织结合生产实际，在青工中开展“同工种对抗赛”“同机组（台）赛”“小行家、小能手赛”“车、钳、铣、刨、磨等能手、标兵大王赛”等技术练兵竞赛活动。据不完全统计，全市有 365 家企业的 27 万名青工参加了竞赛，参加各种技术知识培训的青工达 19 万人次，全市有 1231 名青工因竞赛成绩优异而晋升一级工资。重庆市团组织在各条战线开展 115 个工种的技术、业务、管理明星大赛。竞赛中他们注意适应不同层次青年的需要：在技工中开展车、钳、铣等工种的技术明星赛；在普工中，开展营业员、服务员等业务明星赛；在企业班组中，开展大练基本功的岗位练兵赛和“技术大王”等选拔赛。竞赛中，他们从市里各条战线，从各局、各总公司到各基层单位，层层聘请行家、专家，严格考评，赛出一批功夫深、技术硬的业务技术明星。万县地区外贸局肠衣厂青年突击队开展的“快加工、创优质、多创汇”的突击活动，仅 1 个月时间就超额完成出口肠衣，为国家创汇 13.8 万美元。万县地区绢丝厂绢纺车间团支部，围绕掌握使用好进口设备，尽快出效益这个主题，组织团员青年练过硬的技术本领。在不到 20 天的试生产中，生产出近 2 吨优质绢丝产品。乐山水电七局 T20 汽车三队，勇于承担全国重点工程——铜街子电站的截流运输任务，奋战三昼夜，完成坝体的截流导水工程，为早日发电做出了应有的贡献，该队被团中央命名为全国新长征突击队、被水电部授予全国重点工程献青春先进称号。

在基建行业中，团组织围绕“建功立业”这个中心，在全省范围开展“青年工程创业杯”大赛活动。这次大赛在各级党政领导的支持下，通过全省数万名青年的努力，共完成青年工程 791 项，完成投资 8.044 亿元，共节约资金 5874 万余元。“青年工程创业杯”开赛以来，全省建立 862 支重点工程青年突击队，承包“青字号”工程 704 个。其中乐山市建立青年突击队 151 个，有突击队队员 7000 余人，承包青年工程 136 项，总投资金额达 2000 万余元，对“急、难、新、险”工程组织突击 2000 多次，创收 50 万余元，节约工程投资 59 万元。水电七局机电安装工程处青年突击队积极投入全国重点工程——铜街子水电站机组部分工程组装工作，发挥出青年的智力优势，在装机质量上、精度上下功夫，使三号机组安装调试一次性启动成功，运转优良。

“青年工程创业杯”开展后，一大批“青字号”工程相继完成。四川省石油管理局团委在 1986 年参赛取得成绩的基础上，1987 年仅用半年的时间又完成青年工程 54 项，完成投资额 2639 万余元，节约成本 210.49 万元，合格率达 100%，优良率达 94%，受到党政的表彰和赞扬。省建总公司建成青年工程 3252 项，创产值 9742.81 万元，节约资金 812.09 万元，他们的青年突击队还把红旗插上亚洲当时最高的建筑物——西安电视塔工程上。列为全国重点项目的中国生物研究中心，竖起来的第一幢大楼就是省建 15 公司青年突击队的作品。还有被列为国家重点建设项目的 839 工程、省重点项目的自贡鸿化厂、省政府综合大楼、经干院、岷山饭店、锦城艺术宫、蜀都大厦等工程中，青年突击队打了一个又一个的漂亮仗，为企业赢得荣誉，也为团组织赢得了地位。

四川团组织围绕“建功立业”这个中心，还在商业、财贸、交通等服务行业开展以文明经营和优质服务为内容的“文明经营示范”活动和“文明杯”竞赛活动。在1986年开展的“文明经营示范活动”中，省内16个城市按照团省委和省商业厅联合转发的团中央和商业部关于在全国开展“文明经营示范活动”的文件精神，确定参加活动的单位，实行挂牌营业。参加活动的单位包括有百货、五金、食品加工、饮食服务、理发、宾馆等行业。在这次活动中，成都市的四川美发厅和南充百货大楼表现突出，取得优异成绩。

1986—1987年，开展的“文明杯”竞赛活动在原来“文明示范经营”活动的基础上又前进一步，取得了更为显著的成效。据统计，参赛单位达3342个，青工479236名，其中经济效益、社会效益显著的单位有2692个，受顾客表扬达53876人次，共收到“我与消费者”小论文1693篇。这次竞赛活动形式多样，内容丰富。各地、单位从本地区、本单位的具体实际出发，以多种形式将“文明杯”的竞赛具体落实到单位、柜组和个人，使竞赛既广泛深入，又丰富多彩。成都市继上年的窗口行业“服务明星大赛”之后，又推出“四职全优服务明星大赛”。重庆市在第二届“明星大赛”中，选定财贸系统的10个窗口、铁路的3次列车、航运的9条轮船和5个汽车、火车、飞机、港口站场，以及15条公交线路为示范单位，在全市7区、9县开展竞赛，突出“美在山城，优质服务”的主题。攀枝花全市“窗口”行业开展以“四职”（职业意识、职业技术、职业纪律、职业道德）教育为中心的文明经营、文明生产、文明服务的“文明旗”竞赛，共建立青年文明示范单位、柜组、科室、门市、仓库124个，有文明示范员572名，文明示范车34辆，商业系统青年服务队、学雷锋小组81个，受到社会的普遍赞扬。达县、内江等地多次召开现场观摩会，推广先进经验。涪陵、遂宁等地通过多个工种技术练兵、技术比武，提高青年服务人员的服务技能、服务水平，促进竞赛的开展。在竞赛中，绵阳市关于文明经营的纪录片《春风扑面来》在省、市电视台播放后，受到社会各界的好评。

“文明杯”竞赛活动，促进了服务业的各项工作。全省财贸系统普遍对职工进行规范化服务的培训、练兵。参加全国、全省“文明杯”竞赛的示范单位均制定和实行服务规范。雅安川康大厦制定出接待程序、礼貌语言、饮食卫生、服务态度、住宿、宴会、会议、安全等12个系列的服务规范。成都四川美发厅在原有基础上制定出一套《四川美发厅规范经营管理章程》，共175条221款，既有经营哲学，又有店规、店法，着重在强化管理上下工夫。该厅的服务程序和规范并被制成录像播放，来华的日本理发美容大师誉之为“中国第一流的美发厅”，中央电视台对其事迹作过专题报道。

二、“青年文明号”活动

1993年12月，共青团中央十三届二中全会制定了《在建立社会主义市场经济体制进程中我国青年工作战略发展规划》，在全团实施“跨世纪青年文明工程和跨世纪青年人才工程”。其中“青年文明号”工程是跨世纪青年文明工程在青工战线实施的一个“名牌战略”。“青年文明号”是以青年为主题，在生产、经营、管理和服务中创建的体现高度职业文明、创造一流工作成绩的青年集体（班、组、队），青年岗位（岗、台、站）和青年工程。创建“青年文明号”活动，旨在组织和引导广大青年立足本职岗位，诚实劳动、优质服务，树立适应社会主义市场经济要求的职业道德、创业精神、敬业意识、优质意识、服务意识和效益观念，争创一流的产量、一流的质量、一流的安全、一流的文明、一流的效益，塑造现代文明现象，展观当代青年的精神风貌，为建立健全社会主义市场经济体制，推动社会主义物质文明和精神文明建设作贡献。

1994年初，四川省创建“青年文明号”活动拉开帷幕，省委工交财贸政治部、省经委、省劳动厅、省商业厅、省总工会、团省委六家单位联合发出开展20世纪行——巴蜀百万青工“争当青年岗位能手、争创青年文明号”育人建功大赛主题活动通知，成立以省委副书记杨崇汇、副省长马麟为顾问，团省委书记彭渝为组长，有关厅局领导为副组长的“双争”大赛领导协调机构，并形成由党政领导挂帅，人事劳资、教育等相关职能部门参与、团委牵头的实施格局。

广大窗口行业青年职工以高度的敬业精神和极大的热情投入到活动中，抓服务、抓质量、抓效益，取得了一流的业绩。重庆市交警二大队临江门岗组在争创“青年文明号”活动中，坚持在高峰期用手势指挥，使车流量增加了20%，堵塞由每天3次120分钟减少到每天1次20分钟。1994年5月4日，团省委首批命名表彰成都市公交总公司4路车等100个“青年文明号”。同时，成都公交公司车组分别被团中央、建设部授予“全国青年文明号”。该车组应邀赴上海进行了为期一周的示范交流，受到上海市民的好评。

在1994年试点启动的基础上，1995年，创建“青年文明号”活动依托行业、加强管理、注重质量、全面推进。团省委先后联合全省19个行业开展创建活动。公安、邮电、旅游等窗口行业注重质量、加强管理，涌现了大批国家级、省级“青年文明号”群体。省邮电管理局专门召开电话会总结经验、表彰先进、布置工作，1995年9月，举办邮政、电信技能竞赛。金融系统在活动中注重与业务管理结合起来，在全省各级各类金融单位明确命名3000多个“青年文明号”参赛单位，作出明显标志，确保活动质量，利于社会监督。1995年，“青年文明号”活动向工业企业和重点工程推进。成都前锋股份有限公司涌现了“‘节能降耗’青年文明号”，创造经济效益500多万元。省建总公司“青年文明号”在三峡工地成绩突出，为中国重点工程建设做出了贡献，受到三峡总公司表彰。5月4日作为全省“青年文明号”行动日，各地组织几万个“青年文明号”集体走上街头为民服务，同时省委副书记杨崇汇为红旗商场“全国青年文明号”集体授牌。为确保“青年文明号”的创建质量，规范管理，省专门出台《“青年文明号”管理办法》，聘请了一批关心共青团事业的老同志、老领导、记者、执法人员、普通群众为“青年文明号”特约监察员。对一批不合格的“青年文明号”予以摘牌，攀枝花市在全国率先摘掉了17个不合格的“青年文明号”集体，此举在全国引起强烈反响，《中国青年报》予以专题报道。1995年，各地开展“青年文明号”活动注重活动机制的建立，逐步摸索出一套科学的管理、评价、考核体系，如四川三爱工业股份有限公司从组织、生产、工艺、质量、工具、劳动、安全、文明生产、经济核算、思想政治工作等11个方面制定了详细的评分验收细则，在评比时通过打分，量化评价的方式，建立“青年文明号”科学的评价体系，使“青年文明号”考评活动做到了公正、客观、科学。当年四川共25个集体获“全国青年文明号”称号，团省委也被评为全国“青年文明号”活动优秀组织奖。

1996年，四川省“青年文明号”活动以“青年文明号”服务卡的形式作为新的载体促进活动深入发展。“青年文明号”服务卡活动是以“服务卡”的形式，在广大青年文明号集体中广泛推行服务承诺制。基本作法是：承诺单位按照各自的职责，把自己应该承办的事情及达到的标准，办理的时限和承担的责任及监督投诉电话等公开向社会承诺。通过服务卡使服务内容细化、服务标准化、奖惩措施硬化。实质上是以社会契约的方式对社会服务一系列环节作出有章可循、有章必循、违章必纠的规范，使青年文明号活动通过承诺制的方式面向社会，接受社会的监督。在活动中，团省委选择了一家大型上市公司——成都华联商厦作为试点。将服务项目、服务规范、社会监督等承诺印制在一张精美的服务卡上，在5月4日，由商场发放给每位消费者，省委副书记杨崇汇、副省长甘宇平参加了发放仪式，中央电视台《新闻联播》对该活动作了报道。由此掀起了全省范围内的施行“青年文明号服务卡”活动。

1996年10月15日，省委办公厅发文对全省开展“青年文明号”活动的有关问题作出政策规定。文件规定：获全国“青年文明号”和四川省“十佳青年文明号”的集体，由省委、省政府命名为省级“文明单位”，并享受相应的物质奖励。对这一重大的政策支持，《中国青年报》于1996年10月30日在头版头条作了报道，并且被评为全团十大新闻。各市、地、州和企业出台一系列具有地方特色的政策，对推动“青年文明号”活动上台阶起到了极大作用。1997年2月，以省委、省政府办公厅名义组织召开全省1996年度青工工作总结表彰大会。在会上，“十佳青年文明号”第一次获得省委、省政府表彰，并且被命名为省级“文明单位”。

1996年10月，中共十四届六中全会作出《中共中央关于加强社会主义精神文明建设的决定》以后，四川团组织以此为契机，开展“讲文明、树新风，青年文明号服务卡助万家活动”。“青年文明号服务卡助万家”活动是以青年文明号集体为主体，以“青年文明号服务卡”为纽带，以解决群众生活中的实际困难为目标，以优质服务为内容的群众性精神文明建设活动，在全省开展双休日集中服务和上门服务活动，以优质服务提高人民群众生活质量并带动邻里互助，以职业道德建设实践促进社会公德的弘扬，发挥青年文明号在“讲文明、树新风”活动中的生力军作用。在活动中，“青年文明号”集体和团员青年与企业困难职工、农村贫困家庭、鳏寡孤独结成“一助一”对子，开展送温暖活动，窗口行业团组织经常定期不定期地利用节假日，组织“青年文明号”成员上街摆摊设点，开展为民便民服务。

1997年1月12日，四川省出台《四川省青年文明号管理办法实施细则》，对“青年文明号”的条件、申报程序，全国“青年文明号”的推荐办法及四川省十佳“青年文明号”的产生办法，“青年文明号”管理与监督等作了详细的规定。1997年5月30日，成立团省委、省精神文明办、省计委、省经贸委等26家单位共同组成的四川省创建“青年文明号”活动组织委员会。主要的职责是对创建青年文明号工作宏观调控、加强管理、监督检查、整体协调。

截至2000年，青年文明号活动在全川20多个行业，300多万名青年中开展。全省有全国级青年文明号129个，省级青年文明号960个，市（地、州）县（市、区）及企业级青年文明号近万个。

三、下岗青工再就业工程

在建立社会主义市场经济体制进程中，随着产业结构的调整和企业经营机制的转换，出现大量职工下岗的现象，其中青工占相当比例（约40%）。面对这种情况，自1997年11月省第十次团代会后，四川各级团组织从服务大局、服务青年的高度深刻认识做好下岗青工再就业工作的意义，按照省委、省政府和团中央的统一部署和要求，强力推进“下岗青工再就业工程”，将其作为全省团的工作重点，在实践中探索构建了“五建四服务”① 的工作模式。

① 建档、建站、建网络、建基地、建基金和观念服务、培训服务、中介服务、帮困服务

团省委自1998—2001年以来，连续4年专门抽调机关干部组成调查组，分赴全省进行“下岗青工再就业”状况专题调研。掌握下岗青工的基本状况，了解存在的问题和困难。各级团组织也积极开展调查工作。通过走访、谈心、问卷调查等形式，摸清全省下岗青工的基本状况，掌握下岗青工中普遍存在的观念陈旧转变难、缺乏指导定岗难、培训不足提高难、无序流动求职难、收入减少生活难等五大困难。团省委专门召开“下岗青工再就业工作”推进会，对全省的“下岗青工再就业”工作进行了安排和部署，形成和制定《四川省下岗青工再就业工程实施意见》，使这项工作在全省全面启动。

“五建”之建档：各级团组织对下岗青工建档立卡、摸清下岗青工的基本情况（包括技能状况，培训要求，择业意向等）。加强对下岗青工的管理，掌握青工的动向和联络方式，便于帮助下岗青工参加技能培训和推荐上岗。全省共建立下岗青工档案6万多份。

“五建”之建站：在大、中型国有困难企业团委和下岗青工较集中的县区团委建立下岗再就业工作指导站，参与、协助当地党政和企业实施再就业工程，把下岗青工再就业工作纳入党政和企业改革整体工作中，统筹安排，加强对下岗青工再就业工作的指导。全省建立300多个下岗青工再就业工作指导服务站。

“五建”之建网：在建档、建站的基础上，加强与社会的联系，动员社会力量参与到下岗青工再就业工作中来。各市（州）团委通过建立“下岗青工再就业指导中心”的形式，安排专门的人员、专门的经费开展这项工作。市、州通过“中心”对下岗青工进行择业指导、就业咨询、上岗培训和岗位安置，形成市（州）团委有“中心”、县（区）、企业团委有“站”，下岗青工有“档案”的工作网络体系。

“五建”之建基地：以青少年宫、团校、职业学校、技校为主，与企业联合建立下岗青工再就业培训基地。团省委与四川自修大学、西南美容美发中心建立培训中心；成都、自贡、乐山等地分别与四川省飞龙驾校、成都华星职校、自贡邹云美发中心等建立下岗青工技能培训中心；全省建立培训基地125个。同时，选择一些优秀企业和建立一批市场作为安置下岗青工的基地。成都建立了旧货市场基地和“无公害下岗职工蔬菜”专销点，专销柜等；成都团市委与市劳动局联合建立专业化的“再就业人才市场”。

“五建”之建基金：各级团组织通过开发社会资源，多渠道筹集“下岗青工再就业基金”和经费。省政府从省解困基金中拨出40万元作为团省委下岗青工专项培训经费；摩托罗拉公司向成都团市委“下岗青工再就业基金”捐资18万元；攀枝花市政府给团市委拔出5万元专项再就业经费。全省青年文明号集体捐资30万元。全省各级团组织为再就业筹集了总价值200多万元的资金和物质。

“四服务”之观念服务：各级团组织抓住观念教育这一基础性环节，利用报刊、电视等媒体宣传开展再就业活动的意义、目的、措施，引导下岗青工正确认识市场经济，树立竞争观念、增强再就业信心。各地广泛开展“我有一双手，不在城里吃闲饭”“下岗不失志，创业闯新路”主题活动，让广大青工认清形势，不等不靠，转变观念，自谋职业。自贡团市委还开展“百名下岗青工学政策、促就业、创辉煌”知识竞赛，在下岗青工中产生了广泛影响。团省委还联合省劳动和社会保障厅每年表彰一批下岗青工再就业典型以影响和教育下岗青工。如受到团中央领导肯定的成都糖果厂下岗青工彭倩下岗不失志，自强闯新路，创办小草蛋糕屋并发展多家分店；四川省“十杰”下岗失业青年兴业领头人、达竹矿务局刘晓英下岗后自强自立，历尽艰辛开办“创新家政服务公司”，承包达州市6条主要街道的清洁工作，与300多个家庭签订了家政服务合同，安置下岗青工20余名。通过对这些典型人物的表彰和事迹宣传，帮助下岗青工转变择业、就业观念，走出心理误区，增强信心。

“四服务”之培训服务：各级团组织积极协调劳动和社会保障厅等行政部门做好下岗青工的转岗培训和技能鉴定工作。团省委会同省劳动和社会保障厅下发《关于在下岗青工中开展技术等级培训工作的通知》，向已培训合格的下岗青工颁发技能等级证书。截至2002年，有近万人获初、中级等级证书。各级团组织广开门路建立下岗青工再就业培训基地。全省各级团组织利用团校、青少年宫、职业教育学校和企业培训中心、技校等建立下岗青工再就业培训基地，形成了覆盖面广的培训网络。全省各级团组织共建立各类下岗青工培训基地、中心、站125个。团省委与省劳动和社会保障厅确定了“四川自修大学、成都市青少年事业发展中心职业技能培训学校、四川省机动车驾驶员实验培训学校第三分校、成都红星职业技术学校、自贡市邹云美容美发学校”为“四川省下岗青工再就业培训基地”。团省委依托四川自修大学免费培训下岗青工1000名，成都市青少年事业发展中心开设的手机维修、电脑培训、家政培训、美容美发、汽车驾驶等培训班培训学员519名，减免费用15.8万元。自贡市青少年宫共举办培训班50期，培训下岗青工2560人次。邹云美容美发学校共培训美容美发人才3500人，其中免费培训特困下岗青工500余人，并为120人次安置了工作。与此同时，各级团组织还组织下岗青工参加用人单位的上岗培训。成都、德阳、绵阳、乐山等地团组织联合企业推出宾馆、公关、营销、保险、餐饮、保安等培训项目，组织下岗青工5000人参加用人单位岗前集中培训，有50%的下岗青工获得了上岗机会。广旺矿务局团委举办了免费电脑培训班等“送技术”活动，使500名下岗青工获得了等级证书。

“四服务”之中介服务：各级团组织把开拓就业渠道，提供中介服务，作为帮助下岗青工实现再就业的重要途径。举办应聘洽谈会，通过内引外联，组织下岗青工与用人单位面对面洽谈，双向选择，择优上岗。全省团组织组织下岗青工应聘洽谈会25场，安置下岗青工近2000名。团省委、成都团市委与成都市用工单位联系，组织成都市汽车运输总公司、川棉一厂等单位的下岗青工参加就聘洽谈会，帮助一批下岗青工找到了工作；采取长期定向输送和与用人单位合作等方式，建立下岗青工连锁店、专卖店、专卖柜、营销队伍，安置下岗青工。成都团市委通过此方式安置近2000名下岗青工，自贡团市委安置760名；充分发挥青年企业家协会组织的优势，动员青年企业家招收下岗青工。全省招收3000人。省青企协会员单位TCL成都公司招收下岗青工1000人。达州市青企协会员智强集团一次解决800名下岗青工再就业。四川联通川西区为下岗青工提供10余种200多个工作岗位，除了管理、技术岗位外，还包括营业员、保安、直销员类型的劳务系列岗位，帮助100余名下岗青工重新走上工作岗位。自贡团市委创办团属实体12家，吸纳下岗青工250人，仅张家坝青年化工厂就安置下岗青工50多人。市青少年宫安置下岗青工80多人。内江团市委所属万年青职业介绍所，建立1856人的求职档案，成功介绍了1159人就业。

“四服务”之帮困服务：各级团组织广泛开展“情系下岗青工子女”活动，采取“青年文明号一助一”“青年志愿者一助一”等方式帮助下岗青工解决生活困难及子女入学问题。四川省青少年发展基金会拿出36万元专项资金，解决了成都发动机公司、成都无缝钢管厂等300名下岗特困职工子女上学困难问题。全省团组织结成帮困对子3000对，捐助帮困资金10万余元，学习用品5000余件。德阳团市委争取市邮电局为1000名下岗特困企业的青工和城市贫困户提供了100部免费公用电话和300部优惠公用电话。成都团市委推出为下岗特困青工及其家人提供免费义诊、手术和手术保险的

“光明行动”。南充团市委与南充日报联合开办“希望寻呼台”专栏，救助了17名下岗职工子女入学。团省委每年春节都要由书记带队，到下岗困难青工家中开展“送温暖”活动。2001年，团省委对乐山市五通桥区盐化公司100名下岗困难职工的子女入学问题进行结对帮助，解决了他们的实际困难。2002年春节又为内江、资阳两地的下岗困难青工家庭送去了3.6万元的慰问金（品）。攀枝花在全市开展了“百团帮百户”活动，号召100个团支部结对服务100户特困下岗青工家庭。自流井盐厂青年志愿者不定期上门慰问下岗青工，并为他们捐款捐物，提供医疗保健、义务输液等服务。

各团组织争取党政和相关部门的支持，做好下岗青工创业环境的优化工作。达州市建起下岗失业青年夜市一条街，对下岗青工实行简化办证手续、减免部分规费的优惠。成都市青少年事业发展中心与成都蓝光集团共建下岗职工再就业基地五块石电子市场，为下岗职工提供了1000个就业岗位。安岳团县委在全县设立4个下岗青工就业岗，由下岗青工承包租赁，从事服务经营活动。

各级团组织帮助有知识、有能力、有勇气的下岗青工找门路、选项目，提供技术、资金、信息服务，鼓励他们走创业式的再就业路子。自贡团市委帮助下岗青工赵静开办“刘师傅跃进食品公司”；成都团市委帮助下岗青工罗明花创办“兴业家政服务公司”；遂宁团市委帮助下岗青工陈静开办遂宁“亲亲净菜行”等。在各级团组织的帮助下，全省有30多位下岗青工走上了创业之路，创办了各种经济实体，创造近千个新的就业岗位。

截至2002年8月，全省各级团组织采取各种方式培训下岗青工10万人、协助安置下岗青工2万人、扶持下岗青工兴业领头人200余人，多渠道筹集再就业基金、培训经费、接受捐物总价值200万余元，直接帮助下岗特困职工5000余户。

四、“双争双创”活动

1999年5月后，在原“青年文明号活动”和争当“青年岗能手”活动的基础上，按照团中央和省委、省政府部署，全省各级团组织开展了以企业青年职工为主体，以争创青年文明号、争当青年岗位能手等活动为载体，以市场为导向，以全面创新为手段，以创造良好的人才效益、经济效益和社会效益为目标的“双争双创”[①]活动。

活动启动后，团省委于1999年8月和9月在德阳市和郫县召开省内10个主要工业城市与10个国家重点企业团委书记会和全省“双争双创”活动推进大会，成立四川省推进“双争双创”活动领导小组，并在全省确定25家首批创新创效试点企业。全省各市、地、州、省直单位和企事业单位也相应建立了工作机构。

攀枝花钢铁（集团）公司成立以党委书记、董事长兼总经理为顾问，党委副书记、副总经理为主任，团委、劳动人事、培训、科技、生产等相关部门负责人组成的创新创效活动组织委员会，形成了企业党政领导挂帅，团委牵头组织，相关部门积极配合的工作格局，使青工创新创效活动上升为企业行为。攀钢公司团委把活动的主题确定为“创新求生存，创效促发展”，得到广大攀钢人和青工的积极响应。攀钢作为国有特大型钢铁企业，在技术、管理、营销、服务等方面都需要创新，并一致认为制约攀钢生存和发展最为重要的原因仍是技术问题。因此，公司团委把活动的重点定位在技术创新方面。公司团委依托青年科协和青年创新协会推行课题张榜招标，对制约公司生产发展的

① “双争双创”，即争创青年文明号、争当青年岗位培训能手，创新创效。

关键技术问题进行联合攻关。组织一线青工结合本职工作广泛开展五小、QC 活动，要求每个青年每年提出 1—2 个合理化建议。在管理创新方面，通过攀钢各种媒体推广国内外的先进管理经验，每年选送一批青年管理干部到北大、复旦等大学参加 MBA 工商管理研究生班培训，定期邀请国内管理方面的专家学者到攀钢举办知识经济专题讲座，评选优秀管理成果，提高青年管理人员的工作水平；在营销方面，采取各种行之有效的方式方法树立“大营销”观念，通过开展走访用户、优化售后服务、知识竞赛等活动，实现了营销思想和营销手段的创新；在服务创新方面，开展以“让用户放心，让顾客满意”为主要内容的竞赛活动，增强服务意识，提高服务质量。另外，各分厂团委从自身实际出发，探索出许多好的做法。矿业公司依托青年科协开展技术交流活动，通过课题招标的形式将创新创效活动纳入企业创新体系；钢研院开展“青年科技英才创新行动”，调动科技人员的创新热情；氧气厂通过成立技术攻关小组，对制约本单位发展的有关技术问题进行攻关，效果明显；冷轧厂、热轧厂抓住国家投入大量资金进行重大装备改造的机会，开展技术的消化、吸收与再创新活动。

据统计，攀钢“双争双创”活动开展以来，青工参与面达 76%，其中 21347 人参加各种形式的培训并建立了培训档案，占职工总数的 34%。活动涉及工种 457 个，涵盖公司生产、科技、营销、服务等大部分岗位，其中 127 个为公司确定的关键、重点工程。攀钢公司当年可比产品成本较同期同比降低 4% 以上，远远超出国家冶金局下达的成本同比降低 2% 的目标，其中科技以成本降低的贡献率达五成，高炉利用系数逐月攀升，科技产业实现年产值达 3.5 亿元，科技成果推广实现年产值超过 8.5 亿元，科技创新年创效益 2 亿多元，科技创新对企业经济效益增长的贡献率达 45% 以上。

2001 年，全省各级团组织的“双争双创”活动紧紧围绕党政工作大局，结合本地、本单位的实际情况，大胆探索、不断创新工作内容、工作方式和工作机制，在企业和基层班组形成以技术攻关小组、创新创效小组、QC 小组、营销服务队为主要形式的活动网络。各级团组织围绕重点工程建设，以“西部大开发，青年当先锋”为主题，在交通、能源、通讯、水利等行业及重点工程和工矿企业中开展了青年“建功杯”竞赛活动；为树立四川良好的旅游形象，团省委联合省旅游局继续深入开展了“青年文明号伴您锦绣天府游”活动；以技术创新为重点，团省委联合省经贸委、省科技厅、省知识产权局、省科协等单位继续扎实推进青年技术创新带头人竞赛活动；以管理创新为立足点，团省委与省青年企业家协会、中国国际商会四川青年商会联合举办杰出（优秀）青年企业家评选活动。电力、交通、建筑、电信等行业深化了行业“双争双创”活动；基层企事业单位结合生产工作实际，以技术创新为重点，建立项目立项、项目审批、项目组织、项目攻关、项目考核、项目鉴定、项目评价、项目推广等科学、规范、系统的活动运行机制，保证了活动的实际效果。据统计，2001 年，全省青年职工围绕企业管理、技术、营销、服务等工作，实现创新创效项目 10010 个。涌现出全国青年文明号 26 个、全国青年岗位能手 3 名、省级青年文明号 118 个、省级青年岗位能手 74 名以及省级重点工程青年突击队 120 支、省级技术创新带头人 56 名。

2002 年，全省争当“青年岗位能手”活动进一步深化发展。截至 2002 年底，全省各基层团组织牵头开展各类练兵比武活动近 9500 余次，比武覆盖面涉及教育、科技、文化、农技、医药、消防、公安、金融、税务等近 30 个行业，为全省两个文明建设培养造就了一大批优秀青年人才。各级团组织注重青年岗位能手的培养。2002 年全省在青年岗位能手培养教育上着重抓培养基地建设，共青团组织普遍建立青年职工培训中心、青年文化夜校、青年职工俱乐部、业余团校等培训基地；抓培养规划的分步实施；抓经常性培养活动的开展。主要通过导师带徒、“号”“手”联动、“五小”、QC

等途径，鼓励广大青年职工爱岗敬业、岗位创优、岗位成才，把培养青年岗位能手活动落到实处；抓岗位能手的表彰。2002年全省共表彰省级杰出青年岗位能手10名，省级青年岗位能手51名，市、县级青年岗位能手7000余名。

2002年，四川省命名省级十佳青年文明号10个，省级青年文明号80个，市县级青年文明号近1000个。全省青工战线团组织围绕经济结构调整和高新产业的发展，以青年人力资源培养和开发为基本途径，深入开展企业青年职工创新创效活动，以“青年技术创新带头人”竞赛活动为载体、以“学科技、用科技、比奉献”为主题，组织带领青年技术人员和广大青年职工围绕产业结构调整和企业产品结构调整及技术改造工作，开发新产品，创造新工艺，推广新技术，转化新成果；组织一线青年职工立足岗位、广泛开展“五小”群众性技术创新活动；努力适应经济信息化和管理现代化的要求，引导青工学习运用计算机网络技术，促进电子信息技术在企业的发展和现代信息在管理中的运用，推动了企业技术创新和管理水平的提高；进一步营造创新创效的社会氛围，因地制宜、深入探索，建立和完善活动的工作机制、运行机制，积极争取政策、筹措创新创效经费，不断总结推广基层的好做法、好经验，做到了点面结合，整体推进。使创新创效工作由企业扩展到机关事业单位，由技术创新扩展到管理创新、服务创新。

2002年底，全省70%的机关、事业单位及国有和国有控股企业职工参与到这项活动中来，新增省级以上青年文明号285个，县、市级青年文明号1300个，完成创新创效项目6500余项，累计创效1.85亿元。

2004年，全省“双争双创”活动取得新的成绩：培养青年高级工1500名、青年技师300名、青年高级技师60名，培养青年熟练技术工人4万名。完成创新创效项目1528个，累计创效数千万元。

2004年，是四川省创建“青年文明号”活动十周年。2004年9月27日，四川省创建“青年文明号”活动组织委员会在金牛宾馆召开“四川省‘青年文明号’活动十周年表彰大会”。大会授予峨眉山风景区管理委员会等8个集体和个人“十年全省‘青年文明号’活动突出贡献奖”，授予成都市公共交通集团公司汽车4路等57个青年集体“全省‘青年文明号’十年成就奖”，授予四川省邮政局党群工作部等71个集体、贾兰等91人“十年全省‘青年文明号’活动优秀组织奖”。

2005年，全省“双争双创”活动继续保持良好发展势头。2005年3月，团省委牵头评选2004年度“十佳青年文明号”，新命名省级青年文明号95家，报送全国级青年文明号5家。6月，团省委新表彰省级青年岗位能手67名；团省委联合省经委、省科技厅、省知识产权局、省科协表彰命名青年技术创新带头人40名。2005年5月24日，2004年度四川省青年职工“双争双创”活动暨四川省“十杰百优”青年企业家表彰会在成都金牛宾馆召开。省委常委李登菊、团省委书记罗强及省委宣传部、省经委、省劳动和社会保障厅、省科技厅、省知识产权局、省国资委、省妇联等有关部门的领导出席大会，会议由团省委副书记周键主持。会议表彰了“省十大杰出青年企业家”“省十佳青年文明号集体”“省十大杰出青年岗位能手”“四川省青年创新带头人”和“‘双争双创’活动优秀组织奖”。

第二节　农业生产活动

一、实用技术培训活动

20世纪80年代中期以后，党的富民政策使一部分农村青年先富裕起来，但绝大多数农村青年因缺乏技术，仍然处于贫困之中。为帮助他们早日脱贫致富，适应农村经济发展的需要，团省委向各级团组织提出要求：力争用3年时间，使全省2000万名农村青年每人掌握一两门实用技术，实用技术培训工作在全省范围内展开。据统计，1984—1986年，全省共培训农村青年600万余人次，获技率达66%以上。

1984年，南充地区各级团组织配合农林、蚕桑、畜牧等有关部门，办好区、乡两级农技校，根据农时季节和青年的需要举办各类实用技术培训班；全区共有农技校719个，仅农技校培训青年就达8.98万人次；全区有135户青年专业户自办培训班，培训青年4.93万人次。绵阳市各级团组织举办各类技术培训班5063期，受训青年达6万余人。在有关单位支持下办起"青年汽车驾驶学校"，培训162名合格的农村青年驾驶员。射洪县组织缝纫、无线电修理、植保、制革等培训班241期，学员达6500余人。泸州市农村回乡中学生实用技术培训面达50%。

在培训工作中，各地根据当地的自然、经济条件和青年的需求选择培训内容。遂宁市广兴乡，人多地少，资源不足，他们就以建材、缝纫、修理等为主要内容，共培训农村青年2200人，有80%的青年学到了一门技术。涪陵、万县、达县地处山区，资源丰富，他们就以种、养、加工为主要项目；兴文县以"双杂"（水稻、玉米）的良种推广应用为主；资阳县以提高烤烟的地膜覆盖为主。山区以开办林业、药材、畜牧、银耳、木耳为主；浅丘地区以发展柑橘、青麻、养殖、编织为主；城郊的区乡以缝纫、修理、建工建材等作为培训重点。在培训时间上，各地根据学习内容而定，分长、中、短班，长者为一年，短者三五天。

1985年，团省委在《四川团讯》农村版中开辟实用技术培训工作专栏，每月免费发至乡级团委，并和《四川农民》报合作，在《四川农民》报上举办实用技术培训讲座；重庆团市委与科协等有关业务部门培训了一批骨干，建立了各种农业科协会1043个。乐山、渡口、万县等地也结合实际编印"致富信息""实用技术培训大全""实用技术讲座""长毛免科学饲养""快速养猪法"等资料发到青年手中；南充团地委设立信息中心，聘请120名信息员，和省内20多个单位建立了联系，为青年发放信息资料和小报28万份，举办图片展览156期。

实用技术培训给农村青年带来明显变化。1984—1986年，有250万余名青年家庭人均增收82元，写出科技小论文或生产总结5.8万余篇，1.4万多名青年被授予农业技术职称。广汉县连山乡光辉村青年胡云泉创办了聚氯乙烯和聚乙烯生产线，一年创产值65万元，纯收入6万余元。彭县军乐乡青年刘明松掌握了肝素钠的整个生产技术，自办了肝素钠加工厂，在不到1年的时间里就获利2万多元，被县农牧局聘请为技术员。广元市三堆区三星村六组青年张坤吉人工栽培天麻，连续获得丰收，在他的带动下，全村有80%的农户种上了天麻。成都市龙泉驿区清水村青年魏启洪，参加市举办的种植平菇、木耳技术培训班学习，学成回到家乡后，1984—1986年，收入达3万余元；1987

年为扩大生产规模，他先后到贵阳、云南、广东、福建参观学习，从外地引回了菌种，并租用700多平方米的仓库房，利用高密度生产黄背木耳上万袋，收获干木耳2750公斤，收入达5.5万元，成为成都市最大的木耳专业户，被吸收为省食用菌协会会员，市食用菌协助组组员，并负责附近乡镇十几户木耳专业户的技术指导。安岳县乾隆乡青年周刚强，学习科学养猪法，从1984年下半年开始从事养猪业，投资年年增加，规模越来越大，科学饲养程度越来越高，经济效益逐年翻番，到1988年，有圈舍26间，总面积250平方米，圈存生猪360头，年收入达5万余元。

通过实用技术培训，使大批青年摆脱了贫困。据统计，万县地区有7000余户脱贫，达县地区受培训人员达5.5万余人，有2.5万名农村青年走上了致富道路。绵阳、重庆、成都、乐山等地，已有近30%的农村青年进入了乡镇企业。

二、“青年星火带头人”活动

1988年9月，团省委和四川省科协决定：在四川省农村开展培养“青年星火带头人”活动。这项活动的宗旨是为农村改革和经济振兴服务，推动以科技为支柱的农村商品经济的发展；培养一大批懂科技、善经营、会管理，有商品经济观念和知识的青年带头人，并通过他们扩散科技星火，带动更多农村青年，用科技致富，造就适应现代化规模农业发展所需要的一代新农民。活动培养的对象，是在实用技术培训活动中，学有所成并从事一定的规模生产经营的青年专业户、科技示范户，1984年以来受省、市（地）表彰的科技致富带头人；有一定管理水平和技术水平的乡镇企业青年厂长（经理）。活动的主要内容是，学习先进、系统、实用的科学技术和管理知识，承担扩散“星火”技术，发现并扶持青年人才。活动的方式是办培训班，主要利用全省已有41个“星火”培训基地和市（地）以上青年实用技术培训基地办培训班；以农林院校和科研单位为依托办培训班；组织科技讲师团指导办班。

1988年12月，全省的培训工作拉开序幕，自贡市、南充地区率先试点性办班两期，培训省、市星火带头人116名。1989年第一季度前，示范性的省、市培训工作全面铺开。1989年4月，团中央、国家科委在德阳市召开青年星火带头人汇报会，推动了四川培训工作的开展。

各地通过宣传，扩大活动的影响。团省委下发《青年星火指南》，及时指导基层工作，省电视台播放各地开展星火活动达十几次，团省委与四川人民广播电台联合举办长达4个月的“科技兴农中的青年星火带头人”广播专栏。有的地区还组织了“青年星火带头人”报告团巡回报告，绵阳、遂宁、雅安、涪陵、万县等大部分县、区、乡开辟“青年星火带头人”专栏栏目。宜宾地区召开由乡以上团委书记参加的誓师动员大会，参加人数达500多人，全区共书写“科技兴农”“争当星火带头人”条幅1万多条。德阳市举办“科技兴农中的年轻人”农技知识大赛，《德阳日报》刊登竞赛题，德阳电视台进行了决赛实况录像。成都、绵阳、内江、宜宾、乐山、达县、甘孜、万县等地组织各种类型的青年科技服务队、技术攻关队和“青年科技大篷车”等，到基层去宣传科技知识。甘孜州组织由33个科技人员、团干部组成的州青年科技星火服务队，行程2000多公里，对青年星火带头人和农牧区青年进行宣讲。绵阳市建立以科技人员为主体的“科技讲师团”“科技服务队”300多个，划片定点，集中服务。长寿县组织20个科技小分队深入300个村，现场培训7.4万人次，发放技术资料1000份，咨询服务5.7万人次。重庆市组织500名青年科技人员深入巴县、江北、永川、璧山等县，开展“科技宣传月”活动。各地还通过广播、电视、报刊、团刊、简报、报纸等形式，宣传近年来培养出的“青年星火带头人”。乐山市青年星火带头人“牛蛙姑娘”张凤英和“集约化网箱养鱼”成功者刘汉忠的事迹制成录像，在电视台播放；重庆拍摄专题电视片《星火洪》，出版了10名青年星火带头人报告文学集。

星火带头人活动中，各地都分别确定并着力建设了一批科技示范基地。如攀枝花市用争取到的活动专项经费10万元，建立科技示范基地74个，基本达到每户1个。成都团市委在双流建立了农业开发示范基地，双流团县委推广示范1000亩油菜田套种蘑菇技术和1387亩稻田围栏养鸭技术，仅油菜田套种蘑菇一次就创收100万余元。德阳市以全国青年星火带头人唐松林养兔场为养兔推广示范基地，通过培训示范带动了2000名团员、青年加入科学养兔行列。

在建设科技示范基地的同时，各地还抓重点项目，搞好示范工作。达县团地委把“双千亩”建设作为重点项目来开展，在全区规划了12.5万亩示范基地，共计增产粮食950万公斤，增收175万元。甘孜团州委抓住推广“牛羊越冬度春营养颗粒饲料”这个重点项目，使运用此项技术的农牧民减少经济损失15万元。梁平县的“稻田新三熟制综合开发试验”、德阳市寿丰乡的“五千青年万张蚕”、双流县的“集团承包”、叙永县的“两杂技术推广”、温江的“吨粮田”、雅安的“一村一线一条龙”、乐山的“系列革新养蚕法”、绵阳的“推广应用小麦固氮菌制”、广元的“玉米地膜全覆盖攻关技术”等重点项目的示范推广，都促进了当地的经济发展。

在培训方式上，各地采取集中培训、分片培训，围绕基地搞培训等多种办班形式。如德阳市把青年星火示范培训班放在已建立的8大星火示范基地上进行；成都市把粮食高产技术培训班放在温江县的吨粮田科技示范基地；仁寿县把全县14个区（镇）划为4个星火燎原片，定出以龙马区为中心的稻田种菇片，以禾加区为中心的稻田养鱼片，以清水区为中心的快速育肥、仔猪早期补食片及陵阳区为中心的活拔鹅毛片；广元市对不同层次的星火带头人，依据其项目、区域分布进行优化组合，建立星火点250个，建起具有一定规模和推动力的青年蚕桑星火带22个，果树星火带27个，商品畜星火带34个，高产粮星火带32个，食用菌星火带14个，茶叶星火带2个，乡镇企业星火带2个；苍溪县“青年雪梨星火带”的运白乡青年星火带头人，通过星火培训班学习，摸索出一套雪梨高产管理技术后，通过各星火点传播技术，使全乡青年户户运用新技术，家家雪梨获丰收，1989年雪梨产量创历史最高水平；凉山州集中培训的30名“草编工艺技术的带头人”，有20多名各在当地建立起小编织厂，带动了一批青年走上科技致富的道路；万县余家乡女青年余帮娅，被评为全国星火带头人后，她发挥星火的作用，不仅使所在社64户人家掌握了星火养猪技术，户平出槽10头以上，还帮助开江、梁平、万县的30个乡镇发展养猪户2100多户；资中县全国青年星火带头人标兵黎群英，生产盐清蘑菇，年创汇达3.8万美元，她还巡回传播生产技术，培训农村青年1710人（次）；泸县全国青年星火带头人标兵先廷刚，建立“番茄高产技术研究会”，向农村青年提供种子、技术、咨询，与泸州团市委等单位承担了市上“番茄早结、高产栽培技术推广”项目，先廷刚编写的《番茄高产栽培要点》被农户视为珍贵资料，在先廷刚的带动下，上百户农户走上致富的道路；江津县全国青年星火带头人段廷彬，向1348户推广再生稻套种技术。

以此为基础，全省共建科技示范乡（镇）170余个，示范村1240余个。到1995年年底，全省已培养县级以上农村青年星火带头人74562人，涌现出全国青年星火标兵22名，全国青年星火带头人140名，团省委、省科委两次被团中央、国家科委授予“全国青年星火带头人活动组织奖”，团省委青农部于1993年被国家科委授予全国星火计划特别荣誉奖。

第二章　文化科技活动

全省各级共青团组织在农村实施农村青年之家建设工作，并在全省农村青年中开展“建家用家”达标竞赛活动；引导和推动全省校园文化、企业文化、村镇文化、社区文化及阵地教育的健康发展；充分发挥全省青年宫、少年宫、青少年宫、青少年活动中心、青少年之家（站）及其他为青少年服务的活动场所等青少年活动阵地的作用，引导、帮助青年学习现代科技知识，丰富文化生活，带领广大团员青年投身经济建设主战场。通过广泛开展文化科技活动，加强青年文化建设，逐渐形成兼备西部神韵，独具巴蜀特色，健康有益、充满活力的四川青年文化，促进了广大团员青年的健康成长。

第一节　农村“青年之家”

20世纪80年代，四川各级团组织按照党中央关于“要把建设青少年活动阵地作为一项事业来办”的要求，在全省开展农村“青年之家”建设工作。特别是1985—1986年开展的农村青年“建家用家”达标竞赛活动，使“青年之家”普及率大为提高。

一、数量及规模

1986年上半年，对省内16个地市的统计显示，64471个行政村中，已建立“青年之家”、青年民兵之家共计36752个，建家率达57%，成都、重庆、德阳三市的建家率为75%，广元市苍溪县达80%，德阳市绵竹县为90%，涪陵地区南川县为90%。乡镇一级的文化室、集镇文化中心已占到行政乡总数的90%，一部分县已实现了乡乡有文化室或者文化中心。全省农村青年之家的平均活动器材达341.90元，平均拥有房屋面积35平方米，并且涌现出一批拥有学习场所、运动场所，文体队伍齐全，具备电影电视等宣传手段，水平高、质量好、功能全的“青年之家”。这些“青年之家”成为基层农村青年的集聚中心、学习中心、活动中心。在竞赛活动总结表彰会上受到表彰的“青年之家”、青年民兵之家、文化站、文化活动中心等就有380余个，成都、重庆、德阳、达县、南充、乐山等地市的“建家用家”活动成效更加显著。

二、社会效益

农村“青年之家”竞赛活动促进了农村两个文明建设，产生了明显的社会效益。竞赛活动一方面吸引团结青年创造积极向上的精神生活，一方面帮助、扶持青年成才致富。在活动开展得好的地方，青年之家都备受党政重视和青年欢迎，得到群众拥护和支持。有的“家”通过宣传政策、学英烈、学法制、演讲、歌咏等形式思想教育活动的开展，提高了青年的思想觉悟，出现“四无一多”①的好现象，树立起良好的村风、乡风。一些过去单靠行政手段难以解决的问题现在解决了，一些过去调皮者多、上街闲逛者多、打架斗殴违法赌博者多的地方风气转变了，一些曾经认为帮助别人不如帮自己，搞活动不如休息，入不入团没关系的青年，也成了“青年之家”的积极分子。不少乡村被上级授予“文明乡”“文明村”。

三、经济效益

“青年之家”成为促进农村商品经济的发展，培养青年成才致富的重要阵地。全省农村基层团组织顺应形势发展，努力满足青年的新需求，把“青年之家”由“单一娱乐型”向“综合服务型”发展，积极培养多能型的农村青年人才。在比较边远的农村，“青年之家”采取“短、平、快”，即时间短，与平时生产密切相关，见效快的方法，教会青年掌握一到两门种植、养殖业技术；在乡镇企业较多的地方，“青年之家”举办各种专业技术培训班（包括回乡初、高中毕业生的职业培训班），为乡镇企业的迅速发展作好人才准备；在人多、地少、商品经济活跃的城乡结合部，“青年之家”又积极培养乡镇企业和第三产业的各类人才，不少青年从这里起步，用勤劳的双手叩开了致富的大门。1986年上半年，全省农村共举办实用技术培训45600多期，培训骨干共150万人次，“青年之家”在其中发挥了重要的作用。成都市参加培训的20万人中，有17万人比1984年人均增收127元。重庆市沙坪坝区井口乡双碑村，有近80人成为村镇企业厂长、队长和管理干部，有77人选定经营项目，自己谋到了职业。在达县地区，“青年之家”中活跃着1100个信息协会和信息小组。

第二节　青年文化园

一、校园文化

20世纪90年代，四川共青团组织充分发挥青年文化园教育、服务、凝聚青年的作用，以青年文化组织和青年文化阵地为依托，以确立正确的青年文化导向为目的，引导和推动了校园文化、企业文化、村镇文化、社区文化及阵地教育的健康发展，丰富了青年文化市场，满足了青年文化需求，优化了青年健康成长的文化环境。

四川学校团组织在校园文化建设中始终贯彻“德、智、体、美、劳”全面发展的教育方针，以把大中学生培养成为“四有”新人为根本目标，积极创造适合青年学生成长、成才的文化环境，逐步形成了富有特色的文化活动格局。

华西医科大学②经过多年来的努力，基本形成一个包罗各方、贯穿全年的良性体系——“218”体系，即以“华西青年艺术节”（上半年）和“一二·九”文艺会演（下半年）为两个龙头，以周

① “四无一多”，即无团员受处分，无赌博，无青年违法乱纪，无超计划生育和好人好事越来越多。
② 2000年9月，经教育部和四川省人民政府报国务院批准，四川大学与华西医科大学合并，组建新的四川大学。

末文化艺术欣赏活动为一条基线贯穿全年，辅之以八大院（系）的、体现院（系）自身特色具有传统性质的综合系列活动，包括基础医学院的“基础之光”文艺汇演，临床医学院的“临医之风”，药学院的“秋之漪”文艺汇演，外语系的“英语戏剧节”，法医系的“星光——相声小品艺术节”，社科部的“霓裳”舞蹈以及口腔医学院的“启明星”系列活动，为青年们一展才华提供广阔的舞台。

四川师范学院①把校园文化建设作为学校育人工作的重要组成部分予以高度重视，成立校园文化建设领导小组，制定《四川师范学院校园文化建设五年规划》和《四川师范学院校园文化活动评估奖励办法》，利用校园广播和以院刊为主的多种大小刊物和宣传板报橱窗，传播校园热点，传达学院及上级团委精神，起到了文化导向作用；利用节日、纪念日、迎新和毕业生离校等时间节点开展丰富多彩的群众性文体活动；一年一度的文化艺术节更是校园文化活动中的重头大戏，截至 1997 年共举办九届文化艺术节，设计活动项目 200 余项，深受广大师生欢迎；全院 40 个学生社团拥有成员近 3000 人，还成立大学生国旗班、星期六学校、青年志愿者协会等学生组织，利用双休日开展社团沙龙活动、举办“知识就是力量”“做人治学”等周末系列讲座。

电子科技大学与四川新华书店、成都市音像出版社、四川文艺出版社等 16 家书店和出版单位联合，在该校操场成功举办电子科技大学首届书市，前来购书的同学络绎不绝。

西南财经大学为提高学生美学素质，专门成立“文化素质学校”，充分利用课余时间和双休日，开设名著导读、电影欣赏、工艺美术等课程，提高同学审美情趣和综合素质，先后有 1500 多人参加培训。

二、社区文化

社区共青团文化建设与社区文化建设具有较大的交叉、覆盖性。全省社区文化活动以青年为主体，以社会为空间，以共青团组织为依托，以正确引导青年的文化消费和文化潮流为重点，以积极组织广大青年团员参与社区文化活动为特色，通过社区公益事业援助，社区人员就业前培训，子女家教，文艺演出，“讲文明、树新风”等多种形式的活动，广泛参与全省精神文明建设，有力地促进了社区文化建设。

四川联合大学②为使社区文化活动制度化、规范化，学校专门成立社区援助中心，系科成立服务队，并在各个社区援助点建立社区服务站，各志愿服务队利用自己的知识优势、专业优势和人才优势，结合社区实际，开展了一系列有益的活动。该校水利系十几年来长期坚持与省军区警卫连进行军民共建活动，利用节假日组织学生去省军区进行以文化讲习为主的各类服务活动，受到官兵们好评；历史系从 1981 年以来一直坚持去桂溪乡敬老院开展扶老助残活动，为孤寡老人送去温暖和欢乐；法律系长期坚持在九眼桥劳务市场开展法律咨询活动，向民工们介绍法律知识，解释疑难问题，为他们找工作出谋划策；塑料、化工等系的青年志愿者紧密结合所学专业，到塑料、食品、皮革等工厂、企业进行社区文化援助活动。

---

① 1985 年，成都狮子山的四川师范学院已更名为四川师范大学；1989 年 1 月，南充师范学院恢复使用“四川师范学院”。

② 1994 年 3 月，国家教育委员会、四川省人民政府决定，四川大学、成都科技大学合并组建为四川联合大学；1998 年 12 月，四川联合大学更名为四川大学。

西南财经大学的大学生志愿者义务作讲解员，长期坚持在“杜甫草堂”进行义务讲解活动，受到中、外游客的赞赏，为树立成都的良好形象做出贡献。到1997年在全省有6所高校正式在社区街道挂牌建站，涌现出以成都中医大学“斌升街大学生社区援助站”为代表的全国先进典型。通过几年的努力，四川青年的社区文化建设取得了成效。

三、企业文化

四川团组织本着促进人才成长、促进企业经济发展为宗旨，根据企业实际情况，以企业精神、经济指标、产品声誉、企业形象等作为激励目标，在青年职工中开展多种形式的职业道德教育、文化专业和现代管理知识培训、技术比武、劳动竞赛、创建青年文明岗位、文体娱乐等活动，增强企业青年主人翁责任感，提高青年职工科学技术水平，优化青年职工成才环境，开拓和储备企业发展的内在动力。

青工战线团组织开展巴蜀百万青工“争当青年岗位能手，争创青年文明号”育人建功大赛主题活动，并以省青年岗位能手技能赛为着手点，在大中型企业中推广先进操作法和开展拜师学技活动，据统计，全省师徒结对近2万对。

团省委组织开展“核动力杯”全省青年钳工技能大赛，家电维修和焊工大赛。地方各级团组织也分别开展各种技能大赛，使青年岗位能手活动，形成了规模。1996年，四川省委《关于在全省职工中开展“四川省十大杰出技术能手和四川省十大杰出青年岗位能手”评选、表彰活动的报告》的通知下发后，青年岗位能手活动已成为政府行为、企业行为和青工自觉的行为。

四、村镇文化

四川农村团组织在文化建设过程中根据不同地区的具体情况分类开展活动。经济发达村镇紧紧围绕“深化改革、发展经济”来规划共青团文化建设，在活动中着眼于开发青年农民智力，提高青年农民素质，在青年农民中倡导科技兴农，开发实用技术培训，帮助青年农民科技致富，为家乡建设献策出力。全省各级团组织以科技示范点（县、乡、村）和培训基地的有形化建设为重点，构建农村青年科技推广服务体系；团省委直接抓了20个科技示范县的工作和“青年星火图书站”的创建试点工作，在抓好团中央5个重要推广项目的基础上，推出饲养瘦肉型生猪等8个重点项目。全省共建立示范乡（镇）350个、村1200个、青年专业技术协会1250个、科技服务队5000余个。

经济落后的村镇，把文化园建设的重心放在振兴经济、脱贫致富方面，着重抓青年农民科学文化素质的提高，带领青年农民勤劳致富、科学致富，在当地经济发展中发挥青年的文化优势和科技优势，传播社会主义文明与进步的信息，积极挖掘当地民俗乡土文化，发挥了文化促进经济发展的作用。甘孜、阿坝、凉山等少数民族地区的村镇文化建设，重点是抓好科学文化普及和提高少数民族青年素质的工作。团组织在为少数民族地区的经济发展建功出力的同时，还大力挖掘和弘扬少数民族文化遗产，在青年文化园建设中突出了民族特色，形成了独特的民族风格。

五、阵地教育

四川各级团组织，在文化园建设中，结合青年特点，发挥阵地教育作用。团省委将内刊更名为《四川共青团》，充实编辑力量，使之成为传达团省委声音、指导基层工作的喉舌。《四川青年报》

进一步明确办报方向，努力办得既正又活，较好地发挥了青年舆论阵地的作用。四川青年影视中心摄制的《赖宁》等16部电视剧（片），受到社会好评。其中，四集电视连续剧《赖宁》获全国电视剧十一届飞天奖和第九届大众金鹰奖一等奖。

为加强青少年的革命传统教育，省委命名“泸定桥红军文物纪念馆”等5个教育基地。截至1997年，全省已建成青少年文化宫（家）近百个。

1993年，四川高校开展的“巴蜀青年师生科技文化服务工程”，仅暑假组织的社会实践活动，就有16万名高校师生参加，各地组队1600多个，完成项目500多个，创经济效益数百万元；建立社会实践基地210个，培训10万人次。1997年，大中学校团组织全面实施科技文化卫生“三下乡”活动，吸引了广大师生。仅1997暑假社会实践“三下乡”活动，就有20万余名大中学生参加，各地各校共组建社会实践活动服务队1060支，开展并完成600多个项目，创造经济效益近500万元。其中组织大学生志愿扫盲队150支，扫盲培训对象达10万人次；组织大学生业余演出队伍50支，演出400多场，观众达40万余人次；组织有关人员对200家困难乡镇企业进行了会诊扶助，支援建设乡镇青年科技图书站100个；乡村援助站60个；500余支农业科技服务队在全省各地开展乡村传技活动；150余支卫生服务队深入800个村寨治疗病人5000人次，对5万余名农民进行健康调查和卫生常识宣传培训。团中央、中宣部、国家教委授予四川科技、文化、卫生“三下乡”活动优秀组织奖。

第三节　青少年活动阵地

一、阵地建设

青少年活动阵地主要指青年宫、少年宫、青少年宫、青少年活动中心、青少年之家（站）及其他为青少年服务的活动场所。

20世纪80年代，四川青少年活动阵地建设在原有基础上，有了突飞猛进的发展。一个以城市青少年宫为中心，以乡镇文化活动站为骨干，以村青少年之家（站）为基础，以其他社会活动场所为补充的综合性的青少年教育活动阵地网络已初具形态。

（一）青少年宫（家）等

1986年，全省共修建县以上青少年宫（家）84所，其中已开放使用的有51所，是1976年后尚存青少年宫（家）的10倍以上，约占当时全国青少年宫（家）的1/3。

与此同时，四川农村建设青少年之家的活动也掀起高潮。据1986年全省16个市（地、州）统计，64471个行政村中已建青少年之家、青年民兵之家36752个，建家率达到57%。各地还恢复和兴办图书室（站）、文化室、电视室等各类青少年活动阵地2万余处。此外，全省文化系统有22个艺术馆、200多个文化馆、7542个文化中心和文化站，以及1375个电影院（影剧院、剧场）、309个开放礼堂、105个公共图书馆；体育系统的业余体校、体育场（馆），科协组织的青少年科技中心，城建园林部门的公园、游乐中心等都为青少年提供功能多样的活动场所。

1989年，全省建成投入使用的青少年宫67所，在建24所，建筑面积达15万平方米以上。青少年宫在编工作人员500多人，还拥有一支庞大的业余师资队伍，能同时容纳50万名青少年开展活动。

1992 年，全省已建成投入使用的青少年宫 87 所，在建 26 所。有 70% 的村建立了青少年之家。1994 年，全省共有县级以上青少年宫、青少年活动中心 105 所，在建 23 所。1996 年建成投入使用的新宫 2 所。

1997 年 3 月，重庆市被设为中央直辖市后，原万县市、涪陵市及黔江地区一并划归重庆管辖。省内青少年宫、青少年活动中心数量减少约 20%，有 80 余所。各级团组织贯彻《跨世纪青年人才工程实施纲要》，充分发挥青少年宫（家）等教育阵地的作用，培养了一大批社会急需的各级各类专门人才。

作为青少年校外教育活动的主要阵地，各地青少年宫积极引领校外教育发展、举行文艺演出、开展品牌活动等，多次受到国家和地方各级政府的表彰，2004 年，成都市青少年宫被中宣部等七部委授予“全国青少年校外教育示范基地”称号，2005 年，再次获得十部委颁发的“社会教育优秀团队奖”。

（二）青少年教育基地

中小学校普遍建立德育教育基地、中学生团校和少年军校。1992 年，全省中小学已建有爱国主义教育基地 6970 个，劳动教育基地 17179 个，军训基地 1511 个。

1993 年 10 月，全省命名大邑地主庄园陈列馆、重庆歌乐山烈士陵园、红岩革命纪念馆、小金懋功会议地址、泸定桥红军文物纪念馆为“四川省首批青少年教育基地”。

1994 年 5 月，命名仪陇县朱德故居纪念馆、开县刘伯承故居纪念馆、乐至县陈毅故居陈列馆、江津市聂荣臻故居陈列馆、南充市顺庆区张澜故居纪念馆、罗瑞卿故居纪念馆、荣县吴玉章陈列馆、乐山市沙湾区郭沫若故居纪念馆、松潘县红军长征纪念碑总碑园、巴中市川陕革命根据地博物馆、万源市万源保卫战战史陈列馆 11 个地方为第二批“四川省青少年教育基地”。

2003 年，四川省又命名红军长征邛崃纪念馆、广汉机场、华蓥山游击队活动遗址等 21 家青少年爱国主义教育基地，进一步扩大了青少年教育活动阵地网络。

二、制度建设

1987 年，为使青少年宫的管理工作更加科学化、规范化，团省委与省教育厅、省财政厅、省编委共同颁发《四川省青少年宫管理工作条例》，明确青少年宫的性质、宗旨、工作方针、基本任务、工作内容及方法等。条例的颁发，对四川省青少年教育活动阵地的建设和发展起到了积极的推动作用。

1994 年，为进一步发挥青教基地的作用，省青教办组织有关人员编写了青少年教育基地的相关材料（《四川省青少年教育基地》录像带及书稿），草拟《四川省青少年教育基地管理条例》。

2004 年，为使青少年活动阵地的管理更加规范，有章可循，省青教办、团省委联合制定了《四川省青少年爱国主义教育基地管理办法》，制发了《关于进一步加强青少年活动阵地建设和管理工作的通知》。

三、经费保障

1980—1994 年，为保障青少年阵地建设经费，省财政共划拨 1700 万余元，各地方财政也划拨

5000万余元用于青少年宫新宫建设。

1995年，争取到团中央80万元对四川省建宫重点扶持，省青教办认真做好新宫立项，妥善安排建宫扫尾工程。1995年，全省共安排新建宫3个，改造房屋、添置设备宫8个。同年，省青教办加强调研，先后到7个市（州）20余座青少年宫开展调查研究，总结经验，现场指导，探讨市场经济条件下青少年宫求生存谋发展的新办法新路子。

1996年，省财政厅在1995年阵地建设经费基础上又增加了10万元，争取团中央建宫经费30万元，安排新建宫4个，增添设施宫12个。

四、安全管理

1998—2005年，省青教办、团省委加强青少年活动阵地的建设和管理，建立健全协调管理机制。1998年5月中旬，在攀枝花市召开“四川省青少年活动阵地建设理论研讨会”。2000年，贯彻落实中央13号文件精神，印发省委办公厅、省政府办公厅《关于认真学习贯彻〈中共中央办公厅、国务院办公厅关于加强青少年学生活动场所建设和管理工作的通知〉的通知》，省青教办与团省委联合下发《关于加强青少年活动场所建设和管理工作的意见》。同时，对全省部分市、州贯彻落实中央13号文件精神，加强青少年活动场所建设和管理工作的情况进行了检查，为一些地区的青少年教育和阵地建设做了大量的协调工作。

2001年，按照团中央统一部署，团省委、省青教办组织4个检查组历时2个月对全省团属青少年宫（活动中心）开展安全检查和专项治理工作。共查出各种安全隐患464处，各地共投入资金337.38万元及时进行维修整治。

2002年5月27日，团省委、省青教办向全省各地团组织发出《关于对团属青少年活动阵地迅速进行一次安全检查的紧急通知》。各市（州）团委、青教办积极贯彻落实，特别是成都、自贡、攀枝花、德阳、绵阳、内江、乐山、眉山、凉山等市（州）团委，对所属青少年活动阵地进行安全大检查，并形成检查报告，对发现的安全问题采取有效措施，进行整改，确保青少年活动阵地的绝对安全。

五、先进典型

经多年发展，全省涌现出成都市青少年宫、绵阳市少年宫、攀枝花市少年宫、自贡市青少年宫等一大批先进青少年宫典型。作为中国青少年宫协会的诞生地，成都市青少年宫“敢为天下先”，在20世纪80年代就创下多项全国之最，即最早实行收费培训、最早开办公司、最高购置小车、最早修建阶梯教室……最早实现“以宫养宫”，是省会城市中国家投资最小、占地面积最小、年培训学员数量最多、年平均输送专业人才数最多的宫。自贡市青少年宫在改革中“嬗变”，建起全国最大型的室内活动设备“淘气堡”、综合性室内轮滑旱冰场以及全市少有的高达十八层的青少年科技教育中心大楼。绵阳市青少年活动中心、德阳市青少年宫等还与省舞蹈学校、省艺术学校联合招生办学，开辟了一条办宫及培养输送人才的新路。

1986—2005年，全省青少年活动阵地围绕党政中心和团队工作，开展青少年社会教育活动，实施“跨世纪青年人才工程”，组织“千宫百万”青少年现代知识技能培训竞赛，推出了一批提升青少年综合素质的教育培训项目。青少年宫专业培训工作始终保持在当地领先水平，广大青少年在青少年宫学有所成。青少年活动阵地已成为四川省共青团组织的宝贵财富、开展青少年社会教育不可替代的物质依托和培养青少年成长成才的重要基地。

第四节 青年科技行动

从1983年开始，在全川青工系统广泛开展的“五小”“QC”活动，在1988年有了新的发展，活动由单纯的评比表彰转向评选表彰与转让相结合，由普遍要求青工小改革转向组织青年科技人员集中力量解决生产中存在的问题。团省委组织全省46个贫困县的团员、青年以脱贫致富为中心，开展了“小开发”活动，有51万名青年接受了实用技术培训，其中有60%的生活明显好转。

1991年，青工战线团组织围绕扭亏增盈、提高产品质量等开展“青年科技年”活动，收到实效，推动了企业的技术进步。

1992年，青工战线的团委组织市级青工技术比武85次，涉及47个工种、5万余名青工参赛，7300人受到表彰奖励，取得“五小”成果2.70万项，转让880项，直接应用到生产中2.1万项，创经济效益4.1万元。

1993年，全省各级团组织积极带领广大团员青年投身经济建设主战场，深入开展“巴蜀青年科技行动”。“行动”中，团省委按照中共中央“科学技术是第一生产力”和省委、省政府“科技兴川”的战略方针，把青年科技活动作为共青团组织开展劳动创造的主渠道，在1993年开展“青年科技活动示范城、示范县”试点的基础上，又广泛开展“青年科技示范工程”活动。据统计，活动中全省新设国家级和省级“科技示范县”10个、建立各类示范片、示范基地596个，推广面达1564个乡镇，推广农业新科技51项，带动200万余名农村青年学科技用科技。以“一赛二队三岗”，即四川省青工科技发明擂台赛，青年科技突击队、青年促销服务队，共青团“五小”活动示范岗、共青团优质服务示范岗、共青团安全监督岗为重要内容的“四川省百万青工增效益、促成才、当能手建功大赛”，以市场经济为课题、着眼于企业发展，广泛开展“五小”“QC”活动，使全省青工岗位练兵、技术比武活动进入新阶段。学校战线开展的“大学生课外科技作品竞赛”活动，少工委开展的“爱科学、勤实践、做主人”劳动实践主题教育活动，在校园掀起学习、运用科技的热潮。为鼓励广大青年学习、掌握新科技，团省委和省科委等部门联合颁发《四川省青年促进科学技术进步奖励条例》，极大地激发了广大青年学科技、用科技的积极性。

广泛开展的科技活动，使一大批青年科技人才脱颖而出。1993年，在“培养青年科技星火带头人”活动中，全省共举办县级以上培训班900多期，培训青年星火带头人160万人次，其中有8342人被县以上业务部门确认为青年星火带头人，1993年全省青年星火带头人总数达到68279名。在“巴蜀农村青年编织明星大赛”中，13个市（地、州）的农村青年创作了大量精美的竹、草藤编作品，其中32件作品分别获一、二、三等奖和优秀作品奖。在“四川省青工科技发明擂台赛”决赛中，来自全省各地的12名选手，以演讲、答辩、演示等形式，向人们展示了青年职工的科技发明成果，受到团中央和省政府领导称赞。在“全国第三届青年科技博览会”上，四川参展项目获金奖23个，新星奖30个。在“全国大学生百县千乡科技文化服务工程”洽谈会上，四川省共签订30多项技术合同，金额达2200万元，占全国17%。在“第三届全国大学生挑战杯课外科技学术成果竞赛”

中，四川获第四名，并获一等奖一项、二等奖四项。

活动中，企业的“青年科技协会”，发挥青年知识分子和技术骨干的优势，承担科技攻关项目，开展有偿科技咨询；以“青年星火带头人”为主的农村青年科技服务队，依托培训基地，推广农业新技术，承担农业社会化服务项目；科技战线的青年在开展“八五”竞赛活动中，组织5700个科技、文教、卫生、民族宗教政策咨询服务队，深入少数民族地区和边远山区，共举办培训班5200期，受训人员达75万人次，推广新技术65项，帮助当地解决技术难题3228个。

为推动“巴蜀青年科技行动”的深入发展，促进青年科技成果走向市场，在省委、省政府的关怀和支持下，团省委经过半年的充分筹备，于1993年10月中旬在省展览馆举办集展览、贸易、竞赛、评比为一体的首届“四川青年科技成果博览交易会”。各市（地、州）、省直团委组织了23个展团，携带了1108个高、新、实青年科技项目参展。历时6天的博览交易会，有4万余人前来参展、洽谈，549个技术、产品项目成交，成交额达3.099亿元，其中正式签订技术交易合同金额932.10万元，意向签订技术交易合同金额1.41亿元，新产品销售正式合同成交额1.089亿元，新产品销售意向合同成交4720万元，零售产品成交金额332万元。大会评出优秀项目金奖50个，优秀项目银奖55个。成都、重庆、攀枝花、德阳、绵阳、乐山、南充、甘孜、四川石油管理局9个市（州）和省直团委获最佳组团奖；重庆、德阳、遂宁、内江、广元、甘孜、万县、博大中心、通力公司等九个市（州）团委和单位获最佳成交奖；四川石油管理局、泸州、涪陵、雅安、成都三电股份有限公司、重庆洗衣总厂等6个省直、市、地团委和企业获最佳布展奖。

1995年，省、市（地、州）共确定青年科技示范县38个，示范乡（镇）342个，村1316个，建立青年示范培养基地5610个。学校战线团组织成立大学生科技协会，建立大学生科技活动基金，推动了学生科技活动的开展。

1996年，各级团组织积极构建农村青年科技推广服务体系，创建省级青年科技示范基地10个，地、县级基地5000余个。

1999年，团省委举办1999中国青年科技论坛四川分论坛，开展了四川青年科技创业奖评选活动和大学生“挑战杯”、中学生“亿利达”发明竞赛活动；建立了4个青年科技创新基地。

2000年，各地团组织领办了一批科技含量高、示范带动作用强的科技推广项目，建立科技示范基地320个，创建乡镇青年科技图书站26个。团省委举办四川青年科技创新奖表彰大会，50名优秀（杰出）青年获科技创新奖。创建并命名4个国家级、12个省级青年科技创新行动教育基地和示范基地。组织开始第六届亿利达青少年发明奖评选活动，实施以百名博士生推广百项科技项目为主要内容的“双百”工程。举办“天府之光”成都市首届大学生科技节，在部分高校团委建立青年科技创新基金。

2001年，有50名青年获四川省青年科技创新奖，创建3个国家级青年科技创新行动教育基地和示范基地；继续组织开展第七届亿利达青少年发明奖评选活动，152件作品获得奖励；举办第七届“挑战杯”大学生课外学术科技作品竞赛，32件作品参加全国终审决赛，获特等奖2项、一等奖1项、二等奖3项、三等奖18项，一项作品实现成果转让1500万元。

截至2005年，共举办“挑战杯”全国大学生课外学术科技作品竞赛四川分赛区比赛9届，“亿利达”青少年发明奖评选活动11届。青少年科技作品数次获得全国级奖项。

第五节　青年文化活动

四川共青团牢牢把握先进文化的前进方向，立足四川省情，紧扣时代脉搏，以弘扬和培育民族精神为重点，以文化育人为目的，大力加强青年文化建设，逐渐形成兼备西部神韵，独具巴蜀特色，健康有益、充满活力的四川青年文化，促进了广大团员青年的健康成长。

一、活动空间与时间

1998 年以来，团省委连续多年，调动各级团组织在全省农村开展为群众所喜闻乐见的“乡村青年文化节”活动，为丰富全省农村青年的文化生活，促进农村经济发展和文明建设起到了积极作用。据统计，全省 21 个市（州），90% 以上的县（市）通过乡村青年文化节活动，免费赠送书籍 30 万余册，发送资料 50 万余份，培训农村青年 10 万人次。团省委结合创建“青年文明社区”和“让团旗在社区飘起来”主题活动，在城市精心组织开展四川社区青少年文化月活动。各市（州）、基层团组织积极响应，成都团市委还专门推出社区青年文化节，重点开展社区青年文化节优秀节目展演、小型多样的社区青少年体育运动、警营文化与社区青年文化等六项活动，举办的“社区大家乐”活动受到了群众的一致好评。资阳团市委自 2001 年开始组织的天天文化广场活动，参与人数达 6 万余人，获了团中央精神文明建设“五个一”工程的优秀活动奖。

从 2003 年开始，团省委面向全省启动了四川青年文化节，确定每年“五四”开幕，“一二·九”闭幕，长期举办文化节。重点开展四川省纪念五四运动 85 周年“感谢青春”文艺晚会暨第二届四川青年节开幕式、“技术实现梦想”助学成才行动、校园歌曲原创大赛、“感动”短信创作大赛、彩 E 小小说创作大赛等内容丰富、形式新颖的文化活动，迅速形成并持久保持着省上牵动、各地互动、整体联动的良好格局。1998—2003 年，全省共举办各种文化活动 2000 多场（次），参与团员青年达 200 多万名。2004 年“五四”前夕，团省委以“弘扬五四精神，肩负历史使命，展示青春风采”为主题，组织四川省青年纪念五四运动 85 周年电视电话会议、电视知识竞赛等活动，缅怀革命先烈，激励团员青年。攀枝花、甘孜州等地及基层团组织分别组织开展的“高举团旗跟党走”知识竞赛、“缅怀五四情，誓师新跨越”等主题活动，在全省掀起了“五四”纪念活动高潮。

二、实施群体

团省委分年龄、分层次，有针对性地在少年儿童中开展“民族精神代代传”和“实现宏伟蓝图，做好全面准备”主题活动，引导他们认识到中国了不起，中国人了不起，争做一个了不起的中国人；在初高中学生中开展社会主义公民道德教育实践活动和校园社团文化活动，提高他们的道德情操；在大中专学生中开展了“实现宏伟蓝图，奉献青春智慧”主题活动，以及邓小平理论、“三个代表”重要思想等各种科学理论的宣传教育，引导他们确立正确的世界观、人生观、价值观，为实现四川发展新跨越贡献青春、智慧和力量。

三、活动内容

1998 年，团省委率先在全国启动“保护母亲河、关爱我们的家园”活动，组织开展青年绿色劳动营，推荐十大绿色文明行为，绿色文明新时尚宣传日，环保志愿者登山日，“继承小平遗志，共建绿色家园”等活动，还创作、编辑、出版了《保护母亲河——四川江河诗词集》，较好地发展、推广环保文化，帮助青少年树立生态意识。阿坝、甘孜等地组织“同心打造秀美山川，携手共建绿色家园”“建设千里文明走廊，争做环保卫士”等环保文化活动，各地青年为把四川建设成为长江中上游屏障积极踊跃争做贡献。团省委紧紧抓住校园这块思想活跃、青春动感的领域，统一组织开展“青春创业大讲堂”、大学生社团文化节等活动，各市（州）团委和高校也相继举办文化活动，如德阳团市委举办青年文化节校园歌手大赛，四川大学、四川师范大学等高校纷纷开展校园科技文化艺术节。全省校园文化建设呈现出百花齐放、生机盎然的可喜局面。

2003 年以来，团省委坚持用科学的理论武装人，以团干部、大学生为重点，通过读书班、报告会、知识竞赛、大讨论、征文比赛、新世纪读书计划等多种形式，对团员青年进行马列主义、毛泽东思想、邓小平理论和“三个代表”重要思想的宣传教育，帮助他们构筑强大的精神支柱，进一步坚定建设中国特色社会主义的理想信念。同时，以“贯彻十六大、投身新跨越、创造新业绩”为主题，在青年中广泛开展掀起学习贯彻十六大精神新高潮活动，帮助他们不断加深对“三个代表”重要思想的学习理解。仅学习十六大精神和“三个代表”重要思想知识竞赛活动，全省有 48.25 万名团员青年参加，达到了武装全团、教育青年的目的。此外，团省委依托 18 个全国和省级青少年爱国主义教育基地，川陕革命根据地、红军长征经过的 24 个县等一批革命老区和邓小平、朱德、陈毅、罗瑞卿等伟人故里，开展“将帅故里游”“缅怀革命先烈，弘扬民族精神”主题团日等活动，并将这些活动同青少年红色旅游结合起来，对青少年进行生动的革命传统教育。巴中、成都等地也分别组织“发扬红军精神，争做四有新人”主题教育、“弘伟人之志，扬青春风帆”演讲比赛等活动，收到良好效果。

团省委一方面注重发挥书法、美术、绘画、音乐、歌舞等传统艺术对青年的教育熏陶，举办“十佳孝星”“百名孝子”评选等活动，宣传普及传统道德文化，还重点开展青年志愿服务行动，大力宣传互助、进步、奉献、友爱的志愿精神。全省累计有 151 万人次的青少年参加敬老助残、扶贫帮困、支医助教等志愿活动，弘扬时代新风，倡导社会文明。另一方面，团省委更注重坚持贴近生活、贴近实际、贴近青年的原则，从青年感兴趣的现象、想了解的话题入手，组织开展“我喜欢”系列评选，评选、推荐为青年喜爱的手机、电脑、网站、电影、歌曲、汽车、楼盘、健身、饮料、服饰等品牌，引导青年正确的文化消费。与此同时，团省委还推出四川青年文化形象大使廖昌永、青年维权形象大使甘萍、阳光青年形象大使陆毅等青年形象代表，拍摄展播《青春——四川青年的光荣与梦想》形象片，在全省团的机关导入 CI 现代企业管理理念，开展机关文化建设，实施素质拓展训练，编辑出版《四川青少年年鉴》，充分展示四川团干部和团员青年朝气蓬勃、健康向上的青春风采。达州、遂宁等地团组织也在广大团员青年中组织开展城市形象大使评选等时尚活动。

四川是一个多民族聚居的大省，苗族歌、藏族舞、彝族酒，土家族的编织、羌族的建筑形成四川辉煌灿烂的民俗文化。三个少数民族自治州抓住自身独特的文化背景，组织开展了民族文化系列活动，阿坝州团委组织的赛马会、甘孜州团委组织的狂欢节、凉山州团委组织的火把节等，既丰富和活跃了当地青年的文化生活，又发展和繁荣了多民族文化。非少数民族地区也结合地域特点，开展了一系列特色活动，如宜宾团市委、泸州团市委就以酒为题，组织开展酒文化活动，绵阳团市委则经常以科技为题组织活动，打出一张张城市文化品牌。

四川青年文化也是旅游文化与历史文化的结合，使青年在自然风光和人文景观的和谐共存中受到感染教育，提高审美情趣。四川山川秀美，具有丰富的旅游资源，四川历史悠久，具有灿烂的巴蜀文化。在团省委统一启动的“魅力四川，青春同行”大型旅游文化活动中，各地团组织结合实际，组织开展旅游文化、历史文化活动，如乐山团市委抓住乐山大佛，峨眉山两处旅游胜地，组织“魅力乐山，青春同行”万人签名及旗帜传递活动；阿坝州团委抓住九寨沟、松潘黄龙两地特点，开展“九寨天堂”“人间瑶池”文化活动；甘孜州团委抓住康定、稻城两地实际，组织情歌城、“寻梦香格里拉”旅游文化活动；德阳团市委则抓住三星堆景点，组织“三星文化耀巴蜀”活动；成都团市委也抓住金沙遗址、古蜀文化及青城山、都江堰组织相应的历史、旅游文化活动。

四川共青团通过开展“挑战杯”全国大学生课外学术科技作品竞赛、“亿利达”青少年发明奖评选活动和 MBA 创业计划大赛，配合实施农村青年增收成才行动、青年职工创新创效行动、青年人才科技创新行动，大力开展青年科技培训活动，传播科学思想，宣传科学精神，增强青年的科学文化素质。在网络文化建设方面，团省委主办的四川共青团网站成为团员青年的好去处，特别是该站的青年社区日点击率最高达 2 万人次，在省内机关网站中排名第一。同时，团组织还联合相关机构组织播发青少年维权短信公益广告、短信创作大赛、短信文化节、“短信暖人心，青年文明号伴你行”等活动，倡导健康、文明的网络文化。成都团市委组织“健康暑期 E 路同行”家长网络培训班、“蓉城青少年网络道德文明行动”等活动；阿坝州马尔康中学组织“益身树德，远离网吧”主题教育活动，一股清新、健康的绿色网络文化在全省蔚然成风。

第五篇　社会活动

团省委在结合中共四川省委和团中央工作大局的基础上，在四川广大团员和青少年中积极开展志愿者行动、希望工程、保护母亲河、维护青少年权益和对外交流等社会活动。其中的志愿者行动、希望工程、保护母亲河和维护青少年权益均以不同的“主题活动”工作模式来开展工作，取得了较好的社会效益。

第一章　志愿者行动

四川省的青年志愿者行动始于1994年，是广大青年以自愿且不图报酬的方式参与社会生活、促进社会进步、推动人类发展的社会事业。在团省委的带领下，志愿服务的覆盖面和发动面逐渐扩大，形成较为完善的服务网络。

第一节　志愿者行动概况

青年志愿者行动是以青年自愿参加为基本特征、以义务服务为基本内容的社会性活动，活动面向全社会，主要是在公益活动、社会治安、抢险救灾、环境保护、扶贫开发、社区建设、大型活动、咨询服务等领域以及青少年帮教和维护青少年合法权益等方面内容开展。活动类型主要有两种：一种是围绕某一方面或重大活动所开展的群体性、突击性、阶段性的志愿服务活动，参加的青年很广泛；另一种是开展专业性、技能性、经常性的志愿活动，参加者是招募来的热心社会公益事业并有一定专长的志愿者组织的成员。

1994年3月5日，在团省委带领下，四川青年志愿者行动以开展“青年志愿者暨青年学雷锋组织学雷锋奉献日”“热心献社会，诚心献岗位”“弘扬雷锋精神，参与服务活动”等主题活动为开端，以在全省实施“热心献社会，真情暖人心”的青年志愿者“一助一”长期服务计划为重要内容，让青年志愿者走进千家万户，向需要帮助的社会成员伸出援助之手。“四川青年志愿者‘一助一’长期服务计划”，由基层团组织具体实施，由一支青年志愿者服务队或一名志愿者为一个人或一个家庭提供所需要的经常性服务，并确定服务内容和服务人员，签订服务协议，建档立卡，定期检查，使活动做到制度化、经常化。服务对象是特殊困难的烈军属、伤残人、五保户等。四川华西集团是拥有几万名职工的大型建筑集团公司，为协助公司在市场上站稳脚跟，解除职工的后顾之忧，华西志愿者协会推出“四川华西集团青年志愿者内部一助一——扶贫济困”行动。在协会下设的17个分会作为青年志愿服务中心，招募2000多名青年志愿者，由他们向100多名企业内部的困难职工提供医疗保健、生活需要、子女教育等服务。电子科技大学集中组织23支服务队，奔赴全省，把扫文盲、科盲、法盲结合起来，使“四川青年师生科技文化志愿服务工程”落到实处。凉山州是中国最大的彝族集居地，青年志愿者行动根据州情，提出“形象扶贫、志愿服务”的口号，要求每个村的团支部使一户人家达到“四个一”，即建一间牲畜房，使人畜分开；开一扇窗户，使户内有阳光；建一条背水路，使背水不再在泥泞中行走；建一口节柴灶，烧饭节约柴火。在凉山州建立的“一助一”对口服务网络，将温暖送到田间，赢得人民群众的广泛赞誉。截至1997年6月，全省“一助一”结对服务达到近 10 万对。

1994 年 11 月，团省委发出关于在“国际志愿者活动日”开展四川“青年志愿者奉献日”活动的通知，号召全省青年在国际志愿者活动日即每年 12 月的第一个公休日，开展“团结、友爱、互助、进步”“弘扬雷锋精神，参与志愿服务”为主题的志愿服务活动，在突出城镇服务的同时，抓好农村的工作。要求农村团组织根据实际情况，开展帮户助耕、修桥补路、扫盲治愚、义务植树、移风易俗等活动。

1995 年 1 月，在眉山召开四川青年志愿者协会成立大会，该协会是由志愿从事社会公益与社会保障事业的各界青年组成的全省性社会团体，受团省委的领导和中国青年志愿者协会的指导。与此同时，全省各地的青年志愿者协会组织也相继成立。1996 年，乐山市成立青年志愿者协会，并在中心城区设立直属工作站。帮助 17 个县（市、区）、自治县和企事业、大中专学校建立青年志愿者协会 70 个，各类青年志愿者服务队（站、组、分队）、学雷锋服务队（组）3500 多个，各类青年志愿者扶贫服务队、社区服务队、科技扫盲队、助老敬老服务队等专项志愿服务组织 1170 余支。1996 年初，四川省青年志愿者协会在原“一助一”志愿服务的基础上，提出试行“一助一”志愿服务卡和实行《青年志愿者服务手册》制度。得到各级青年志愿者协会的积极响应。有的地区还把“一助一”活动与民政局扶贫助困活动结合起来进行。

四川青年志愿者行动与 18 岁成人仪式教育活动相结合，把公民意识教育与履行公民义务的实践结合起来，是青年志愿者活动的一个创新。全省广泛开展以 16—18 周岁中学生为主体的成人预备期志愿服务活动。1996 年 10 月 5 日，团省委和成都团市委联合举行了“纪念中国工农红军长征胜利 60 周年暨成人宣誓仪式”示范活动，在蓉老红军代表和成都 1000 多名青年学生参加了宣誓仪式。

1997 年 6 月底，成都市举行有 1997 人参加的“迎回归、庆七一，成人宣誓仪式及青年志愿服务活动”。1997 年，团省委在自贡召开四川青年志愿者行动现场推进会和“讲文明、树新风”活动电话会，推广一大批青年志愿者的先进典型，对青年志愿者行动的进一步发展作了部署。组织开展科技、文化、卫生“三下乡”活动，组织“中国青年扶贫志愿服务团”赴阿坝黑水县、南坪等贫困县，为贫困地区送温暖，做实事。组织青年志愿者参与了第五届中国艺术节的礼仪接待服务。新建一批志愿服务站，较为完善的志愿服务活动的网络逐步形成。据统计，截至 1997 年年底，全省已成立各级各类志愿者组织 4 万余个，拥有青年志愿者 200 万名。

1998 年，各级团组织不断拓展青年志愿者活动的领域。青年志愿者服务点比 1997 年增长 12%，青年志愿者“一助一”结对数达 13 万对。开展科技、文化、卫生“三下乡”活动，与省文明办联合实施青年志愿者支教扶贫接力计划—平武项目，面向社会公开招募 11 名青年志愿者赴平武县从事基础教育、医疗卫生等服务。据不完全统计，全省组建支教扫盲服务队 65 支，“三下乡”小分队 400 余支，捐赠图书 7 万余册，为 5 万余名群众提供了服务。

1999 年，全省各级团组织以办事业的精神和社会化的方式，着力在城市公益服务和农村扶贫开发等领域扎实推进青年志愿者行动。团省委制订《四川青年志愿者行动 1999 年度推进计划》，组织青年志愿者开展“献爱心、办实事”“爱心献功臣”、科技之春宣传、帮扶下岗职工、“携手跨世纪青年志愿者助老服务”等活动。实施青年志愿者扶贫接力计划，招募第二批青年志愿者，加强了平武、嘉陵、西充扶贫接力计划项目的指导和管理。

2000 年，团省委按照四川省委的指示，会同有关部门制定《关于实施四川青年志愿者支教扶贫接力计划的意见》，以事业化和项目化的运作方式，在 18 个市（州）和 10 个省直单位所属的 179 个基层单位组织首批 200 名青年志愿者，奔赴四川省少数民族及贫困地区中小学开展为期一年的志愿服务。团省委与浙江团省委联合开展的青年志愿者卫生扶贫接力计划继续实施，17 名青年志愿者先后在南充嘉陵和西充从事为期一年的医疗卫生扶贫工作。

2001 年，团省委按照《关于实施四川青年志愿者支教扶贫接力计划的意见》，以事业化和项目化的运作方式，在 18 个市（州）和 19 个省直单位中组织第二批 220 名青年志愿者和 61 名支医扶贫志愿者奔赴四川省少数民族和贫困地区中小学开展为期一年的志愿服务；组织 435 名师范院校优秀大学生暑期赴民族地区开展师资培训和扫盲活动；开展青年志愿者帮扶弱势群体活动，全省“一助一”结对达 6600 余对；筹资 10 万元扶助了 100 名贫困地区大学生；组织内地发达地区 817 所中小学与民族地区 817 所中小学开展“城乡青少年手拉手助学”活动，参加儿童近 12 万人，为民族地区少年儿童捐款 60 万余元，捐赠学习用具 7 万件，教学设备 600 多件，课外书籍 32 万册，衣物等 7 万件。

2002 年，各地以推行青年志愿者注册制度为契机，广泛开展青年志愿者“一助一”长期结对服务活动和“敬老助老金晖活动”，新增长期结对数 5100 对；青年志愿者支教、支医扶贫接力计划继续实施，组织招募 269 名青年志愿者到民族及边远贫困地区从事志愿服务工作，其中，赴甘孜康定中学支教的志愿者谭宗俊被评为“中国十大杰出志愿者”。

2003 年，志愿服务工作进一步加强。全省累计有 151 万人次的青少年参与了敬老助老、扶贫帮困、支医助教、环保公益和助农增收等志愿服务活动。团省委组织招募选派第四批 60 名支医扶贫青年志愿者和 320 名文教扶贫青年志愿者前往各受援地开展为期半年的扶贫志愿服务。

2004 年，团省委举办四川青年志愿者行动十周年表彰暨“军地青年共学雷锋、志愿互助”活动，承办团中央举办的“志愿服务与社会发展”论坛。四川省 2004 年大学生志愿服务西部计划工作全面完成，同时，西部计划项四川项目开始启动。四川省西部计划志愿服务的报名数、招募数、报到率均位居全国第一。组织大学生志愿服务西部计划优秀志愿者事迹报告团巡回报告 10 场，听众近万人。选派 280 名青年志愿者开展支医、支教扶贫工作。

2005 年，四川省大学生志愿服务西部计划的招募、培训工作顺利完成，招募的大学生志愿者人数居全国第一，服务项目实现对 21 个市（州）31 个县的覆盖，服务单位达 900 余个；西部计划巡回报告演讲团和督导团组建，举办了 13 场西部计划报告团巡回演讲报告会；西部计划大学生志愿者参加优秀大学生选调的政策取得突破；举办西部计划大型现场招聘会，85% 的西部计划志愿者实现了就业；青年志愿者“一助一”帮扶结对新增 5900 余对；青年志愿者支医支教扶贫接力计划实施，组织招募扶贫志愿者 250 名。11 月 28 日，四川省首届十大杰出青年志愿者颁奖典礼暨先进事迹报告会在西华大学举行，省领导李登菊、张宗源、王恒丰等出席颁奖典礼。

第二节 科技、文化、卫生“三下乡”活动

组织各界青年和大中学生志愿者开展科技、文化、卫生“三下乡”服务活动是四川青年志愿者行动的重要内容。

省青联发挥人才、智力优势，长期坚持开展“三下乡”服务活动：组织农林科技界青联委员和

其他青年农业专家开展实用技术培训和实地指导，解答疑难问题，举办培训班和农技指导，向农民传授科技知识，解决农村经济和社会发展中的技术难题；医疗卫生界的青联委员和其他青年医疗专家为患者送医送药、诊断治病，医疗义诊，联系相关医院在技术、管理和设备方面帮助、扶持当地贫困县、乡卫生院；文艺界的青联委员和其他著名青年演员进行大型文艺演出，丰富了广大农民的业余生活；经济界的青联委员为贫困地区的党政干部、企业管理人员作经济形势报告，帮助他们解放思想，认清形势，立足当地实际搞好经济建设。省青联还积极组织建立“万村书库”和援建希望小学。

省青联数次“三下乡”活动都是在自然环境恶劣的贫困地区开展，其中以国定贫困县黑水和省定贫困县南坪最为艰苦。团员们冒着路况极差、易塌方、翻车的危险，克服严冬的寒冷和盛夏的酷暑，以及种种初登高原的不适反应，在条件极其艰苦的情况下开展工作。医生们义诊到午夜，直到开处方的手红肿不能提笔；歌唱演员们感冒、发烧、呕吐后依然坚持上台表演；舞蹈演员们不顾水泥地、碎石地的恶劣地面条件，磨、爬、滚、转，乃至膝盖破裂；农技师们顶着风沙，上树为村民剪枝；团员们有了病痛也不声张。他们的行为受到当地干部、群众的赞扬和欢迎。

1994 年暑期，团省委、省委宣传部和省教委重点组织以科技文化服务、智力支边、希望工程、医疗服务、普法宣传、支教扫盲、义务家教、社区服务、重点工程、经济管理知识培训等 10 个方面的 19 支大学生志愿者社会实践服务示范队开展“三下乡”活动，在全省起到良好的示范作用。此后每年寒、暑假，全省各地大、中专学校组建起上千支志愿者社会实践服务队，数万名大、中专学生志愿者活跃在巴山蜀水。2002 年 7 月，由于四川省大中专学生志愿者“三下乡”活动成绩突出，中央电视台《焦点访谈》摄制组到四川德阳孝泉镇、成都郫县农科村和成华区龙潭乡三地分别对四川大学、四川烹饪专科学校、成都理工大学的暑期大学生“三下乡”社会实践活动进行实地采访、拍摄、制作全国大中专学生暑期志愿者“三下乡”社会实践活动专题节目，在全国播放。

第三节　扶贫活动

1998 年以来，各地团委围绕省委、省政府扶贫攻坚计划，在进行大量实地调查的基础上，制定了在凉山州美姑县开展抓点示范扶贫工作的实施方案，确定集中人力、物力、财力，调动社会各方面力量，大力开展科技文化卫生“三下乡”活动，重点在美姑县尔且甲谷村开展以形象扶贫为主的抓点扶贫。团省委机关和直属单位先后筹措 33.50 万元资金拨付该村，通过团县委及县有关部门的精心组织和耐心细致的思想工作，村民们焕发出前所未有的干劲。经一年多努力，全村 109 户人家由原先房不开窗、人畜混居的简陋房屋全部搬进了由四川华西集团有限公司专家设计的新房，1999 年实施“三个一”① 工程。年底统计，尔且甲谷村全年实现农业总产值 76 万元，比 1998 年度增长 40%；农民人均纯收入 900 元，比上年增长 45%。一个面貌焕然一新，由“苦熬”变为“苦干”的文明新村初步形成，成为四川省共青团组织扶贫攻坚的标志性工程。

2000 年，团省委联合省教育厅、省卫生厅等省直有关部门共同组织实施的“四川青年志愿扶贫

① “三个一”工程，即一户种植一亩白魔芋，一户种植一亩薪炭林，一户培养一个明白人。

接力计划”，它是青年志愿者行动的深化。该计划从2000年开始实施，采取组织招募和定期轮换的方式，用3年时间每年组织200名支教青年志愿者和100名支医青年志愿者到省内民族及贫困地区从事教育和卫生志愿扶贫工作，开展科技文化传播活动，以推动全省民族及贫困地区物质文明、精神文明的发展。

截至2003年，全省共有600名支教青年志愿者和360名支医青年志愿者在省内民族地区和贫困地区29个县开展扶贫工作。扶贫工作的开展，使受援地区的教学、医疗队伍进一步充实。很多青年志愿者成为了当地教学、医疗一线的骨干，有的还担负了一定领导职务。先进的教学经验和医疗技术得到传授。据统计，3年中，青年志愿者在当地举办培训2000多次，培训教师和医务人员达1万多人次。青年志愿者通过公开课、观摩课、巡回讲课和业务查房、手术示范等方式，帮助受援地教育、医务工作者掌握先进的教育管理方法和医疗卫生技术，提高他们的业务技能和综合素质；现代文明得到传播。青年志愿者在做好本职工作的同时，开展科技赶场、卫生下乡等活动1000多次，受益群众达15万人次。他们采取多种方式向受援地区群众介绍各种先进的科学文化知识，把城市文明带进了贫困山村。与此同时，扶贫接力计划使派员地与受援地架起了一座加强合作与沟通的桥梁：派员单位与受援单位通过青年志愿者牵线搭桥，结成各种形式的对子300余对；争取对受援单位的支援，3年来，在青年志愿者的争取和协调下，各派员单位向受援单位捐款200万余元，捐赠电脑、教学设备、医疗食品等5000余件，捐赠衣物1万余件；促进了派员单位与受援单位的交流，3年里，扶贫接力计划通过培训骨干、示范教学、合作项目等方式，为派员单位和受援单位提供扩大交往的机会，丰富了活动内涵，增强了活动效果。

第四节　大型活动服务

四川青年志愿者也为省内外大型活动提供志愿服务。乐山青年志愿者协会在全市招募4000多名志愿者，为“中国文物古迹游乐山国际旅游大佛节”“青春在旅游业中闪光”等大型活动提供各种服务；南充有4000名青年志愿者参加“四川省第八届运动会”的服务工作，南充市志愿者协会正式招募青年志愿者300名，为运动会提供向导、翻译、维护比赛秩序、生活服务等多项服务；为迎接1997年在川举行的“第五届中国艺术节”，四川青年志愿者协会特别成立“第五届中国艺术节青年志愿者管理处”，并面向社会招募100名青年志愿者，为艺术节提供宣传、礼仪和接待服务。

2000年，全国大学生运动会在四川举行。为确保大运会期间青年志愿者活动的高质量、高水平，团省委参与的筹委会专门下发《关于组织大学生志愿者为大运会服务的意见》，就大运会期间青年志愿者活动的组织领导，青年志愿者的招募培训、服务内容、后勤保障等作出明确规定，并成立由省内15所高校5150人组成的大运会青年志愿者服务总队，为大运会提供礼仪、接待、联络、赛场等服务。

在2002年9月成都举行的“加入WTO中国科技与可持续发展——挑战与机遇、责任和对策”为主题的中国科协2002年学术年会上，四川大学、电子科技大学、西南财经大学、西南交通大学等高校出动共青团青年志愿者2440名，志愿服务达28000人次。会议期间，共计接待院士专家1.2万人次，有8600余人次的青年志愿者参与了会场布置等现场服务工作。

第五节　大学生志愿服务西部计划

2003年6月，团中央、教育部、财政部、人事部联合启动大学生志愿服务西部计划（以下简称“西部计划”）。“西部计划”启动后，团省委及时成立省西部计划领导小组，并召开专题会议，下发文件，对西部计划进行全面安排部署。全省各级团组织成立西部计划领导小组，形成各级团组织负责人亲自抓、各地团组织一级抓一级的工作机制。同时，团省委综合运用多种形式，广泛宣传西部计划，西部计划迅速在全省铺开。四川“西部计划”实施初期，累计基层需志愿者近4000人，参加西部计划的高校40多所，报名学生达2000余人。团省委最终确定394名四川应届大学毕业生参加西部计划，其中派往西藏工作48名。加上来自河北、吉林、浙江等省外高校到四川服务的志愿者，总计656名志愿者。志愿者确认后，团省委随即在全省申请受援的50个县（市、区）中，确定12个市（州）的18个县作为受援县，并完成了岗位对接，同时团省委对西部计划志愿者进行集中培训。此外，团省委等相关单位，还专门为参加到四川省西部计划的青年志愿者出台了7条支持政策。

2003—2004年，四川省西部计划共争取到中央财政支持2204万元，省财政支持230万元。在2005年西部计划招募工作中，四川省大学生报名十分踊跃，总计网上报名人数5007人，高居全国榜首。在全国项目办对19个省项目办进行的2003—2004年度综合考核中，四川取得2003年全国第一和2004年全国第二的佳绩。服务期间，大学生志愿者们在当地立足岗位，自觉奉献，为促进当地经济发展和社会进步做出了应有贡献：有的志愿者主动请缨，帮助服务单位进行业务改革；有的志愿者拿出微薄的生活补贴，资助学生求学；有的志愿者日夜奔波，积极为当地招商引资。志愿者们奉献的身影随处可见，松潘县志愿者成立助学会，募集20万余元资金建立爱心书屋；井研县、邻水县志愿者成立课题研究小组，撰写出数十篇涉及经济、教育等方面内容的调研论文，为当地经济建设和社会发展献计献策；沐川县志愿者周毅克服重重困难带领村民修建公路，被公选为该村党支部书记；邛崃市志愿者方晓慧为单亲家庭开通“心理咨询服务热线”；乐至县志愿者李荣一手救活濒临倒闭的青少年宫，使学生人数从最初的几十人发展到几千人；甘孜县志愿者王炳辉创建为百姓服务的中医按摩治疗室等。2004年度中国青年志愿服务金奖获得者——沐川县志愿者周毅一心为民办实事并当选为村支书的事迹在全省、全国各大媒体报道后，引起巨大反响，周毅还入选西部计划全国宣讲团，赴全国各地进行多场事迹宣讲；2004年11月，西部计划“万里风采”记者团对四川进行了集中报道采访；2005年5月，中央媒体再次聚焦四川西部计划，赴邛崃、青白江、蒲江等地对四川省志愿者进行实地采访。西部计划实施以来，全省广大志愿者勤于实践、甘于奉献的动人事迹，在社会上引起广泛影响，据不完全统计，国家、省、市、县各级新闻媒体对四川西部计划进行宣传报道共计3000余篇，其中，《人民日报》、中央电视台《新闻联播》、中央电视台西部频道《西部新闻》，新华社网站，《中国青年报》《中国教育报》《经济参考报》等国家级媒体分别在头版显著位置或重要时段刊发了相关文章或消息。

截至2005年，共有11600名四川在校大学生报名参加四川西部计划，报名数名列全国第一；全国项目在川实际参加志愿服务人数为2204人，分别来自四川、河北、吉林、浙江、北京5省市138所高校，人数位居全国第一。

第二章　希望工程

希望工程是中国青少年发展基金会（以下简称中国青基会）在团中央领导下，发起倡导并组织实施的一项社会公益事业，其宗旨是资助贫困地区失学儿童重返校园，建设希望小学，改善农村办学条件。四川是全国第一个实施希望工程的省份，从1990年始，截至2005年，已走过15年发展历程，惠及10万余名农村孩子，由最初对困难家庭的小学生资助，让他们有钱上学，发展到小学、初中、高中、大学、职教全程资助。同时，大力开展援建希望小学、培训希望小学教师；援建希望书库、希望数字电影设备、希望快乐体育园地等，并逐步探索扩大服务范围，启动希望医院等项目，为贫困家庭青少年的成长成才作出了重要贡献。

第一节　组织实施

希望工程创办于1989年10月30日，是共青团根据其职能，从国情出发，从青少年利益出发，为发展贫困地区基础教育事业，解决贫困地区适龄儿童失学问题而办的一件实事，是从整体上提高青少年素质，培养跨世纪人才的一项重要举措。

1990年3月22日，四川省青少年发展基金会（以下简称四川青基会）响应团中央、中国青少年发展基金会实施希望工程的号召，与中国青少年发展基金会签订在四川实施希望工程的协议。1990年4月18日，团省委发出《关于救助贫困地区失学少年活动的通知》，把“救助贫困地区失学少年活动”定名为“希望工程”，通过实施该工程创建四川省第一个“救助贫困地区失学少年基金”。为加强对希望工程的领导，同年6月5日，团省委决定成立“希望工程实施领导小组”，聘请省委副书记宋宝瑞、省人大常委会副主任刘海泉、省人民政府副省长韩邦彦、省政协副主席李培根、中顾委委员天宝、省委老领导张力行担任顾问；同时制定了《四川省希望工程助学基金管理暂行办法》。

随着希望工程的日益发展，加强管理成为重要任务。1994年8月28日，四川省第三次希望工程工作会议在蓉召开。此次会议在系统总结希望工程实施以来的主要成果和基本经验的基础上，强调实施希望工程工作的整体性、规范性、合法性。1996年，四川省希望工程把加强管理作为首要任务，实现希望工程管理的规范化和科学化。4月10—12日，第四次全省希望工程工作会议在成都举行，会议传达学习了共青团中央《关于加强希望工程管理的若干意见》和《关于切实加强对希望工程地（市）县基金规范化管理的意见》，印发了《四川省希望工程管理实施细则》。

1996年6月10—26日，希望工程全国监察委员会办公室副主任王汝鹏、监察巡视员李宜俊、王文铎一行，行程3000多公里，先后深入四川省内5个市地、8个区县、12所小学（其中希望小学7

所）检查指导工作。中央电视台记者曹莉、王晓也随行进行纪实拍摄和采访。检查组认为：四川各区县团委普遍实行了资金托管，完成了团中央、中国青基会清理整顿任务。同年10月23日，四川省希望小学规范化管理现场会在广安地区召开。全省50多所希望小学校长、部分团县市区委书记参加了会议。会议总结了四川省希望小学取得的成绩，部分学校交流了经验，对全省希望小学规范化管理提出要求。团中央希望工程监察组组长、全国希望工程监察委副主任张银喜到会并讲话。团省委副书记尧斯丹作题为《提高认识，加快全省希望小学规范化管理建设步伐》的讲话。会议期间，在宣汉县希望小学的倡议下，成立四川省希望小学联谊会。与会人员还参观了广安县希望小学，参加广安县协兴镇希望小学竣工剪彩。

第二节　主题活动

1990年6月1日，四川青基会召开新闻发布会，宣布建立四川省救助贫困地区失学少年基金会，推行"集资救助一体化"工作模式。这项救助活动是1990年全团工作的重要内容。当年筹集资金21万元，在旺苍县和宣汉县救助525名失学孩子，并建立宣汉县第一所希望小学，推行的"集资救助一体化"工作模式被团中央、中国青少年发展基金会喻为"四川模式"向全国推广。

1991年，四川希望工程又推出"三位一体"救助模式，即一个大型企业、一所高校、一个省级机关厅局共同与一个国家级贫困县挂钩，建立一种较为稳定的长期的互相协作的救助模式，利用各自的优势和特点，采取不同的方式救助失学少年，帮助贫困县发展教育事业。5月19—20日，四川省实施"希望工程"工作委员会在成都飞机公司召开全省"希望工程"工作会议，进一步明确了"三位一体"参与单位在实施希望工程工作中的具体责任和工作经验，参与"三位一体"的21个对口小组在充分讨论协商的基础上，签署了5年不变的《救助协议书》。同年7月，四川省青少年发展基金又决定从当年起，设立"希望工程特别助学金"，用以资助从贫困地区入学的品学兼优且有一定培养前途但因家庭贫困不能负担其学习费用的大、中学生。当年资助中学生42名，大学生26名。

1992年4月，省委组织部和团省委联合推出"巴蜀十万党团支部救助失学少年活动"，决定在全省党政机关、文教卫生系统、公安武警部队、工矿企事业、乡镇企业等党团支部中开展希望工程。4月26日，中共中央政治局委员、中共四川省委书记杨汝岱在《四川日报》发表《支持希望工程，关心下一代成长》文章。文章指出："希望工程在我省的实施势在必行、刻不容缓。我们大家都要关注，特别是党团支部更要重视、支持和参与。"该报同时刊登了他为希望工程的题词："为了祖国的未来，大家都来支持希望工程捐资助学。"在巴蜀十万党团支部救助失学少年活动中，共收到捐款246万元，其中结对10 056名，个人结对4611名，全省有2万多个党团支部，20万余名党团员积极参与，涌现出先进集体234个。5月3日，省委组织部、团省委、省少工委、省青少年发展基金会和四川经济广播电台联合在成都锦江大礼堂举办"庆六一，让巴蜀大地的孩子都拥有一个美好的明天"现场直播活动，当天现场捐款及意向性捐款共计46万多元。10月，四川青基会与通威饲料公司签署《关于建立'通威希望工程奖励基金'的协议》，基金设立时间为10年，本金不动，奖励金由通威饲料公司每年提供不低于4万元人民币，用于奖励四川省贫困地区已被救助的品学兼优失学少年和为四川希望工程的实施与发展作出重大贡献或特殊贡献的单位和个人。这是四川省建立的第一个奖励基金。

1993 年，全省希望工程工作在继续开展巴蜀十万党团支部救助失学少年活动的同时，推出“百万爱心行动”。3 月 5 日，举行了四川省“希望工程爱心券”首发式及四川通威饲料有限公司为希望工程捐车仪式。当日，还与省少数民族基金会联合举办飞图群星“希望工程”义演活动，共收到捐款 10 万元。4 月 12—17 日，由新闻记者、捐赠者、基金会工作人员等 22 人组成的希望工程采访团赴贫困地区南部、阆中、仪陇等县考察教育现状，看望被救助学生。8 月，召开了四川省暑期大学生希望工程爱心之旅新闻发布会。9 月，与鼎地股份有限公司签订协议，推选省内 22 名贫困中学生到鼎地公学免费读书；由台胞王先生捐资 200 万元援建的石棉、广安、长宁、古蔺县四所希望小学相继竣工投入使用。同年，四川青基会响应中国青少年发展基金会的号召，推出“希望工程——1（家）+1 助学行动”，号召一切有经济能力的家庭结对救助失学儿童。4 月 2 日，团省委、四川青基会在成都市人民南路广场举行“希望工程——1（家）+1 助学行动”活动周开幕式暨希望工程专用邮资明信片首发式。四川人民广播电台、四川经济台、四川信息台等为活动开展现场直播。省委副书记秦玉琴，省委常委、省纪委书记杨崇汇，成都市委副书记张锋，成都市人民政府副市长吴平国参加了这一活动，并现场捐款结对。在活动周期间共收到捐款 100 万余元，涌现了大批捐款典型。4 月 28 日,东方歌舞团 44 名艺术家将 18570 元人民币交给四川省青基会，支持四川开展的“希望工程——1（家）+1 助学行动”。其中，著名歌唱家远征个人捐款 1.2 万元，在邓小平家乡广安县结对救助 40 名失学儿童，设立“远征班”。由省直机关工委、省直机关团工委组织发动的为巴中地区通江县“希望小学献爱心”活动，得到省委书记谢世杰、副书记宋宝瑞、秦玉琴等领导干部和省直机关干部以及离退休干部的响应，仅 3 个月时间就收到捐款 20 万元。5 月 20 日，省直机关各厅局捐助巴中地区“希望小学”捐款仪式暨奠基典礼在南江县罗坝镇举行。

“希望工程——1（家）+1 助学行动”得到全社会的积极响应，从省委、省政府到地方，从各级党政领导到普通群众，从企事业单位、机关团体到部队学校以及许多海外机构和热心人士，慷慨解囊。仅四川省青少年发展基金会 1994 年接受的捐款就是前 4 年捐款总数的一倍，捐款总额 600 万余元，全年共救助失学儿童 3 万多人，当年救助额接近前 4 年的总和，总规模达到 6 万多人，建希望小学 22 所，是前 4 年建校总数的两倍，全省希望小学的总数达到 32 所。

四川省青基会和宣汉团县委获得中国青少年发展基金会建设奖，西昌卷烟厂在取得良好经济效益的同时，决定从 1995 年 3 月 18 日开始在省内 60 个县市发起声势浩大的“1995 年西昌卷烟厂 1（家）+1 助学有奖大行动”，即从产品的销售利润中抽取 50 万元人民币捐赠希望工程，并号召全社会参与“希望工程——1（家）+1 助学行动”。捐赠仪式于当年 3 月 15 日在省委会议室隆重举行。同年 5 月 16 日，中科院成都计算机电脑部向希望工程捐赠 25 万人民币。为贯彻中央西藏工作会议和四川省藏区工作会议精神，发扬民主党派智力支边的光荣传统，全省各民主党派联合发出“捐资援建营官希望小学”的倡议，得到全省民主党派各级组织和成员的响应和热情支持，在完全自愿的前提下，共襄善举，集腋成裘，很快便筹集资金 20 万元，1995 年 8 月 9 日，捐赠仪式在成都举行。8 月 20 日，北大方正集团捐资 50 万元人民币援建的“方正希望小学”落成。

1996 年 4 月 24 日，希望工程受助生——黑水县藏族姑娘让英，最终通过中国奥委会、中国青基会、可口可乐中国有限公司及有关专家组成的评审委员会终审，从全国 26 名候选人中脱颖而出，成为赴美参加“1996奥运火炬接力长跑”的3名希望工程选手之一，成为社会各界关注的新闻人物。在美国，让英受到了联合国秘书长加利的特别助理格林的接见。同年9月，成都太平洋中学免费录取让英到该校读高中。5月29日，四川蓝剑集团公司向四川希望工程捐赠200万元人民币仪式在省委办公厅会议室举行。7月29日，四川省希望工程办公室、蓝剑集团联合在什邡市蓝剑集团举行1996年希望工程蓝剑教师奖励基金园丁奖表彰大会，受表彰的有100名教师和10名希望之星。“六一”儿童节，成都市泡桐树街小学四年级学生贾麒和仪陇县永禾镇小学四年级的李国梁，成都泡桐树街小学五年级学生彭乐乐和黔江地区九龙乡安山中心小学四年级的张军参加了由中国青基会等单位举办的“百对城乡手拉手好朋友相会在北京”活动，受到中共中央总书记、国家主席江泽民、国务院总理李鹏等领导人的接见。1996年10月，成都汇通城市合作银行在成立十周年之际，压缩庆祝活动经费，支持“科教兴川”战略，决定向四川希望工程捐赠人民币18万元，用于救助宣汉县樊哈区因贫困而失学或即将失学的孩子继续学业。新加坡金味集团总裁庄坤平决定在1997年香港回归祖国之际，投资110万元人民币在四川等地援建4所希望小学。根据中国青基会和中国农业银行总行关于在全国开展“青少年爱心储蓄”活动总体部署，团省委、四川省青基会和农行四川省分行决定，从1996年9月至1997年2月在全省范围开展“希望工程爱心储蓄”活动。全省共收到储蓄额5000万余元，捐息52万元。

1997年，为配合政府在20世纪末基本普及九年制义务教育、基本解决5800万人口的温饱问题，希望工程隆重推出“最后一轮劝募行动”。以国有商业银行受理捐款为主要依托，发挥国有商业银行网点分布广、系统组织严密和具有良好信誉的优势，委托建设银行在其网点开设“希望工程捐款受理处”，同中国工商银行联合开展“百万企业献百元活动”。此外还有“希望工程一日捐”活动，即企业捐一天的利润，职工捐一天的工资，少年儿童捐一天的零花钱等，全面开展劝募活动。

截至1997年6月，全省近600个建行网点设立“希望工程捐款受理处”，收到捐款25万元，全省所有工商行营业网点开展了“希望工程百万企业献百元活动”，收到捐款23万元；1997年6月，国务院总理李鹏在四川考察工作期间，参加四川“希望工程最后一轮劝募行动”，捐款800元结对救助普格县和高县2名失学孩子；在省直机关“希望工程最后一轮劝募行动”启动仪式上，全国政协副主席杨汝岱、省委书记谢世杰、省长宋宝瑞、省政协主席聂荣贵，省委副书记秦玉琴、杨崇汇、张中伟等领导干部纷纷带头捐款。

各区（县）团委积极响应，纷纷开展“希望工程最后一轮劝募行动”，如1997年，乐山团市委与乐山市建设银行联合开展“希望工程最后一轮劝募行动”，向全市各区（县）的34个建行营业网点授牌，由营业网点负责希望工程的捐款存款和上拨工作；向省青基会争取到希望工程专款40万元，分别用于修建马边县和沐川县两所希望小学。全市全年共筹集希望工程资金68.76万元，救助失学孩子4200人；通过希望工程爱心储蓄捐息81090.61元，捐款66661.81元，划拨款87752.42元。乐山团市委获团省委颁发的希望工程爱心储蓄先进集体二等奖。

1998年，共青团中央、中国青少年发展基金会推出“1998年希望工程志愿者劝募行动”，这是“希望工程国内最后一轮劝募行动”的深化和发展。这次活动在全国各地设立了希望工程志愿者行动工作站，依托共青团组织，面向社会招募希望工程公益事业的热心人士，以希望工程积极分子、团的干部、团员青年为骨干，组建希望工程志愿者队伍，通过培训，志愿者持证开展劝募工作，代收代交捐款，实现希望工程工作机构与社会之间的联结，以方便社会各界捐资助学。

1998年3月25日，四川省“1998年希望工程志愿者劝募行动”工作会议在成都举行，来自全省市地州县和省直团委的100余名团干部参加会议，省委常委甘道明出席会议并作讲话；1998年5月5日下午，共青团四川省委、四川省青少年发展基金会在省委办公厅东一楼二楼会议室举行四川省首批希望工程志愿者颁证仪式，标志着全省“1998年希望工程志愿者劝募行动”正式启动。在颁证仪式上，中共四川省委统战部、四川省佛教界向四川希望工程捐赠人民币10万元，部分希望工程志愿者也现场捐了款。

全省各地县工作站随之建立，志愿者的招募工作陆续展开。成都市青少年发展基金会于1998年5月26日召开成都市“1998年希望工程志愿者劝募行动”工作动员会。会上成都市委副书记张锋、成都市人大常委会副主任杨光长、成都市人民政府副市长吴平国、成都市政协副主席邹韩铭及机关、企业、大专院校的团委书记和志愿者负责人代表共69人，成为成都市首批希望工程志愿者；截至1998年7月底，广安团县委在“1998年希望工程志愿者劝募行动”中，已招募志愿者26名，劝募6万多元；6月26日《乐山日报》刊登“1998年希望工程志愿者劝募行动”公益广告，截至7月15日，全市已收到劝募款4.3万元；达州团市委首先在达州市委、市政府开展劝募活动，通过张贴宣传画、悬挂标语、倡议书和捐款办法的方式，向市委机关的干部职工劝募，宣传该项活动的目的意义、参与办法。8月初，达州市政府机关团总支又向政府机关各部门进行劝募。这两次劝募共筹集资金7565元；绵阳市招募200名希望工程志愿者，成立绵阳市希望工程志愿者服务队，开展劝募活动。同时在绵阳市电视台、广播电台、绵阳日报上播发、刊登有关实施“1998年希望工程志愿者劝募行动”的公益广告。截至1998年5月4日，绵阳市“1998年希望工程劝募行动”共计捐款3.1万余元。

1998年11月18日，团省委召开四川希望工程志愿者座谈会，来自成都、德阳和省级单位的35名希望工程志愿者参加会议。会议通报了全省开展“最后一轮劝募”活动的情况。据统计，截至1998年11月底，全省筹集资金1200万元，救助失学少年3400人，建立希望小学34所。其中，德阳市成为四川省第一个超额提前完成志愿者劝导任务的市（地、州）团委，共筹集劝募款309496.90元；眉山地区成立“1998希望工程志愿者劝募工作站”及领导小组，将20万元筹集资金分解到各县、市和地直团委，并将此项活动纳入全团工作目标考核内容；4月中旬至6月底，雅安全区计划招募志愿者500人，已招募38人；全省武警部队开展“希望工程—献爱心”劝募活动，共收到31137.3万余元；中国水利水电工程局团委筹集资金52000元。

1999年12月，中国青少年发展基金会授予四川青基会“希望工程攻坚奖”。

2002年，四川青基会在团省委领导下，按照“稳步发展，不断创新”的工作思路，继续实施希望工程。年初，为纪念邓小平百年诞辰，把小平故居建设成“天然纪念馆”和爱国主义教育基地，团省委发起并组织实施“我为小平故里植棵树”活动，活动取得显著成效。全省共收到活动捐款643.52万元，实际到账省青基会专户493.52万元。所筹捐款由省青少年发展基金会全额划转广安。4月29日，四川汉龙集团捐赠四川希望工程90万元人民币，在雅安市天全县梅岭乡修建一所希望小学。5月31日，德阳温州商会希望小学竣工落成，该希望小学是德阳温州商会会员自发捐款15万元筹建，省委副书记、副省长蒋巨峰发去贺电。6月1日，由神州数码捐赠20万元援建的神州数码富顺希望小学竣工落成，团省委副书记宣迅出席竣工仪式。8月，在南充、遂宁市洪灾中，四川青基会与北京希望工程捐助中心、北京电视台、《北京青年报》在京开展“爱心在灾区”活动，收到捐款

30 万余元；为迎接四川省共青团第十一次代表大会的召开，团省委组织编辑了四川实施希望工程十年大型画册——《托起希望》。12 月 23 日，红蜻蜓皮鞋集团捐赠四川希望工程 50 万元人民币，在革命老区万源市、通江县援建二所希望小学。由省委宣传部组织，四川电视台摄制的巴蜀百年大事百集电视片中，四川希望工程作为百年大事之一摄制完成并在四川电视台播出。

2002 年，全省累计筹集希望工程资金 367 万元，援建希望小学 14 所，资助失学儿童 1860 名，资助贫困大学生 270 人。2002 年是四川实施希望工程的第十二年。12 年来，四川希望工程在省委、省政府以及社会各界的关心支持下，取得显著成绩，全省累计筹集资金逾亿元，修建希望小学 300 多所，救助失学儿童 10.60 万人。

2003 年初，四川青基会收到中国青基会关于开展“助学长征”活动的通知。该活动是由“苗圃行动”与中国青少年发展基金会联合筹办的一个大型步行筹款活动，规模宏大，意义深远。四川青基会作为四川境内的主办单位之一，各级领导高度关注与重视，省委书记张学忠为该活动题词“弘扬长征精神，助学支教兴川”。3 月初，四川青基会秘书长陈燕琳到北京参加“助学长征”启动仪式。但由于受到“非典型肺炎疫情影响”影响，四川青基会工作在接下来的几个月内基本处于停滞状态，直到 7 月工作才开始恢复正常；7 月 18 日，朗讯科技捐赠四川希望工程暨项目启动仪式在成都假日酒店举行，朗讯中国首席执行官关赫德在捐赠仪式上向希望工程捐赠 30 万美元；9 月，四川青基会与迈普集团联合主办“迈普百万爱心助栋梁”特别行动，迈普集团捐资 100 万元资助川内 1000 名考上重点本科的贫困应届高中毕业生；11 月，永中科技为全省希望小学捐赠 2000 套价值人民币 396 万元的办公软件。

2003 年，四川青基会共筹集资金人民币 4918481.81 元，援建希望小学 13 所，希望网校 6 所，建设单点站 17 个；救助贫困学生 1398 人，其中小学生 267 人，中学生 51 人，大学生 1080 人（肯德基曙光基金救助 20 人、金城集团救助 10 人、金叶集团救助 50 人、迈普集团救助 1000 人）。救助款和建校款总支出金额人民币 7060663 元。同时，四川青基会顺利通过 2001—2002 年度财务审计及绿色基金使用情况审计。

2004 年 4 月，四川青基会开始实施明德奖学金，从该年起连续 5 年在川救助 500 名小学生，210 名初中生，210 名高中生和 80 名大学生，每年资助额达 73.5 万元；6 月，四川蓝剑希望小学运动代表队赴京参加全国首届希望小学运动会，取得可喜成绩并受到中共中央总书记胡锦涛接见；9 月，四川青基会启动“希望工程——金龙鱼农民工子女助学金”项目，从该年起连续 5 年在成都市范围内救助 800 名小学生，每年资助额达 48 万元；肯德基曙光基金、金叶奖学金新增救助数十名大学生。

2005 年 1 月 11 日，四川青基会第三届理事会第一次全体会议在团省委召开。会议听取并审议了省青基会工作报告、财务报告、章程；推选了理事长、副理事长、秘书长、监事、理事、常务理事；3 月 17—30 日，四川青基会完成 2004—2005 学年度第二学期实施明德奖学金项目的申请和划拨工作，在全省共资助 500 名小学生，210 名初中生，210 名高中生，资助额达 24 万元。4 月 6 日，“希望工程——助学长征四川行”专题工作会及授旗出征仪式在攀枝花市举行。此活动于 2004 年 10 月 15 日由江西瑞金市出发，按当年红军主力部队长征路线，途经 10 个省（区），101 个县（市），历时 305 天，步行 8038 公里，至 2005 年 8 月完成。该活动涉及全省 21 个县（市、区），行程 2515 公里，历时 100 天，将在经过的每县援建一所希望小学。6 月 10 日，在成都锦江大礼堂举行了“助学长征诺基亚助走活动启动仪式”。7 月 30 日至 8 月 13 日，在成都教育学院举办的“第 78 期希望工程全国教师培训班暨第10期摩托罗拉班”的培训，省内100名希望小学的校长或骨干教师参加此次培训学习。11月9日，在四川大学望江校区工商管理学院205报告厅举行“我要上大学公益大行动助学金”暨“真维斯大学生助学基金”发放仪式和“希望工程——嘉里粮油优秀大学生奖学金”的申报工作，团省委副书记周键出席仪式并讲话，团省委机关党委书记、党组成员彭闯主持会议。2004年，经多方努力，争取了北京捐方李小龙在四川通江、南江、宣汉、达县、开江、渠县共援建了7所学校，救助了1000名小学生。2005年，四川“希望工程”共接受捐款11125 755.19元，建希望小学42所，培训希望小学教师100人，救助学生3773人，其中小学生2950人、中学生483人、大学生340人。

从1990年开始，截至2005年底，全省接受捐款捐物共计140288593.42元，建希望小学367所，救助学生113457人。

第三章　保护母亲河行动

"保护母亲河行动"是团中央联合国家相关部委共同发起、实施的，以保护黄河、长江等主要江河流域生态环境为主题的一项大型群众性的社会公益活动，是迈向21世纪的绿色希望工程。四川省各级团组织通过植树造林、创建绿色工程，募集绿色基金等一系列活动，掀起了保护母亲河行动的热潮。

第一节　活动组织

一、活动缘由

1998年10月，《中共中央关于农业和农村工作若干重大问题的决定》指出，加快以水利为重点的农业基本建设，改善农业生态环境，动员全社会力量把兴修水利这件安民兴邦的大事抓紧抓好。国务院颁布《全国生态环境建设规划》，提出加强以黄河、长江上中游地区、风沙区、草原区为重点的生态环境建设的要求。团省委、四川省水电厅、四川青基会决定，动员全省青少年和全社会积极投身生态环境保护和建设的伟大事业，努力再造秀美的巴蜀大地，并在全省范围内开展以治理江河，建设生态环境，营造精品小流域工程为主要内容的"保护母亲河行动"。

二、活动宗旨

"保护母亲河行动"的宗旨是，以四川水土保持、生态环境建设为重点，以"保护母亲河，减轻水土流失"为主题，广泛动员全省各级团组织和广大青年，充分发动社会力量，投入"保护母亲河流域综合治理工程"、开展"保护母亲河行动周（日）"活动、创建"保护母亲河行动专项基金"，在"保护母亲河"的行动中以小流域为单元，山、水、田、林、路综合治理，树立可持续发展意识，推动四川生态工程建设，为母亲河更好地造福于人类和实现全球性生态平衡作贡献。

"保护母亲河行动"是推进四川重点生态工程建设，进一步深化治理水土流失、保护生态环境大业的重要举措，各级团组织、水电部门要将"保护母亲河行动"作为贯彻落实中共十五届三中全会精神和国务院《全国生态环境建设规划》的重要手段，以此为牵动，在全社会尤其是青少年中树立母亲河意识、水土保持意识、生态环境意识和可持续发展意识，全面推进四川生态环境建设。

三、组织保障

团省委、四川省水电厅、四川青基会共同组成由主要领导参加的四川"保护母亲河行动"领导小组，对活动进行统一领导、统一部署，对全国或省级重点工程进行统筹规划、统一审批和监督。领导小组办公室设在共青团四川省委，各地在“保护母亲河行动”中也要成立相应机构，切实加强领导，确保活动能够顺利、健康开展下去。

四、组织实施

“保护母亲河流域综合治理工程”是整个行动的核心。各地各级团组织、水电部门都集中力量，把全省和地方重点工程建成“保护母亲河行动”的样板工程；所有工程都严格按照申报审批制、项目法人制、工程监理制、资金报账制、产权预先确认制等制度实施。因地制宜、形式多样地开展了“小流域治理竞赛活动”。

建立健全良好的运作机制是实施好“保护母亲河流域综合治理工程”的重要保证。在实践中注意了建立规范的工程建设、基金筹集、活动开展等方面的运作机制，以良好的机制保证总体行动的健康、协调、有序发展。“保护母亲河行动”是一项崭新的社会化事业，全省各地积极探索和实践，创造性地形成了适合当地实际情况的工作方式和工作机制。

全省通过新闻媒体开展舆论宣传，通过具体有效的手段和途径，及时报道有关工作和活动，宣传在活动中涌现出的先进事迹和先进人物，唤起全社会广泛关注和参与“保护母亲河行动”，影响和带动全社会掀起“保护母亲河”的热潮。

第二节 主题活动

一、植树造林

（一）沱江青年绿化工程

1984年3月，团省委、省林业厅、省水电厅共同研究决定，组织5个市（地）（德阳市、成都市、内江地区、自贡市、泸州市）、15个县（绵竹县、德阳县、广汉县、彭县、金堂县、新都县、简阳县、资阳县、资中县、内江县、乐至县、威远县、富顺县、荣县、泸县）的团员青年开展沱江青年绿化工程，动员广大青少年在沱江流域两岸营造700公里长的青年防护林。3月10日，三家单位联合在内江召开动员大会，拉开了沱江青年绿化工程的序幕。沿江各市、县都成立了以党政领导挂帅的沱江绿化领导小组（或指挥部），共成立领导小组189个，仅内江市、县、区、乡就成立领导小组99个。经层层宣传发动，沿江有24万人次的青少年投入绿化沱江活动，190个乡的社员群众在责任山、自留地上种上了树。

为使沱江绿化工程建立在科学的基础上，团省委、省林业厅、省水利厅三家均从各部门抽调骨干力量组成专业队，对沿江河段的历史与现状、干流长度与宜林面积、常年洪水位线与树草适生等作了调查，取得规划的第一手资料。内江市各县针对沿江有大量沙滩、石砾地的特点，提出“适地适树，草树结合”的绿化原则；泸州市处于沱江下游，大多为冲积土，土壤肥沃，因此规划以栽植护岸林为主，同时还发挥盛产桂圆、荔枝的优势，规划了一部分经济林。全省在部分地方规划的基础上，提出长年洪水位以下种草，常年洪水位以上草树结合的总体要求。总地在规划中也注意征求各方面的意见，资中县在规划时提出“四场”，即规划组、区、乡干部，团、林、水三家人员，社员群众到场，边调查，边征求，有沱江绿化任务的15县都制定了规划。

种草是造林的基础，各地广开育苗渠道，采取多种形式育苗，如专业户承包育苗，国营苗圃定向育苗，团员青年自采自育苗。为育好苗、育壮苗中推广“四舍得”，即舍得用好地，舍得投劳力，舍得投肥料，舍得投资金。据不完全统计，各地为沱江绿化育苗3756亩，其中专业户和团支部承包育苗1571亩，产优质合格壮苗3500万余株。育苗费用是以群众集资为主，国家补助为辅。

每年春秋两季是沱江植树种草的黄金季节。每到这个季节，各地动员社会各方面力量突击造林。资阳县每年3月12日植树节前后，都组织机关、厂矿、部队的团员青年和解放军战士到沿江两岸植树种草，1984—1986年，共有4000余人次参加活动，植树14万余株，种芭茅300余亩。泸县通滩区组织200多人组成25个专业队，由各乡林业员负责技术指导，仅用7天，植树6.6万株，经检查验收，成活率在99%以上。沿江广大青少年还营造了一批青年示范林。什邡县马井乡团委组织840多名团员青年，奋战在鸭子河滩上，营造一片有2万多株树的“青年林”。彭县罗万乡组织1000余名团员青年，营造了300亩“青年示范林”，成活率达100%。资阳县莲台乡雁江村团支部的11名团员组成青年突击队，奋战8天，种铁芭茅62亩，建成了“青年草坪”，该团支部在1985年被团中央命名为“全国青少年绿化祖国突击队”。1984年，资阳县共造青年林14处，1178亩，植青年草编19个，1876亩，受到团中央和省、市、县的表彰。据统计，沿江各地共建“青年示范林”391处，植树种草面积达15986亩。沱江绿化工程还实行个人承包造林。德阳市中区潘家寺村团支部将4800多株树苗承包给一农户，树木长势良好，成活率达90%以上。绵竹县汉旺镇牛鼻子村青年刘显富，1984年承包造林，他利用河滩空地，成片造林42亩，栽植杨树、女贞等树木1.2万株。同时还建立起一个3亩面积的花圃苗地，12亩多的花草地，提供苗木、花草20万余株（盆），创造产值10万余元，获得纯利近万元，成为远近闻名的造林专业户，在刘显富的带动下，该村的蔺正堂、刘庆太两位青年，主动承包绿化荒山207亩。在沱江绿化过程中，各级团组织还发动青年团员和少先队员义务参加护林活动进行管理。绵竹县新市乡团委与学校配合，在全乡组织600多名学生参加护林队，建立义务护林小组103个，分工负责，划段包干。

通过各市、县自查和省抽查，据统计，截至1987年3月，沱江青年绿化工程共植树2454万株，种草20580亩，绿化总面积达104956亩，占规划面积的90.1%，成活率达84.8%，保存率达80%以上，24万名青少年投入工程。1987年4月，团省委、省林业厅、省水利电力厅三家在泸州召开沱江青年绿化工程总结表彰会。表彰先进集体53个，先进个人35名。沱江青年绿化工程也存在一些问题，如有的地方只注意了植树，而忽视了种草；有的地方重视了草的种植，而忽视了植树；有个别地方没有按规定落实林权等。

（二）四川青年优质长防工程

1992年，团省委发起“四川青年优质长防工程”活动。

1993年，省委、省政府成立“建设长防青年绿化工程”领导小组，副省长张中伟为组长，团省委副书记王晓东为小组成员之一。全省涉及长防工程建设的80%的市（地、州）、县也以领导挂帅成立领导小组。各级林业部门和团委以绿化全川、美化长江为己任，齐心协力，各负其责。团省委把此项活动纳入对各市（地、州）、县年终工作考核的重要内容，由团省委青农部负责日常工作。各地领导小组将规划设计、苗木准备、技术指导、资金筹集、宣传发动、具体实施等责任和任务——

落实，通过抓点示范，以点带面，联合召开现场会等形式推动工作的全面开展。各级团委同林业部门紧密配合，采取青少年喜闻乐见的广播电视讲话、图片展览、街头咨询服务、标语、宣传画、举办绿化知识培训班、绿化知识竞赛等各种有效形式，大力宣传，收到良好的社会效果。全省 2666 个团委、25193 个支部组织 1000 余万名团员青年参加长防工程宣传和青年长防工程建设。

1984—1988 年，团省委同林业厅组织开展“给沱江披绿装”竞赛活动；1989—1990 年，在全省开展建设“优质青年绿化工程”和“绿色小卫士”活动。在此基础上，全省明确提出青年植树造林活动以建“长防青年绿化工程”为龙头，实行工程建设，基地造林，个人承包和义务植树“四轮”运转的工程思路。经过几年的实践，全省的青年绿化工程建设形成乡、村开辟基地，省、市（地、州）、县建工程，以活动促工程，以工程带活动的青年绿化格局。至 1993 年底，仅重庆市就完成造林面积 25 万余亩，县级“共青林”示范点 18 个；达县地区完成青年绿化工程建设 37. 08 万亩；涪陵团地委的“九二长防——涪州 112 工程”落实 2 万亩长防工程建设的承包任务。

各级团组织把植树与育人结合起来，培养青少年“热爱劳动、美化家乡”的品质，增强了广大青少年的绿化意识，在全省范围内建立起数以万计的青少年护林队（组）。不少农村基层团组织结合长防工程建设，兴办“绿色银行”，拓宽团组织创经费的途径，至 1993 年此项创费已达 42. 63 万元。很多团员青年也在造林绿化中走上脱贫致富之路。如涪陵金盘乡竹林村团支书李祥龙承包荒山 50 亩，建起“青年果园”，年收入上万元，成为当地致富带头人。

20 世纪 90 年代是四川林业发展的关键时期，也是实现长防工程建设总体规划的重要阶段。在总结分析前段工作实绩的基础上，1993 年 9 月，团省委和省林业厅、省长防办共同提出“四川省青年长防绿化工程六年（1993—1998 年）总体规划”，同时决定从 1994 年起开展为期 6 年的“建设四川青年优质长防绿化工程”的活动，并定下造林 600 万亩，其中重点造林 140 万亩，新建 2 万个高质量的青年长防绿化工程的目标。为实现这个目标，各地涌现出不少先进事迹。垫江县三溪乡青年农民张维佳，自 1994 年取得一片荒山 30 年的经营权以来，至今已开发出近千亩的高标准速丰材林，每年创产值 12 万元，为国家创税 4 万元。金堂县除林业用地和耕地外，全县有林地 54 万亩，绿化率达 95. 8%，森林覆盖率 28. 4%，实现基本绿化达标和平原绿化达标，并定出于 1997 年新植 3. 9 万亩，封山育林和补植 3 万亩以上，完成全面绿化达标。泸州市古蔺县古蔺镇联合村团支部，组织全村 300 多名青年奋战两个多月，于 1995 年 5 月完成一个 200 多亩的果园，受到当地政府和林业部的好评。北川县林业局副局长欧振金，从事林业工作以来，将科研项目与绿化育林相结合，同北川林业战线的广大干部、职工共同努力，十几年来已营造人工林 100 万余亩。北川县被省林业厅定为造林示范县。阿坝州金川团县委书记严华，带领县各级团组织几年来营造“共青林”3 个约 500 亩，公路植树近 400 公里，“经济林”12 个 215 亩，其他项目植树近 20 万株，取得了突出的成绩。

自 1992 年团省委在全省开展创建“四川青年优质长防绿化工程”活动起，到 1997 年上半年，全省已建青年长防绿化工程 18350 个，造林 203 万亩，有 2500 万名青少年参加活动，建立青年绿化突击队 15274 个，青年绿化实体 412 个。获全国绿化表彰的集体 60 个，个人 60 名，优秀青年绿化工程 20 个。

二、绿色工程创建

（一）宣传造势

1999 年 2 月 24 日，团省委联合有关部门召开“动员全省团员青年投身西部大开发，推进‘保护母亲河'"电话会议，要求强势推进"保护母亲河行动"。同月，2000多名各界青年代表参加的"投身西部大开发，保护母亲河行动宣传日"活动在成都锦江大礼堂举行。成都、绵阳、宜宾、广安等十个重点城市以各种形式掀起"保护母亲河宣传日"活动高潮。3月，1998年度"全国青少年绿色文明园"表彰仪式暨四川·成都"保护母亲河行动日"活动在四川都江堰市举行；"保护母亲河行动——绿色希望工程足球赛"在省体育中心举行；团省委举办"保护母亲河，营造科龙绿色家园"万人签名及征文活动。6月17—30日，由团中央、全国保护母亲河行动领导小组倡导发起的"母亲河，我与你同行"绿色传递活动（长江线）依次在四川的成都、攀枝花、泸州、乐山、宜宾5个城市进行。据不完全统计，此次传递活动途经省内5个市、20多个县（市、区），近5000名青少年直接参与了传递活动，宣传覆盖面达50万人以上，传递主旗行程2000多公里，散发各种宣传资料10万多份，中央电视台、《中国青年报》《四川日报》《四川青年报》、成都电视台等中央、省、市共20多家新闻单位对活动进行了大量报道。传递活动不仅得到广大青少年的积极参与，而且得到党政领导和社会各界的极大关注和热情支持，副省长李进参加了6月17日在成都举行的传递活动启动仪式并发表讲话，农业、林业、水电等政府部门从人、财、物方面给予较大支持，不少企业也加入到活动行列中，使保护母亲河行动成为社会关注的话题。7月初，团省委又与省水电厅、省环保局一道，组织省内9所高校的50名大学生，开展"保护母亲河大学生沱江行"考察活动，对沱江河全流域25个县（市、区）的水土保持和环境保护情况进行10多个专题的调查，收集大量的调查资料。

（二）开展"保护母亲河行动周（日）"活动

2001年3月2—12日，按照全国保护母亲河行动领导小组统一安排部署，全省各地开展了以"小事做起来，保护母亲河"为主题的保护母亲河行动活动宣传周。

在团省委牵头下，成都、攀枝花、德阳、乐山、宜宾、广安、凉山等市（地、州）团委及辖区团委，纷纷行动，与当地保护母亲河行动领导小组、市级机关企事业单位、大中小学、青年志愿者等，联合开展一系列丰富多彩的活动。团省委、成都团市委率先启动创建"青年文明社区绿色家园"活动；四川大学附小的少先队员们开展"小手拉大手，保护母亲河"主题队会活动；同时，1500多名大中小学生参加新南门大桥、合江亭、东门大桥一线的护卫宣传工作，设立"绿色希望工程基金"捐款箱，当日收到捐款11000余元。德阳市新世纪青年志愿者大行动暨"小事做起来，保护母亲河"宣传日活动启动，1500余名青少年志愿者在团旗下庄严承诺：保护生态环境，传播绿色文明；宜宾市保护母亲河行动领导小组和宜宾市宣传部联合举行"小事做起来、保护母亲河"大型宣传活动，出动宣传车五辆，散发宣传资料3万余份，宜宾团市委、市林业局又联合在翠屏区白塔山风景区举行"我为山川献爱心、义务植棵世纪树"义务造林活动，共植树500余株，近10亩；广安市级机关、各大中专学校、城区小学校、驻市中央、省企事业等单位1000多名青少年志愿者举行"治理脏乱差，让广安绿起来、美起来、亮起来"万人签名活动，青少年志愿者进行环保宣传、植树栽花、清理非法张贴物、打捞水上漂浮物。据统计，广安市各级团组织组织开展集中活动56次，栽植树木1万多株，散发宣传资料8万多份，服务群众6万余人次，书写标语75条，举办专栏100余期，签名人员10万余人，青少年写给自己父母及亲人的植绿护绿信10万余封；攀枝花市炳草岗小学少先队员向全体市民发出《别扔，捡起来》的环保倡议书；乐山少先队组织开展"小手拉大手，保护母亲河"大、中队主题活动，向全市少先队员发出了"从我做起，从小事做起，爱护环境、美化家园、保护母亲河"的倡议，活动共散发宣传资料、倡议书6000余份，清洁街道3000余平方米，清洁街道护栏1000余米，为社区12户烈属、孤寡老人赠送花卉30余盆并为其打扫卫生；为了进一步拓展和延伸“保护母亲河行动”，凉山州团委响应州委、州政府提出整治邛海的号召，与州环境保护局等单位，从3月起在西昌城区组织广大青少年开展“学雷锋关爱泸山邛海保护母亲河行动”的活动。

2003年3月9日，是全国第二个“保护母亲河日”。从3月开始，成都、泸州、绵阳、乐山、宜宾和眉山等各大城市的广大团员及青年志愿者深入街道、社区和单位，通过建立青少年生态监护站、成立青少年流动监护队、设立环境监护热线、发放绿色保护承诺卡、进行生态环保现场演示等方式，努力营造全社会关心、关注环境保护的氛围。3月9日这天，在都江堰市水文化广场开展的“人人参与、共建美好家园——四川省暨成都市‘团旗在母亲河畔飘扬’”活动中，团省委与广大团员青年在都江堰市岷江岸边的紫坪埔栽种近百亩含笑树，并与全川各级基层团组织的代表签订保护母亲河公约，发放了绿色承诺卡。3月8日，泸州团市委限额招募了50名注册绿色青年志愿者，在江阳区方山名胜风景区“泸州市青少年世纪林”种下300株纪念树。3月12日，绵阳团市委与绵阳商业银行在绵阳滨江广场种植一亩多以名贵树种为主的“商业银行共青林”。3月7日，绵阳安县团县委与63839部队在两家单位共建的200余亩“千佛山罗佛山旅开区绿色基地”上种下第一批竹子。3月5日，乐山团市委组织广大团员青年向市民散发宣传资料、倡议书6000余份。3月9日，达州团市委联合市林业局在达县斌朗乡开展“人人参与，共建美好家园”春季植树活动，达州市级领导和10余支青年志愿者队、20余支红领巾植绿护绿小分队约500余人经过两个多小时的努力，在百余亩退耕还林坡地上种植了1万余株经济树木苗。4月，阿坝团州委以“青春在绿色生态工程中闪光活动”为载体，在全州范围广泛开展“保护母亲河”活动，约5万余人次参加活动，新增造林800余亩。并协助中央电视台《真情无限》栏目完成了“保护母亲河”——九曲黄河段环境实地拍摄任务。

2004年3月12日，四川省首个“青年绿色劳动营”在成都龙泉驿区同安镇落户，占地80亩，成为成都市青少年保护母亲河、植绿护绿的有效载体。此项活动按照以县为单位，规模适中的原则，广泛整合企业、团体、个人等社会资源，推进“青年绿色劳动营”的建设，广泛开展种植纪念树、命名纪念林、持卡建林、生态实践、生态旅游等系列活动，建立起社会公众参与环保的平台，为当地青少年植绿护绿、劳动实践、环保教育、休闲观光提供阵地。4月17日上午，团省委、四川省环境保护局在成都浣花溪公园举行四川省“绿色文明新时尚”宣传活动。青年志愿者代表在活动仪式上发出倡议，号召广大青少年从自己做起，从身边做起，珍爱生灵，节约资源，植绿护绿，抵制污染，做新时期热爱环境、热爱自然的好青年。与会领导向参与此次活动的自驾车宣传队、登山宣传队、骑游宣传队、环保小卫士宣传队、青年志愿者宣传队等五支队伍授了旗。

2005年是保护母亲河行动实施的第六年，在团省委安排部署下，全省各级团组织围绕“为同一条河，献同一份爱”的主题，以3月9日保护母亲河行动宣传日、3月12日植树节为契机，开展了一系列保护母亲河的活动。

3月9日，团省委联合省、市相关部门在成都市沙河畔新绿水碾景点组织开展青少年宣传、清洁、美化、生态监护等活动，青年志愿者们向市民们发放近5000余份“绿色文明新时尚”书签及保护母亲河宣传资料，组织农民工子女开展“沙河之春”主题队日活动。团省委还联合联通四川分公司向全省联通用户发送保护母亲河倡议短信。3月11日，四川成都邛崃“青年绿色劳动营”建营仪式在邛崃羊安镇举行，省委常委李登菊出席活动，出席活动的领导为青年志愿者颁发“倡导绿色文明新时尚、共建青年绿色劳动营”植树卡。四川绿色江河促进会会长杨欣被聘请为成都市保护母亲河行动形象大使，省市领导和广大青年志愿者一起在“青年绿色劳动营”种下400多株黄桷兰、天竺葵、榕树等树木。同日，自贡市富顺县东湖镇九泰村举行的保护母亲河义务植树活动中第一天就植树18亩。攀枝花市围绕承办四川省首届冬季旅游发展大会和创建优秀旅游城市的工作，组织全市1.2万名团员青年举行争创全国优秀旅游城市工作暨实施“保护母亲河行动”万人签名、宣誓活动。

3月2—11日，绵阳、广元、遂宁、内江、乐山、宜宾、广安、资阳、达州等市（州）青年参与“保护母亲河行动”，积极开展植树造林活动。3月9日，绵阳青少年走上街头、走入社区、张贴、分发宣传保护母亲河、保护生态环境基本知识的宣传画、宣传卡和填写环保承诺卡；组织青少年环保志愿者听取环保工作者关于保护水系、保障环境的知识讲座；西南科技大学、绵阳师范学院的环保社团举办生态环境画展；同日，广元师范、广元中学百余名青年志愿者在市区布置多处宣传点，发放保护母亲河行动倡议书及宣传画3000余份，收集市民对环境保护建设等方面的建议百余条；3月11日，千余名青年和地方武警官兵在广元上西开发区大平山建设规模20余亩，植株2000余株的青年林。3月2日，遂宁500余名青少年到遂宁市创新工业园区桃花山植下2000余株楠木和天竺葵。遂宁市船山区团委开展“建绿色船山展新区风采”植树活动，种植了一片共青林。同日，内江团市委联合内江市环保局等相关部门开展“携手青春、共建内江”行动，组建命名环保志愿者服务队，1400余名环保志愿者清理了大洲广场河堤及沱江大洲段沿岸白色垃圾超过3吨。乐山部分机关、企业、学校团员青年和少先队员开展“同一条河——青少年生态环境保护巡回展”、水域水环境状况调查、监测等活动，提出保护三江的合理建设，清扫了沿河2000米垃圾，散发宣传资料5000份，植树2万余株。宜宾团市委开展了青少年“摒弃陋习，爱护环境，保护母亲河”签名和沿河道捡拾白色垃圾的活动。广安、资阳团市委分别组织团员青年、少先队员在小平故里、元帅故乡开展义务植树活动，并以植树为主要内容开展“保护母亲河——我为家乡添片绿”主题教育活动。达州、巴中团市委组织青少年及社会各界人士4000余人对街道、河流进行清扫和捡拾白色垃圾，同时开展了公民道德建设实施纲要和环保宣传咨询服务、植绿护绿等活动。

4月13日，团省委牵头召开了围绕“发展循环经济、建设节约型社会”和进一步推进“绿色文明新时尚”活动的座谈会；4月22日，在四川师范大学生态广场隆重启动了四川省“天天环保校园行”活动，就充分发挥团的组织优势和宣传优势，在全省的大、中、小学创造性地开展好青少年生态道德实践活动提出要求；“五一”前夕，团省委充分抓住“五一”旅游黄金周这个契机，设计印制“绿色文明新时尚”环保承诺书签、桌牌4万余份，分别摆放在进京列车以及锦江宾馆、金港湾酒店、毓秀苑宾馆、心族宾馆等23家宾馆酒店的客房里，提醒游客从日常环保小事做起，做绿色文明新时尚的践行者；6月5日，团省委联合省环保局在成都市浣花溪公园举办以“还三江清水，建生态四川——‘绿色环保’文明时尚”为主题的世界环境保护日宣传活动。

（三）创建“保护母亲河绿色工程”

在“保护母亲河行动”中，团省委抓住重点工程建设这个“保护母亲河行动”的核心和关键，根据《四川省生态环境建设规划》，按照社会效益、生态效益、经济效益三兼顾的原则，将重点工程项目建设与天然林资源保护、退耕还林还草、水土保持、小流域综合治理以及农村产业结构调整和经济发展相结合；与树立环保形象的企业结合；与四川农村青年的增产增收、成长成才相结合。确定了成都、攀枝花、泸州、广元、内江、乐山、宜宾、巴中、眉山、阿坝、凉山等11个省级重点项目实施区，建设一批“保护母亲河行动”的重点项目。

四川“保护母亲河行动”一开始，团省委就根据四川独特的地理优势、省委、省政府高度重视生态环境建设并在全国率先启动天然林资源保护工程的领导优势、全省各级团组织和广大青少年有着植绿护绿光荣传统的工作优势等有利条件，主动地向团中央和全国保护母亲河行动领导小组申报全国首批保护母亲河绿色工程重点项目。通过半年的努力，全国首批“保护母亲河行动”八个重点工程之一的四川“乐山项目”被批准。该项目覆盖乐山市市中区、沙湾区沿大渡河80公里的河道两岸，规划建设营造生态公益林30 168亩，总投资600万元。项目建成后，将年增加蓄水量24.17万平方米，年减少土壤流失量12.19万吨，年吸收二氧化碳6.5万吨，使当地森林覆盖率由27.7%提高到31.3%，这对改善乐山旅游景区生态环境，促进乐山市在西部大开发中建设生态旅游大市具有重要意义。乐山项目1999年11月开工实施，2003年9月提前通过竣工验收，这是全国第一批八个资助项目中唯一提前竣工验收的项目。在四川“保护母亲河行动”中，团省委与省林业厅、省水电厅等单位共同组织实施完成的相关绿色工程还有：中国青年友好交流项目——完成1500公顷绿色工程的宜宾项目；省级首批重点项目——总投资140万元的，治理水土面积10.22平方公里，完成坡改梯2240亩，种植经果林4575亩的雅安市小流域治理项目；省级首批重点项目——总投资374万元，造林面积2013亩的汶川县天然林资源保护青年示范林项目；为缅怀中国改革开放和现代化建设总设计师邓小平的省级重点工程项目——广安邓小平故居公路两侧12公里永久性绿化带青年绿色长廊工程；达州市开江杨柳湾、南充顺庆、滑滩河流水土保持综合治理工程；沱江流域青年绿色走廊等工程。

此外，团省委结合“百万银杏献老区”活动，在成都邛崃市、巴中地区南江县、平昌县、广元市朝天区、青川县建设完成共2000亩青少年科技绿化园区省级重点工程；结合共青林、青年示范林建设，在成都、泸州、攀枝花、内江、眉山、广元等7个地（市）营造完成1000亩生态公益林及经济生态林省级重点工程；结合美姑县尔且谷村的扶贫工作，在美姑河建设完成100亩薪炭林的省级重点工程；在乐山沙湾区营建完成由科龙集团捐助的投资10万元的“科龙绿色家园”500亩等工程。

三、募集绿色基金

“保护母亲河行动”开展以来，团省委、四川青基会以“5元捐植一棵树、200元捐植1亩林”为基本标准，面向全社会、海内外为“保护母亲河行动”绿色希望工程捐款。

1999年，全省各级团组织通过义演、义赛、义卖、寻求企业赞助、组织募捐等多种形式，向四川青基会绿色希望工程专项基金捐款41万元，还募捐了尿素100吨用于重点工程建设。

2000年2月24日在成都锦江大礼堂举行的宣传日活动中，参加活动的单位举牌认捐绿色希望工程基金31.7万元，参加活动的领导和各界青年现场捐款9713元。

在2000年召开的四川省青年乡镇企业家协会年会上，参会乡镇企业家现场捐款1万元。“北美华人绿色基金会”也向主办方捐赠了3000美元。

2000年6月，省委、省人大、省政府和省政协机关全体党员干部，向“保护母亲河行动”捐款20590元。10月10日，奥运会举重冠军陈晓敏代表“奥运健儿祖国西部行”赴四川代表团向保护母亲河行动“绿色希望工程基金”捐款1200元。

截至2001年7月，省青基会接受社会各种捐款达100万元。

第四章 维护青少年权益

1988年5月，共青团第十二次全国代表大会把代表和维护青年的具体利益，作为共青团三大社会职能之一。这是共青团历史上第一次把代表和维护青年具体利益，明确地确立为共青团的社会职能之一。四川省各级团组织结合该省青少年工作实际，制订并颁布保护青少年健康成长的地方法规，成立青少年保护机构，并开展一系列主题活动，打开了四川省维护青少年合法权益工作的新局面。

第一节 法规与保护机构

一、《四川省未成年人保护条例》

团省委、省青联在省人大、省政协中的委员多次递交提案，要求制订和颁布保护青少年健康成长的地方法规。在1989年初，团省委按照省人大要求，组织有关人员着手《四川省未成年人保护条例》的起草工作。在省人大、省教委支持下，经数易其稿，1990年9月5日，《四川省未成年人保护条例》被省人大常委会正式通过，并于公布之日起开始实施。《四川省未成年人保护条例》（以下简称《保护条例》）是四川省第一部保护未成年人健康成长的专门法规，它的颁布施行标志四川省青少年权益保护工作开始纳入法制化轨道。

二、保护机构

（一）四川省未成年人保护委员会

《保护条例》第四十五条规定，“县级以上人民政府设立未成年人保护委员会，委员会下设办公室，挂靠共青团。”团省委要求各级团组织根据《保护条例》的规定，将未成年人保护工作作为共青团义不容辞的任务，并请求政府建立未成年人保护委员会。团省委于1992年初，提出了四川省未成年保护委员会组成方案，并报告省委、省政府。1992年10月，省政府正式行文全省，宣布成立“四川省未成年人保护委员会及其办公室”（以下简称省未保会），办公室挂靠团省委，与省关心下一代工作委员会办公室合署办公。

（二）地方未成年人保护机构

继1992年成立“四川省未成年人保护委员会及其办公室”后，各地团组织也纷纷吁请政府成立未成年人保护机构，接着重庆市、万县市、自贡市、攀枝花市、仁寿县等市县（区）相继建立了未成年人保护委员会。省、市、县未成人保护委员会的建立，标志四川省未成年人保护工作被各级政府提上议事日程。委员会将办公室挂靠在共青团，又表明共青团组织接受了政府赋予的未成年人保护工作，从而延伸了共青团工作手臂。

（三）维护青少年权益机构

青少年是特殊的社会群体，代表和维护青少年的权益离不开专门的部门。《中华人民共和国未成年人保护法》和《保护条例》颁布实施后，全省各级团组织重视团的权益机构建设，部分地区积极争取党委、政府的支持，克服编制紧、经费缺等困难，建立团的权益工作机构。1993 年底，为统领四川省全团权益工作，团省委决定将团省委权益工作职责暂时交与省未成年人保护委员会办公室负责。成都团市委 1988 年成立权益部，配备了人员，划拨了经费。一些地区虽没有成立权益部门，但确定了专人负责权益工作。有的团组织还主动靠拢政府，承担了政府未成年人保护工作职责。

1995 年 11 月，"维护青少年权益部"（以下简称权益部）成立，1996 年 12 月正式挂牌开展工作。1997 年 1 月，按照团中央要求，团省委党组决定将四川省未成年人保护委员会（以下简称未保委）办公室移交团省委权益部，实行一套班子，两块牌子，合署办公。团省委权益部的成立，标志着四川共青团工作在履行团的三大职能之一——代表维护青年利益方面，有了专门的组织机构。团省委权益部正式挂牌后，按照团中央和团省委的工作部署，努力开展维护青少年权益工作、青少年法制宣传教育工作和构建四川省团的维护青少年权益法律服务工作体系。继 1995 年成都、自贡、南充设共青团权益部之后，新建立的眉山地区也成立了团的权益工作部门，全省各市（地、州）、省直团（工）委均有专（兼）职干部负责此项工作。

第二节　主题活动

一、未成年人保护

（一）宣传《保护法》《保护条例》

1991 年 9 月，《中华人民共和国未成年人保护法》正式颁布实施。《中华人民共和国未成年人保护法》（以下简称《保护法》）和《保护条例》一经颁布，团省委便及时作出部署，要求全省各级团组织开展形式多样、内容丰富、时间持久的宣传活动。全省各级团组织投入大量人力宣传《保护法》《保护条例》，采取挂宣传标语、张贴宣传挂图、在重要地段摆摊设点、义务接受咨询、举办知识竞赛等形式，还组织少先队以小队、中队开展以未成年人保护法为内容的专题队会。重庆团市委还专门编印《保护法》宣传画册。团省委充分利用《四川青年报》《少年时代》《少年先锋报》等团报、队刊加强《保护法》的宣传，组织人员编辑出版《心声泪痕——来自大墙内的报告》《托起共青团的未来》《未成年人合法权益保护指南》等书，作为《保护法》《保护条例》的辅助宣传资料。同时，在团组织内，还培训了一支宣传队伍到学校、机关、企业、乡村宣讲《保护法》《保护条例》。为使《保护法》《保护条例》深入人心，1994、1995 年，团省委联合省委宣传部、省人大政法委、省教委、省司法厅等部门连续两年开展以"孩子、明天、责任"为主题的保护明天行动。"保护明天行动”包含的内容有：好新闻、好作品征文评比、记者百日行活动等。“行动”揭露一批侵犯未成年人合法权益的人和事，表彰和颂扬了一批保护未成年人工作出色的群体和个人。

在《保护法》和《保护条例》的宣传活动中，全省各级团组织共翻印《保护法》《保护条例》近百万份，编印散发配套宣传资料40万余册，走上街头宣传1万多次，计21万人次。

（二）维护青少年权益

1992年10月至1994年1月，四川省未成年人保护委员会办公室（以下简称省未保办）共受理青少年各种要求保护合法权益的来信50多件，接待来访者40多人次，并直接参与调查处理10多起严重侵害青少年权益的案件，且将一名虐待未成年人的罪犯送上法庭。团成都市委权益部在成立后的几年里就受理了上百起投诉，处理典型案例10多起，其中处理国营企业儿童蒲实摔伤案，16岁少女谢某遭父母遗弃案等典型案件，通过新闻媒介曝光，有力地维护了当事人的合法权益。

1997年春节期间，成都、广元、雅安等地不断发生青少年用玩具气弹枪互相射击，致使眼睛伤残的恶性事件。对此，团省委会同省公安厅、省工商局、省技术监督局等部门联合发出《关于禁止生产、销售危害未成年人健康的气弹枪等玩具的文化用品的通知》，要求各地立即停止生产、销售发射弹丸的玩具、玩具枪，以及带有凶杀、恐怖、暴力等内容的文化生活用品。同时动员《华西都市报》、四川电视台等新闻媒介对受伤未成年人进行跟踪调查，有关执法和管理部门还组成检查组对未成年人文化生活用品市场进行清查整顿，净化了市场，保证了未成年人的健康成长。

（三）法制教育和法律服务

按照中共十四届六中全会关于“加强青少年思想道德教育，是关系国家命运的大事”“社会主义道德风尚的形成、巩固和发展要靠教育，也要靠法制”的精神，及团中央关于在青少年中开展“三五”普法和“四五”普法规划的精神，全省各级团组织把组织青少年学习法律、树立法制观念、做遵纪守法公民作为一项重要工作内容。

1997年初，团省委联合省委宣传部、省委青教办、省司法厅下发《关于在全省青少年中贯彻实施“三五”普法和深入开展法制宣传教育工作的通知》，成立四川省青少年法制宣传教育工作领导小组。

“领导小组”成立后，团省委就积极组织全省青少年参与全国青少年“三五”普法知识竞赛活动。在1997年团中央在全国青少年中开展的“三五”普法知识竞赛活动中，团省委组织全川青少年踊跃参赛并取得优异成绩。其中，四川石油局等系统，遂宁、自贡等城市未成年人逐级开展选拔比赛，扩大了竞赛活动的参与面。四川石油局团委因活动成绩突出，获得竞赛活动的团体优胜奖，四川省获得此次活动的优秀组织奖。

为增强全省未成年人的自我保护意识和成年人对未成年人的保护意识，从1997年4月开始，团省委权益部与省广播电台联合录制开播《青少年法制之声》广播节目。该节目从4月开始至10月中旬止，按汉、藏、彝三种语言共编成98组广播讲座节目，总播出时间2940分钟，以《保护法》和《保护条例》、新刑法为主要内容，结合众多实例讲解，节目生动、易懂，社会效果很好。《青少年法制之声》节目获得全国第四届“保护明天”好新闻、好作品二等奖。

1998年6月，省未保办会同四川电视台《道德与法》栏目联合制作播出“保护明天——保护未成年人”宣传特别节目系列报道，通过邀请有关专家、学者就“体罚学生行吗”“夫妻离异、家庭破裂对未成年子女身心健康的影响”“水火少年英雄给我们的启示”“不健康出版物对未成年人的毒害”等话题，结合典型案例进行剖析、讨论，此节目在全省未成年人和他们的家长中引起广泛关注，维权热线络绎不绝，甚至接到来自山东、安徽的电话，大部分观众就未成年人保护工作展开了热烈讨论，形成全社会关心青少年维权事业的良好氛围。这些活动的开展，使青少年明确了自己的权利和义务，提高了依法维护自身合法权益的能力和动用法律武器同违法犯罪行为作斗争的自觉性。

与此同时，在未成年人犯罪日趋严峻的形势下，全省各地团组织积极参与挽救失足未成年人工作：派人在各级人民法院少年法庭担任陪审员；根据青少年生理、心理特点，建立青少年心声咨询中心、青少年法律咨询中心；开设青春热线电话，与青少年交心谈心等。团成都市委青少年法律咨询中心、青少年律师接待处开设不久，就为数百名青少年提供了法律咨询、代诉、辩护服务，开通的热线电话接受各种电话咨询近千人次。

为延伸共青团维护权益工作的手臂，拓展新的领域，更好地为青少年健康成长提供法律援助，四川省于1997年后成立青年法律工作者协会，2004年4月又成立由团省委主管的四川省青少年法律援助中心，由团省委主办、权益部承办的四川青少年维权网也同时开通。

二、优秀“青少年维权岗”

优秀“青少年维权岗”创建，是共青团组织联合公安、综治、检察、法院、司法、工商行政管理、广电、质量技术监督、新闻出版等部门共同实施的一项社会工程，目的在于贯彻落实中央领导“把竭诚为青少年服务作为共青团工作的出发点和落脚点”的指示，将青少年维权工作纳入政府行为，动员社会力量，共同促进青少年一代健康成长。自1999年优秀“青少年维权岗”开展创建活动以来，得到省人大内司委、省政协法群委、省综治办等部门的大力支持，成立由团省委牵头，有综治、公、检、法、司及工商、技监、新闻出版、广电、劳动等职能部门负责人参加的四川省创建优秀“青少年维权岗”活动领导小组，各系统结合业务工作分别制定了不同的创建标准，有针对性地开展了各具特色的青少年维权活动。

1999年初，全省法院系统创建优秀“青少年维权岗”活动率先启动。4月，在成都市中级人民法院审判庭隆重举行命名仪式，授予成都市中级人民法院少审庭为四川省第一家省级优秀“青少年维权岗”称号。6月，由团省委协办，全国司法行政系统首批优秀“青少年维权岗”命名仪式在四川举行，成都市少管所被授予全国司法行政系统首批优秀“青少年维权岗”称号，乐山市中区人民法院少年审判庭被评为全国优秀“青少年维权岗”。2000年，团省委联合公安、检察、法院、司法、工商、技术监督、劳动、广电等11个系统联合下发文件，分系统开展优秀“青少年维权岗”创建活动，重点是推进公安系统创建活动。2004年4月，出台《四川省公安系统开展创建优秀“青少年维权岗”活动实施办法（试行）》，召开全省公安系统创建电话会议，公布全省公安系统创建优秀“青少年维权岗”50个示范单位名单。

截至2000年底，全省建成12个全国级、138个省级、77个市（地）州级优秀“青少年维权岗”，确定了50个“青少年维权岗”示范点，表彰了50个省级优秀“青少年维权岗”。

2001年，《四川省省级优秀“青少年维权岗”管理办法》公布下发，规范全省各系统的创建活动；省创建“青少年维权岗”领导小组依据《四川省公安系统优秀“青少年维权岗”管理办法》，检查、验收公安系统20多个创建单位，表彰了89个优秀“青少年维权岗”和82名创建活动先进个人。3 月，省公安厅发出《关于在全省公安派出所深入开展创建优秀“青少年维权岗”活动的通知》，全省公安系统 2000 多个派出所全面开展创建活动；团省委联合省检察院召开表彰大会，将全省 25 个基层单位命名为省级优秀“青少年维权岗”；团省委与省质量技术监督局召开质量技术监督系统优秀“青少年维权岗”验收评审会，经评审推出质量技术监督系统首家省级优秀“青少年维权岗”，并以此作为示范，带动全省质监系统创建活动的开展。

2002 年，团省委完成表彰 100 个省级优秀“青少年维权岗”的协调工作；联合省检察院命名 40 个全省检察系统优秀“青少年维权岗”；联合省法院、省质量技术监督局下发开展优秀“青少年维权岗”评比表彰活动的通知。2002 年 5 月，由国家工商行政管理总局消保司、公安部治安局、全国预防青少年违法犯罪领导小组人员组成的全国创建优秀“青少年维权岗”检查组，对省内部分全国级和省级“优秀青少年维权岗”进行检查。检查组分别对双流县东升工商所、四川鼎立律师事务所、成华区检察院、府南派出所等几家全国级“优秀青少年维权岗”及省优秀青少年维权岗眉山市凤鸣派出所进行检查，对各维权岗的工作给予充分肯定。

2003 年，四川有 15 家单位被团中央、中央综治办等 11 部委联合授予全国优秀“青少年维权岗”荣誉称号，8 人获全国优秀“青少年维权岗”先进个人称号。2003 年全省表彰省级优秀“青少年维权岗”104 个。

2004 年 9 月，四川省十佳（优秀）“青少年维权岗”表彰大会在成都举行，省委常委李登菊、省人大常委会副主任张宗源出席大会并讲话，江油市人民法院等 10 个单位被授予 2004 年四川省十佳“青少年维权岗”荣誉称号。10 月，全国优秀“青少年维权岗”表彰大会在北京人民大会堂召开，四川省的 15 家单位被团中央、中央综治办等 11 部委联合授予全国优秀“青少年维权岗”荣誉称号，8 名优秀“青少年维权岗”负责人获得全国优秀“青少年维权岗”创建活动先进个人称号。成都市成华分局青龙警署代表全国公安系统的优秀“青少年维权岗”作大会交流发言。

2005 年，凉山州会理县人民法院等 10 个单位被授予四川省十佳青少年维权岗“荣誉称号。

三、“未成年人维权行动月”

团省委、省未成年人保护委员会、省预防青少年违法犯罪工作领导小组、省创建优秀“青少年维权岗”活动领导小组联合 18 家相关单位于 2004 年 6 月在全省范围内开展四川省“未成年人维权行动月”活动。此次活动为期一个月，以“为了一切孩子，一切为了孩子”为主题，分为“维护儿童权益周”“关爱进城务工家庭子女周”“网络文明行动周”“禁毒宣传周”四个主题周，开展“吸烟时请远离儿童”、维护少年儿童合法权益专项治理、“让少年儿童平安回家”“关爱外来务工家庭子女”、网络文明行动、“我 COOL！我敢对毒品说 NO”网上签名 6 项活动。

“吸烟时请远离儿童”宣传活动。团省委、省未保办、省预防青少年违法犯罪工作领导小组制作了简短而又主题鲜明的“吸烟时请远离儿童”公益动漫广告，于 5 月 31 日“世界无烟日”至 6 月 10 日期间，在四川电视台的 1、2、3、4 频道的黄金时段滚动播出，受到了社会各界的广泛关注与好评。

维护少年儿童合法权益专项治理活动。在“维护儿童权益周”期间，5 月 31 日，团省委联合四川省质量技术监督局对成都的旺旺集团和龙凤集团两家知名儿童食品企业进行了检查。6 月 1 日上午，由团省委牵头，省文化厅执法大队、省质量技术监督局、省工商局等单位组成的联合执法队，对成都市游乐园，武侯区、高新区的部分学校周边环境进行了检查。在成都市游乐园，联合执法队认真检查游乐场的各种大型游乐设施，对成都市游乐园所采取的各项安全措施表示了肯定。联合执法队还先后检查玉林小学周边环境，高新区一家儿童食品厂，对发现的问题及时进行了整治。

“让少年儿童平安回家”活动。6月4日，团省委、省未成年人保护委员会和成都市交警四分局联合开展“青少年维权志愿者进校园——让少年儿童平安回家活动”。团省委、省未保委的领导和四分局的交警到成都市泡桐树小学，向孩子们宣传交通法规，通过生动活泼的问答形式，给孩子们讲解了新颁布的道路安全法，手把手教孩子们做交通指挥手势，通过鲜活的事例告诉孩子们要爱护自己和他人的生命，遵守交通法规。活动中，团省委、省未保委向泡桐树小学赠送了长虹“卡通”彩电，并向成都市泡桐树小学、成都市实验小学、成都市东城根街小学等10所小学的孩子们赠送了由团省委权益部和交警四分局联合制作的印有“为了您的孩子，请停车让行”的交通警示牌。

“关爱外来务工家庭子女”活动。6月14日，团省委、省未保办在成都市金牛区都市小学举行“关爱外来务工家庭子女”活动。社会各方送来关爱祝愿：安吉保险代理捐赠了197份团体交通意外险，《少年时代》杂志赠送500多册新书籍，四川盛豪律师事务所的青年维权志愿者赠送法律书籍和体育文具，团省委、省未保办赠送两台专为孩子设计的长虹DVD儿童卡通电视机。团省委、省未保办还特意为此地外来民工孩子和他们的家长组织放映了《一个都不能少》坝坝电影。

网络文明行动。6月18日下午5点，由团省委、省未保办牵头，省文化厅、省工商局和省公安厅等执法部门展开行动，对校园周边网吧进行一次突击检查和整治。在成都玉林小区，联合执法队发现一家网吧内存在大量未成年人上网现象，立刻对该网吧进行了处理。对“现代网吧”“旗舰网吧”“千千结网吧”等有违规行为的网吧，执法人员根据有关规定，当场下发停业整顿通知书，扣押网吧内的电脑主机，并做出相应的处理通知。

“我COOL！我敢对毒品说NO”网上签名活动。“6·26”国际禁毒日前后，团省委、省未保办、省预防青少年违法犯罪工作领导小组办公室在新华网、四川天虎网、四川共青团网、四川青少年维权网以及部分高校网站开展“我COOL！我敢对毒品说NO”网上签名活动，四川青少年维权志愿者发出禁毒网上签名活动倡议书，号召全省青少年“把握住美好的今天，共同努力，用实际行动向社会证明：‘我COOL！我敢对毒品说NO！’”。截至6月28日，网上签名点击率达到5000余次。

与此同时，全省各地未成年人维权行动月活动深入开展。成都聘请成都有线电视台著名栏目《陈岳叔叔讲故事》的主持人陈岳担任成都市未成年人保护形象大使，举行“关爱未成年人，让孩子远离网吧”大型主题队日活动。绵阳团市委在外出务工人员较多的三台、盐亭、安县等地开展“关爱外出务工家庭子女”活动，在36所中小学校举办近40场心理健康咨询讲座；德阳团市委联合市委宣传部、市教育局等部门编排校园方言话剧《为了我们的孩子》；雅安举行“远离网吧、勤奋学习、立志成才”万人签名接力传递活动；资阳举办“托起明天的太阳”保护未成年人权益专场文艺晚会；达州在主要媒体进行广泛宣传，制作4条公益广告面向全市30万名联通用户发送。阿坝举办“拒绝毒品，不让毒品进校园活动”，并在现场焚烧800余克鸦片、3000余克罂粟壳、罂粟籽；乐山市举办“珍爱生命、远离毒品”征文赛、演讲赛、万人签名、发放宣传资料活动等形式，教育引导青少年认识毒品危害，增强拒毒防毒的意识和能力。自贡、泸州、广元、内江、眉山、南充、广安、达州等地也同时开展了各具特色的维权月系列活动。

针对维权月活动，四川卫视、四川有线电视台、《四川日报》《华西都市报》等媒体连续进行了专题报道、采访。新华网四川频道还特别为维权月活动制作了专栏，并以头条新闻形式进行了报道。据统计，维权月期间，通过电视台、电台、报刊、网络等媒体进行宣传报道共计50余条，其中在中央电视台播出新闻2条，在四川电视台新闻联播播出新闻3条。

2005年6月，是四川省第四个“未成年人维权行动”月。全省各级团组织按照团省委统一部署，围绕“关爱未来，共建和谐”这个主题，开展了关注未成年人身心健康的“阳光行动”、关爱未成年人弱势群体的“爱心行动”、加强未成年人法制教育的“普法行动”和净化未成年人成长环境的“专项整治行动”。

关注未成年人身心健康的“阳光行动”，主要通过开通“12355青少年维权、心理咨询和救助服务热线”和开展多种形式的“青春自护”行动展开。5月31日，四川省12355青少年维权、心理咨询和救助服务热线正式开通。达州、泸州、绵阳、德阳、广元、遂宁、乐山、眉山等市州相继开通各地的“12355”热线，开展了多种形式的“青春自护”行动。6月13日，团省委组织编撰指导未成年人学习网络安全、地震自救、水险自救、安全防毒、野外生存等自护自救知识的读本——《未成年人自我保护100招》。6月10日，南充团市委联合市消防支队等单位举办消防安全和自护自救知识讲座，并组织学生参观消防灭火和救生装备、进入模拟烟室逃生帐篷亲身体险火场逃生演习。维权月期间，资阳、泸州等市州建立“青少年自护教育基地”；泸州市37个乡镇小学依托校“红领巾”广播站建立“知心姐姐”信箱，通过书信形式为小学生解答成长中遇到的困惑；达州、遂宁等地广泛开展“走进校园、预防艾滋”面对面宣传教育活动。同年9月，乐山团市委承办由团中央举办的“青春红丝带”——青少年预防艾滋病志愿者“面对面”宣传教育培训班，全国预防艾滋病示范县团委书记、所在市州团委权益部部长、青少年预防艾滋病志愿者近400人参训；遂宁、宜宾等地组织开展“健康进校园”等活动；成都、宜宾等地成立“网吧义务监督队”；南充对全市青少年上网情况进行专项调查，撰写了《初中生上网行为研究》专题调研报告。

关爱未成年人弱势群体的“爱心行动”，主要通过“扶贫助困”和“关爱留守儿童”“慰问帮教”等活动展开。达州市争取到北京163网站负责人李小龙捐建“希望小学”四所，捐赠“希望工程”助学金、“志远班”资助金以及“明德”奖学金共计117万元。阿坝州开展“青春助困、献爱心”募捐活动，为贫困儿童共募集图书6457余册，衣物2000余件。与此同时，全省各地也开展了形式多样的“扶贫助困”活动。6月3日，广元举行专场文艺晚会，现场资助64名进城务工青年的子女，农村留守儿童和残疾弱势贫困儿童，组织城市少先队员与他们结成一助一帮扶对子。6月9日，成都团市委组织市中级人民法院、市人民检察院和市司法局到外来务工子女学校开展送温暖活动。6月29日，自贡举办“关注留守儿童，托起明天的太阳——希望工程募捐晚会”，现场募集社会各界捐款31830元。同时开展为20名家境贫困的进城务工子女圆艺术特长梦活动。遂宁市南津路街道办事处在全省率先创建空巢儿童之家，社区干部和辖区40名空巢儿童组成“编外家庭”，悉心照顾辖区内的空巢儿童，市红十字医院还为40名空巢儿童颁发“心连心”扶贫爱心卡。达州市开江县组织服刑人员在城区高完中进行现身说法，并利用可视电话对服刑人员进行“一对一”帮教。宜宾市翠屏区组织青少年维权志愿者、学生代表约100名到宜宾监狱看望翠屏区的失足青少年。

加强未成年人法制教育的“普法行动”，主要通过组织青少年积极参与禁毒活动、大力开展法制宣传教育等活动展开。6月26日，“为了明天——四川省暨德阳市青少年禁毒宣传活动”在德阳举行。6月3—26日，成都开展声势浩大的禁毒万人行活动，组织以马明宇、陈岳等知名人士为代表的禁毒志愿者万余人，在各县（市、区）开展旗帜传递行动。6月3日，内江市举行十万青少年“远离毒品，珍爱生命”宣誓签名活动。6月24日，阿坝州举办中小学学生禁毒形势报告会，共有300余名中小学生参加此次报告会。成都、泸州等地组织志愿者深入戒毒所对吸毒人员开展“戒毒大帮教”活动，在教育的同时向他们表达“团情、亲情”的慰问。广元启动“十百万”为了明天送法律送校园活动，在全市100所中小学校共10万名学生中开展法制宣传教育活动。截至6月底，已在50余所学校开展了此项活动，听取法制讲座、观看宣传展板人数达5万人次。广安举办了“小手牵大手，一人带全家”主题法制报告会，发放维权资料5000余份，维权服务联系卡3000余张。自贡富顺县成立法制教育报告团，聘请来自县政法系统的15名报告员，在中小学校举行法制教育报告会，对5500名中小学生进行普法宣传。遂宁190多名民警、派出所长被聘请为大中小学法制副校长，210人被聘为学校法制辅导员，上法制课400余次，开展法制宣传120场（次），受教育学生3万余人次；发放宣传资料4万余份，发放防范手册8000余本，发放维权联系卡1.5万余张，开展维权活动的学校286所、公安基层单位102个。

净化未成年人成长环境的“专项整治行动”，主要通过对校园周边环境的专项治理、对非法雇用童工行为的专项检查和儿童食品专项执法行动等活动展开。6月2日，团省委联合省文化厅、省工商行政管理局、省质监局等执法部门重点对成都市泡桐树小学、四川大学附属中学等校园周边的儿童玩具、图书音像制品、食品卫生、网吧等进行专项检查整治；广安开展青少年维权岗集中行动，重点针对校园周边的书报亭、音像店等进行综合检查，对无证（照）经营、不严格照章办事的摊点进行清理整顿，共整治餐馆15家，小卖部5家，摊点12处，音像店7家，书报亭2家，网吧98家。对非法雇用童工行为的专项检查活动开展期间，共出动执法人员594人次，普查用人单位1742户，查处非法雇用童工事件7起。阿坝州成立儿童食品市场专项执法行动工作领导小组，进行专项执法行动，共出动执法检查车辆37台次，执法检查人员123人次，查处无照经营36户，超范围经营23户，发出市场预警书35份，没收过期失效、霉烂变质饮料、火腿肠等食品45种。

第五章　对外交流与港澳台交流

20世纪80年代，随着中国改革开放事业的推进、“中英联合声明”及“中葡联合声明”的签订和国际国内形势的发展变化，中国大陆同中国香港、澳门、台湾青年的交往取得了一定成绩。同时，中外青年之间的国际交流与民间交往也日益频繁，为各国的经济发展和社会进步提供了机遇和舞台。四川省在进一步加大对外交流力度的基础上，不断增强与海外青年的联系和交往，深化青年外事交流内涵。

第一节　与港澳台青年的交流

从1991年4月至1997年6月，内地与港澳台青年的交往、祖国大陆与台湾青年的交往，6年间往来计12批，约150人（次）。

一、访问考察

1991年3月11日，团中央向四川等12个省（市）发出关于全国青联代表团访港的通知。四川选派团省委办公室主任邓川参加全国青联代表团，于4月21—28日赴香港参加“青少年与法制”研讨会。这是中华人民共和国成立以来，四川青年团体派员正式访港的较早记载。

1992年3月，香港岭南学院同中国青少年犯罪研究学会在香港联合召开中国青少年犯罪研究学术会议。由中国青少年犯罪研究学会和四川省青少年犯罪研究学会联合组团参会，由四川省青少年犯罪研究学会会长、团省委书记彭渝任团长、团员5人。

1993年后，内地与香港地区的往来进一步加强。1993年2月，中华全国少年儿童工作委员会组团访问港澳，同年6月，中华全国青年联合会组团访港。同时，应中华全国青年联合会邀请，香港杰出青年协会访问团一行23人，于1993年6月访问北京、湖北的同时访问了四川。

2001年7月，省青联接待了由香港教育工作者联会组织的“爱我中华·建树香江”系列第三届大型——“中国民族文化之四川彝族民族文化考察”活动香港师生访问团一行102人，访问团先后在成都、都江堰、西昌等地进行了为期6天的考察访问活动。

二、研讨交流

1993年，台湾海峡交流基金会组织的台湾大型青年访问团一行23人来访，访问地点包括北京、西安、成都、重庆、广州五市。这是海峡两岸根据《汪辜会议共同协议》有关精神而共同举办的青少年互访交流活动，也是台湾当局以“立法”形式通过两岸学生交流规定后，由海基会出面组织的第二个台湾大专学生赴大陆访问团，具有较强的官方背景色彩。访问团9月29日至10月7日在川进行了为期9天的交流访问活动。在川期间，访问团与四川省青联部分在成都的委员共度中秋佳节，与成渝两地的高校学生进行了座谈交流和同台文艺演出。

1995年2月，团中央派遣大陆杰出青年代表团（一行10人）应邀访问台湾。该团是中华人民共和国第一个由杰出青年组成的访台团组，四川的中国十大杰出青年张山、蔡伟素随团出访。他们以其光辉的业绩和崭新的精神风貌，向台湾各界展示了当代祖国青年的形象，同台湾青年结下了深厚的友谊。同年9月，全国青联也组派代表团赴台湾友好访问。

1995年和1996年，先后有两批香港地区学生团体到川友好访问。第一批是香港城市大学学生考察团一行14人，于1995年8月访问四川。在川期间，代表团访问了成都市民政局、四川日报社和省教委，考察民政福利企业、乡镇企业、乡村学校，走访农村干部和村民，参观成都市府南河工程模型、都江堰水利工程、乐山大佛等，并和四川联合大学①学生、乐山师范高等专科学校②学生进行交流、联欢活动。第二批是香港仁爱堂举办的青年学生“活力长征”四川生活体验考察团于1996年8月到四川访问，团员39人。仁爱堂是香港地区较为著名的慈善机构。该次到四川，考察团以骑自行车形式考察了成都附近地区，并为阿坝州南坪县（1998年6月，南坪县更名为九寨沟县）九寨沟镇捐建了一所希望小学。

1996年8月，香港杰出青年协会应西藏自治区青年联合会的邀请，组团赴西藏访问时途径成都，四川省青联副主席王安泰，省青联副秘书长张剡、祝云前往机场欢迎。双方进行了亲切友好交流，港方热情邀请四川省青联赴港访问。经过一段时间筹备，四川省青联代表团一行11人于1997年5月对新华社香港分社、香港青联进行了为期一周的正式工作访问。该团由四川联合大学副校长杨继瑞为团长，四川省青联秘书长张剡任秘书长。在港期间，代表团同香港青联企业界委员、香港杰出青年协会、青苗艺术团、四川青联在港委员邓晓兰等进行了交流、座谈。随团的四川著名青年艺术家赵青、谭勇、吕小琴、吴世鹰表演了精彩节目。四川著名儿科专家肖担还向港岛人民展示了精湛的中医绝艺。这是香港回归前，各省市青联组织的最后一次访港活动。

1998年，1998四川海峡两岸青年共跨21世纪联谊活动在成都举办。同年，香港青年商会总会访问团到四川访问。其间，双方探讨新经济、研究新问题、发现新机遇、谋求新发展，推动了四川与香港青年企业家在金融、商贸、科技、服务等多领域的交流与合作。

随着港澳的顺利回归和国际国内形势的发展变化，四川省进一步加大对外交流力度，不断增强与港澳青年的联系和交往。四川省完成香港青联会、台湾青商会、澳门师生代表团等20多个团体27批、1200人次的访川接待工作，举办“川港青年共话西部大开发研讨会”“天府香江蜀中情·两地共话大开发”研讨会和川台两地青年企业家座谈会，启动“保护母亲河·川港青年友谊林”乐山开工仪式，派遣500余名各族各界青年人士赴港澳台地区访问。在活动中，香港特别行政区会议成员、首席大法官杨铁梁和香港特别行政区会议成员、香港教育统筹委员会主席王易鸣等知名人士莅临四川，与四川青年代表进行了深入交流。这些交流活动促进了四川青年和青年组

---

① 1998年12月，四川联合大学更名为四川大学。

② 2000年3月，经教育部批准，该校与乐山教育学院合并组建乐山师范学院。

织同港澳台青年和青年组织在经贸、科技、文化等方面的交流和合作。

第二节　与外国青年的交流

一、接受来访

改革开放以来，中外之间的国际交流与民间交往日益频繁，为各国的经济发展和社会进步提供了机遇和舞台。从1980—1997年18年间，四川先后与23个国家的青年组织或个人进行了正式或非正式交往。到四川与省青年组织进行交流的国外团组52个，其中有日本、美国、苏联、尼泊尔、泰国等，人数达870人；经省青联选派外出的团队44队（次），人数达124人。对日交流占相当大的比重。从交往次数看，与日交往57次，约占61.5%；从交往人数看，日本人来川610人，四川选派去日本的89人，占总人数的70.3%。团省委、省青联这18年的外事交往中，青年科技文化交流尤显突出。

“亚太地区青年友好会见”。1979年第34届联大决定，1985年为“国际青年年”。全国青联、全国学联和国际青年年中国组委会于1985年5月10—24日联合举办“亚太地区青年友好会见”活动。各国代表团5月9日抵京，10—15日在京集中活动，5月16日起分5路去各地参观访问。南斯拉夫、伊拉克、斯里兰卡、孟加拉国、印度、泰国、新西兰、“亚洲和太平洋经济社会委员会”等10多个国家和地区的青年朋友共67人在团中央书记处候补书记张宝顺陪同下，于5月16—21日在成都、重庆访问。在成都，团省委、省青联组织外宾到新都机械厂、成都量具刃具厂、川棉一厂、成都无缝钢管厂、四川医学院①、四川大学、温江金马乡等工厂、学校、农村参观，并与各界人士座谈交流。代表团游览了都江堰、杜甫草堂和武侯祠等名胜。在西南民族学院②举办了600多人的民族青年恳谈联欢晚会。省有关领导聂荣贵、蒋民宽、李培根、黄启璪等参加主要活动并会见各国青年代表团团长。各国青年朋友与近2000工人、农民、大学生和少数民族青年进行广泛接触、恳谈和联欢。在重庆，代表团受到重庆各族各界青年朋友的欢迎。各国青年朋友分别到重庆钢铁公司、重庆无线电厂、国营长安机器厂、四川美术学院、重庆大学等9个基层单位参观访问。重庆市党政领导廖伯康、肖秧、秦玉琴等会见各国青年代表团团长并参加了主要活动。

1998年，四川接待了芬兰青年工作者代表团。

1999年以来，埃及农村青年中心联盟代表团、朝鲜青年同盟代表团、尼泊尔王国青年论坛代表团和由喀麦隆、佛得角、中非、刚果（布）、加蓬、几内亚、赤道几内亚、马里、尼日尔、卢旺达等11国非洲国家执政党高中级干部研讨考察团分别访问四川。在川访问期间，外国友人了解了中国改革开放和社会主义现代化建设所取得的巨大成就，还就政治、经济和共同关心话题展开广泛而深入的交流，在为促进世界和平与发展等问题上表达了共同的立场和看法。

2002年4月20—23日，应中华全国青年联合会邀请，四川省青联接待了以泰国总理府部长克瑞

① 1985年5月，四川医学院更名为华西医科大学；2000年9月，四川大学与华西医科大学合并，更名为四川大学。

② 2003年4月，经教育部批准，西南民族学院更名为西南民族大学。

塞·常旺吉思为团长的泰国总理府青年局青年领导人代表团一行10人。此次泰方派团访华，旨在加深中泰友好合作关系的发展，了解中国政治经济形势和改革开放进程和了解中国开展的青年活动。访问期间，代表团一行参观了成都大熊猫繁殖繁育基地、成都高新西区、成都市青少年宫、都江堰等地。

2005年4月28日，土耳其副总理阿里·沙辛到川访问，团省委书记、省青联名誉主席罗强向阿里·沙辛一行的来访表示热烈欢迎，向土耳其客人们介绍了团省委、省青联、青年企业家协会、省学联等组织的工作情况。阿里·沙辛对四川青年工作表示高度赞赏。

二、出国访问

百人团访日。根据中共中央总书记胡耀邦访日时与日本政府达成的协议，团中央从1987年开始以全国青联的名义每年派100名青年组成中国青年代表团（简称百人团）访问日本，每次在日时间一个月，出访费用全部由日方负责，至1997年已派出11个代表团。团省委协助团中央分11次选派了31名四川省各界青年赴日访问。在日期间主要内容为参观日本的企业、农村、学校及与日方青年进行座谈，在日进行民宿体验等等。

从20世纪80年代初开始，团省委通过团中央向日本派遣赴日研修生，专业涉及柑橘、茶叶、花卉、皮革、机械、建筑、能源、电子等项目，共有50多人赴日研修。研修生回四川后，带回了先进的技术和经验，绝大多数人担当了各自单位的业务骨干，有的成为单位的领导，对四川的经济发展起到了积极作用。

四川省青少年武术代表团访日。应日本广岛县日中友好协会邀请，以省青联秘书长王晓东为团长、省武术协会副主席姜兵、四川自修大学副校长马超文为副团长的四川省青少年武术代表团一行18人，于1992年7月25日至8月15日赴日本访问。其成员主要由成都市青少年宫体育部青年教师和小运动员组成，代表团成员还包括青年书法家、青年中医等。代表团先后在广岛县的府中市、福山市、竹原市、东广岛市、广岛市，世罗郡的世罗町、尾道市，岗山县井原市、歌山县和歌山市进行了九场巡回公演和三场交流表演。所到之处，受到当地政府和市长的热烈欢迎。在府中市、东广岛市，中日两国武术健儿同台演出了精彩节目。代表团还参加“日中友好书法展”开幕式。代表团成员，年仅9岁的陈凯的书法作品，受到出席开幕式的各位日本书法人士交口称赞。代表团中的青年中医也与日方进行了学术交流和座谈。

1998年，选派省青联张剡等6人赴日本考察，黄国忠赴委内瑞拉、智利、阿根廷、巴西交流，何基富、李方内赴美国访问，王洪赴韩国访问。

2002年6月中旬，应韩国青年联合会邀请，省青联组织四川青年代表团赴韩国进行友好交流访问。在韩期间，访问团考察了韩国经济、科技、教育和青年工作，参观了韩国有关国际知名企业，拜访了韩国有关青年组织并与他们就青年工作进行广泛而深入的研讨。此次访问，进一步加深了中韩两国青年的联系和友谊。2002年11月下旬，省青联接待以日本日中青年研修协会副会长早川正一为团长的日本代表团一行到四川参加宜宾植树项目活动。省委常委黄彦蓉在成都会见了代表团一行，并对中日青年友好交流四川宜宾植树项目给予了高度赞赏。她希望今后两国青年在环境保护和其他领域开展更为广泛的交流合作。

三、承办活动

四川省中日青年中医学术交流会。1986年7月5—9日，由省青联所属的团体会员四川省青年中医协会与日本东京中医学研究会联合举办的国内首次“中日青年学术交流会”在成都召开，到会代表20多人，其中以永谷义文为团长的日方代表5人。交流会期间，中日双方青年中医学者就中医理论的实践进行广泛的研讨。同时，还召开中日青年中医恳谈会。会议对加强中日青年中医学术交流，增进中日两国青年友谊起到了积极作用。

1999年，“中澳青年领导人研讨会”在成都举行，来自中国和澳大利亚的两国代表围绕面向21世纪中澳关系和21世纪中澳青年面临的机遇和挑战两个主题展开了深入而广泛的讨论。

1999年，由“日中绿化交流基金”援建的“保护母亲河”全国重点工程——四川宜宾项目正式启动，3年时间内在宜宾市南溪县营造22500亩生态林。通过项目的实施，一方面探索出一条利用外国社会资源支持参与本地生态环境建设的新途径，另一方面可以引入科学的管理方法，走志愿与专家相结合的路子，确保项目取得良好的生态效益和社会效益，为共青团其他各项工作的深入推进起到了示范作用。据不完全统计，通过外事合作，四川省共建青少年教育基地2个，援建希望小学10所和8个保护母亲河重点工程。

2000年，团省委，省青联还依托团中央、全国青联组织的“百人团”赴日访问期间策划了泸州老窖集团公司将编号为1972的“国窖·1573”赠送给日本政府，以纪念中日恢复建交日活动，为“国窖·1573”以中国丰厚的名酒文化内涵走进日本千家万户起到了作用。

2001年3月，美国青年政治领袖理事会代表团访问四川，在政治、外交、经济、文化、法制、教育、社会发展等方面加强与四川各界的直接交流。同年10月，日本内阁府青年代表团访问四川，在成都举办中日青年合宿研讨会，中日青年就两国文化、人口、教育、青年问题、经贸合作、历史问题以及中国西部大开发战略等问题开展广泛、深入的讨论和交流。双方青年认为，中日人民应该牢记历史，站在正确对待历史的基础上，共同开创中日友好交往的未来。两国青年应成为两国世代友好的桥梁和纽带，加强理解与交流，共同编织美好的未来。

在青年外事交流活动安排上，四川更加注重交流的实质内容，加大在经贸往来、项目合作、技术开发等领域的交流与合作，先后举办川德青年西部大开发交流座谈会、四川开发奖励政策与商机研讨会暨川法青年企业家座谈会、川英青年共话西部大开发研讨会等活动。海外青年企业家对四川的投资环境给予充分肯定，部分海外青年企业家还就有关投资项目签订协议。应泰国有关青年组织邀请，省青联和有关部门成功地组织四川省名优产品企业负责人赴泰国参加经贸洽谈会，累计签订合同总额达1.50亿元，为四川省名优产品走出国门占领东南亚市场起到了作用。5年来，共洽谈经济项目72项，其中27项经济项目合作成功。

第六篇　人 才 工 程

跨世纪青年人才工程是共青团组织的重点工作之一，其宗旨是：高举“科学技术是第一生产力”的旗帜，通过参与生产经营、推动技术进步的实践，促进科技成果向现实生产力的转化，培养一代适应社会主义市场经济要求，掌握过硬实用技能的熟练劳动者和面向21世纪具有较高科学文化素质的青年人才。

第一章　人才培养

四川在工矿企业开展“争当青年岗位能手活动”，在农村开展培养“星火带头人”活动和推进共青团服务万村脱贫致富奔小康行动，在少年中开展“跨世纪中国少年雏鹰行动”（以下简称“雏鹰行动”）。这些活动包括“手拉手”互助活动、百花园文化艺术活动、启明星科技活动、体验教育等活动。

第一节　培养星火带头人

1995年11月，为深入贯彻中共十四届五中全会精神，团中央在十三届四中全会上讨论通过了《跨世纪青年人才工程实施纲要》（以下简称《纲要》）。《纲要》指出，按照贯彻加强农业、全面发展和繁荣农村经济的战略要求，通过深化前一阶段培养“星火带头人”活动和推进共青团服务万村脱贫致富奔小康行动，增强了广大农村青年科技致富的能力，使一大批不同层次的跨世纪农村科技人才加速成才，为推动农村科技进步服务。

从1995年底起，四川各级团组织根据自身实际，按照《纲要》的具体要求，在原有基础上，将培养“星火带头人”活动与本地经济发展战略结合起来，突出重点项目，围绕形成区域性支柱产业、推进农业产业化进程、发展农村商品经济做文章。在各级科委及涉农部门的大力支持和协作下，通过抓培训、抓项目、抓基地、抓服务、抓环境，不断将培养“星火带头人”活动推向深入。

培养青年“星火带头人”，既是培养和造就农村青年人才的有效途径，更是推进“脱贫致富奔小康”的重要措施。因此，全省各级农村团组织始终把培训青年星火带头人工作作为基础来抓，充分利用大、中专院校、农机推广中心、乡镇农机校、青年星火带头人学校、星火培训基地等广泛开展培训，逐步建立起自下而上的培训体系，分层次多途径培养星火带头人。在培训层次上，乡村团组织根据农村季节，围绕当地支柱产业，以实用技术培训为主；县（市、区）以星火技术和专项农业新技术培训为主；省、市（地、州）以专业人才和管理人才培训为主。在培训途径上，各级团组织探索创新，确立了四种培训方式：“校地”方式—充分发挥各高校的技术和人才优势，与农村经济发展的实施需要相结合，培养星火带头人。四川农业大学与庐山县联合实施“四个一”工程：即一个大学生，带上一个项目，联系一个点（一个村或一个乡镇企业），传授一项实用技术，为当地培育了数百名青年星火带头人。“基地”方式—充分利用和发挥科技示范县、示范店的作用，实行基地培训。仁寿县以青年星火带头人荀仕贵为依托建起的青年养兔学校，培训农村青年2000多人次；遂宁市利用基地，定点培训，使10万名农村青年投身到星火带头人活动中。“自考”方式—支持、帮助和鼓励有条件的农村青年，通过面授、函授、自学等形式，考取“绿色证书”“专业证书”，优化星火带头人的知识结构，提高了星火带头人的理论水平。“竞赛”方式—通过抓丰富多彩的主题竞赛活动，掀起农村青年学技热潮。全省统一举办两届乡镇企业青工技术比武大赛，举办巴蜀青年编织明星大赛，巴蜀青年农技知识大赛等活动，组织动员数百万农村青年投身科技兴农热潮，大大调动了广大农村青年学科学、学技术的自觉性。全省新培养县级以上的农村青年星火带头人36110名，实用技术培训283万人次，共16824名农村青年获农业技术职称，为四川农村经济的振兴造就了大批勤劳致富、科技致富的带头人。

为更好发挥青年星火带头人的作用，在培训基础上，全省各级团组织按照省委、省政府“稳粮调结构，增收奔小康”的工作思路，依靠农科部门，结合“服务万村脱贫致富奔小康”行动，立足本地经济发展规划和团组织的自身能力，鼓励、支持青年星火带头人领办市场占有率高、经济效益好、发展前景广并能形成规模的星火项目，带头走科技致富的道路。同时通过他们的示范、辐射作用，影响和带动广大农村青年学技用技，致富奔小康。在具体工作中，鼓励和支持各类青年星火带头人领办或承担项目，走规模经营的道路。如乐山市培养蚕桑青年星火带头人926名，养殖类青年星火带头人1114名，种植类青年星火带头人1017名，加工业类青年星火带头人824名，商业类青年星火带头人521名。这些青年星火带头人通过领办和承担项目，为农村产业化的实施奠定了基础。发挥青年星火带头人个体的示范带动作用，带领群众共同致富。全国优秀青年星火企业家、绵阳市游仙区食用菌研究中心主任罗彩贵扶持农民发展蘑菇5000亩，使6000多户种菇农民年纯入增收1000万元。发挥青年星火带头人群体作用，组织带领群众闯市场。自贡市以国家和省级青年星火带头人牵头引路，以草编、蘑菇、辣椒和种植业新品种开放为主攻项目，创建62个“共青团科技星火村”，组织带领群众步入市场经济的大舞台，走出了一条“星火+实体”的共青团科技兴农的新路子。

青年科技示范培训基地，是培养青年星火带头人的有形载体。狠抓实用技术培训，引进科技含量高、市场前景好的星火新技术，建立咨询服务网络，培养带动更多的农村青年成才致富是这一有形载体的宗旨。全省各地在创办基地时，注重宗旨与实际的结合，将特色与效益统一起来，成功地培植了以内江市资中县双龙职业中学为代表的学校型，自贡畜源农牧有限公司为代表的实体型，南充市顺庆区万吨实菌生产基地为代表的生产型，攀枝花市东区炳草岗青年科技培训示范基地为代表的协会型等四种基地体系。南充市顺庆区万吨食用菌生产基地集教学、科研、推广、生产、加工、销售为一体，采取“公司+农户”模式，拥有年产菌种200万袋、利用菌渣养鱼20吨的综合生产能力。该基地自建立以来，已举办各类食用菌技术培训班180多期，培训省内外学员1.5万余人次，发展食用菌专业户6524户，帮助南充市各乡镇兴办菌种场22个，年产平菇、香菇、灵芝等各类食用菌4000余吨，年收益达1500万余元。全省确定了20个省级青年科技示范县，10个省级青年科技示范培训基地，科技示范乡（镇）、示范村、村级以上青年科技示范培训基地分别达到363个、2313个、4862个，组建的青年科技推广服务队达到48745支，从下到上形成了以基地为依托的技术推广、项目培训、咨询服务网络。

活动中，四川省团组织按照服务经济、服务青年、构筑农村共青团工作新型纽带的总体要求，努力使青年服务体系建设具体化，以分层次、抓典型为指导思想，确定了自贡市、乐山市、德阳市中区、广安市岳池县等一批联系点，并派人到场指导。通过调查、研究和总结，为全省农村团组织提供四种服务体系：建立“青年科技服务中心”，全省共建乡（镇）以上青年科技服务中心476个；筹集青年发展专项基金，支持青年星火带头人发展项目，各市（地、州）共争取资金2500万元，扶持项目1564个；创办实体和建立青年专业协会，全省共建服务性实体764个，青年专业协会3658个；建立专门的技术学校，全省建乡（镇）以上专业校237所。

培养“青年星火带头人”活动是各地农村经济发展的重要内容，均纳入党政目标管理。各地相继成立以党政领导挂帅，团委和科委牵头的培养青年星火带头人活动领导小组及办事机构，做到人员到位、分工明确、层层落实。省财政在“星火计划”专款中确立“青年星火带头人”活动专项经费；团省委与省科委、省扶贫办等部门联合制定“星火带头人”职称评定制度，下发了支持星火带头人的经费政策，优先扶持星火项目。团省委还争取财政发展资金扶持10个养猪点，每年为青年星火带头人提供优价化肥100吨；双流县确定为科技示范县后，县委县府高度重视，拨付资金30万元由团县委掌握；遂宁市争取各方支持，为“星火带头人”活动注入周转资金113万元，贴息贷款12万元，优价化肥23吨，地膜15吨。实施以“三位一体”为纲要的农村团的基层组织建设，农村青年星火带头人、村团支部书记、村委会科技副主任“三位一体”的配置，较好地把农村基层群众自治组织的力量、青年的生力军作用与青年星火带头人的技术优势结合在一起，从而改善农村基层干部队伍的知识结构、素质结构，在实践中培养了一代跨世纪的新型青年农民。

截至1997年，全省新涌现出全国青年星火标兵5名，全国青年星火带头人82名。团省委、省科委1996年获团中央、国家科委授予的“全国青年星火带头人活动组织奖”。

1998年，借助省级青年科技示范基地，通过举办“校地”培训班，组织青年农民考取“绿色证书”“专业证书”等形式，培养县级青年星火带头人1.12万名，建立县级以上青年星火带头人服务队220支，开展实用技术培训128万人（次）。团省委、省科委获得团中央、国家科委颁发的“全国培养青年星火带头人活动10周年成就奖”。

1999年，团省委与省扶贫办举办青年致富带头人培训班。据63个贫困县团组织统计，共培养县级以上青年星火带头人12600多人。2000年，培养星火带头人11267人。2001年，培养各级青年星火带头人11000人，其中评选出88名省级青年星火带头人。2002年，各级团组织通过开展科技扶贫活动、建立劳务输出基地、举办技术培训班等，培养青年星火带头人6000名，涌现出一大批先进典型。

各级团组织继续开展培养星火带头人活动，引导青年星火带头人在当地农业和农村经济结构调整中发挥作用。2003年，团省委启动实施《农村青年实用技术人才培训计划》，依托青年星火带头人举办农村实用技术等培训班，共培养农民27820人（次）。

第二节　促进农村青年增收成才

2001年12月，中国正式加入世界贸易组织（WTO）。中国加入WTO后农业对外开放的进程加快，给农业发展提供了新的机遇，同时也带来严峻挑战。新的形势和基本省情为新时期四川农村团的工作和青年工作提出了新的任务和新的要求。正确认识农村发展的形势，转变观念，加大对农村青年的培养和扶持力度，促进农村青年增收成才，是摆在全省共青团工作面前的一个重要问题。

基于以上认识，根据省委、省政府、团中央有关指示，四川团组织开始组织实施“农村青年增收成长行动”。在实践中，四川共青团组织深刻认识到：要达到农村青年增收成才的目标，必须全面提高全省农村青年的科技文化素质，因此，“行动”开始，四川团组织就开展了对青年农民的培训工作。

一、组织实施

1999年开始，由农业部、团中央、财政部牵头，全国实施跨世纪青年农民科技培训工程，省由农业厅、团省委、财政厅负责组织实施。团省委充分利用项目培训这一有利时机，在过去抓青年农民培训的基础上，加大对农村青年的培训力度。在全省第一批5个试点县中，三台县是团省委直接抓的试点县，在第二批6个试点县中，宜宾市翠屏区和金堂县是团省委抓的联系县。三台县的培训工作经国家农业部检查验收，获得高度评价，“全国培训”简报四次刊用了三台县培训工作经验。通过抓三台县的培训工作，带动全省面上的培训。由于四川跨世纪青年农民培训工作成效明显，国家给了四川19个试点县名额，数量在全国最多。团省委在宜宾市翠屏区召开了全省青年农民培训工作推进会和“助力行动”启动现场会，对各市（州）团委负责人、重点县团委书记进行培训，推进全省的培训工作，使没有列入项目培训实施县的科技培训工作逐步规范。

在培训层次上，乡镇团组织根据农时季节，围绕当地支柱产业，重点抓好实用技术培训。县（市、区）以星火技术和专项农业新技术培训为主。省、市（州）以专业人才和管理人才培训为主；在培训方式上，采取理论技术培训与实际操作相结合，科技培训与发展经济、助农增收相结合，集中教授与分散辅导相结合的原则，根据当地经济发展和农民增收的需要设置课程，并制定跟踪扶持政策，落实相应措施，巩固培训成果。三台县作为团省委抓的跨世纪青年农民科技培训工作试点县，在全县63个乡镇都设立培训班，一年就系统培训3000多名青年农民，一方面使他们掌握1—2门以上实用技术，另一方面通过跟踪扶持，帮助发展项目，使他们学有所用，用而有效，走上了致富道路。

在培训途径上，各级团组织探索创新，确立了四种培训模式，分别为“校地”模式、“基地”模式、“自考”模式、“竞赛”模式。“校地”模式—充分发挥各高校的技术和人才优势，与农村经济发展的实际需要结合，培养青年星火带头人和青年致富能手。“基地”模式—充分利用和发挥科技示范县、示范基地的作用，实行基地培训。“自考”模式—支持、帮助和鼓励有条件的农村青年，通过面授、函授、自学等形式，考取“绿色证书”“专业证书”，优化带头人的知识结构，提高了带头人的理论水平。“竞赛”模式—通过抓乡镇企业青工技术比武大赛、农技知识大赛等主题竞赛活动，激发了农村青年学科技、用科技热潮。

在抓青年农民培训工作中，团组织首先是做好宣传动员工作，让青年增强参训意识。工作中结合科技致富，调整产业结构为农村青年讲解参加培训的重要性、必要性，提高他们学习的积极性和主动性。其次是对培训后的学员，进行追踪考核和帮扶。考核内容主要包括参训学员的培训工作对生产是否起作用，参训后家庭主业的生产规模和收入情况，收入是否高于当地水平等。

二、青年专业协会发挥作用

各级团组织充分发挥青年专业协会的技术优势，为农村青年提供培训和技术服务。组建技术服务队根据种养殖季节和项目的不同，深入田间地头进行现场指导，树立示范点、片、户，促进产业结构调整；定期开展“科技日”活动。利用赶场日在镇、村道路上开展科技宣传、咨询活动，编印当月种养殖技术要点，发到青年农户手中，指导生产；以实施跨世纪青年培训工程为契机，充分利用乡镇农校、团校开展培训工作，向青年农民传授实用知识。如双流永兴镇花堰村二社余大忠在科技培训班上学到了冬草莓薄膜种植技术，在实践的基础上，创造了红珍珠冬草莓地膜种植新技术。在他的带动下，该社种了400余亩冬草莓，全镇种植5000余亩，全年新增收入1500万余元。

各个青年协会充分发挥技术、信息、人才等优势，根据市场需求，结合当地实际，帮助农户筛选、论证发展项目。每个项目在推广之前都经过严格的试验，有效地避免了单家独户由于模仿别人而盲目生产的风险。例如华阳镇利用地处成都市南郊，是成都南部的交通枢纽、商贸中心和菜篮子基地的优势，大力发展肉鸭、肉鸡养殖，在协会的带动下，发展成为成都市最大的产、供、销一条龙的肉鸭、肉鸡生产基地。白沙镇、太平镇种植金花梨、漳州柚和大五星枇杷的发展过程也是如此。团组织依托协会先在太平片区东山一带选择样田搞试验，取得金花梨亩纯收入6000多元、漳州柚8000多元、大五星枇杷亩纯收入9000多元的良好效果以后，迅速进行推广。白沙镇、太平镇以及附近乡镇种植金花梨、柚子和枇杷达数万亩，形成金花梨、柚子和枇杷的生产带；各协会围绕当地产业结构调整，推广科技项目，以科技项目促进产业结构的调整。永安镇尖柏村一社的罗宗成，1999年在镇上举办的科技培训班上学到了设施栽培高产芋头技术，结合自己多年的实践经验，创造了芋头火膛育苗新技术，成为全县农村青年学科学、用科学的先进典型。在他的带动下，仅2001年该社就种了100余亩设施栽培高产早芋头。此项技术在全镇得到推广后，共种植3000余亩，全年新增经济效益100万元；各专业技术协会通过集中采购、供应生产资料，把千家万户的小需求变成大批量采购，用厂价、批发价获得生产资料，降低了成本，方便了群众。如永兴镇青年科技服务协会几年来为农户提供种子、化肥、农药、兽药、饲料等生产资料40万余吨，获纯利润10万余元，并同成都锦南食品厂、四川统一饮料有限公司等企业建立长期供货关系。这样既减轻了农村青年负担，解决了农村青年的产品销售，又为协会继续研制、试验新项目，提供了资金来源；各青年技术协会先后与中国科学院成都分院、省农科院、成都市第一、二农科所、西南农业大学等科研单位建立长期合作关系，引进四季无核葡萄、“红珍珠”草莓等优质新品种和塑料大棚、遮阳网、降解膜三大设施栽培技术，为青年农民致富找到了门路。

各级团组织发挥协会外接市场、内连农户的桥梁作用，做好产后的销售服务。协会把千家万户的产品形成一个统一体，通过协会找买家、联系食品厂，防止商家压价收购产品，从而达到了保护青年农民利益的目的。在大批农副产品生产出来时，协会组织大批青年专门从事农村经纪人工作。永兴镇大树村品世元每年冬季在家收购冬草莓，用飞机空运到哈尔滨，其妻在哈尔滨负责销售，每年仅冬季销售草莓就达50吨，销售收入50万元，纯利润在20万元以上。太平镇二郎村周登建在协会的引导下，联合兄弟、朋友合伙组建一支10多人的营销队伍，用火车、汽车远销金花梨、枇杷等。

随着互联网的普及，各级团组织及时指导青年技术服务协会利用互联网为农村青年服务。团组织充分发挥协会优势，将培育出的全国叫得响的如红珍珠草莓、永兴漳州柚、天台山贡柚、黄甲麻羊、天府枇杷等著名品牌农产品在网上销售，取得了良好效果。

三、基层团委开展活动

成都团市委联合市科委、财政局、水利局、农牧局等 8 家单位制定《成都市农村青年增收成才奔宽裕小康活动实施意见》《关于进一步推进我市农村青年开发工作的实施意见》和《关于进一步加快发展我市农村青年专业协会的实施意见》，对以后几年深化成都百万青年成才行动，努力服务农村青年增收成才做了详细规划。

邛崃团市委动员组织企业向年龄在 28 岁以下、高中文化程度以上、家庭相对困难的农村优秀青年提供 500—1500 元（为期 1 年）的贴息贷款；聘请专业技术人员组成“讲师团”，加强对农村青年的农业科技知识和实用技术的培训。动员企业向 33 名农村青年提供资金达 3.3 万元，开展送科技下乡 30 场次，发放农村实用技术资料 3 万余份，举办实用技术培训 7 次，参训农村团员青年达 2163 人（次）。

都江堰团市委联合市关工委、农工办、科技局（科协）等七家单位开展“争创农村百家青年科技致富示范户”活动。还邀请各行业的专业指导人员，成立“争创农村百家青年科技致富示范户活动咨询服务组”，定期或不定期地对青年示范户进行到户服务和指导。

郫县团县委在农村青年增收成才活动中，先后转移农村剩余劳动力 910 余名，帮助 122 名农村青年落实小额贷款 88.9 万元，培训青年农民 1800 余名，推广奶牛 545 头、PIC 猪 1478 头，建立青年花卉苗木、食用菌、特种鱼等基地 20 多个。

大竹团县委把扶持青年技术协会的发展壮大作为农村青年增收成才的主要载体。团县委邀请科研院所、畜牧推广机构专家作专题讲座；结合农时开展反季节蔬菜、莲藕、稻田蘑菇、苎麻等栽培技术培训；依托科技示范基地举办现场培训，动员青年星火带头人现身讲解，每个乡团委均建立 1 到 2 个科技示范基地；定期发放宣传资料，组织征订技术资料。少数有实力的协会还组织会员到本地或外地科技示范基地学习和培训。全县在家团员青年均掌握了 1—2 门实用技术。

彭州团市委以“青年经济协作中心”建设为抓手，及时巩固和调整农村青年培训网络，在 2002 年就举办培训活动 100 期、2000 余人次。并发动团员青年领办科技项目，青年星火带头人创办了优质粮油、优质蔬菜、优质水果、优质药材、优质禽产品、优质牧草等 40 多个基地。

自贡团市委在 2002 年共扶持 100 余名农村青年增收成才带头人。全市各级团组织联合涉农部门，采取集中办班的形式，培训青年农技人员 500 多人次，培训农村种养殖能手 1000 余人次。全市各级团组织发展农村青年专业协会 20 余个，培养青年经纪人 200 余人。

广元团市委召开“共青团服务文明新村建设暨农村青年增收成才现场推进会”。会议对此后一个时期全市农村共青团工作进行安排部署，提出新形势下全市农村青年工作要以服务文明新村建设和帮助农村青年增收成才为目标。

绵阳团市委继续推进青年农民的培训工作。绵阳市游仙区作为全国第二批“跨世纪青年农民培训基地”，第一季度办班 16 个，培训学员 500 余人。江油市、安县等县（市、区）也开展了对农村青年星火带头人的培训工作；指导成立涪城区龙门镇的奶牛养殖协会、涪城区关帝镇的土鸡养殖协会、游仙区石马镇的蔬菜协会、游仙区五星观光梨园技术协会等农业产业协会。全市有各级农业产业协会 50 余个；在 2002 年 3 月，绵阳团市委组织部分市级星火带头人，种、养殖大户到三台县新生镇等地开展送农村实用技术下乡活动。

资阳团市委围绕团省委关于农村青年增收成才行动工作安排，联合农村信用合作社在全市共青团、农村信用社系统启动“信团互动”金桥工程；进一步强化服务意识，加快各级各类专业技术协会、市场中介服务组织和专业经济合作组织的发展，加大了对各级“青年致富能手”（青年科技兴农带头人、青年农业产业化带头人、农村优秀青年经纪人，青年工商创业带头人、返乡创业之星）的培养和扶持力度。

泸州市纳溪大渡口镇团委从区农业局、畜牧局、林业局、水利局等部门请来农技专家，为农村青年开展实用技术培训。同时，密切配合农机站、林业办等相关部门，举办麻竹、养牛、黄栀子、茶叶、蔬菜等技术培训19期，培训农村青年1350人，开设科技专栏12期，发放科技资料2万多份。

乐山团市委按照市场经济发展规律因势利导，筹建各级各类专业技术（营销）协会（公司），依托协会培养和壮大农村青年经纪人队伍，构建“协会（公司）+农户”的经营模式。全市各级团组织以协会为载体，举办信息发布和产品交流会，为青年提供教育培训和协调指导等多方面服务。全市共建立各类农村青年专业技术协会157个，青年股份合作制协会30余个，其中五通桥区花木协会、峨眉山市葡萄协会、井研水产品协会已进入省级百强协会行列。

双流团县委利用赶场天每月定期开展一次“科技日”活动，为农村青年传播科技知识，解答疑难问题，印发各类农技资料。团县委成立农村青年技术协会指导小组和一支由20余名农机专家组成的科技讲师团，并由团县委成员分片联系，指导全县各类青年技术服务协会的建立和规范运作。全县建立了规模较大、效益较高的青年专业技术服务协会20多个。

内江市、县（区）、乡镇团委联合相关部门成立农村青年增收成才领导小组，落实专职领导和工作人员；加大了对农村青年培训工作的力度。团市委与县（区）团委在确保当年培训骨干学员500人次的基础上，努力扩大培训面。在培训工作中，市县（区）两级团委积极联系教学、实习基地，其中教育基地由各级农业局和乡镇政府及农机校提供，实习基地在各级科技示范园和各乡镇科技示范场及农业可持续发展项目建设基地内进行。截至2002年8月底，团市委与县（区）团委共培训骨干青年农民250人次，所属乡镇团组织开展培训55次，培训人员达4500人次。

德阳团市委通过外出学习、现场授课和办各类技术讲座、举行杰出青年农民事迹报告会、利用“三下乡”“乡村青年文化节”等活动进行宣传和培训以及申请青年农民科技培训工程项目实施县（市），全面普及实用技术等多种形式对农村青年进行培训。2002年上半年团市委培训农村青年200人次，县市区培训7100人次。

攀枝花团市委联合市农牧局、市科技局和市农科所在盐边县举办了农村青年增收成才带头人培训班。参加培训的均为从事农业生产、开办农业企业和经营农业项目的优秀农村青年。培训班开设畜牧养殖（养羊、鸡、猪）、早市蔬菜栽培、果树栽培与管理（芒果、桂圆、葡萄、石榴）、无公害农产品的基本知识、农村经营管理及有关农业的法律法规等课程。

第三节　培养青年技能人才

2004年，团中央下发《关于实施“青工技能振兴计划”的意见（征求意见稿）》。团省委根据团中央实施“青工技能振兴计划”的意见精神认真研究、科学谋划，形成以“青工技能进阶天府行”

为主要载体的四川省青工技能振兴的工作思路，团省委联合省劳动和社会保障厅、省委青教办下发在全省实施青工技能振兴计划的相关文件，成立了“青工技能振兴计划”领导小组。

在实施“青工技能振兴计划”过程中，团省委坚持以培养造就一支高素质青年人才队伍、提高青年职业技能为目标，选择10家企业、10所学校和青少年宫设立了“青工技能振兴计划授权培训点”。明确了用三年时间在全省实施“四个一”工程，即培养1000名青年经营管理者，1000名青年企业技术人才，10万名青年熟练技术工人，为10万名下岗青工、社会青年和务工青年提供职业技能培训的工作目标，提出了建立“青年技能人才库”的要求。“青工技能振兴计划”自2004年在四川实施以来，取得很大成效，广大青工掀起了“学技能、练技术”的热潮。

2005年4月19—21日，四川公路桥梁建设集团有限公司在四川省宜宾市宜水高速公路C合同段金沙江大桥工地举行“技能振兴计划”系列之“四川路桥集团大桥分公司拜师学艺技能考核”活动，团省委副书记周键出席4月21日的颁奖仪式。参加此次考核合格的18名技术工人不仅获得由四川路桥集团公司颁发的荣誉证书和奖金，还获得由四川省劳动与社会保障厅颁发的《职业技能考核证书》，并破格晋升技术职称。

同年8月6—10日，由团省委、省劳动和社会保障厅、省委青教办、省国资委等10家单位联合主办、四川石油管理局川中油气公司承办，在遂宁市川中油气公司举办了为期4天的“技能振兴计划”暨全省石油系统钻井柴油机工、井下作业（试修）工青年技能大赛。此次活动一改往日传统大赛的规则，除了不限制参赛选手的技术等级外，团省委、省劳动和社会保障厅还共同研究制定了有利于广大青年职工立足岗位成才的奖励办法，对此次大赛理论考试和实际操作取得优异成绩、获钻井柴油机工、井下作业（试修）工两个专业比赛第一名的2名人员，由大赛专家组评定按程序向省劳动和社会保障厅破格申报高级技师技术资格证；对在此次大赛中理论和实际操作双合格、获此次大赛第二至第五名的8人，按程序向省劳动和社会保障厅破格申请技师技术资格证；对在此次大赛中理论和实际操作双合格的参赛选手，在现有基础上按程序晋升一级技术等级。团省委、省劳动和社会保障厅、四川石油管理局的领导为破格晋升技术等级的获奖选手颁发了相应职业资格证书。

9月14日，“技能振兴计划”暨全省电网系统220千伏变电运行青年技能大赛在四川电力试研院拉开了帷幕，有18个单位，20支代表队共计60余名选手进入决赛。其中，具有高级技工技术资格的占70%，技师资格的占15%。此次比赛共包括正常操作、事故处理、应知应会笔试问答三个部分，考试试题全部从国家电网公司考试题库中抽取。赛后对自贡电业局等6个团体进行了表彰。个人项目中杨登桂破格晋升高级技师，叶翔等3人破格晋升技师。

9月22日，南充市青工技能大赛开幕式在东风南充汽车公司举行。这次比赛共有车工、钳工、焊工、汽车电工4个项目，比赛进行2天，共有来自全市20多家企业的40名选手进入总决赛，比赛成绩优异的选手由劳动部门颁发了相应的职业技术等级证书。

11月20日，28名来自绿煤、李煤、李南煤、四方电力、蓥峰水泥、龙滩煤电、嘉华等7个单位的优秀焊工选手，参加在华蓥山广能集团公司举行的理论考试。理论考试的前15名选手参加了在嘉华公司举行的实际操作比赛。通过评委小组公开、公平的评审，绿水洞煤业公司的孟东升、何凤琼、郭山菱3人以综合成绩91、84.2、82.4分的高分包揽了前三名。

截至2005年底，全省共建立各级企业青年熟练技术工人库42个，入库人数12386人。青工战线各级团组织及选定的20余家“青工技能振兴计划培训点”既重视企业青工的“技能振兴”，也关注下岗青工、社会青年、务工青年的“技能提高”，全年共举办培训班 4896 次，免费培训青年 43658 人。

第四节 培养青年岗位能手

1993 年 12 月，共青团中央十三届二中全会制定《在建立社会主义市场经济体制进程中我国青年工作战略发展规划》，提出在全国实施跨世纪青年文明工程和跨世纪青年人才工程。青年岗位能手活动作为跨世纪青年人才工程的主要基础项目和重要组成部分，是全团青工工作实施的一个重要名牌战略。青年岗位能手是指年龄在 35 岁以下，有着优良的思想品德和职业道德，敬业爱岗，熟练掌握本岗位各项业务技能知识、优质并超额完成本岗位各项年度考核指标、创造了较好经济效益的企业青年职工。

1994 年初，四川启动“争当青年岗位能手活动”。为使活动稳步发展，团省委首先在全省抓好试点工作，确定 3 家全国青年岗位能手试点企业：初步形成教育——培训——示范——考核——评选——表彰体系的成都无缝钢管厂；开展青年岗位能手三级竞赛、注重典型引路及正面激励的重钢（集团）公司；以抓“双争”促“双推”的全国首批国家规范股份制改革试点单位的东方电机股份有限公司。全省还确定了成都南光股份有限公司、重庆嘉陵机器厂、中铁二局、水电七局、长虹电器厂等 25 家四川省青年岗位能手试点企业，并对试点单位开展“争当青年岗位能手活动”竞赛的方案、细则、政策、机制等方面进行必要指导，及时总结推广典型经验。团省委在反复调研的基础上，推出“南光经验”。成都南光实业股份有限公司注重培养、竞争、激励机制的建立，由党政一把手亲自挂帅，制定了“南光跨世纪青年人才工程实施办法”，从培养优秀的青年工人、青年技术人才和青年经营管理人才 3 个方面展开，设立由有关职能部门负责人组成的 3 个考评小组，同时把此项工作与企业职工培训体系相衔接，帮助青年职工立足岗位、学技术、钻业务、创一流业绩。该公司每年经过严格的目标考评，推出 100 名青年岗位人才，每年国庆节举行隆重的颁奖仪式，授予其青年岗位能手“南光跨世纪人才”光荣称号，并一次性奖励个人 5000 元奖金，并优先调资、分房，对连续 3 年成绩特别优异的拔尖青年岗位能手奖励住房一套。此举在南光青年中引起强烈反响，《中国青年报》头版头条予以报道，四川的“南光模式”影响力辐射到全国。此后，全省青工系统初步形成规划——实施——竞争——评定——表彰的竞赛体系。1994 年 9 月，团省委、省委工交财贸政治部、省经济委员会、省劳动厅、省委直属机关工作委员会联合举办四川省首届青年职工财会能手大赛，各市、地、州，省直机关择优推荐的 30 名选手汇聚成都市，展开激励的竞争。其中有 10 名选手荣获“四川省青年岗位能手”称号，省直机关、达州、重庆、成都、南充、乐山等 6 个单位获最佳组织奖。攀枝花团市委将青年技术能手赛与“争当青年岗位能手”大赛相结合，开展了历时半年、参赛青工达 2 万余人的全市性十大工种技术能手竞赛活动。

1995 年，在总结 1994 年试点企业经验基础上，争当青年岗位能手活动继续全面推进。岗位训练是培养当代劳动者的新型方式和有效途径，全省企业团组织围绕企业的生产经营，组织广大青年职工开展以推广先进操作法、拜师学技、互学小组等为载体的岗位训练工作。其中以十九冶、十八冶为代表的青工拜师学技工作和以重钢为代表的推广先进操作法工作最为典型。重钢青年工人胡廷民和税建国发明的两项提高效率的工作方法被命名为“胡廷民先进操作法”和“税建国先进操作法”。

在开展争当青年岗位能手活动中，各地以技能竞赛为主要载体，联合劳动行政部门，探索出青年岗位能手工作的新的工作模式。德阳首先把技能竞赛与技术等级证书考试结合起来，创造了“技能比赛+技能等级证书”的工作模式，不仅通过技能竞赛引导青工学技术，还让参加技能竞赛的青工有机会获得“中华人民共和国高级工证书”。1995年，团省委联合省经贸委、省劳动厅、省总工会、省国防工办举办四川省“核动力杯”青年钳工技能比赛，其中26名参赛者获得省劳动厅颁发的“中华人民共和国高级钳工证书”。同时，团省委还与有关部门联合组织选手参加“全国焊工技能比赛”“长虹杯”家电维修技能比赛，在全社会倡导学技术、尊重技术人才的风气，优化了育人环境。到1997年，活动又发展到导师带徒的形式。导师带徒是指企业运用管理手段，组织具有良好的职业道德、过硬的职业技能和一流的工作业绩的科技人员和技术工人，帮助指导技能水平相对低的青年职工，提高其职业道德和职业技能。1997年5月4日，在成都前锋电子股份有限公司举办四川省导师带徒签约大会。与此同时，绵阳、德阳、乐山、泸州等12个市（地），80多家企业，18万名师徒举行了隆重的导师带徒签约仪式。全省企业团组织以导师带徒为突破口，带动了技术比武、QC小组、“五小”活动等基础岗位的训练工作。

为规范对各级各类技能竞赛的管理，激励青工学技成才，1996年12月，团省委、省经贸委、省劳动厅联合下发《在全省青年职工中广泛开展技能比赛的通知》（以下简称《通知》）。《通知》规定：获省级一类比赛前三名和省级二类比赛及市（地、州）级一类技能比赛第一名且考试成绩（理论与实践）均在85分以上的青年职工，可直接破格晋升为技师。1996年11月，团省委、省经贸委、省劳动厅、省总工会联合在四川江油发电厂举办“川电杯”四川省青年维修电工技能大赛，40名各地、各单位的青年能手参加了角逐，6名优秀选手被破格晋升为技师。1997年2月，以省委办公厅、省政府办公厅名义组织召开全省1996年度青工工作总结表彰会，在会上，四川十大杰出青年岗位能手曹鸿英等10人首次获得省委、省政府表彰，并且享受省级劳动模范待遇。

1994—1998年，全省已培养出国家级青年岗位能手30名，省级青年岗位能手400名，各市（地、州）级各类青年岗位能手达到50多万名。

1999年，培养全国青年岗位能手3名，省级杰出青年岗位能手10名，省级青年岗位能手113名。2000年，培养全国青年岗位能手3名。2001年，全省继续开展百万青工争当青年岗位能手活动，全年共培养各级青年岗位能手10058名，表彰树立省级青年岗位能手74名。2002年，评比表彰了10名杰出青年岗位能手、51名省级青年岗位能手和7000余名市、县级青年岗位能手。2003年，评选表彰省级青年岗位能手59名。2005年，评出省级青年岗位能手65名。

第五节　培养优秀少先队员

1993年10月，中国少年先锋队全国工作委员（以下简称全国少工委）第四次全委（扩大）会议在昆明召开。会上，全国少工委遵循邓小平建设有中国特色社会主义理论和“教育要面向现代化、面向世界、面向未来”的指示，依据团中央十三届二中全会通过的《在建设社会主义市场经济体制进程中我国青年工作战略发展规划》的总体要求，提出在全国少先队组织中实施“跨世纪中国少年雏鹰行动”的意见。“跨世纪中国少年雏鹰行动”（以下简称“雏鹰行动”）是“跨世纪青年人才工程”的重要组成部分，是培养跨世纪人才的奠基工程。“雏鹰行动”的宗旨与目标是：引导和帮助广大少年儿童学会生存，自理自律；学会服务，乐于助人；学会创造，追求真知，提高少年儿童的全面素质。“雏鹰行动”的基本内容是：培养健康向上的人格意识；学习初步的生存与发展技能。“雏鹰行动”的实施主要通过“五自学习实践活动”“手拉手互助活动”“启明星科技活动”“百花园文化艺术活动”等主题活动来展开。

1993 年 12 月，四川省少先队工作会议在成都召开。会议传达全国少工委关于实施“跨世纪中国少年雏鹰行动”的精神。会后，省少工委制订了四川实施“雏鹰行动”的总体规划，即以“五自”学习实践活动、“手拉手”互助活动、启明星科技活动、百花园文化艺术活动这四项活动为纲要，推动全省“雏鹰行动”的全面实施。

一、“五自”学习实践活动

“五自”（自理、自学、自律、自护、自强）学习实践活动，旨在提高少年儿童整体素质，特别是提高他们的生活能力、劳动能力和创造能力。

1994 年 2 月，省少工委成立四川省“五自”活动指导委员会及其办公室。省委老领导天宝、省关心下一代工作委员会常务副主任张力行、省纪委书记杨崇汇任“五自”活动指导委员会名誉主任，团省委副书记、省少工委主任邓川任主任。省内各地也相应成立了活动指导委员会负责活动的组织、指导和协调工作。

全省各级团队组织根据省少工委统一安排，开展了丰富多彩，富有时代性、针对性、教育性和社会性的“五自”少先队活动。1994 年 4 月，成都市实施“雏鹰行动”试点校——磨子桥小学的少先队员来到“手拉手”联谊校丹棱县张场镇中心小学，参加“路在脚下”春令营活动。有些队员平时吃零食随便一出手就是一二十元，这次参加春令营活动到了目的地，老师宣布：每人只给 1 元 5 角钱，自己找午饭吃，自己找路上山。在负重急行军的活动中，每个队员一壶水，3 个玉米馍，经过长途跋涉，饥渴难忍时，还得与同行的山里小伙伴分享。在夜宿村民家中时，有的孩子想妈妈还悄悄流泪。通过这次活动，队员们体验到山里人的艰苦生活及真挚的情怀，他们幼小心灵深受震动。南江县南江镇第四小学四中队的少先队员开展“小雏鹰送科技”活动，提出“让红领巾也给农村送点科学知识”。黔江县冯家中心校组织少先队员开展“红领巾蚕桑行动”，促成学校、家庭、社会一体化养蚕网络的建立。与此同时，几乎全省所有的学校都围绕实施“跨世纪中国少年雏鹰行动”，开展“五自”学习实践活动。1994 年 10 月，省“五自”活动指导委员会评选出 200 个全省少先队最佳活动，并有 4 个少先队活动被全国少工委评为最佳活动，212 个活动被评为优秀活动。在层层开展“五自”知识竞赛活动的基础上，1995 年 2 月，由能当众流畅、准确地背出圆周率值 3400 位的成都市三中少先队员柏乐和成都市磨子桥小学少先队员胡晓敏等 5 名少先队员组成的四川代表队，应邀参加由全国少工委、中央电视台、中国少年报社等单位在北京联合举办的全国“五自”知识及技能电视赛，获团体优胜奖。在 1995 年少先队建队 45 周年前夕，全国少工委对实施“雏鹰行动”中卓有成效的少先队大队进行了表彰奖励。四川 65 个“雏鹰大队”受到表彰并获全国少工委奖授的少先队大队旗；重庆市少年宫、攀钢（集团）公司十一中学少先队苏铁园劳动实践基地等被全国少工委命名为“雏鹰行动”达标基地；1996 年，乐山市市中区县街小学少先队大队组织开展的“科技、环保、红领巾”五自活动获全国少工委颁发的优秀活动奖。1997年1月，省少工委荣获全国少先队“五自”主题活动方案设计竞赛省级组织奖。

二、“手拉手”互助活动

“手拉手”互助活动，旨在通过少先队员间的互助服务，引导少年儿童为社会，为他人，为有困难的小伙伴献一份真诚，献一份爱心；帮助队员了解国情，发扬集体主义精神，培养责任感；帮助队员在关心他人、服务他人的同时，逐步形成友爱待人的情感、乐于助人的品格。手拉手活动的核心内容是：参与、互助、共进。其重点和目标是共进。省少工委根据全国少工委的要求制定了“手拉手”活动的规划和措施，并要求各级少工委在开展“手拉手”互助活动时，把“手拉手”互助活动与精神文明建设、国情、团情结合起来，不断拓展活动内容，使少先队员之间的“手拉手”活动扩展到地区之间、学校之间、少先队组织之间、辅导员之间、辅导员与少先队员之间、孩子与成人之间及整个社会。

1995年3月，地处三峡的云阳县师范附小114名少先队员顶风冒雨，步行10余公里为该县盘石镇革岭小学的小伙伴送去300套衣服、书籍、队鼓等礼物，从此这114对小伙伴结成“手拉手小伙伴”。宣汉县东乡镇第一小学五·三中队的队员过节不忘农村的小伙伴，自制贺卡、编织品、雕刻品等礼物，为他们送去新年的祝福；兴文县中城二中在全校950名少先队员每人捐赠图书1—2本，为结对的兴文县共乐镇拖船村小学建立了“图书库”。

1995年5月5日，成都、乐山两市少工委结成“手拉手”互助联谊对子，并在成都市举行了两市“手拉手”签字仪式；1995年，乐山市共计72所城市学校与本地农村学校联谊，400对辅导员和5000对少年儿童结为“交友手拉手”，建立“少先队书屋”100个，辅导员书架60个；成都市青羊区的7所小学与巴中地区南江县的7所小学结成“手拉手”联谊学校，并互派代表开展联谊活动；1995年6月，成都市实验小学邀请省内贫困地区师生代表到蓉欢庆“六一”儿童节，为来自革命老区、英雄的故乡、少数民族地区的师生安排听课、游园和座谈会，举行“手拉手共同奔向21世纪”主题队会等丰富多彩的活动；1996年，南江县下两小学、高桥小学与广东东莞、岭南小学结成“手拉手”联谊校；绵阳市北川县陈家坝区由北京市西城区大木仓小学捐书40余箱，建立一个“手拉手”互助活动图书馆；由中国少年报社牵线，江苏省常州市郊区少先队员捐资为北川县的小伙伴们订一年《中国少年报》的形式，开展互助活动。

在“手拉手”活动中，全省在少先队辅导员之间也开展“手拉手”活动。四川资中县教委的邓晓智与山东枣庄市大坞镇中心小学少先队辅导员赵日贵结成了手拉手好朋友。1994—1995年，邓晓智向赵日贵寄去了少先队工作计划、总结、活动方案等材料212份，赠送书籍、报刊及自编的相关资料近200本，给少先队员去信20多封，寄书100多册，转变后进生50多人，帮助队员设计活动50多个。两位老师通过“手拉手”活动，取得了很大成绩。赵日贵被评为首届全国十佳少先队辅导员，邓晓智也多次被评为全国、省、市优秀辅导员。

广汉市向阳镇中心学校四年级少先队员周华，有一个被人们称为先富起来的家庭，但她始终惦记着需要帮助的人，惦记着自己的手拉手朋友。周华的手拉手小朋友叫刘怡，是仪陇县的一位小姑娘，家境贫困，曾一度辍学，在周华一家的资助下，得以重返校园，在一封刘怡从仪陇寄给周华的信中这样写道：“华妹，感谢你和你家对我们的帮助，我们家乡暂时比较落后，但是你们却使我感受到了我们和外面的世界是联通的，我从你们那里得到的不仅是经济上的资助，还有的是我战胜困难努力学习的信心……”

1995 年，全省开展“服务千村脱贫致富奔小康巴蜀红领巾志愿者行动”“手拉手情系灾区小伙伴”“辅导员手拉手扶贫助教”等活动。活动中，全省约有 180 万名少年儿童结成对子，3 万名辅导员结对交友，1 万多所学校结为联谊校，建立“手拉手书屋”100 余个，拥有图书 2 万余册，建立辅导员“手拉手”书架近百个，拥有图书 5000 余册。1995 年，四川少先队员古力被团中央、全国少工委评为全国十佳少先队员。1995 年 6 月，全省 39 名少先队员获得全国少工委颁发的一级雏鹰奖章。1995 年 10 月，10 名少先队员获第三届四川省“十佳少先队员”称号。1996 年 9 月，97 名少先队员获得省少工委颁发的二级雏鹰奖章。1997 年 8 月，在省少工委开展的“手拉手”好朋友书信大赛活动中，有 7 个地区和单位获组织奖，有 11 名少先队员获一等奖，20 名少先队员获二等奖，38 名少先队员获三等奖。

三、百花园文化艺术活动

百花园文化艺术活动是通过组织观看爱国主义影片，开展读书读报活动以及开展各类游戏、演奏、歌舞、书画、写作、朗诵等寓教于乐的文化艺术活动。1994 年，四川省少工委相继转发全国少工委《关于举办第二届“福达杯”全国少年儿童摄影大赛的通知》和《关于举办“阿卡希杯”全国少年儿童书画绘画比赛的通知》。全省各地结合当地实际，按照通知精神，认真开展百花园艺术活动。1994 年 7 月 30 日，省少工委、成都市青少年宫承办的全国“亿万儿童绘祖国”四川画卷合成仪式在成都举行。四川省著名画家黄纯尧和 30 名小画家现场作画，小画家们绘出四川新貌，展示了巴蜀少先队员的风采；被评为第三届四川省“十佳少先队员”的成都铁二局第三子弟小学六年级少先队员黄冠在百花园艺术活动中，先后获“冰心杯”全国少儿电子琴大赛一等奖和宋庆龄基金会主办的全国第五届少儿电子琴比赛二等奖；1995 年，省少工委、团省委联合举办“喜之郎杯”爱国主义知识百题竞赛活动；全川少先队组织在开展的各种形式的读书读报活动中，共收到答卷 13 万余份，评出个人一等奖 50 名，二等奖 100 名，三等奖 400 名，组织奖市（地、州）3 个、县（市、区）10 个、学校 30 个。省少工委办公室还与《四川农村日报》联合举办了“爱祖国、爱家乡，暑假一日征文活动”。

四、启明星科技活动

启明星科技活动是通过小制作、小发明等科技活动，启迪少年儿童学科学的兴趣，引导他们在科技活动中动手动脑，发挥潜能，培养创造意识。

1995 年，省少工委转发全国少工委关于举办“雏鹰电脑”初级培训班，拟在全国建立雏鹰计算机训练中心等有关文件，要求各地积极组织开展“启明星科技活动”。按照文件精神，成都市少工委举办了两届中小学生计算机知识及汉字录入比赛和中、小学生劳动科技作品比赛；重庆市人民小学还成立了“电脑秘书组”。电脑秘书组的成员全是少先队大队部招聘的会操作电脑的少先队员。电脑秘书组负责用电脑写大队日记，编辑出版《小主人社团报》，编辑同学们的优秀作文选，在少先队员代表大会上，用电脑进行选票的统计，在各种知识抢答比赛中，采用电脑记分，在教育调查中，用电脑协助老师进行统计分析。《红领巾》杂志，《少先队锋报》《人民画报》《中国少年报》等报刊对电脑秘书组进行了采访。《中国少年报》的“知心姐姐”采访之后，以“未来要生存，赶快学电脑”为标题进行了报道。第三届四川省“十佳少先队员”、藏族姑娘呷绒汪姆善于动手动脑，通过对康定跑马山为期近一年的实地考察，收集并制作动植物标本200多件，写出了《跑马山动植物以及生态植被的初步调查》近3000字的论文，获四川省千名劳动（科技）小主人奖。

全省各地还利用暑期开展各种学科学、爱科学活动，成都市少工委联合省航空宇航学会联合举办“1994年航空夏令营”，四川石油局少工委在1995年暑假举办了“电脑小博士”竞赛活动等。

第二章　人才激励

1991年，四川推出“四川十大杰出青年”评选活动，这是由省委组织部、省委宣传部、团省委、省青联、四川日报报业集团、四川人民广播电台、四川电视台共同主办的大型评选活动。同时，在不同战线，不同领域，不同岗位上开展了“四川十大杰出青年岗位能手”“四川杰出青年技术创新带头人”“四川十大杰出青年企业家”“四川十大杰出青年农民”“四川十佳少先队员”“四川十佳团干部”等评选活动。

1997年，四川开展了首届“四川青年五四奖章”评选活动，这是省委组织部、团省委、省青联授予四川青年的最高荣誉。

第一节　“四川十大杰出青年”

“四川十大杰出青年”评选活动自1991年推出后每年开展一次。“四川十大杰出青年”称号现已成为社会认同度较高的一项授予四川省杰出青年人才的崇高荣誉。

“四川十大杰出青年”评选活动的宗旨是：发现青年人才，树立时代楷模，宣传“杰出”精神。它揭示了当代青年的成长成才轨迹，充分展示了“杰出青年”在为民族共同理想努力奋斗的过程中实现个人价值的奋斗历程。“十杰”青年具有鲜明的时代特征和艰苦创业、追求卓越的成长经历。

“四川十大杰出青年”评选活动经历了一个认识逐步统一，评选逐渐规范，影响日益扩大的过程。前3届的评选活动采取社会公开投票方式，这种方式透明度高、参与感强，曾产生非常积极的影响。但由于地区间经济实力、青年人数等客观指标存在巨大差异，使得投票率集中在部分地区，影响评选结果的公正程度。同时还容易滋生不同地区、不同团体横向联系、代办投票的情况。第3届组委会首次对“十杰”举行了电视现场颁奖晚会。从第4届起，组委会对评选机制作了及时调整，不再采取社会投票的方式，而是在集中推报单位意见的基础上，由评选审定委员会最终投票决选出当年的“十杰青年”。第5届，组委会对候选人的推报环节提出更为严格的要求，即该年实行的要求推报单位直接考察的做法，保证了人选的质量。第6届，对推报环节作了更加明确、规范化的要求，使得推报过程更具有可操作性。第7届，在评审工作委员会中，首次增加了社会各界代表。第8届，除现场直播颁奖典礼外，增加了事迹报告会和“十杰”青年与普通青年接触交流的内容，扩大了“十杰”青年在广大青年的影响。第9届，“十杰”青年首次通过互联网与广大青年进行交流，扩大了“十杰”青年的社会影响。第10届，评选“四川十大杰出青年”启动仪式首次走出成都在广安举行，使“十杰效应”集中扩大到某一局部地区。

经过每届的补充和改进，“十杰”评选活动的举荐渠道不断规范，评选机制逐步完善，宣传表彰力度逐年加大，已形成层层选拔、逐级推报的候选人举荐渠道、专家评审和社会参议相结合的评选机制及党政关心、青年关注的良好社会环境。

历届“四川十大杰出青年”评选活动推出了一批批在改革开放和社会主义现代化建设以及四川新跨越中取得突出业绩的杰出青年，在广大青年中产生了极大反响，引起社会各界广泛关注。

在“四川十大杰出青年”评选活动影响下，全省自1991年首届评选以来，至2005年，共授予129人“四川十大杰出青年”称号。在不同战线、不同领域、不同岗位上还开展了“四川十大杰出青年岗位能手”“四川杰出青年技术创新带头人”“四川十大杰出青年企业家”“四川十大杰出青年农民”“四川十佳少先队员”“四川十佳团干部”等评选活动。

第二节　“四川青年五四奖章”

开展“四川青年五四奖章”评选活动，旨在进一步加大树立和宣传当代四川青年先进典型的力度，在全川青年中形成崇尚先进、学习先进的风气，引导和激励全川青年在新的历史时期继承和发扬五四光荣传统，积极投身改革开放和社会主义现代化建设，在全面建设小康社会的进程中建功立业，健康成长。

“四川青年五四奖章”原则上每年五四青年节授予。有特殊贡献者，可以特别授予。

“四川青年五四奖章”评选条件：14—40周岁的四川青年（周岁年龄截至评选当年的4月30日）；积极拥护中国共产党的领导，坚持党的基本路线，热爱社会主义祖国，是四川青年政治进步的楷模；踊跃投身四川省全面建设小康社会的伟大实践，爱岗敬业，勤奋学习，艰苦创业，在工作中做出了突出成绩和重大贡献，是四川青年建功成才的典范；积极参加社会主义精神文明建设，具有良好的社会公德、职业道德和家庭美德，是四川青年精神文明的榜样。

评选机构和程序：省委组织部、团省委、省青联共同组成“四川青年五四奖章”评审委员会，负责评选活动的组织及审定工作，处理评选活动中出现的重大问题；团省委组织部负责评选活动的具体实施；团省委每年年初发出申报“四川青年五四奖章”通知；各市（州）团委、省直属团（工）委、成都军区政治部、省武警总队等单位根据当年评选通知的要求，通过严格考察，经同级党委同意，提出该地区、该系统的候选人，向团省委组织部推报。原则上1个单位只能推报1名，若条件不具备，也可以不报；团省委组织部经过资格初审后，将各市（州）推报的候选人提交团省委书记办公会讨论，然后提交“四川青年五四奖章”评审委员会评审决定；“四川青年五四奖章”评审委员会在对候选人进行认真评议、充分酝酿的基础上，确定“四川青年五四奖章”获得者。

表彰和宣传：省委组织部、团省委、省青联在五四表彰大会上对当选者颁授“四川青年五四奖章”，并颁发荣誉证书；省委组织部、团省委、省青联对其他未当选的候选人授予“四川青年五四奖章”提名奖；省委组织部、团省委、省青联在四川电视台、四川日报等省内媒体上对“四川青年五四奖章”获得者进行宣传报道。

自1997年首届评选以来，至2005年，已连续举办9届，共表彰75人。

第七篇　调 查 研 究

1983 年，共青团第二次全国青运史（以下简称青运史）工作座谈会后，四川青运史研究工作日益受到各方面的重视。1984 年 5 月，团省委青运史研究室成立，省财政厅每年拨给专门经费，团省委将青运史研究工作正式纳入议事日程，在组织上和经费上保证了青运史研究工作的日常运行。团省委组织开展了对全省青年工作现状的调研工作。经历了从小到大，由单一到多样，由平面到立体，形成了各级团组织和团干部重视调查研究、热心调查研究的良好风气。

第一章 青年工作调研

团省委从全省农村青年脱贫致富、外出务工青年返乡创业、大学生参加社会实践、青少年与网络、青年思想道德状况入手，调查了全省的农村青年、城市青年和在校的青少年的行为情况。在这些事实依据基础上，提出了启示和思考。

第一节 农村青年工作调研

一、农村青年脱贫致富调研

（一）调研背景

农村团员青年是一方经济发展的领路人，是共青团组织的助手和后备军。了解农村青年贫困现状及原因，有助于在农村扶贫攻坚中更好地发挥共青团组织的带头作用，同时进一步发挥农村团员青年在地方经济建设和农业产业结构调整中的生力军作用。

（二）调查概况

团省委、省委青教办于1998年8—10月对全省农村青年脱贫致富现状进行了专题调查。

此次调查在10个市（地、州）选取了10个贫困县，即叙永县、平武县、兴文县、南充市嘉陵区、广元市朝天区、巴中市、宣汉县、白玉县、九寨沟县、冕宁县100个有代表性的贫困村作样本，采取问卷、座谈、走访三种调查方式。其中，问卷调查的对象是100个贫困村的团支部书记，共发出问卷100份，收回85份，这是调查报告的主要依据。

（三）贫困原因分析

形成贫困和持续贫困的原因很多很复杂，在不同地方存在一定的差异性。调查问卷涉及了环境、社会、人力、经济、政策、组织6个方面的因素，形成了6个方面的成因分析。

环境因素 土地瘠薄列第一位，依次为交通闭塞，缺乏水源，气候条件恶劣，缺少耕地。

社会因素 生活方式落后得到77.65%的被调查者认同高居首位。

人力因素 文化素质低、观念落后是两个突出的问题，分别有高达89.41%和82.35%的被调查者认同。归结到一点——低素质人口造就高贫困经济。

经济因素 主要的问题是缺乏资金和农业技术。一方面是低文化素质接受科技趋于保守，另一方面贫困地区科技推广的有效机制还未完全建立起来。

政策因素 主要对贫困户的优惠政策落实的角度了解，调查显示，“减免农业税和农业特产税”落实最好，可以看出，被调查者认为贫困户额外摊派仍然偏多。

组织因素 贫困村党支部绝大多数能够在带领贫困户脱贫致富方面发挥积极的作用，但村党支部特别是党支部书记缺乏市场经济知识和科技知识，没有开拓意识，缺少带领群众发展经济的本领。

综合上面的调查分析表明，贫困地区致贫、积贫，既有历史的根源，也有现实的原因；既有来自自然界的制约，也有来自社会方面的影响；既有贫困地区和贫困人口自身的原因，也有来自外部的障碍。贫困地区应当结合实际，找准主要的制约因素，有的放矢，标本兼治。

（四）脱贫对策

从1994年开始实施《国家八七扶贫攻坚计划》以来，政府加大扶贫攻坚力度，四川的扶贫攻坚虽已取得巨大成绩，但是应当看到，剩余的贫困人口所处自然条件更差，居住更分散，贫困程度更深，扶贫难度更大，要在2000年基本消除绝对贫困现象，任务还相当艰巨。贫困地区应当抓住西部大开发的机遇，坚持实事求是原则，具体分析实际情况，相应采取针对性措施，扶贫到村到户；坚持可持续发展原则，兼顾人口、环境、资源的协调发展，走开发扶贫之路。

加强基础设施建设，改善生存发展条件。一方面政府要加大无偿使用资金扶持力度，但重要的是贫困地区要广开筹资渠道，对那些不具备基本生产生活条件的贫困户，要积极稳妥地实施异地搬迁扶贫，同时加强劳务输出。

坚持科教扶贫战略，激发人力资源潜力。增强对贫困地区文化教育投入，改善教学设施；通过教育和示范引导，帮助贫困农民解放思想，更新观念；强化科技培训，选择一些成熟可靠、易于接受的科学技术，真正落实到贫困户的手中，转化为现实生产力。

调整农业产业结构，推进农业产业化。结合贫困地区的具体情况，以适合当地自然条件、有科技含量、有市场的种养殖业和以当地农产品为原料的加工企业为重点，辅以先进的农业技术，扶贫资金上重点倾斜使用，在当地形成有竞争力的优势产品和优势产业。

加大扶贫资金投入，提高资金使用效益。将扶贫资金有效地分配给贫困农户和扶贫项目，资金到村入户是前提。帮助贫困户选择有效益、能增强贫困户自我发展能力的项目是资金到村入户的关键。

加强基层组织建设，动员社会广泛参与。加强贫困地区乡村干部培训，帮助他们解放思想、更新观念、转变作风，继续发扬自力更生、艰苦奋斗的精神。动员全社会进一步关注贫困地区，不断提高帮扶层次，为贫困地区脱贫想点子、出票子、找路子，“真扶贫，扶真贫”。

共青团要继续在服务扶贫攻坚中发挥生力军作用。通过探索创新工作方式，突出针对性，加大科技培训和科技推广力度，增强贫困青年学用科学技术的能力，提高贫困青年素质；发挥团组织自身的组织网络优势、人才资源优势，拓宽劳务输出渠道，准确把握劳务市场信息，有组织地对青年劳务输出实行定向、有序管理，帮助贫困青年增收；要做好外出务工青年的“回引”工作，帮助外出务工青年返乡创业；以省委、省政府给共青团的500万元扶贫贷款为依托，帮助贫困户发展能发挥当地资源优势、有市场前景特别是一些见效快、带动性强的种养殖项目，将共青团服务扶贫攻坚工作落到实处。

二、农村团员青年致富奔小康调研

（一）调研背景

2002年，结合团省委组织开展的“走百乡（镇）、进千村、访万名青年”活动，团省委青农部针对全省农村青年和农村共青团工作如何适应新形势和任务，在农业和农村经济结构和战略性调整中切实发挥广大团员青年的生力军和突击队作用，开展了深入的调查研究。

（二）组织调查

此次重点考察了凉山州西昌市小庙乡各级团组织和乡、村、社的广大团员青年。小庙乡地处西昌市城郊结合部，距市中心约5公里，全乡面积37.21平方公里（其中耕地面积15423亩），辖7个村65个村民小组，全乡总人口17543人，其中农业人口17323人。2000年全乡实现国民生产总值4748万元，较1999年增长10%；农民人均纯收入3080元，较1999年增长7%；乡镇企业产值达12140.3万元，较1999年增长21%；财政收入167万元；粮食总产量达116830吨，单产达806斤/亩。该乡党政领导十分重视团的工作，对共青团开展的各项活动十分支持。乡村两级团组织机构健全，有班子、有阵地、有经费，团的活动开展正常。广大团员青年为当地经济建设和社会发展做出了积极贡献。

小庙乡团员青年的主要特点：农村青年渴望致富；农村青年追求生活质量提高；广大农村青年在达到一定的物质条件后，更加注重对文化生活的追求；团员青年逐渐成为农村经济建设的生力军。调查中发现，一大批农村青年和青年户迅速成为致富奔小康的领头羊。通过他们创造性的实践活动，能够看到广大农村团员青年仍然是地方经济建设和农业产业结构调整的生力军，新时期农村团的工作希望和机遇并存。

在发展乡镇企业中勇挑重担。在小庙乡乡镇企业中青年职工占75%以上，55%企业负责人是青年，广大青年已成为乡镇企业的骨干和中坚力量。在产业结构调整中带头示范：广大农村团员青年在种植蚕桑、养鸭、养鱼、退耕还林、食用菌种植等方面，充分发挥“带头、带动、带领”的“三带”作用，在农业结构调整，推进农业产业化进程中发挥了主力军作用。在中心村建设中积极响应：小庙乡从自身实际出发，为加快小城镇建设，发展规模经济和商品贸易集市，充分利用土地资源，合理布局村民住宅用地，彻底改善村民居住条件，提出中心村建设规划，得到了广大青年农户的积极支持。

（三）启示和思考

新时期农村团的工作要按照“三个代表”重要思想的要求，坚持把服务农村青年增效增收、成长成才作为工作的出发点和落脚点。从这次基层调研可以得出，共青团农村工作以服务农村青年增效增收、成长成才为主线的指导思想和所开展的领办科技推广项目、保护母亲河行动、培育青年星火带头人、脱贫致富奔小康竞赛等主题活动是适应广大农村青年的实际需求和需要的。此后共青团农村工作要紧紧围绕党委、政府在农村的工作要求，继续按照“围绕一条主线、突出四项重点、夯实一个基础”的工作思路开展好工作。

新时期农村团的工作要适应全省农业产业化发展的要求，以“助力行动”为契机，全面推进团的农村重点工作。“助力行动”是共青团组织联系科委、农行等部门，通过科技知识培训、“一带一”生产实践、“三助一”跟踪扶贫等方式，帮助一批青年带头创业的一项主题活动。要结合“助力行动”，大力培养青年星火带头人，因地制宜地进行实用技术培训，要大力发展领办科技推广项目，广泛建立示范基地。同时逐步建立服务农村青年科技致富的网络组织，致力于帮助农村青年了解掌握致富的市场信息和项目。

新时期农村团的工作要适应农村青年的文化需求，拓展“乡村青年文化节”的形式和内容，不断丰富农村青年的文化生活。开展“乡村青年文化节”活动，是共青团组织学习实践“三个代表”重要思想，推进科技、文化、卫生“三下乡”活动深入开展的具体行动，是促进农村社会主义精神文明建设的有效载体，也是活跃农村共青团工作的重要举措。

新时期农村团的工作要适应当代农村不断发展变化的新情况，积极探索农村团的工作的新路子，全面活跃农村团的工作。要按照“三个代表”重要思想的要求，坚持“党建带团建”的原则，抓好强乡带村工作，加强农村团的组织建设。充分发挥农村团员青年的“双带”作用，更好地调动他们建设家乡的热情。要围绕全省农业产业化发展，积极探索产业建团、协会建团等团建发展的新模式，通过农业产业化发展带动农村团组织的振兴，更好地发挥农村团员青年在农业产业结构调整中的积极作用。

第二节 城市青年工作调研

一、四川外出务工青年返乡创业调研

（一）调研背景

随着社会经济的不断发展，机遇与挑战并存。就业、创业，是城市青年共同关注的焦点。提供更多的就业创业机会、提升职业能力，成为城市青年对共青团工作的一致期待。到城市务工经商的农村青年，有的在打下一定基础后，带着观念、技术、资金、项目返乡创业，成为推动农村经济发展的重要力量。返乡创业是农村青年“增收成才”的有效途径，有利于城乡互动，有利于农村产业结构的调整、农业产业化经营和加快城镇化、工业化进程。

（二）组织调查

为调查了解四川省外出务工青年返乡创业的情况，团省委于2002年3月、7月开展了这次专项调查。此次调查深入金堂县、三台县、遂宁市市中区、筠连县、仁寿县，以问卷和召开座谈会的形式进行。调查问卷发出60份，收回有效问卷52份，回收率86.67%。此次调查对象为35岁以下返乡创业青年，其中男性及初、高中文化程度占大多数。调查显示，四川省外出务工青年返乡创业走出了“外出—成才—积累—返乡—创业—共同发展”的路子。

（三）主要特点

调研表明，四川外出务工青年返乡创业呈现出外出务工为返乡创业打下了基础；返乡创业成为外出务工青年的重要发展方向；各地为返乡创业提供了优惠的政策和条件；返乡创业发展势头总体良好，返乡创业青年对前景充满信心；返乡创业依然存在问题和困难等特点。

最主要的问题是资金、管理、以及项目、技术及发展环境。调查显示，他们最希望政府及相关部门在资金、信贷方面给予有力支持，其次是项目及信息、土地使用、税费减免等。外出务工青年希望共青团组织在提供资金及市场供需信息、引进管理及人才、提供合适的项目等方面继续予以帮助。同时在维权上给予他们有力的帮助，保障创业过程中的合法权益。

（四）返乡创业产生的影响

返乡创业促进了农村城镇化、工业化的进程。返乡创业者中返乡从事商业、服务业，他们为家乡带来了新的产业和服务，对完善城镇功能起到了积极作用。

返乡创业推动了农业产业结构的调查。从调查来看，这种返乡创业进入集约农业，可为输出地农业引进技术、注入资金、带来市场信息，并通过示范效应带动输出地农业内部结构的变化，促进农业产业结构的调整。

返乡创业增加了就业机会，提高了农民收入。从从业性质上解决了相当部分农村人口的非农化问题，增加了农民收入，有效推动了农村消费市场的升级。

返乡创业转变了思想观念，提高了农民素质。通过外出务工及返乡创业这种思想观念、行为方式的洗礼过程，潜移默化改造了农民的传统、认识、思维，为挑战传统农业、构建现代农业打造了一支较高素质的生力军和战斗队。

（五）对策建议

各级政府应进一步加强对“返乡创业”工作的领导。要积极引导，优化服务，创造良好的投资环境，鼓励外出务工青年“返乡创业”。要大力宣传“返乡创业”的先进企业和个人，扩大示范作用。要加大“返乡创业”扶持力度，对返乡创业在立项、用地、信贷、能源、营销等方面给予优惠政策，完善配套措施，在手续审批方面提供方便。

搞好信贷支持，多渠道解决返乡创业资金问题。有关部门要加大返乡创业的信贷支持，降低信贷条件，简化信贷手续，增加信贷比例，为返乡创业最大限度地提供金融支持。要鼓励返乡创业青年采取入股、合作、加盟连锁、“公司＋农户”等多种融资和经营方式，广开资金渠道，化解资金压力，解决返乡创业的资金困难问题。

加大培训力度，提高返乡企业人员素质。坚持“市场引导培训，培训促进创业”的原则，分类培训，分级负责，形式多样，注重实效。对返乡创业青年，主要针对其在项目选择、经营管理方面的不足，有针对性地开展培训，提高返乡创业人员素质，提升返乡创业的规模和层次。

做好中介服务，提供项目、市场、人才信息。进一步完善中介组织，运用网络等现代技术，开展为返乡创业的中介服务，多方式、多途径提供项目、市场、人才信息。积极协调，为返乡创业引进项目和人才，牵线搭桥，开拓市场，促进返乡创业青年更好地发展。

搞好法律服务，维护返乡创业青年合法权益。加大法律的宣传和返乡创业青年的法制教育。同时，各地及有关部门应进一步制定和完善相应鼓励和保护返乡创业的政策法规，并通过司法监督和法律援助来保障外出务工青年返乡创业的合法权益。

共青团组织应进一步建立和完善“返乡创业”的社会服务体系。各级团组织要主动发挥协调作用，联合有关部门和社会力量，通过建立返乡创业咨询部、培训网点、维权岗、图书室、活动室，开展信息及人才中介、项目代理、法律咨询、培训、维权、文化等服务，促进返乡青年创业。同时，做好优秀返乡创业青年、返乡创业示范园区的评选活动，树立先进典型，推行先进经验，鼓励返乡青年“建功立业”；做好“返乡创业”优惠政策及优良环境的宣传，推荐成功案例，吸引外出务工青年返乡创业。

二、高新技术企业青工调研

（一）调研的背景

随着世界经济一体化和全球化进程的加快，国际经济竞争日趋激烈。加入WTO，既给中国带来了发展机遇，又使中国面临空前压力。为抢得发展先机，使四川实现超常规的跨越，全省各地相继建立了不同规模、不同档次的一大批高新技术产业园区。与此同时，越来越多的青年特别是一些文化素质较高的青年向这些企业流动，成为企业的生力军和主力军。因此，如何做好高新技术企业青工工作，已成为共青团组织必须认真加以研究的课题。

（二）调研的基本情况

此次调研在省内高新技术产业较发达的成都、绵阳、德阳三市进行。问卷调查对象均为高新技术企业35周岁以下的青年职工，其中，18—25岁占39.8%，26—30岁占46.36%，31—35岁占13.86%，男性占61.04%，女性占38.96%；研究生以上文化程度占12.99%，大学占41.56%，大专及以下占36.36%。调查显示，当时四川高新技术企业青工工作处于严重滞后状态，一方面企业业主普遍不重视青工工作，少数外企老板对青工工作在认识上还有一些误区，同时，常规的活动对青工缺乏吸引力；另一方面，广大青工也渴望共青团组织为他们提供活动的空间、交流的平台。

（三）青工工作的现状

高新技术企业业主不重视企业团的工作，阻碍了青工工作的发展。传统的青工工作，已不适应高新技术企业青年职工的要求。调查表明，高新技术企业青工在注重经济利益的同时，十分重视自身能力素质的提高。部分高新技术企业才起步，规模小，也是不能有组织地开展青工工作的重要原因。高新技术企业广大青工渴望共青团组织为他们提供活动的空间，交流的平台。

（四）对策建议

建好组织，分类指导，实行一企一策的原则。各级团组织要对高新技术企业的团建工作切实引起重视，认真加以指导，对于规模较大、生产较稳定、市场前景好、建团条件比较成熟的高新技术企业，由于这类企业发展到一定阶段，对企业制度和企业文化的建设具有内在的要求和愿望，尽快建立团的基层组织，通过在其中开展有效的工作来起到示范和导向作用。对于规模较小，条件还不成熟的高新技术企业，可先通过青联等外围组织为企业主提供服务，使他们对共青团工作更加了解，明白共青团在经济建设中起到帮忙鼓劲的作用。在此基础上，可采取社区建团的方法建立团的组织。随着社会不断发展，改革进一步深化，企业的社会服务功能逐渐转移至社会，社区建团是开展高新技术产业青工工作的行之有效的办法。

体制内的青年越来越少，体制外的青年越来越多，这已是不争的事实。团组织必须顺应形势的发展，适时调整工作思路，才能有效履行自己服务大局、服务青年的工作职能。共青团必须以自己的方式为先进生产力服务，扬长避短，发挥自己在实践中育人的优势，把开发青年人力资源、提高青年劳动者的素质作为工作的切入点和着力点，实现技术创新、企业创效、青年成才的有机统一。

注重以人为本，通过培训和读书计划等，全面提高企业青工的综合素质，促进青年自身的发展。高新技术产业青工工作的主题应从“青年教育”向“青年发展”扩展，加强对青年人才的培养，塑造思想素质好、理论基础强、业务能力精、社会适应能力和竞争能力强的青工队伍，并对其中的优秀分子进行表彰和鼓励，营造青年健康成长的良好氛围；适应高新技术企业的特点，运用有效的载体，创造性地开展青工工作，比如项目突击、课题攻关等，鼓励青工岗位创一流、技术争一流、效益拼一流，利用共青团的组织优势，以解决高新技术企业在生产经营中的矛盾为突破口，切实为企业排忧解难．在企业的发展中建功立业。

第三节　青少年行为调研

一、大学生社会实践活动调研

（一）调研背景

青少年的明天就是中国的明天，青少年的行为及活动对社会发展和经济建设产生了一定的影响。公益性社会实践活动，是青少年综合素质教育的重要环节和组成部分，也是构建和谐社会的必需任务。

在各高校团委组织下，大学生利用课余时间和假期时间走上社会，开展了各种与社会直接产生联系的实践活动。1987 年 7 月，四川省大、中专学生“扶贫兴蜀，实践成才”社会实践建设营开营式在成都举行。全省有 60 所高校 10 万名大学生、150 余所中等专业学校的 9 万多名学生参加，占全省大、中专学生人数总数的 90%。1987—2005 年，每年暑期都组织大学生或大中专学生开展社会实践活动，组建社会实践活动学习考察团、社会实践活动建设营以及后来的科技文化卫生“三下乡”活动队伍等方式，通过开展科技服务、文化服务、实用技术培训、医疗服务、慰问演出等多个项目，分赴全省及全国开展活动。

(二) 实践活动

通过对大学生社会实践活动的调研发现，社会实践活动对社会的精神文明和物质文明建设起到积极的推动作用，产生了一定的社会效益；社会实践活动有助于培养和造就一代有理想、有道德、有文化、有纪律的社会主义新人，产生了较好的人才效益。

社会实践活动开辟了高校共青团工作的新领域，同时也呈现了当代大学生特征，如感受时代精神的敏锐性，参与意识日益增长，注重实际、注重能力的提高，成才愿望强烈等。当代大学生的弱点，从特征上概括有以下几点：一些大学生脱离实际，脱离现实，社会化程度较低，易于片面和偏激；一些大学生马列主义基础薄弱，缺乏社会经验，容易被错误思潮迷惑；有的大学生意志较为薄弱，思想情绪不够稳定，对未来的工作、生活缺乏必要心理准备。

从对当代大学生的特征分析，可以看到，当代大学生具有鲜明的时代精神和时代性格，正处在从传统人向现代人转化的阶段。但是，在他们身上也存在着与新时代人才要求不相容的弱点，这些弱点之一就是由于他们的社会化程度较低，使他们与现实社会有一定的距离。

（三）实践活动的作用

当代大学生的追求和向往与时代的发展是同步的，但离新型人才的要求还存在一定距离，需帮助他们客观地认识自己，认识社会，知人论世，审时度势，将理想建筑在现实的基础上。1987—2005年，高校共青团组织围绕以人才为中心的培养目标，紧密配合学校的教学工作，创造性地开展了丰富多彩的社团活动，社会实践活动，勤工助学等活动，为学生成才铺路搭桥，创造良好的条件，收到了较好的人才效益。

社会实践活动有利于理想教育的具体化。高等教育的特点之一，是进行专业教育。学生进入某系某专业学习，就意味着选择了职业方向，职业的定向对未来专业的个性形成具有决定性的作用。但有相当部分的大学生对未来的职业缺乏心理准备，学业上没有奋斗目标。其主要原因是，对所学专业的社会效益缺乏了解，对社会要求该专业人才具备哪些素质、能力缺乏了解。社会实践活动使学生走上社会，运用所学专业，服务于人民，造福于社会，从而使学生能亲身体验自己所学专业对社会的政治、经济、文化建设发挥的作用，增加职业自豪感和使命感，树立和校正自己的职业理想，使自己攻读的专业与职业理想一致。同时，从社会实践中，他们也可了解到社会对各专业人才的具体要求，以此为标准，在树立职业理想的基础之上，有目的地建立起自己的事业目标。

社会实践活动有利于锻炼和培养学生多方面能力。现代社会是一个开放的社会，它需要“开放式”的教育。社会实践活动是实现“开放式”教育的途径之一。社会实践活动要求学生在掌握一定知识和操作技能的前提下，利用业余时间，直接参加到火热的社会生活中去，在实践中锻炼提高自己的创新精神和多种能力。在社会实践活动中，他们不再是被动者，而是主人翁；不再是机械地吸收，而更多的是主动地创造。学生们通过开展科技咨询，科技成果转让，为民服务，智力支乡等活动，理论联系实际，强化了实践意识，锻炼了学生多方面的能力，对开拓型人才的培养起到了“第一课堂”所代替不了的作用。

社会实践活动有利于大学生社会化。从调研情况来看，部分大学生对自己估计偏高，眼高手低，自我感觉良好。组织大学生参加社会实践活动，是加快大学生社会化步伐的好方法。在社会实践活动中，社会能对大学生作出全面的、客观的评价，帮助大学生在现实生活中真正找到自己的位置，明确自己担负的历史使命。实践证明，社会实践活动中的积极分子，由于具有更多地接触社会的机会，比较了解社会的现实和比较客观地认识自我，并在活动中培养了组织能力和工作能力，锻炼了意志和才干，走上工作岗位后，能较好地找到自己合适的位置，较快地进入社会为自己安排的角色。

社会实践活动有利于参与意识的培养和引导。参与意识的日益增强是当代大学生的特点之一。要引导学生正确地参与社会生活，首先要引导学生正确地认识所处的社会。社会实践活动给大学生提供了深入了解社会的机会，使他们能够全面地、立体地观察和分析社会，去了解今天的中国，了解人民群众在党和政府领导下所进行的伟大社会主义建设和改革实践，从而加深对党的路线、方针、政策的理解。社会实践活动为大学生投身改革实践提供了一个广阔场所，大学生们能以主人翁姿态参与，学习广大人民群众为四化建设的献身精神。同时，也发挥了他们的聪明才智，为社会的精神文明和物质文明建设起到推动作用。

（四）调研的启示与思考

大学生社会实践活动的广泛开展，顺应了时代发展趋势，顺应了当代大学生追求，符合时代对人才要求的需要。社会实践活动有利于大学生理想教育的具体化，有利于锻炼和培养学生多方面的能力，有利于大学生的社会化，有利于引导大学生正确地参与社会生活。社会实践活动是培养有理想、有道德、有文化、有纪律的社会主义新人的重要途径。

二、青少年与网络调研

（一）调研的背景

青少年是社会发展的直接受益者，又是未来社会发展的重要推动者，他们的健康茁壮成长，一直是社会关注的焦点。随着科技的飞速发展和网络的逐步普及，青少年与网络的关系越来越紧密，网络在帮助青少年成长的同时，也让一部分青少年因为迷恋网络而荒废青春、甚至是走上犯罪道路的行为。这些行为不仅影响了青少年的健康成长，也给家庭和社会带来了许多问题。

（二）调查概况

2004 年，团省委进行了“青少年与网络”调查，这是团省委历经半年时间完成的一项全面客观反映四川青少年利用网络的情况和网络度青少年影响的大型调查项目。该次调查在地域上，按照 21 个市（州）的情况选择了成都市，经济较发达的绵阳市，处于中间水平的南充市和经济相对落后的凉山州。同时在每个市下选择了一个县进行调查。这样既可反映经济发展水平对青少年上网的影响，也可看到不同规模城市对青少年上网的影响；在调查对象上，分别选择了以上四个地区的高中、初中和小学五、六年级的班级进行全面调查，每个年级选择一个班调查。

2004 年团省委调查地区人数情况表

表 7－1　　单位：人

调查市、县	人　数	百分比
西　昌	792	13.35
南　充	946	15.94
西　充	942	15.87
绵　阳	692	11.66
三　台	420	7.08
成　都	1042	17.56
冕　宁	1100	18.54
总　计	5934	100.00

该次调查共涉及 45 所中小学。调查的学生中，男生占 52.50%，女生占 47.50%。团员占 33.80%，班干部占 31.07%。可以看到，学生干部和团员各为 1/3 左右。

2004 年团省委各个年级调查人数情况表

表 7－2　　单位：人

年　级	人　数	百分比
小　五	1025	17.27
小　六	1079	18.18

续表3－9

年　级	人　数	百分比
初　一	695	11.71
初　二	1050	17.69
初　三	684	11.53
高　一	530	8.93
高　二	555	9.35
高　三	316	5.33
总　计	5934	100.00

调查问卷部分从2004年10月到12月进行的，由当地团委具体配合执行，各个学校在统一时间，全班同学集中填写问卷。填写完成后立即回收并交到当地团委。12月进行了计算机录入工作，共计完成5943份调查问卷的录入。

（三）网络对青少年影响情况

该次调查，不仅反映了地区间网络发展的不均衡，也反映了网络对不同年龄和年级青少年的影响。网络对青少年的影响是多方面的，既有正面影响，也有负面影响。主要调研网络对青少年事业心的影响、网络对青少年成功心理的影响、网络对青少年处理人际关系的影响、网络虚拟性对青少年认知与行为的影响、利用网络查阅资料对青少年工作和学习的影响。

网络对青少年事业心的影响。随着年龄增长，青少年的事业心会逐渐增强。上网可开阔青少年的眼界，提高青少年的事业心，树立远大志向。但如果青少年无限制地上网，也会减弱青少年的事业心。网络对于青少年的控制有不同的情况：对于高中生和小学生是需要了解他们什么时间上网、在什么地点上网，而不是如何上网。对于初中生来说就是需要具体监管上网的内容，帮助他们渡过青春期的心理转变时期。

用虚假的成功满足自己的需要。在网络游戏中，个人与他人对阵，以得分的多少体现的成功，使得青少年获得心理的满足，而对网络游戏产生兴趣。这种心理感受对青少年有两种影响：一是这种建立在虚拟活动中的心理满足是需要不断地刺激才能持续的，这也就会促使青少年用更多的时间上网，最终的结果就是迷恋网络。二是这种成功与失败都是虚拟的结果，许多成功都没有真正付出现实社会成功相当的代价。这种虚假的满足终究是无法代替现实的目标，这不仅会影响青少年今后的社会生存能力，而且会造成严重的心理失态。

上网影响不同的人际关系。在人际关系中，可以看到从不上网的青少年有平等朋友的比例是最低的，每周至少上网一次的青少年平等朋友的比例是最高的。实际上，在网络交往中，平等是交往的基础，这种观念也会影响到现实生活的朋友关系。另外随着上网次数的增多，依赖他人的比例也在下降。从不上网的青少年依赖于他人的比例是最高的，与自主性的青少年的比例差别也是最明显的。除了每天上网的青少年依赖型与自主型的比例基本相同外，其他的都是依赖型高于自主型。这既反映了青少年的成长的基本特点，也反映了上网对于青少年成长的帮助。

网络虚拟性的认识与行为。在网络中最明显的虚拟行为就是使用了网名来代替自己的真实姓名。这种虚拟活动的特点就是可摆脱现实的条件限制，扮演自己期望的角色。在现实社会中，所有的虚拟条件是不存在的，只能在现实的条件下进行选择。虚拟性符合青少年的幻想的特征，也是增强青少年的适应社会能力的一种方式。但这仅仅是一种实验性质的活动，如果将这种活动当成现实，就会丧失真正适应现实社会的能力。因此限度是青少年参加虚拟活动的重要量度。

同样值得注意的是，上网聊天、玩游戏的青少年，时间明显较利用网络查阅资料的青少年花费时间更多，最终导致了青少年迷恋网络而影响到自己的工作学习。因此，适当控制青少年的上网频率，是早期防止青少年陷入网瘾的重要方式。同时，当家长不知道子女上网的情况下，青少年上网的影响也是十分明显的。因此，家长了解子女的上网行为是早期预防网络上瘾的另外一个重要方面。

青少年对于网络的虚拟性也有较充分的认识，许多青少年也会使用虚假资料保护自己。但青少年如果过度依赖于这种虚拟的角色满足，就会与现实社会的关系不适应，从而导致网络的畸形依赖心理，难以适应现代社会的要求。从这个角度来说，青少年迷恋网络并非是源于网络，也不是上网地点的影响，而受到了社会的多种因素的影响。

（四）启示与建议

网络是现代科技的产物，也是在青少年中得到广泛使用的高科技产品。调查证明，接触网络的青少年无论是在事业心上，还是在朋友关系的类型上，都超过了不上网的青少年。网络在扩展青少年眼界，树立更加理想的事业目标，有重要的帮助，而且可帮助青少年正确认识如何建立平等的朋友关系，发挥自己的能力。

鉴于上述情况，家庭、学校、社会应齐抓共管，共同做好网络环境下青少年的思想教育工作，从而促进广大青少年的健康成长。

从网民看，要注重自身修养。要增强政治修养。广大青少年要自觉运用科学的理论来武装自己的头脑，树立正确的世界观、人生观和价值观；要强化爱国情感，弘扬民族精神，坚决抵制外来腐朽文化的侵蚀；要增强道德修养。广大青少年要强化网络公德意识，严格遵守《全国青少年网络文明公约》，自觉抵制“黑色信息”“灰色信息”的诱惑，增强网络道德修养，提高自己识别真善美和假丑恶的能力；要增强人文修养。首先要明白自己上网的主要目的是学习知识，提高能力。自觉远离含有赌博、色情、反动、暴力等内容的电脑游戏，抓紧时间刻苦学习网络知识，提高网络技能。

就家庭来说，要发挥家长的引导作用。作为家长，首先要树立终身学习的观念，尽量抽时间参加电脑培训，刻苦学习网络知识，不断提高自己运用网络技术的能力，自觉遵守网络道德规范。只有这样，才能引导好孩子运用互联网去正确鉴别信息，有效获取知识，真正增长才干；要发挥家长的干预作用。明智的做法是支持但不纵容，要禁止孩子上不健康的网站，要干预孩子在网上的不道德行为，要鼓励孩子在适当上网后，多参加其他活动；要发挥家长的监督作用。为规范孩子的上网行为，应对孩子的上网目的、时间和内容等作出规定。

就学校而论，要注重素质教育。学校要强化道德教育，要对学生进行意志力的培养和“成功教育”，使人人都能在生活中获得成功的体验，减少青少年对虚拟世界的依恋。引导学生明确网络的优缺点以及能做或不能做的事情，从而培养学生内在的网络道德责任感和道德鉴别力；强化法制教育。要加大《互联网信息服务督理办法》《互联网电子公告服务管理规定》和《互联网站从事登载新闻业务管理暂行规定》以及《关于维护网络安全和信息安全的决定（草案）》等有关网络法律、法规的宣传教育力度，要对学生机房、电子阅览室加强管理；强化信息教育。要通过整合宣传媒体、组建校园网站、制作德育网页、丰富教育内容等形式，强化学校的思想教育，增强德育工作的效果。

对社会而言，要注重网络管理。要强化网络信息防范，政府要对网络信息做好入境防范，要加强对不良信息进行过滤的软件开发，尽最大可能减少网络不健康信息对广大青少年的影响；强化网络监控。要建立健全有关法规，争取和其他国家共同制定《网络空间管理法》，同时还要加强地方性法规和配套性法规建设，规范网络行为，创造一个干净、安全的网络环境；强化网站建设。各级团青组织、宣传文化等部门要充分运用现有网络阵地，开辟更多更好的青少年网站，大力宣传社会主义精神文明，积极占领网络这个社会舆论阵地。

网络的发展是现代科学技术的产物，它在为广大青少年带来好处的同时，也带来了许多负面影响。如何正视互联网对青少年的积极影响和负面效应，如何更好利用互联网，仍是一个复杂的理论问题和实践课题，有待人们去进行进一步研究和探讨。

第四节　思想道德调研

一、青年思想道德文化状况

（一）调研背景

青少年是国家的未来和民族的希望，青少年的思想道德状况直接关系到中华民族的整体素质，了解并掌握青少年思想道德状况，引导和帮助青少年形成健康、积极的道德品质，对于青少年的健康成长具有重要的意义

（二）调研基本情况

1996 年 3 月中旬，为进一步加强青年思想政治工作，团省委以全省青年思想道德文化状况为题进行了调研。团省委抽调 18 名工作人员，组成 5 个调研小组深入到成都、重庆、自贡、德阳、绵阳、内江、乐山、万县、涪陵等市、地的工厂、农村、学校、街道，运用召开座谈会、问卷调查、走访、个案分析等方法，进行了广泛、深入的调查。

（三）思想道德文化现状

对四川青年思想道德文化现状的总体看法：社会主义市场经济体制的建设激发了青年主体意识的觉醒，在经济社会巨大发展的同时，为中华民族跨世纪的发展和振兴准备了一代积极向上、竞争进取的跨世纪青年。

思想政治态度。爱国是全省各界、各个层面青年共有的情感。广大青年拥护党的政策，对“九五”计划和 2010 年远景目标充满希望。希望加强民主法制建设，加大反腐倡廉力度，对于稳定是改革和发展的前提和基础有比较正确的认识。

人生观、价值观现状。大学生绝大部分具有有抱负、有理想，积极向上的人生观，相应的青年工人的人生观更多地趋向于实际。与人生观形成鲜明对照的是，青年价值观趋向一致，绝大多数都把是否有利于自身发展和是否符合个人利益作为价值评判的标准。

道德状况。四川青年的道德状况比社会一般评价要好。四川青年道德评判体系在发生变化，不是简单的“是”“非”观，而是向“是”“非”“合情”的判断观发展，但“是”“非”“合情”的

界限模糊，甚至在一些具体问题上产生混淆；青年自身的道德约束力量仍然存在，但道德的社会约束力和批判能力减弱；青年对社会道德风气评价不高，社会对青年的道德水平亦评价不高。

文化素质状况。以加速发展的社会需要来衡量，虽然不可高估全省青年科技文化总体水平，青年已普遍感到了生存和发展的危机和压力，渴望学习科技文化知识，提高自身素质的热情不断高涨。

文化生活状况。总体来看，四川省青年文化生活比较缺乏。在农村，青年的文化生活限于看电视、团组织每年不多的青年文娱活动，此外就是与家人打牌，真正参与赌博的不多。在城镇，青年文化生活虽然丰富一些，但适合青年活动的地方不多。

（四）存在问题

思想方面的问题有：一部分青年在爱国主义思想中爱国与爱社会主义不够统一，存在着民族主义色彩浓于政治色彩的倾向；部分青年不重视信仰和理想的确立，把务实的实用主义态度反映到这个问题之中；部分青年对政治比较淡漠。青年中较为普遍的人对入党入团不感兴趣，本来只有青年中少数先进分子才有入党入团的要求这是正常的，但不正常的是较多的青年不以入党入团为荣；在总体上青年的主体意识觉醒，青年追求个人发展与社会发展相统一，但也出现了一部分青年崇尚个人奋斗、私欲膨胀的倾向。

道德方面的问题有：青年的道德观正在处于旧的道德评判体系已冲破，新的道德观正在建立和形成的过程，因此，青年道德观念有很大一部分是模糊不清的，甚至是混淆的；青年对一些基本道德评判“失范”；青年的交往中功利主义越来越明显；青年对社会的信任度较低。

文化方面的问题有：一方面青年科技文化素质与社会发展的要求有较大差距，另一方面青年普遍感到自己的能力没有得到很好发挥；存在着爱学习科技文化知识，但忽视岗位技能的提高；在青年知识分子中认为在一些地方仍然存在着分配上体脑倒挂的现象；青年普遍反映缺乏适合青年学习和文体活动的设施。

（五）成因分析

社会塑造青年。社会主义市场经济的确立是青年思想观念发生变化的最根本原因。市场经济的追求最大效益和竞争的机制，解放和激活了人这个生产力最活跃的因素。社会发展全方位地唤醒了青年的主体意识，当代青年正以进取姿态适应社会，逐步塑造了广大青年思想解放、竞争进取、求实务实、素质不断提高的现代人的品格。与此同时，社会上的各种不健康思想和现象也在青年中得到充分反映。思想政治教育工作的力度不够，社会道德风气中的负面东西，党内极个别腐败分子，一部分党员和团员先锋作用发挥欠佳，这些都对青年有较大影响。

（六）对策与建议

中国正处在转轨变型的时期，四川地处内陆西部，改革开放和社会经济的发展与沿海尚存差距，因此青年思想道德文化远没有完成向适应于社会主义市场经济和现代化社会的转变。这是四川青年思想道德文化现状的特性。因此，加强四川青年思想政治和道德文化教育工作，对于实现四川“两个根本转变”具有特别重要的战略意义。

对策与建议：首先是全社会要进一步加强社会主义精神文明建设，真正做到“两手抓”“两手硬”。其次，教育者必须进一步在理论上弄清楚社会主义市场经济条件下的现代社会青年思想道德文化教育的具体目标、基本内容、基本标准、基本途径，把有理想、有道德、有文化、有纪律的“四有”内涵进一步明确化，建立较为完整的青年思想教育体系和青年道德修养规范体系。第三，在此基础上尽快制定有关青年的法规，使青年思想教育工作成为国家的意志和国家强制性行为，使青年思想道德教育工作真正地依法“硬”起来。增大青少年教育基地的投入，建设一大批爱国主义教育、传统文化教育基地，建设一批青少年学习和活动的设施。更加重视影视对青少年教育的作用，加强文化市场的管理，多出适合青年的文化精品，丰富青年的精神文化生活。加强反腐倡廉，消除丑恶现象，抵御西方糟粕，规范市场竞争，推进法制和民主建设，为青年成长营创良好的社会环境。倡导各级党政领导以身作则，率先垂范，作青年的表率和楷模；激励广大党员进一步发挥先锋模范作用，争当青年的榜样；号召所有父母和成年人肩负起教育自己子女的责任，“养不教，父之过”，以符合社会规范的思想和道德行为言传身教，为人师表。全社会都应关注青年的成长，公正、客观、发展地看待青年，平等、尊重、宽容地对待青年，热情关心、严格要求地保护青年。

中共各级组织要进一步加强对青年工作的领导，特别是加强对共青团组织的领导，更大地发挥团组织团结、教育、带领青年的助手作用，更大地发挥以共青团为核心的其他青少年组织的作用。

二、机关青年思想道德状况调研

（一）调研背景

为了解和掌握省直机关机构改革后广大青年的思想道德状况，有针对性地加强和改进共青团的思想政治工作，2002 年，团省委对部分 18—35 岁的省直机关青年干部职工进行了思想道德状况的调查。调查结果表明，随着改革开放和社会主义市场经济的发展，当前省直机关青年的思想道德发生了新的变化，出现了一些新的特点，需认真加以分析研究，积极寻找对策，切实加强和改进思想政治工作。

（二）青年思想道德的基本状况

绝大多数青年有崇高的理想追求，对邓小平理论和“三个代表”重要思想有广泛的了解和认同。省直机关广大青年在改革开放和市场经济条件下，政治上逐步成熟，具有较强的政治鉴别力和敏锐性，在大是大非面前，立场坚定，旗帜鲜明，在思想上、行动上能与党中央保持一致。有崇高的理想追求，各单位在抓青年理论学习和思想教育的深度和广度上都有新的发展，效果是明显的。

对走有中国特色社会主义道路的信念是坚定的，爱国主义依然是高扬在青年心中的一面旗帜。大多数青年对近年来党中央、国务院为促进国民经济持续、健康、稳定发展所采取的一系列重要举措，以及所取得的成果给予充分肯定，同时也增强了民族的凝聚力和自豪感。

实施西部大开发战略给四川跨越式发展带来了良好机遇，但现实与要求仍存在较大差距，需不断努力。中共十五届五中全会提出实施西部大开发战略以来，青年的思想观念有较大转变，但在部分青年中仍存在不思进取、小富即安的“盆地意识”。省直机关按照党中央、国务院的要求，实施机构改革，转变政府职能，提高办事效率，虽取得了积极成果，但还需进一步改进。广大青年对近年来社会提供成才机会的满意度有了明显增强，对社会公正性和公平性的满意评价也有了提高。

对当前的社会道德状况满意度不高，道德行为和认识水平的差距依然存在，与市场经济相适应的职业道德尚处于养成之中。省直机关青年对发展市场经济进程中的职业道德建设认识明确，评价积极，观念增强，但青年的道德信念还是有不稳定性，对外部的约束力依赖性较大，因而是以后职业道德教育的重要内容。

当代青年的道德行为呈现出良好的发展态势。在“希望工程”、帮助本单位有困难的同事等问题上，广大青年都能做到自觉自愿进行捐款、捐物。这表明，多年来公益事业的社会动员机制不断得到加强，青年参与热情和广泛性都得到了提高，进一步弘扬了中华民族的传统美德。

省直机关青年的个性化追求日益明显，崇尚独立自主，实现自我，奉献社会。由于省直机关青年是一个工作层次高、文化修养高、综合素质高的青年群体，同时对形势的发展认识清楚，危机感强，有强烈的表现自我、成长成才、奉献社会的意识。

（三）启示和思考

加强和改进青年思想政治工作，必须转变工作作风，深入基层调查研究，准确把握青年的思想脉搏。要加强和改进青年的思想政治工作，各级团干部就要结合学习贯彻党的十五届六中全会和省委七届九次全会精神，转变工作作风，经常深入基层调查研究，了解和掌握青年的思想脉搏，才能增强青年思想政治工作的针对性。

加强和改进青年思想政治工作，必须把握主线，突出重点，确保广大青年在政治上合格，道德品质上优良。加强正面教育和理论学习，进行马列主义、毛泽东思想、邓小平理论和“三个代表”重要思想教育，以及党的路线、方针、政策的学习，不断增强团员青年的政治敏锐性和政治鉴别力。在教育对象上，要突出抓好各级团干部和“后进青年”这两个重点青年群体，通过“抓两头带中间”，使广大团员青年在思想政治建设上不断进步，真正成为时代的先锋，合格的人才。

加强和改进青年思想政治工作，必须转变观念，创新方式，在确保工作的有效性上下功夫。针对省直机关青年“三高”（工作层次高、文化水平高、综合素质高）的特点，力求在思想政治工作上也做到“三高”。即高起点，如学习科学文化知识和加强理论教育的广度和深度上要高于乡村、厂矿等一般青年群体；高标准，就是要站在为全省广大团员青年作好表率、带好头的高度来做好青年的思想政治工作；高效率，做青年的思想政治工作，如同一个企业生产一样产品，也要讲究工作的“质量”，就是要不断加强思想政治工作的针对性和有效性，充分调动一切积极因素，做好广大青年的思想工作，真正把他们培养成为“四有”社会主义公民。

第二章　青运史研究

1984年5月，团省委青运史研究室成立，编制7名，规格为正处级。1997年10月，团省委青运史研究室更名为四川省青少年研究中心。2003年6月，四川省青少年研究中心再次更名为四川省青少年事务发展中心。

第一节　研究机构

1984年5月，青运史研究室成立。青运史研究室作为团省委一个新的职能部门，其主要工作是：负责抢救、收集、整理四川省团史、青运史方面的资料；负责四川省共青团编史修志及青运史研究工作。1985年底，青运史研究室制定了重点突破的工作方针，重点突击《四川青运史大事年表》的编写，在原有基础上，从写到出书仅4个月；用了半年时间完成《追求之歌——四川青年运动》的编写。

青运史研究的目的，在于为现实的青年运动和团的工作服务，“史为今用”是其基本方针。四川青运史研究白手起家，“文化大革命”（1966—1976年）前没征集任何史料，同时起步较晚。因此，在研究上务须进入正轨，拿出成果；在宣传上则要求作出反应，造成影响。为解决矛盾，一方面使其工作研究与宣传齐头并进，互相兼顾，成果一半是史料性的，用于研究，一半带宣传性，提供于现实教育。二是有的成果是研究和宣传性质有机结合，兼而有之。例如《追求之歌——四川青年运动》一书，将新民主主义革命时期四川青运史上的主要史实和重要事件通过生动的文学描写手法，将四川青运史从五四时期到解放战争时期整个发展过程的主线条形象地展现出来并正式出版，它既带学术性，是研究成果，又带通俗性，是宣传读物。在社会上既有学术方面的影响，又具有较好的宣传作用。

长期以来，从事青运史研究的专职人员在全省不足10人。四川青运史料丰富，研究任务繁重，但力量单薄。四川党史研究力量雄厚，资料发掘深入，青运史作为党史的组成部分，大量资料早已纳入其中，且有一定程度的研究。这为青运史研究工作的重点突破创造了有利条件。在省委党史研究室的支持和帮助下，一批党史研究工作者被动员进入青运史研究行列，加上一批在大学里的研究人员和青年工作者，形成了一股较强的研究力量，配合青运史研究室开展研究，从而使青运史研究得以迅速打开局面，不断深入。

1997年10月，团省委青运史研究室更名为四川省青少年研究中心（以下简称中心），研究重点由青年运动史研究变成了涵盖范围更为广泛的青少年研究。

2002年6月，四川省青少年研究中心再次更名为四川省青少年事务发展中心，职能、性质、编制、财政渠道不变，青少年研究依然是其重要的工作内容之一。

2003年，中心根据团省委对年鉴工作的要求，成立了下属的四川青少年年鉴编辑部，并且成立了由省领导任主任、相关39个厅（局）为成员的四川青少年年鉴编辑委员会，同时还邀请省老领导及省内外专家学者为编委会顾问和特邀顾问，邀请10位省内青少年事务专家学者组成了四川青少年年鉴专家指导小组。

从青运史研究室成立到更名为四川省青少年事务发展中心的20年时间里，在团省委领导下，在省委党史研究室和团中央青运史研究室指导下，通过全体青运史研究人员的共同努力，取得了一批重要的研究成果和优异的工作成绩。

第二节　研究成果

一、出版刊物

《四川青运史大事年表》，全书4万字，在省级刊物《四川党史研究资料》上连载，1988年获省党史研究会优秀成果三等奖。

《追求之歌——四川青年运动》一书，1986年9月成都科技大学出版社出版发行，全书23万字，图片20余幅。

《解放战争时期四川青运史稿》一书，1987年5月重庆大学出版社出版发行，全书13万字。1988年获四川青运史研究会优秀成果一等奖。

《追求之歌——四川青少年英烈》一书，1987年7月四川人民出版社出版发行，全书20万字。1989年获全国任弼时研究基金二等奖。

《奋搏在今朝》一书，1989年2月四川省社科院出版社出版发行，全书14万字。1989年获全国任弼时研究基金三等奖。

《四川青年运动史稿（新民主主义革命时期）》一书，1990年8月四川人民出版社出版发行，全书24万字。1992年获四川青运史研究会优秀成果一等奖。

《热血铸青春——当代巴蜀青少年英烈》一书，1990年8月四川人民出版社出版发行，全书25万字。1992年获全国任弼时基金三等奖，四川青运史研究会优秀成果二等奖。

《社会主义忠诚儿女》系列丛书，由《石油篇》《电力篇》《军工篇》三本书组成，每本书15万字，1991年11月成都出版社出版发行。

《中国新民主主义青年团西南工委史》一书，1993年12月电子科大出版社出版发行，全书13万字。1994年获四川青运史研究会优秀成果一等奖。

《四川青年团体志》（该志是《四川省志·党派团体志》中一部分），1994年3月至1995年10月完成。

《共青团四川省委志》一书，1996年10月成都科大出版社出版发行。

《当代四川青年》（该书是《当代四川》丛书的一部独立卷）一书，1997年11月四川科技出版社出版发行，全书24万字，图片30余幅。

《四川青年工作文选》一书，1997年11月成都科大出版社出版发行，全书23万字。

《WTO与中学生心理辅导》一书，2002年11月由研究中心与省社科院专家联合编写、出版。

《我的梦》，2003年1月与成都武侯高级中学联合编辑出版，是武侯高中“志远班”同学们谈学习、谈生活、谈人生的作文集。

《四川青少年年鉴》首卷（2003年卷），2004年9月28日正式出版，团省委召开了首发式，并从中采集相关数据形成了《四川青少年发展状况报告》向社会公布。其中《青年农民对村民自治的政治参与情况》一文，引起团中央高度关注，并就相关内容在《中国青年报》上作了大幅报道，年鉴其他相关内容也受到了各方好评。后该书被省图书馆收藏作为馆藏书，被编入《中国知识资源总库》，列入“国家图书征订目录”。

《就业、择业、创业》一书，2005年电子科技大学出版社出版。该书是由四川省青少年事务发展中心人员编辑的有关青年和大学生就业等问题研究的论文集，收录了省内部分专家学者和实际工作者的有关文章，15万余字。

除以上主要成果外，青运史研究室人员还完成《当代中国·四川卷》中有关四川共青团和青年部分内容的编写工作，《中共党史资料丛书·四川卷》中的《共青团在四川私营工商业的社会主义改造中的独特作用》一文，《四川光辉五十年》光碟中的四川共青团内容，收集整理青运史资料3000万字、图片500余幅，内部编辑《四川青运史资料选编》1—6册，计2000万字；内部编辑了《胡耀邦在川北》《川北学运30年》《川陕苏区青运史资料》《国外青年研究资料选编》《学团史、举团旗、跟党走》《巴蜀爱国情》等书籍。

二、课题及活动

2002年，四川省第一届评孝活动举办。活动由团省委、省委老干局、省社科院、华西都市报四家单位联合举行，共评出10名孝星、90名孝子，取得了良好的社会效应。2002年开始，中心与省社科院共同成立“中华孝道文化”研究课题组，历时近3年，对全省城乡居民孝道观念进行了详实调查与深入分析，课题组前后走访了10位孝子，随机抽样了869人。2005年，完成《中华民族传统孝道文化研究》的编撰，取得阶段性成果。报告共4个章节，82个页码，62000余字，其研究成果多次被省委宣传部、省文明办等省直部门采用。

2003年，中心完成课题《青年与非公经济》研究，选送15篇论文参加当年由团中央中国青少年研究中心、中国青少年研究会举办的全国青少年研究研讨会，论文《促进青年在非公经济中健康发展的对策浅思》获中国青少年研究会全国论文评比二等奖，收入人民日报出版社《中国当代思想宝库》、天津社会科学院出版社《非公经济与青年发展研究报告》两书中。

2003年以来，中心与成都市武侯高级中学联合推出高中全免费扶贫志远班，累计招收全省各地的特困生178人。2005年首届志远班毕业生参加高考，全班40名学生全部上线，其中上重点本科线的有20人，该班平均分590，最高分652，该班学生卿牧琳取得了成都市武侯区理科状元。志远班助学模式的成功得到省委常委李登菊的充分肯定。2005年7月7日，省委常委李登菊专门到成都市武侯高级中学看望志远班全体学生，并给应届毕业生赠送了复读机等慰问品。根据指示，中心多方筹集资金，为志远班毕业生升入大学提供2000—4000元不等的助学金。

2004年，中心完成课题《青年与就业、创业》研究，选送24篇论文参加当年由团中央、中国青少年研究中心、中国青少年研究会举办的中国青年就业论坛，论文《因势利导促进青年就业与创业》获中国青少年研究会全国论文评比三等奖，收入由中国青少年研究中心出版的《青年就业问题与对策研究报告》一书。

2004年，中心举办四川省首届旅游形象大使评选活动，活动由团省委、省旅游局、省文化厅、省招商引资局联合举行，得到省政府领导和社会各界高度重视，全省21个市（州）均派员参加比赛。

2004年11月，中心承办了由团中央、中国青少年研究中心、中国青少年研究会联合举办的“中国青年就业论坛”，团中央书记处书记杨岳、省委常委李登菊到会并讲话。中国青少年研究中心对四川的办会质量给予高度肯定。

2005年8月，在成功开展全省第一次评孝活动的基础上，中心通过团省委联合省委老干局、省社科院、华西都市报在全省范围内举办四川省第二次十佳孝子及优秀孝子评选活动。活动受到社会各界广泛关注，据不完全统计，组委会办公室共接到咨询电话1864次，接受群众来信来访132次，各级产生候选人213人。9月24日，华西都市报用半个版对20名候选人进行了公示。9月28日，组委会在德阳孝泉德孝城广场隆重举行四川省第二届“十佳孝子”及“优秀孝子”表彰大会及颁奖典礼。省政协副主席杨海清出席会议并讲话。共有10名“十佳孝子”和10名“优秀孝子”在大会上受到表彰。这届“评孝”活动表现出五大特点，分别为：把握住了构建和谐四川的主旋律；各级党政高度重视；各级团组织认真落实组织推荐工作和社会推荐工作情况的核实；人民群众对活动的认同度高；活动与科研并重，完成了《中华民族传统孝道文化研究》专题报告，对中华民族传统孝道文化的当代意义进行了诠释。

2005年，中心结合中国青少年研究中心全国性重点研究课题——《高中生生活意识调查》，在全省范围内选择3所省级重点中学、3所市级重点中学、3所普通中学和3所职业中学进行了心理、生理状况调研活动，12所学校参与人数达12000人，并进行抽样调查，发出的调查问卷收回率为100%，受到中国青少年研究中心领导好评。

四川省志·共青团志

附　录

一、人 物 录

（一）领导名录

1982—2005年共青团四川省委历届书记、副书记任职情况表

表附-1

届别	职务	姓名	任职时间	备注
第七届	书记	杨崇汇	1982.9—1987.8	
	副书记	黄忠鑫	1982.10—1986.8	
	副书记	黄瑛	1982.10—1987.1	女
	副书记	聂秀香	1982.10—1987.8	女
	副书记	崔连彬	1982.10—1987.8	
	副书记	王雨顺	1982.10—1987.8	藏族
第八届	书记	刘鹏	1987.8—1991.8	
	副书记	彭渝	1987.8—1991.12	
	副书记	崔连彬	1987.8—1990.1	
	副书记	王雨顺	1987.8—1991.9	
	副书记	罗安明	1987.8—1990.9	
	副书记	李柏云	1987.8—1993.1	
	副书记	黄丹华	1987.8—1992.12	女
第九届	书记	彭渝	1992.12—1995.2	
	副书记	黄丹华	1992.12—1997.3	女
	副书记	邓川	1992.12—1995.2	
	副书记	尧斯丹	1992.12—1997.11	藏族
	副书记	王晓东	1992.12—1996.3	
	副书记	李伟	1992.12—1996.9	
第十届	书记	黄新初	1997.11—2000.7	
	副书记	尧斯丹	1997.11—2000.8	藏族
	副书记	罗强	1997.11—2002.11	
	副书记	丁成明	1997.11—2000.8	

续表附－1

届　别	职务	姓　名	任职时间	备　注
第十一届	书　记	罗　强	2002. 12—	
	副书记	吴　旭	2002. 12—	女
	副书记	宣　迅	2002. 12—2005. 3	
	副书记	邵革军	2002. 12—	
	副书记	周　键	2002. 12—	
	副书记	谭红杰	2002. 12—	土家族

说明：此表格名单从第七届开始

1989—2005 年四川省青年联合会历届主席、副主席任职情况表

表附－2

届　别	职务	姓　名	任职时间
第八届	主　席	彭　渝	1989. 12—1993. 12
	副主席	王安泰	1989. 12—1993. 12
	副主席	王雨顺	1989. 12—1993. 12
	副主席	邱森林	1989. 12—1993. 12
	副主席	周　勇	1989. 12—1993. 12
	副主席	姜　冰	1989. 12—1993. 12
	副主席	黄丹华	1989. 12—1993. 12
	副主席	童若春	1989. 12—1993. 12
	副主席	魏　东	1989. 12—1993. 12
	副主席	肖　龙	1989. 12—1993. 12
第九届	主　席	彭　渝	1993. 12—1998. 12
	执行主席	黄丹华	1993. 12—1998. 12
	副主席	王晓东	1993. 12—1998. 12
	副主席	邓　川	1993. 12—1998. 12
	副主席	尧斯丹	1993. 12—1998. 12
	副主席	李　伟	1993. 12—1998. 12
	副主席	肖　龙	1993. 12—1998. 12
	副主席	王安泰	1993. 12—1998. 12
	副主席	侯亚辉	1993. 12—1998. 12
	副主席	李后强	1993. 12—1998. 12
	副主席	蔡伟素	1993. 12—1998. 12
	副主席	申　勇	1993. 12—1998. 12
	副主席	张　山	1993. 12—1998. 12
	副主席	张　炜	1993. 12—1998. 12

续表附—2

届别	职务	姓名	任职时间
第九届	副主席	张建魁	1993.12—1998.12
	副主席	童若春	1993.12—1998.12
	副主席	吉狄马加	1993.12—1998.12
第十届	名誉主席	黄丹华	1998.12—2003.12
	名誉主席	黄新初	1998.12—2003.12
	执行主席	吴 旭	1998.12—2003.12
	执行主席	尧斯丹	1998.12—2003.12
	执行主席	罗 强	1998.12—2003.12
	副主席	丁成明	1998.12—2003.12
	副主席	宣 迅	1998.12—2003.12
	副主席	邵革军	1998.12—2003.12
	副主席	王安泰	1998.12—2003.12
	副主席	李后强	1998.12—2003.12
	副主席	蔡伟素	1998.12—2003.12
	副主席	张 山	1998.12—2003.12
	副主席	张建魁	1998.12—2003.12
	副主席	张 炜	1998.12—2003.12
	副主席	姜志刚	1998.12—2003.12
	副主席	金 群	1998.12—2003.12
	副主席	刘作明	1998.12—2003.12
	副主席	申 勇	1998.12—2003.12
	副主席	周孟林	1998.12—2003.12
	副主席	顾培东	1998.12—2003.12
	副主席	天 波	1998.12—2003.12
	副主席	孙 云	1998.12—2003.12
	副主席	杨 羽	1998.12—2003.12
	副主席	陈文清	1998.12—2003.12
	副主席	陈达云	1998.12—2003.12
	副主席	袁秀平	1998.12—2003.12
	副主席	惠朝旭	1998.12—2003.12
	副主席	张卫华	1998.12—2003.12
	副主席	王 亚	1998.12—2003.12
	副主席	夏 天	1998.12—2003.12
	副主席	吉克跃林	1998.12—2003.12

续表附—2

届 别	职务	姓 名	任职时间
第十一届	名誉主席	黄新初	2003.12—
	名誉主席	李 佳	2003.12—
	名誉主席	罗 强	2003.12—
	主 席	尧斯丹	2003.12—
	主 席	吴 旭	2003.12—
	副主席	邵革军	2003.12—
	副主席	周 键	2003.12—
	副主席	谭红杰	2003.12—
	副主席	李后强	2003.12—
	副主席	蔡伟素	2003.12—
	副主席	张 山	2003.12—
	副主席	天 波	2003.12—
	副主席	孙 云	2003.12—
	副主席	杨 羽	2003.12—
	副主席	罗 霞	2003.12—
	副主席	罗庆春	2003.12—
	副主席	田蔓莎	2003.12—
	副主席	阿 来	2003.12—
	副主席	罗荣怀	2003.12—
	副主席	曾雁鸣	2003.12—
	副主席	邓修明	2003.12—
	副主席	杨 宁	2003.12—
	副主席	郭 彦	2003.12—
	副主席	邓晓兰	2003.12—
	副主席	廖昌永	2003.12—
	副主席	黄 进	2003.12—

说明：此表格名单从第八届开始

1992—2005年四川省学生联合会历届驻会主席情况表

表附-3

驻会届数	姓 名	毕业学校
第一届	肖 龙	四川大学
	胡自强	四川建筑材料工业学院
第二届	宋剑锋	四川师范学院
	姚茂斌	西南师范大学

续表附－3

驻会届数	姓名	毕业学校
第三届	文玖富	西南民族学院
	袁世斌	四川理工学院
	樊俊飞	西南政法大学
第四届	候亚辉	四川大学
	王兴涛	西南石油学院
第五届	李代纬	电子科技大学
	黄绚霞	四川理工学院
第六届	马　锐	西南科技大学
	苏小川	成都中医药大学
第七届	张德祥	电子科技大学
	田景伦	泸州医学院
第八届	薛　峰	西南交通大学
	曹春茂	四川师范大学
第九届	惠朝旭	四川大学
	李先刚	西南财经大学
第十届	王　亚	四川大学
	曾　芳	成都中医药大学
第十一届	马　男	电子科技大学
	杨　鑫	西南民族学院
第十二届	罗智波	四川大学
	孟　利	成都理工大学
	刘　绪	四川师范大学
第十三届	徐海鑫	四川大学
	杜一三	成都理工大学
	俞佩玉	西南科技大学
第十四届	陆　川	电子科技大学
	罗灿辉	四川师范大学
	金　忠	成都中医药大学

（二）受表彰的青少年人物

1986—2005 年获全国表彰的四川青少年人物情况表

表附－4

奖项	年度	姓名	职务
中国青年五四奖章	2003（第七届）	杨　伟	成都飞机研究所总设计师兼副所长

续表附—4

奖项	年 度	姓 名	职 务
全国十大杰出青年	1990（第一届）	蔡伟素	成都军区空军后勤部被服厂厂长
	1992（第三届）	潘小扬	四川省电视台导演
	1993（第四届）	张 山（女）	四川省国家级运动
	2000（第十一届）	龙新平	中国工程物理研究院化工材料研究所所长
	2002（第十二届）	尹祥美	成都军区驻藏某边防团骡马运输队队长
中国十大杰出青年企业家	1993	刘汉元	通威饲料集团总裁
	1994	吴应禄	涪陵卷烟厂厂长
	1995	蔡伟素	成都军区空军后勤部被服厂厂长
	1995	许晓舟	成都蓉信国际经济开发公司总经理
中国十大杰出青年农民	1996	韩大祥	四川省攀枝花市东区银江乡农民
	1997	刘光基	四川省广汉市兴隆镇竹林村农民
	1998	欧阳晓玲（女）	四川省华蓥市禄市镇红光村农民
	2002	陈永亮	四川省筠连县武德乡共和村农民
	2003	唐燕子（女）	四川省广安市协兴镇青年农民
全国青年星火带头人标兵	1994	周文静	重庆山城铁合金厂厂长
		余文虎	成都市双流长城冶金企业公司总经理
		朱宇亮	绵阳前锋丝绸总厂厂长
		王五一	乐山市市中区牟子镇武皇村二组团支部书记
		卿 仕	简阳富民濑兔开发公司总经理
		曾信全	开县温泉工艺厂副厂长
	1995	彭利秋	四川省绵竹县酒精厂厂长
		郎 勇	四川省万县市天城区黑龙滩砖厂厂长
		王前友	四川省珙县食用菌有限公司总经理
		钱泽富	四川省北京塑料三厂四川德阳分厂厂长
	1998	颜泽文	四川省宜宾市茶叶总公司总经理
		石长庚	四川省宣汉县云蒙山牧场团支部书记
		许明凯	四川省中江县仓上镇佳和寨村 11 社社长
		段元海	四川省华蓥市牧业有限公司总经理
	1999	唐志忠	四川省金川县勒乌乡前锋村农民
		马飞云	四川省巴中市平梁乡团委书记
		贾正富	四川省都江堰市向峨乡鹿池村农民
	2000	杨兴国	四川省绵阳市游仙区农民
		罗永平	四川省泸县兆雅镇半坡村农民
		杜世华（女）	四川省郫县三道堰镇青塔村团支部书记、青塔竹编厂厂长
		亢群富	四川省会理县鹿厂镇铜矿村党支部书记
全国杰出青年岗位能手	1995	张 林	成都飞机工业公司

续表附—4

奖项	年 度	姓 名	职 务
全国十佳少先队辅导员	1994	万 缨（女）	重庆市市中区第一实验小学大队辅导员
	2001	何 惠	四川省内江市中区总辅导员
全国青年岗位能手	1994	经贤山	四川国营重庆重型铸锻厂
		邓燕清	四川成都无缝钢管厂管加工分厂
		郑小康	四川德阳东方电机股份有限公司
		付冬梅（女）	四川东方锅炉厂重容分厂
		赵建忠	四川涪陵卷烟厂
	1995	张桥宾	眉山车辆厂工模具分厂
		李建军	攀钢集团板材股份有限公司热轧板厂
		邹定兴	第二重型机械集团公司工具公司
		刘 伟	内江锻压机床厂
		周超伦	重庆钢铁（集团）公司技工学校
		刘文弟	彩虹集团公司技术中心
	1997	黄 斌	四川成都冶金实验厂
		周天元	四川剑南春集团有限责任公司
		邓 波	四川内江锻压机床厂
		朱 宁	攀枝花钢铁（集团）公司修建公司结构工程一公司
		蒲 刚	四川石油管理局川西南矿区钻井公司
	1998	刘泽平	成都蓝风（集团）股份有限公司
		蒋意珏（女）	成都电业局
		王 敏（女）	中保人寿保险有限公司宜宾市分公司
	1999	郑林用	四川省农业科学院土壤肥料研究所
		李诚玲（女）	四川宜宾市第一人民医院
		王小权	四川双马水泥（集团）有限公司
	2000	吴建东	东方电机控制设备有限公司
		陈 勇	四川省巴中市南江县正直区农村信用社
		李 舜	中国建设银行四川省宜宾市分行
	2001	刘永红	四川省农业科学院作物研究所
		杨 莉（女）	四川嘉陵纺织（集团）股份有限公司南充棉纺织厂
		张述静	东方电机股份有限公司
		许应飞	攀钢集团成都无缝钢管有限责任公司
	2002	谢红星	四川明珠水利电力股份有限公司供电所
		郭 莉（女）	四川省宜宾五粮液集团公司506车间

续表附—4

奖项	年 度	姓 名	职 务
全国青年岗位能手	2003	张 彦	中国南车集团资阳机车厂营销中心
		兰 礼	东方电机股份有限公司轻金工分厂
		徐 进	华西集团四川省工业设备安装公司
	2004	梁 伟	成都飞机工业（集团）公司
		董文斌	泸州医学院附属医院
	2005	吴 创	中国人民解放军第5719工厂
全国青年岗位能手	2005	康 旭	东方汽轮机厂
		李 渡	中国石油化工股份有限公司西南分公司
全国星星火炬奖章获得者	—	冷晓燕（女）	团成都市委少年部部长
	2003	廖克全	乐山市教委副主任
	—	张 莉（女）	绵阳市人民路小学大队辅导员
	2004	李 干	四川省德阳市关工委名誉主任
		张 森	四川荣新集团有限公司董事长
		钟裕厚	中国工程物理研究院基础教育中心党委书记
		刘兴明	四川省遂宁市教育局副局长
		廖 刚	四川省安岳县教育局副局长
		邓晓智（女）	四川省资中县少先队校外总辅导员
中国青年科技奖	1994	李后强	四川联合大学物理系教授
中国杰出青年科技创业奖	1999	古共伟	西南化工研究设计院副院长兼变压吸附所所长、高级工程师
全国青年科技创业奖	第一届（1994）	王继文	四川农业大学动物科技学院家禽教研室副主任
		许晓舟	四川省成都蓉信国际经济发展总公司总经理
		林 新	四川省绵阳高新技术产业开发区迈特（集团）总公司董事长
		赵子江	四川省医用电子仪器仪表设备厂厂长
		游 翱	四川省广安县华云山玻璃厂厂长
	第二届（1998）	花 欣	四川成都迈普电器有限公司讲师
		李 蔷（女）	四川省建筑科学研究院焊接技术公司高级工程师
		吴道藩	四川重庆市农业科学研究所农艺师
		万东海	四川国营红光机械厂高级工程师
	第三届（2000）	曾雁鸣	四川迪康药业股份有限公司总经理、主管药师
		陈 晖	四川银海经济技术有限公司总经理、高工

续表附—4

奖项	年 度	姓 名	职 务
全国青年科技创业奖	第三届（2000）	李家明	四川沱牌集团有限公司副总经理、高工
		万 琪	川江机械制造有限公司副总工程师、工程师
		任光俊	四川省农业科学院科技处处长、副研究员
全国青年科技创业奖	第四届（2002）	李玉宝	四川大学分析测试中心副主任教授
		魏晓峰	中科院核物理与化学研究所激光技术工程部副主任研究员
		何浚治	四川天祥骨科医院业务院长主任医师
		宋如华	四川托普集团董事局主席兼首席执行官副教授
中国杰出青年卫士	2003	陈 月（女）	四川省女子监狱六监区科员
全国十大杰出青年法学家	第一届（1995）	顾培东	四川省经济体制改革委员会研究员、四川康维律师事务所主任
	第四届（2005）	左卫民	四川大学法学院副院长、教授
全国农村青年创业致富带头人标兵	2002	马志惠 蒲元平 薛 忠 董存伟	
	2003	许 军 蔡久荣 刘剑波 康 健	
	2004	余俊材 何大武 刘益中 瓦西古夫	
	2005	邓祥红 颜泽文 刁 斌 付在兴	
全国优秀共青团干部	1994	黄新初	共青团成都市委书记
	1998	李川萍（女）	共青团四川省绵阳市委书记
		何 兵	共青团四川省内江市委书记
	2000	左 正	团四川德阳市委书记
		胡 杰（女）	团四川达州市委书记
		侯 健	团四川南充市委书记
	2001	郭 捷（女）	团四川乐山市委书记
		袁 勤	电子科技大学团委书记
	2002	王华蓉	广元市团市委书记
		黄 伟	德阳中江团县委书记
		金绍强（藏族）	阿坝州马尔康中学团委书记
	2003	黄劲松	团四川眉山市委书记
		何洪波	团四川达州市委书记
		王 军	团四川省委社区和维护青少年权益部部长
		袁 波（女）	团四川都江堰市委书记

续表附—4

奖项	年　度	姓　名	职　务
全国优秀共青团干部	2004	刘　荣（已故）	四川达州市达竹煤电（集团）公司团委原书记
		彭　闯	团四川省委办公室主任
		张　彤	团四川成都市委书记
		严树文	四川师范大学团委书记
全国优秀共青团干部	2004	张海文	团四川峨眉山市委书记
		王春燕（女）	团四川广安市广安区委书记
		王方渝	成都军区77200部队政治部组织处青年干事
	2005	张季菁（女）	四川外语学院团委书记
		王　军	团四川雅安市委书记
		彭　勇	团四川德阳市委书记
		李同果	四川乐山师范学院团委副书记
		柳树国	成都铁路局团委书记
		何春琳（女）	团四川宜宾市翠屏区委书记
全国十佳少先队员	第一届（1989）	赖　宁	四川省石棉县中学
		成　洁	四川省南江县八庙乡初级中学
	第二届（1991）	意　娜	四川省康定县回民小学
	第四届（1995）	古　力	四川省重庆市沙坪坝区新立小学
	第六届（1999）	万　伟	四川省蒲江县大塘镇中心小学
	第八届（2003）	喻　焰	四川省邛崃市冉义镇火星小学
	第十届（2005）	舒航涯（女）	四川省成都市锦江区红专小学少先队员
中国杰出志愿者	1997	何永红	四川省蓬溪师范学校学生
	2002	谭宗俊	成都14中化学高级教师
全国各族青年团结进步奖	第一届（1992）	白呷约（彝族）　壳光明（藏族）　罗清华（藏族）　经大忠（羌族）	
	第二届（1998）	曲木伍牛（彝族）　余海清（羌族）　郑　琨（藏族）　张平森（藏族）　蔡伟素	
	第三届（2001）	丁晓涛（藏族）　冯发贵（藏族）　赵　文（羌族）　骆木格（彝族）　雷晓红	
	第四届（2004）	阿　成（藏族）　甘建荣（彝族）　刘　磊（回族）　侯满泉（羌族）　韩　荣（彝族）　王德彰	
全国民族地区杰出青年	1996	仰　协（女）　杨朝波（彝族）　陈　川（土家族）　张大维（藏族）　降　初（藏族）	

1986—2005年获四川省级表彰的青少年人物情况表

表附－5

奖 项	年 度	姓 名	单 位
四川青年五四奖章	1997	冯国英	四川联合大学博士研究生
		刘关洪	攀钢集团公司提钡炼钢厂连铸车间浇钢流长
		刘光基	德阳广汉市蔬菜研究所所长
		陈亚平	四川鼎天微电有限公司董事长兼总裁
		陈世全	自贡市交通总公司特级乘务员
		杨克会	宜宾筠连县镇舟镇中心校教师
		金德成	铁二局五处京九铁路指挥部总工程师
		倪银安（彝族）	甘孜州九龙县畜牧局局长助理
		梁 强	成都军区56281部队后勤处战士
	1998	张 可	成都军区56042部分副部队长
		周 屏	成都市公交总公司三公司五路乘务员
		柳 萍	南充市嘉辉种畜养殖有限公司总经理
		黄玉碧	四川农业大学副教授
		董以军	会理县鹿厂镇铜矿村四社农民
		蒋茂林	四川石油管理局川中油气公司钻58队司钻、团支书
	1999	周仲荣	西南交通大学摩擦学研究所所长
		王泽民	西昌卫星发射中心发射测试站总工程师
		李家权	四川绵竹龙蟒矿物质饲料集团有限公司董事长、总经理
		张宇仙	四川省内江水文水资源勘测局登瀛岩水文站水文职工
		赵绪昌	宣汉县中学教研室主任
		傅刚义	自贡市自流井盐厂党委书记、厂长
		宋红平	武警成都指挥学校三大队九队学员
		甄康娜	甘孜州畜科所兽医室主任
		兰 军	内江市东兴区松林水库农民
	2000	余海清（羌族）	阿坝州茂县林业局副局长、县政协副主席
		李建军	成都市公安局金牛分局禁毒大队副大队长
		王继文	四川农业大学动物科技学院家禽研究室主任
		汪俊林	四川长江工程机械集团有限公司董事长
		邓晓宏	成都军区56109部队四室主任

续表附－5

奖 项	年 度	姓 名	单 位
四川青年五四奖章	2000	章林文	中国工程物理研究院流体物理研究所六室主任
		魏嘉陵（彝族）	内江市少年儿童业余体校教练员
		赵 勇	四川地勘局川西北地质队队长
	单独授予	唐 琳	四川省运动技术学院柔道运动员
	2001	袁秀平	四川泸州老窖集团有限公司董事局主席
		罗 斌	武警四川总队司令部训练处副处长兼特警队长
		张平森（藏族）	甘孜州色达县人民政府县长
		郭 昕	中国燃气涡轮研究院副院长
		李明平	广安电力（集团）有限公司董事长、总经理
		胡 林	自贡鸿兴化工工业公司职工
		左华荣	成都市树德中学校长
		吴建辉	内江市资中县发轮镇花秋村党支部书记
		张 凯	中国工程物理研究院应用电子学研究所总工程师
		许珈嘉	成都体育学院运动系 1998 级 2 班学生
	2002	刘印勇	成都市武侯区簇桥乡党委副书记、乡长
		张雨东	中国科学院光电技术研究所副所长
		陈亚平	攀钢（集团）公司轨梁厂厂长
		葛 宁（藏族）	阿坝州九寨沟风景名胜区管理局局长
		黄 伟	共青团德阳市中江县委书记
		林秀英	西南科技大学教务处处长
		王 劲	四川省川威集团有限公司董事长、总经理
		杨兴团	成都军区弹药修理试验站业务处工程师
	2003	陈 月	四川省女子监狱干警
		石清华	东方电机股份有限公司副总工程师兼试验中心主任
		张文豪	巴中市南江县桃园镇党委书记
		郑渝力	成都市路桥工程公司董事长、总经理
		米银军	中国网通遂宁分公司总经理
		徐洪勇	乐山市中区牟子镇康达利鸡场场长
		何春阳（藏族）	成都军区总医院康复科主治医师
	单独授予	赖 辉	广元市 410 医院内 4 科科主任

续表附－5

奖 项	年 度	姓 名	单 位
四川青年五四奖章	2004	游小明	中电科技集团公司第30研究所副所长
		孟永红	遂宁市民进中等专业学校校长
		黄建明	武警乐山支队后勤处副处长兼峨眉山中队中队长
		刘仕春	资阳市雁江区伍隍镇石桥村八社农民
		陈 静	四川省运动技术学院女子排球运动员
		罗庆红	广安爱众股份有限公司总经理
		吴 宁	中科院成都生物研究所常务副所长
		孙红波	南充市阆中巾帼特种养殖场场长
		扎西降措（藏族）	甘孜州康定县普沙绒乡中心校校长
	2005	张 斌	成都市人民检察院反贪局副局长
		罗尚勇	成都军区77118部队63分队连长
		谷运麒（羌族）	阿坝州人民医院副院长
		湛胜华	四川航天技术研究院长征机械厂十车间副主任
		韩治成	广元公路运输集团有限责任公司董事长、总经理
		肖 力	遂宁市安居区衡山镇团委书记、晒淀村党支部书记
		蔡 旗	绵阳医科学校教师
四川十大杰出青年	第一届（1991）	冉 立	重庆大学电气工程系副研究员
		郎三清	万县市第二丝织厂
		龙成祥	四川省军区扶贫办公室助理员
		江泽祥	四川陆上运动学校高级教练
		贺晓华	广安县织布厂副厂长
		意西泽仁	四川省作家协会副主席
		管定贵	泸州市神力有限公司总经理
		余 森	成都市第七中学教师
		陈华平	达县科学技术协会
		曹前明	成都铁路分局工人
	第二届（1992）	张 山	四川陆上运动学校运动员、国际健将
		李后强	四川大学物理系副教授
		李继峰	古蔺县残联工作人员
		吉木克达	凉山阿嘎综合开发公司总经理
		程建平	成都军区某部总工程师、副研究员
		孙春明	重庆市政养护管理处第二所下水道疏竣工
		降 初	中共炉霍县委书记
		胡义明	成都二峨酒厂厂长
		陈文兴	绵阳市新皂化工总厂厂长
		范国琼	宜宾五粮液酒厂勾兑师

续表附—5

奖 项	年 度	姓 名	单 位
四川十大杰出青年	第三届（1993）	杨学忠	重庆迅达（集团）公司董事
		黄再军	成都军区后勤部卫生防疫队军医，医士
		苏世怀	攀枝花钢铁集团公司钢铁研究院材料所所长助理，高级工程师
		张渝强	成都市电信局局长，高级经济师
		顾　聪	铁道部第二勘测设计院副院长，工程师
		张利民	成都科技大学水利系教授
		郭继春	中国工程物理研究院某所车工班长，初级技师
		邬永平	绵阳市康达企业总公司总经理，高级经济师
		郞世贵	成都市金牛区乡镇企业局副局长，金牛农机企业集团公司总经理，经济师
		邹华年	自贡市佛山茶厂厂长，高级工程师
	第四届（1994）	黄润秋	成都理工学院
		吴应禄	四川涪陵卷烟厂
		夏永鹏	重庆医药工业研究所
		周华安	四川石油管理局川东钻探公司
		泽巴足	阿坝州政府
		李西宁	成都军区战旗杂技团
		袁志雄	绵阳花园房地产开发总公司
		刘嘉林	四川安都企业集团公司
		万雅宁	四川新中港华通汽车有限公司
		徐子军	武警四川总队宜宾地区支队
	第五届（1995）	梁　强	成都军区某部队后勤处战士
		邹朝碧	达川市私立海达孤儿院院长
		曾学刚	成都电子科技大学抗干扰实验室教授
		刘明光	四川省邮电局局长
		赖　明	重庆市建筑大学校长助理
		陈德华	甘孜州公路养护段雀儿山五道班班长
		喻宁跃	成都郫县犀浦镇党委书记
		白礼西	涪陵太极集团董事长、总经理
		马朝洪	洪雅县林场场长
		张　钧	绵阳市川兴达实业股份有限公司总经理
	第六届（1996）	刘跃先	绵阳市涪城区城郊乡高水村党支部书记
		罗德福	机械部成都工具研究所热处理中心主任、高级工程师
		刘　德	四川省军区甘孜军分区医疗所医士
		余海清	茂县林业局造林股股长、工程师

续表附－5

奖　项	年　度	姓　名	单　位
四川十大杰出青年	第六届（1996）	唐　亚	中科院成都生物研究所植物研究室主任、研究员
		赵金洲	西南石油学院教授
		刘昌建	武警平武县中队中队长
		陈周平	泸州老窖股份有限公司科研所所长、工程师
		张秀萍	重庆市肿瘤医院肿瘤研究所副所长、副主任医师
	第七届（1997）	周学东	华西医科大学口腔医学院院长、教授
		王　平	内江市公共汽车总公司驾驶员
		何利均	泸州市原种场场长兼党委书记
		孙　云	四川省路桥总公司总经理、工程师
		花　欣	成都迈普电器有限公司董事长兼总经理、讲师
		杨存林	成都军区弹药检测室主任、工程师
		何绪平	广汉市公安局城西派出所所长
		刘卡丁	铁二院地下铁道设计研究院院长、高级工程师
		伍耀辉	凉山州作家协会主席、《凉山文学》主编
		王钠云	四川远东投资开发股份有限公司董事长兼总经理
	第八届（1998）	龙新平	中国工程物理研究院化工材料研究所副所长
		李长进	中铁二局集团公司总经理
		李学伟	四川农业大学动物生产与环境卫生系副主任
		邓民新	攀枝花钢钒股份有限公司线材厂厂长
		徐灵英	农行广元旺苍县支行文昌街储蓄所主任
		唐科全	四川智强食品集团有限公司董事长兼总经理
		宋红平	武警达川地区支队达县中队班长
		阿　米	阿坝州文化局《草地》编辑部编辑
		熊国铭	泸州市佳乐房地产有限责任公司总经理
		李家权	绵竹龙蟒集团有限公司董事长兼总经理
	第九届（1999）	石　钧	中共宣汉县纪委主任
		张　可	中国人民解放军56042部队副团长
		罗　勇	四川民族出版社社长、总编、社党组书记
		罗清红	四川省成都市第七中学物理组教师、班主任
		赵君科	中国工程物理研究院环保研究中心主任
		胡君民	武警宝兴县中队长
		胡维光	成都通联药业有限公司董事长兼总经理
		袁秀平	四川泸州老窖股份有限公司董事长、总经理
		雷文勇	四川省绵阳市高新技术开发区铁骑力士公司董事长兼总经理
		缪天明	峨边彝族自治县五渡镇工农村农民

续表附—5

奖项	年度	姓名	单位
四川十大杰出青年	第十届（2001）	徐玖平	四川大学信息与决策研究所所长、公共管理及公共政策研究所所长、体育科学研究所所长
		王继品	四川省甘孜藏族自治州丹巴县半扇门乡团结村党支部副书记、村民委员会主任、团支部书记
		蒋　炜	成都军区总医院眼科主治医生
		王晓秋	华西集团四川省工业设备安装公司焊工班班长
		李　江	四川省新闻出版局、四川省版权局党组秘书、办公室副主任
	第十届（2001）	何延政	泸州医学院附属医院，外科副主任、血管外科主任、血管外科器官移植研究室主任
		杨　林	国营星华仪器厂铷原子频标室主任
		李　进	四川长虹电器股份有限公司空调公司总经理
		敖　萍	中国联通宜宾分公司总经理
		罗荣怀	成都飞机工业（集团）有限责任公司董事长、副总经理
	第十一届（2003）	王　毅	成都市文物考古研究所所长、成都博物馆馆长、研究员
		王红宁	四川农业大学科研处副处长、教授
		王进发	中国人民解放军驻四川专用汽车厂军事代表室总军事代表
		许　伦	南充仪陇马鞍镇琳琅村党支部书记
		何　鹏	三台县芦溪中学党支部书记、校长、县教育局副局长
		何成盛	四川小角楼酒业有限公司董事长兼总经理
		罗　云	宜宾天原集团有限公司 CEO 兼总裁、副董事长、天原集团党委书记、高级工程师
		周秀忠	四川中成煤炭建设集团总经理、高级工程师
		胥精华	泸州市人民检察院反贪局常务副局长、一级检察官
		黄　祥（藏）	甘孜州人民医院副院长、副主任医师
	第十二届（2004）	王　毅	成都军区政治部战旗报社编辑
		牟　俊	中国网通集团公司四川省分公司总经理
		朱明仓	四川省国土资源厅信息中心主任
		李鹭光	中国石油西南油气田分公司总经理
		周定文	成都信息工程学院院长
		武　森	凉山州公安局禁毒支队支队长
		范琼花	南充市徐家镇党委副书记、方广村党支部书记
		侯　武	攀枝花新钢钒股份有限公司提钢炼钢厂方坯车间浇钢大班长
		聂海涛	中航一集团成都飞机设计研究所副所长、副总设计师
		廖　斌	泸州医学院附属医院院长

续表附—5

奖　项	年　度	姓　名	单　位
四川十大杰出青年	第十三届（2005）	毛大付	成都市残疾人联合会党组书记、理事长
		王定华	南充市五星小学校长
		付冬梅	东方锅炉（集团）股份有限公司重容车间电焊组组长
		田　立	成都市公安局交通管理局第四分局五大队副大队长
		夺呷泽郎（藏族）	甘孜州石渠县人武部部长
		沈才洪	泸州老窖股份有限公司董事、总工程师、副总经理
		杨正林	四川省医学科学院·四川省人民医院人类分子生物学与遗传中心主任
		唐志成	中铁二局集团有限公司总经理、中铁二局股份有限公司董事长
		罗　玮	广元市罗玮爱心花店店主
		周　毅	沐川县海云乡同心村党支部书记
四川省十大杰出青年岗位能手	1996	曹鸿英　刘　奇　张喀南　朱文俊　夏　明 谢佩东　李永刚　李文武　朱蓉生　罗晓洪	
	1997	刘　英　蒲　刚　谭万斌　苏小华　张德明 王　海　郭建强　陶伟明　朱　宁　谢子龙	
	1998	李攀光　葛永红　杨　兵　郭　莉　郭　鹏 米建华　李　颖　龚铭鑫　黄　熹　王　建	
	1999	谢海英　钟海权　刘　浩　胡修奎　周贤明 李　勇　甘勇义　刘名君　江国勇　周宗彬	
	2000	黄培斌　诸　宁　邹建新　王相东　蒋平安 侯　颖　江友铭　汪碧华　顾　新　陈　耿	
	2001	许应飞　张述静　罗　华　朱前能　杨　议 杨　莉　高霞蓉　刘永红　古利宁　兰　豫	
	2002	邓承彬　雷天文　陈　军　兰　礼　罗超英 王和平　李德双　张　彦　徐　进　李晓刚	
	2003	毛　委　梁　伟　程　瑾　康　旭　俞学平 冯茂荣　董文斌　冯　琦　石　芳　王大成	
四川省十大杰出技术能手	1996	奚　汉　曾　锋　李兆春　陈敬伦　张才生 马敦全　何屏修　周　霞　谭树林　彭　霞	
	1997	史正良　谭德芬　谢宗智　周志宏　陈志中 肖　莉　曾顶峰　钱宝华　邵群华　马建文	
	1998	黄金全　傅维智　蒋兆荣　代维其　李安康 苏华贞　邹贻伟　杨怀福　胡　平　宋　楷	
	1999	杨心财　汪先平　易鸿道　刘仁文　黎加林 刘仕安　周一江　朱国坤　吴德占　黄永元	
	2000	梁文杰　王汉军　胡应华　吴卫民　刘慕北 杜碧玉　陈　冰　田春雨　苏　俊　柳　杨	
	2001	陈曙光　刘义伟　臧　奇　孙善武　刘辉芬 齐晓慧　倪　诚　黄迪军　袁世均　黄朝娟	
	2002	陈　杰　周文彬　魏学芬　张学红　李金明 张志发　曾昌坚　陈昌华　孔建伟　刘菊香	

续表附－5

奖项	年度	姓名	单位
四川省杰出青年技术创新带头人	2000	刘　军　唐　历　李红霆　范先国　杨仲熙 胡　文　陈向东　徐利远　刘成川　魏晓峰	
	2003	谭　伦　王兰武　杨小柏　方　宇　卢　强 张祥昭　熊忠泽　刘代银　卢　伟　李　凌	
四川省十大杰出青年企业家	1996	朱治平　许晓舟　陈秉达　陈　斌　陈藻林 杨　洪　杨　峰　苗　伟　姚胜文　曹洪明	
	1997	田学应　刘虎廷　张先寿　张远平　吴　宪 严俊波　汪俊林　李卿广　陈华祥　陈德长	
	2001	罗　云　傅刚义　徐晓雒（女）　李晓烈　杨　奇 陈绍泉　钟　强　王瑞荣　刘　谦　余强兵	
	2002	赵　强　唐　勇　陈大利　李　帆　李　进 陈学林　谢万胜　冉　华　李尧光　罗庆红	
四川省十大杰出青年农民	2001	王明琼（女）　朱　亮（羌）　许明凯　刘春明　张一云 邹正安　欧阳晓玲（女）　蒋　军　曹仁伟　缪天明	
	2002	陈永亮　李德华　孙洪波（女）　邹云腾　马志惠（女） 袁兴杰　谢永林　薛　忠　兰绍友　夺尔基塔（藏）	
	2003	唐燕子（女）　刘刚华　李兴海　张一云　古维均 谢玉明　黄宗元　叶　茂　刘富林　周维智	
	2004	马志惠（女）　纳学林（彝）　潘立军　刘天友 何　斌　刘　彬　唐华全　胥　林　禹建萍（女）　郑少洪	
	2005	喻长根　张忠伟　唐　锐　张正华　尹帮炳 方小莉（女）　邱宗祝　甘　来　王建能　张德英（女）	
四川省十佳少先队员	1993	刘　颖　官月红　黄　锐　李晓青　姜　峰 冯　然　吴克俭　阿尔约为　刘　彧　李　彬	
	1995	刘　洋　古云丽　呷绒汪姆　周　华　杨　静 黄　冠　曾弟勇　熊彬颖　曾　羽　刘　琳	
	1999	王　静　杨　帆　何　为　曾　好　何　琪 肖力索　黄　裔　杨云超　岳锡棋	
	2001	朱　娇　黄　露　陈　超　岳梦源　王　言 张诗琪　王诗雨　泽仁巴姆　王诗茗　唐　聪	
	2003	刘梅杰　李莎　肖琳曦　张一驰　胡方舟 梁　淼　黄　潇　蒋乐平　程　乔　曾　涛	
	2004	孙琦琪（女）　曲比哈布（彝族）　苏　畅（女） 达瓦拥珍（女，藏）　邹泽世　杨泞溪（女）　陈多多（女） 郑诗画（女）　梁　靖（女，残疾）　彭洋意（女）	
	2005	王一川　邓　导　牟　笛　张渝彬　张　瑞 泽翁旦珠　曾清明煜　税晶羽　蒋悦玲　谢　艺	
四川省十佳团干部	1994	马儒沛（回）　买寿安（回）　严飒爽（女）　李　磊　杨　勇 吴康明　龚　丹　张素英（女、藏）　钱建超　徐华仿	
	1995	邓东华　杨　兴　喻唯嘉　彭善平　刘　义 扎　西（藏）邓明俊　索仓才　杨恩华　文　辉	
	1996	李晓烈　唐瑞林　刘海中　孙岩松　陶　松 秦　伟　谢金才　朱仁杰　童　鹏　朱世贵	

续表附－5

奖 项	年 度	姓 名	单 位
四川省十佳团干部	1997	毛绍百　王　军（女）　李建章　李富民　刘玉明 刘海中　肖光俊　张　强　贺　锋　雷江海	
	1998	谭　斌　陈　勇　郑子强　母华斌　张和清 熊永华　王韶锋　赵　静（女）　郑长江　陈蒙原	
	1999	杨　君（女）　王　旭　刘若尘　朱海波（女）　孙岩松 李　滨　谢　英（女）　杨　斌　李　铁　王战青（女）	
	2000	王文斌　唐　霖（女）　白国永　刘希贵　俞　瑾（女） 李晓婷（女）　尉文彪　蒲远波　杨三学　邓忠权	

（三）青少年英烈

赖宁

赖宁（1973—1988），四川省雅安市石棉县人，少先队员，生前系石棉中学初二学生。1988 年 3 月 13 日，为扑灭突发山火，保护电视地面卫星接收站安全，赖宁主动加入到扑火队伍，在烈火中奋战四五个小时后不幸遇难，年仅 14 岁。

赖宁胸怀大志，品学兼优，全面发展，从上小学开始，年年被评为三好学生和优秀少先队员。曾获全省红领巾读书读报奖章活动一等奖，雅安市少年儿童绘画比赛二等奖和石棉县儿童书法比赛一等奖。小学毕业后，赖宁以全县第一名的成绩考入重点中学——石棉县中学。

赖宁对祖国、对家乡、对人民、对生活无比热爱，他有着远大志向，要做像李四光那样的科学家；他为家乡探险寻宝，利用节假日采集矿石标本，进行无线电实验。他求知若渴，有积极探求的进取精神。1987 年，赖宁在《见风有感》《保护森林》两篇作文中提出“少砍伐森林多栽树”的呼吁。

赖宁的家乡石棉山区是火险区。赖宁读小学的时候曾上山灭火。他默默地做了这些事，直到林业部门把表扬信寄到学校，老师们才知道。1988 年 3 月 13 日下午 3 点 38 分左右，县城附近的山林因电线短路引起大火。火借风势，刹那间山上一片火海。大片森林、卫星电视转播台和石油公司油库，都面临着巨大威胁。

赖宁写完作业，向有病卧床的妈妈说了声：“我下楼走一走。”下了楼，赖宁瞧见冲天火焰，就直奔火场。赖宁跑到山上，挥动松枝奋力灭火。高达二三十米的火焰狂烧猛窜，赖宁英勇顽强，一次次冲向火海。大火终于扑灭了。3500 余亩森林保住了，卫星电视转播台和石油公司库平安无事了。人们在海子山南坡的过火林带中，发现了赖宁的遗体。

1988 年 5 月，共青团中央、国家教育委员会授予赖宁“英雄少年”光荣称号，号召全国各族少年向赖宁学习——“学习他胸怀大志，从小做起；学习他热爱科学，勇于实践；学习他积极进取，全面发展；学习他热爱祖国，临危不惧。”四川省人民政府批准他为革命烈士；1989 年获第一届

“全国十佳少先队员”荣誉称号。

万 明

万明（1962—1986），四川省丹棱县人，中共党员。1962 年 11 月，万明生于四川省乐山市丹棱县，1978 年从丹棱中学高中毕业后，在丹棱县畜牧局工作，后调到丹棱县广播事业局工作。

1985 年 11 月，万明被调到共青团四川省委主办的《青年世界》杂志社当记者。他勤奋钻研业务，积极深入生活，采访报道了许多优秀青年典型。

首漂长江的勇士尧茂书不幸遇难的消息传来后，万明决心去宣传首漂长江这一壮举的深远意义，让人们理解尧茂书“敢为天下先”的精神。当他得知四川要组织长漂队的消息后，就决定跟随长漂队采访，和长漂队一起去完成尧茂书未能完成的事业。

1986 年 4 月，中国长江科学考察漂流队在成都组建。万明听到这个消息后，请求采访长漂队员。万明的想法得到了杂志社领导的大力支持。

1986 年 6 月 5 日，中国长江科学考察漂流队出征。7 月 2 日，万明主动参加了接应分队，去迎接长漂队。一到目的地，万明顾不得休息，马上收拾好笔记本、照相机，爬上山崖，目不转睛地注视着通天河中的动静。当河心出现第一个小黑点时，万明抢下了这个珍贵的历史镜头。

8 月 23 日，长漂队抵达世界最深峡谷——云南中甸虎跳峡口。9 月 12 日下午，险情突发：洛阳长漂队副队长郎保洛被困在上虎跳峡到中虎跳峡之间一处绝壁下的岩腔中，忍饥挨饿一整天，队员孙志岭下落不明。

9 月 13 日下午，万明和各位新闻记者一起，冒着生命危险爬上崖顶，现场采访营救战斗，直到天色昏暗，才离开营救现场，向驻地赶去。在离驻地还有半小时路程的车底湾附近，万明被山上滚下的乱石击中头部，跌入崖底摔成重伤。晚上 11 点 20 分，万明停止了呼吸。

万明热爱新闻事业，他有着一个新闻工作者强烈的社会责任感和对事业不懈追求的进取精神。他行程万里，写下了 5 万多字的稿子，摄下了大量珍贵镜头，在《中国青年报》和《青年世界》上连续发表了《奔向大江之源》等 15000 字的系列报道。

万明殉职后，中共四川省委根据他生前请求，追认他为中共正式党员，民政部批准他为革命烈士，四川省新闻工作者协会授予他“优秀记者”称号，中华全国新闻工作者协会授予他“全国优秀新闻工作者”称号，共青团四川省委授予万明“优秀共青团员”称号。

徐心仁

徐心仁（1951—1987），四川省开江县人，1966 年初中毕业自学中医，1981 年破格晋升为中医主治医师，曾担任四川省自学中医协会理事长，省青联委员、全国青联委员，省残疾人基金会副理事长，省人才研究会理事。他两次出访日本，两次出席全国青年自学成才代表会。1987 年 11 月 12 日，徐心仁在出诊途中不幸以身殉职。

罗永祥

罗永祥（1965—1988），中共党员，四川省宜宾市人。生前系宜宾市菜坝乡武装部副部长（招聘干部）。1988 年 10 月 25 日，罗永祥因追捕杀人凶犯与歹徒英勇搏斗而壮烈牺牲。四川省人民政府、四川省军区授予罗永祥“模范武装干部”称号；共青团四川省委授予他“勇斗歹徒的优秀青年”称号；四川省人民政府批准他为革命烈士。

卢从军

卢从军（1966—1986），生前系四川省金堂县农资公司青年职工。1986 年 3 月 27 日，他为抢救落水妇女而光荣献身。卢从军牺牲后，共青团四川省委追认他为共青团员，命名他为“奋不顾身，舍己救人的优秀青年”；四川省人民政府批准他为革命烈士。

李俊华

李俊华（1966—1986），共青团员，四川省南部县人。1986 年 8 月 1 日，李俊华为抢救落水儿童光荣牺牲。为表彰她的先进事迹，共青团四川省委授予她“优秀共青团员”称号；南充地区行政公署、南充军分区追认她为一等功臣。

游　进

游进（1968—1990），共青团员，四川省成都市人。生前系四川人民广播电台专题部记者。1990 年 2 月 25 日，游进为维护社会治安同持刀歹徒英勇搏斗，不幸壮烈牺牲。为表彰他的模范事迹，中华全国新闻工作者协会、共青团四川省委、四川省新闻工作者协会，分别授予他“见义勇为的优秀青年新闻工作者”“模范共青团员”“优秀新闻工作者”等光荣称号。

二、大 事 记

1986 年

1 月 10 日　共青团四川省委、中国少年先锋队四川省委员会发出《联合举办“学英模，挂奖章”少先队活动竞赛的通知》。

4 月 9 日　共青团四川省委（以下简称团省委）决定，追认成都市金堂县农资公司职工卢从军为中国共青团团员，并授予“奋不顾身，舍己救人的优秀青年”光荣称号。

5 月 2 日　团省委决定，对尧茂书、庞远贵等 14 名优秀青年、优秀团员和参加抗洪抢险的攀钢四零一厂青年给予命名表彰；对渡口市消防三中队战士蒋先林等 41 名团员、青年给予通报表扬。

7 月 18—25 日　四川省少数民族地区共青团工作会议在阿坝州红原县召开。

8 月 25—30 日　四川省学生联合会（以下简称省学联）第四届三次全委会在成都市彭县（现彭州市）召开。

9 月 3—4 日　四川省青年联合会（以下简称省青联）第七届三次常委（扩大）会在成都市召开。

10 月 6 日　团省委决定，授予万明“优秀共青团员”称号。

11 月 6 日　四川省“学英模、挂奖章”少先队活动表彰大会在成都市召开。

11 月 18 日　团省委决定，授予李俊华“优秀共青团员”称号。

12 月 10—12 日　四川省青年联合会第七届二次全会在成都市召开。

12 月 12 日　团省委决定，表彰省高校共青团工作“求实创新、创优争先”行列竞赛先进集体和先进个人。

12 月 20—22 日　共青团四川省委、四川省农牧厅、四川省科学技术协会等 8 个单位在成都市召开全省“农村青年科技致富达标赛”活动总结表彰大会。

12 月　四川省青年企业管理者协会成立。

1987 年

2 月 25 日至 3 月 25 日　“中国长江科学考察、漂流探险事迹报告团”在省内大、中学校较集中的城市巡回演讲。

2 月 26 日　共青团四川省委、中国少年先锋队四川省委员会发出《开展向优秀少先队辅导员黄绣谊、梁大全同志学习活动的通知》。

3 月 31 日 团省委表彰“扬理想风帆、走成才道路”主题竞赛活动的先进集体。

4 月 15—16 日 共青团四川省委、四川省林业厅、四川省水利电力厅在泸州市泸县召开“给沱江披绿装竞赛活动”总结表彰会。

5 月下旬 共青团四川省委等 5 个单位在成都市举办四川省第三届青少年科技小发明小论文竞赛。

6 月 1 日 共青团四川省委、四川省教育厅、中国少年先锋队四川省委员会命名表彰一批优秀少先队辅导员。

6 月中旬 中华全国青年联合会、四川省青年联合会派遣的四川省 1986 年第一批赴日研修生回川。

6 月 12 日 共青团四川省委、四川省教育厅、四川省财政厅颁发《四川省青少年宫管理工作条例》。

6 月 13 日 四川省团校首届大专班毕业典礼在重庆市举行。

6 月 15—21 日 全国改革与企业共青团工作情况交流暨研讨会在成都市召开。

7 月 8 日 四川省大、中专学生“扶贫兴蜀，实践成才”社会实践建设营开营式在成都市举行。

8 月 11 日 团省委决定，追认杜清林为“为民除害、英勇献身的优秀青年”。

8 月 16—20 日 共青团四川省第八次代表大会在成都市召开。

8 月 20 日 共青团四川省第八届委员会召开第一次全体会议，选举共青团四川省第八届委员会常务委员和书记、副书记。8 月 30 日，共青团四川省第八届常委会第一次会议在成都市召开。

10 月 8—12 日 团省委在万县地区万县召开全省“青工建功立业夺标赛评比会”。

12 月 20 日 中国少年先锋队四川省委员会（以下简称省少工委）1987 年全委（扩大）会议在德阳市召开。

12 月 共青团四川省委等 4 个单位决定表彰获得四川省青工“质量管理”（QC）一、二、三等奖的 130 项成果，获得四川省第二届五小智慧杯成果一、二、三等奖的 250 项成果，“岗位创一流”活动中表现突出的 31 个青年安全监督岗和 14 名青年班组长。

1988 年

1 月 5 日 四川省青年联合会、《青年世界》杂志社决定，在《青年世界》读者中开展评选中共十一届三中全会以来“百名四川青年杰出人物”的活动。

1 月 9—10 日 四川省青工工作会暨青工战线建功立业夺标赛表彰会在成都市召开。

1 月 22—24 日 全省青农工作总结表彰会在雅安地区雅安市召开。

1 月 27 日 团省委决定，从 1988 年起，每两年对市（地、州）团委及部分省直属团（工）委领导班子正副书记进行一次德、能、勤、绩四个方面的考核。

1 月 共青团四川省委、四川省工商局联合表彰“学习辛福强，做人民信得过的个体青年光彩杯”竞赛活动优胜集体和个人。

2 月 6 日 共青团四川省委、四川省青年联合会决定，在四川省各地区建立省青联地区办事处，在各市（地、州）建立省青联委员活动小组。

2月8—9日 四川省青年联合会第七届四次常委（扩大）会在自贡市召开。

3月19—6月 共青团四川省委、四川省教育委员会、中国少年先锋队四川省委员会对全省近3年来开展少先队工作情况进行大检查。

5月3日 四川省青年联合会、《青年世界》杂志社在成都市举行新闻发布会，宣布评选出的百名四川青年杰出人物名单，并颁发证书。

5月15日 共青团四川省委、中国少年先锋队四川省委员会等5家单位发出《关于举办四川省“东风杯”全团带队“十佳”团干部评选活动的通知》。

5月25—30日 团省委在成都市召开全省高校科技成果转让暨大学生社会实践活动项目洽谈会。

5月30日 四川省青年企业管理者协会首届年会在成都市召开，协会更名为“四川青年企业家协会”。

5月30—31日 四川省首届优秀青年厂长（经理）评选活动总结表彰会在成都市召开。

5月31日 省少工委在成都召开表彰大会。

6月1—13日 省青联组织部分卫生、科技、文艺界的委员和省青年科协，省青年中医协会会员赴乐山市金口河区开展咨询服务和演出活动。

7月9日 四川省内60余所高校10万名大学生参加全省“扶贫兴蜀，实践成才”主题社会实践活动。

7月 四川青年自修大学与四川大学、西南财经大学、四川师范大学实行联合办学，形成全省最大的办学集团，全年招生13000人。

8月16—17日 共青团四川省委八届一次常委（扩大）会在成都市召开。

8月24—26日 省少工委1988年度全委（扩大）会议在内江市简阳县召开。

9月13—14日 四川省青年联合会第七届五次常委（扩大）会在成都市召开。

10月13日 四川青少年发展基金会成立大会暨新闻发布会在成都市召开。

10月15—17日 四川省青年联合会第八届一次会议在成都市召开。

10月17日 省青联决定，表彰“为‘七五’建设出成果、做贡献竞赛活动”先进集体和先进个人。

10月 共青团四川省委、四川省科学技术协会发起培养“青年星火带头人”活动。

12月5日 团省委授予罗永祥“勇斗歹徒的优秀青年”光荣称号。

12月15—17日 共青团四川省委常委（扩大）会在成都市召开。

12月20日 中国少年先锋队四川省委员会、四川青年报社等4个单位在内江市资阳县召开四川省“东风杯”全团带队“十佳”团干部评选表彰大会。

12月24—27日 团省委在成都市召开1989年工作会议。

1989年

1月19日 共青团四川省委等11个单位决定表彰在“学技术、兴百业、当能手”活动中取得优异成绩的先进集体91个，优秀组织者96名，兴百业能手185名，优秀青年科技示范户19名。

1月 团省委机关报《晨报》恢复为《四川青年报》。

3月19—22日 四川省青少年宫协会成立暨1988年度先进青少年宫表彰大会在成都市召开。

4月3日 共青团四川省委报经四川省编制委员会批准，将“四川青年自修大学”改名为“四川自修大学”。

4月 四川省举行团员证颁证仪式，有120万余名团员领取团员证。

6月14日 省青联决定组织部分省青联委员和文艺界青年赴黔江地区开展咨询服务和演出活动。

7月1日 中共四川省委宣传部、四川省教育委员会、共青团四川省委、中国少年先锋队四川省委员会发出通知，在全省中小学开展向“英雄少年”赖宁学习活动。

7月28日 共青团四川省委八届二次常委（扩大）会议在成都市召开。

7月 团省委授予川东钻探公司6081钻井队等3个集体“四川省新长征突击队”称号；授予任果等25名个人“四川省新长征突击手”称号。

9月4日 中共四川省委宣传部、四川省教育委员会、共青团四川省委、中国少年先锋队四川省委员会在全省中小学开展“‘英雄少年’赖宁事迹巡回报告”的活动。

12月20日 共青团四川省委八届二次全委（扩大）会议在成都市召开。

12月24日 共青团四川省委、四川省科学技术委员会决定命名表彰“青年星火带头人”活动先进集体和先进个人。

12月 四川中国青年旅行社成功组织第一个海外自联团。

同月 团省委决定，《青年世界》杂志与《四川青年报》合并共办《四川青年报》。

1990年

1月4日 团省委在全省开展“让团徽闪耀理想光芒，做社会主义忠诚儿女”思想政治教育主题系列活动。

2月26日 团省委决定，授予万建昌“优秀共青团员”光荣称号。

2月28日 共青团四川省委、中国少年先锋队四川省委员会决定，3月在少先队员中广泛开展以“千万队员学赖宁”为主题的宣传教育活动。

2月 四川省教育委员会、共青团四川省委等15家省级单位发出《关于进一步办好四川自修大学，推动我省群众性自学活动广泛深入发展的联合通知》。

3月5日 共青团四川省委、四川省旅游局在全省开展“青春在旅游业中闪光”主题活动。

5月4日 团省委召开纪念五四运动71周年大会。

5月17日 团省委授予游进“模范共青团员”荣誉称号。

5月30日 共青团四川省委、中国少年先锋队四川省委员会、四川青少年发展基金会、四川省文化厅、成都铁路局在成都市举行全省“故事大王”比赛。

5月31日 共青团四川省委等单位决定，在全省广大少先队员中广泛开展“‘心连心’救助贫困地区失学少年”活动。

6月1日 省少工委授予少先队员何艳菊、秦志“奋不顾身，舍己救人的优秀少先队员”光荣称号；授予少先队员汤怀、唐红“见义勇为、舍己救人的优秀少先队员”光荣称号；授予少先队员李进平“勇斗持刀歹徒的优秀少先队员”光荣称号；授予少先队员肖尧“与病魔作斗争、努力学习的优秀少先队员”光荣称号；授予少先队员喻勇“拾金不昧的优秀少先队员”的光荣称号。

8月14日 四川省青少年“建设优质绿化工程”表彰会暨首届“我爱绿色”夏令营在成都市举行。

10月10日 团省委授予黄永清“舍己救人的优秀共青团员”、张泽富“见义勇为的优秀共青团员”光荣称号。

10月12日 团省委授予陈邦清“模范共青团员”光荣称号。

10月 团省委授予马福丽“见义勇为的优秀青年”光荣称号，授予高敏、熊其英、巫丹等18名运动员“四川省新长征突击手”荣誉称号。

11月6日 四川省学赖宁活动领导小组决定表彰“四川省学赖宁活动先进集体”58个，“四川省赖宁式好少年”10名，“四川省学赖宁活动先进个人”293名。

11月22日 共青团四川省委印发《关于深入开展“学雷锋、树新风”主题系列活动的通知》。

11月28日 共青团四川省委、四川省青年联合会决定表彰巫丹等176名省青联委员为“为‘七五’建设出成果作贡献竞赛活动”先进个人；授予蔡伟素等102名省青联委员“为‘七五’建设出成果作贡献先进青年”光荣称号；表彰内江市等10个单位为“‘七五’建设出成果作贡献竞赛活动”先进集体。

11月28日至12月1日 四川省青年联合会第八届委员会第二次会议在成都市召开。会议期间，召开了四川省学生联合会第五次代表大会。

12月1日 省少工委授予李天国“优秀少先队员”光荣称号。

12月 共青团四川省委八届三次全委（扩大）会议在成都市召开。

1991年

1月25日 共青团四川省委等3个单位决定，在全省青工中开展“四川省百万青工‘增效益、促成才、当能手’”建功大赛主题活动。

同日 共青团四川省委等7个单位评选出童小平等59人为首届四川省青工技术大赛优胜者，授予内江市机械局等27名优胜个人为“四川省新长征突击手”荣誉称号。

1月30日 共青团四川省委、四川省税务局表彰全省个体工商户“税法宣传普及教育活动”先进集体和先进个人。

3月14日 四川省关心下一代工作委员会成立大会在成都市举行。

3月22日 共青团四川省委、四川省旅游局决定表彰“青春在旅游业中闪光”主题活动先进单位和服务标兵。

4月22日 团省委追认李龙平为中国共青团团员，同时授予“见义勇为优秀青年”光荣称号。

5月3日 团省委召开四川省“新长征突击手（队）”命名表彰大会。

5月15日 团省委授予何国治“舍己救人的模范共青团员”光荣称号。

6月8—10日 四川省第四次民族地区青年工作会议在凉山州西昌市召开。

6月19日 中国少年先锋队四川省委员会全委（扩大）会议在成都市召开。

8月23日 中国少年先锋队四川省第二次代表大会在成都市召开。

同日 共青团四川省委、四川省教育委员会、中国少年先锋队四川省委员会决定表彰陈家富等10人为四川省“十佳少先队辅导员”；表彰杨彬等297人为四川省“优秀少先队辅导员”；表彰杨波等100名少先队员为四川省“优秀少先队员”；表彰新都县渝亭小学五（1）中队等21个“赖宁中队”和江津县白沙镇双槐树小学少先队大队部等78个优秀少先队集体。

8月 四川中国青年旅行社组织首团前往东南亚观光旅游。

9月 共青团四川省委等7个单位决定，授予冉立等10名青年“四川省为‘七五’建设作出突出贡献的十大杰出青年”光荣称号，授予吉古夫铁等100名青年“四川省为‘七五’建设作出贡献的百名优秀青年”光荣称号。

10月5日 共青团四川省委等7个单位决定，授予方小方等10名青年厂长（经理）“四川省十大杰出青年企业家”称号；授予夏义宝等78名青年厂长（经理）“四川省优秀青年企业家”称号。

12月16日 共青团四川省委、四川省乡镇企业管理局决定，在全省开展乡镇企业青工技术练兵比武活动。

12月23日 共青团四川省委八届四次全委（扩大）会议在成都市召开。

同日 共青团四川省委等3个单位决定，在全省开展“农田水利基本建设突击队活动”。

同日 共青团四川省委等7个单位决定，在全省农村团员、青年中开展“巴蜀青年科技兴农实用技术知识大赛”活动。

12月26—27日 四川省青年联合会第八届四次会议在成都市温江县召开。

12月 共青团四川省委等3个单位决定对获得四川省“百万青工‘增效益、促成才、当能手’”建功大赛中60个企业的红旗团委、51名优秀组织工作者、10个种类共114名青年能手进行表彰。

1992年

1月1日 共青团四川省委、四川省丝绸公司决定，在全省农村开展“青年蚕桑星火带头人”竞赛活动。

1月15日 共青团四川省委、中国少年先锋队四川省委员会决定，在全省组织开展“赖宁杯”优秀少先队活动竞赛。

4月7—9日 全省关心下一代工作会暨首次全省关心下一代工作先进集体、先进个人表彰大会在成都市召开。

4月25—28日 共青团四川省委等4个单位在成都市举办首届全省供销社系统棉花检验技术比赛。

5月4日 共青团四川省委、四川省青年联合会、四川省学生联合会召开纪念建团70周年暨五四运动73周年大会。

6月5日 四川省团校在重庆市举行40周年校庆。

6月 四川省关心下一代工作委员会、四川省司法厅在劳改、劳教单位接受教育改造的青少年中开展“为了完整的明天”征文活动。

7月25日至8月15日 四川省青少年武术代表团访问日本。

8 月 25 日　中国少年先锋队四川省委员会二届二次全委会在成都市召开。

9 月 14 日　共青团四川省委、中国少年先锋队四川省委员会决定，在全省少先队员中开展“爱科学，勤实践，做主人”劳动实践主题教育活动。

9 月　四川省团校从重庆市石桥铺迁至成都市龙泉驿区。

同月　共青团四川省委等 7 个单位决定，授予张山、李后强、李继锋、吉木克达、程建平、孙春明、降初、胡义明、陈文兴、范国琼 10 人“四川省十大杰出青年”荣誉称号。

10 月 4 日　共青团四川省委、四川省乡镇企业管理局决定，授予宋学文等 35 名“乡镇企业青工技术标兵”称号；授予周玉琼等 64 名“乡镇企业青工技术能手”称号；授予周世珍等 26 名“优秀测查员”称号；授予共青团德阳市委等 12 个单位“乡镇企业青工技术比武活动”组织奖。

10 月 10 日　四川省暨成都市纪念中国少年先锋队建队 43 周年和“赖宁杯”优秀少先队活动竞赛表彰大会在成都市举行。

同日　共青团四川省委、中国少年先锋队四川省委员会决定表彰“赖宁杯”活动一等奖 15 个，二等奖 50 个，三等奖 137 个，鼓励奖 78 个；“赖宁杯”最佳辅导艺术奖 15 名；“赖宁杯”优秀辅导艺术奖 179 名；“赖宁杯”优秀组织者奖 76 名；“赖宁杯”组织工作奖 13 个。

12 月 3 日　万县市云阳县、康定东关小学五（2）中队等 22 个集体被中国少年先锋队全国委员会、中国残疾人联合会、中华全国妇女联合会评为全国“红领巾助残”活动先进集体。

12 月 19—22 日　共青团四川省第九次代表大会在成都市召开。

12 月　四川自修大学在全省各地建立了 71 个面授辅导站和代报名点。

1993 年

1 月　四川省少先队队刊《少年世界》正式出版。

2 月 10 日　共青团四川省委、四川省精神文明办公室开展“三优一学”文明城市、“学雷锋、树新风”活动项目检查、评比工作。

2 月 24—27 日　全省关心下一代工作会议在成都市大邑县召开。

3 月 2 日　重庆市沙坪坝区黄桷堡小学少先队大队等 4 个集体被共青团中央、国家教育委员会、中国少年先锋队全国委员会评为“全国少先队学雷锋先进集体”。

4 月 21 日　四川省未成年人保护委员会在成都市召开成立大会。

4 月 27 日　共青团四川省委、四川省煤炭管理局决定，授予何茂国等 35 人为“八五”期间第一批四川煤炭行业青年标兵。

5 月 20 日　万县市和祥街小学学生吴克检被中国少年先锋队全国委员会、国家教育委员会、中央电视台青少部授予全国“首届少年儿童‘露一手’表演活动小能手”称号。

5 月 21 日　共青团四川省委等 9 家单位决定，在全省青年中开展第三届“四川十大杰出青年”评选活动。

5 月 26 日　共青团四川省委等 3 个单位决定，授予长城特殊钢公司团委等 88 个单位为 1992 年度四川省“百万青工‘增效益、促成才、当能手’”建功大赛“红旗团委”称号，授予成都双流机场团委书记李波等 129 名团干部“优秀组织者”称号。

5月29日 四川省第二届“十佳少先队员”颁奖大会在成都市召开。

7月7日 共青团四川省委、四川省竹业协会决定，在全省农村青年中开展“编织明星”大赛活动。

7月28—29日 四川省青农工作暨星火科技扩散示范县工作会议在德阳市绵竹县召开。

8月10日 共青团四川省委等4家单位在全省开展农村青年星火科技示范活动。

8月25日 中国少年先锋队四川省委员会二届二次全委会在成都市召开。

9月8日 四川省青年乡镇企业家协会成立。

9月10日 团省委作授予张顺海“优秀共青团员”称号。

9月11日 团省委授予梁爱军等10人“四川省新长征突击手”荣誉称号。

9月14日 省少工委授予李芝敏“四川省优秀少先队员”光荣称号。

9月15日 共青团四川省委、四川省妇女联合会授予凉山州林业局等77个单位“绿化长江先进单位”称号。

10月14日 团省委在成都市举办“四川省青年职工科技发明”擂台大赛。

10月14—19日 四川首届青年科技成果博览交易会在成都市举行。

10月29日 四川省青年联合会第八届六次常委（扩大）会议在成都市召开。

10月30日 共青团四川省委、四川省竹业协会授予张宝臻等9人“四川省农村青年编织明星”称号，授予吴玉平等23人优秀奖，授予共青团乐山市委等9个单位组织奖。

10月 共青团四川省委、四川省民族事务委员会授予重庆市万盛区苗族煤矿等28个单位“四川省各族青年团结进步先进集体”称号，张凤华等60人“四川省各族青年团结进步先进人物”称号。

同月 首批5家“四川省青少年教育基地”命名大会在成都市大邑县召开。

11月11—13日 四川省青年联合会第九届委员会第一次全体会议在成都市召开。

11月12日 共青团四川省委等9家单位在成都市召开“嘉陵杯”第三届“四川省十大杰出青年”表彰大会。

12月 省少工委在全省开展“跨世纪中国少年雏鹰行动”活动。

1994年

1月12日 共青团四川省委等6个单位决定，在全省开展“通威”杯世纪行——巴蜀百万青工“争当能手、争创文明号”育人建功大赛。

同日 共青团四川省委、四川省林业厅在全省范围内开展“建设巴蜀青年优质长防绿化工程”活动。

1月19日 共青团四川省委等3个单位决定，授予成都前锋电子股份有限公司等38个单位“党政最佳关怀支持青年工作奖”，重庆钢铁（集团）公司团委等72个单位“红旗团委”称号，龙强等96人“优秀团干部”称号，车颖秋等94人“四川省青年岗位能手”称号。

1月20日 共青团四川省委、四川省教育委员会、中国少年先锋队四川省委员会决定，在全省少先队组织中开展“五自”活动。

1月 共青团四川省委九届二次全委（扩大）会议在成都市召开。

1—5 月　省少工委在全省青少年中开展《心声泪痕——来自大墙内的报告》读书活动。

2 月 25 日　中国少年先锋队四川省委员会、四川省教育委员会、四川省青少年发展基金会决定，在全省少先队组织中开展“手拉手”互助活动。

4 月 2 日　共青团四川省委、四川省青少年发展基金会开展“希望工程——1（家）+1 助学行动”活动暨举行“希望工程专用邮资明信片”首发式。

4 月 5 日　共青团四川省委、四川省青年联合会、四川省学生联合会下发《四川省“中国青年志愿者‘一助一’”长期服务实施计划》。

4 月 29 日　中共四川省委组织部、共青团四川省委等 8 个单位决定，在全省青年中开展第四届“四川十大杰出青年”评选活动。

5 月 3 日　团省委授予四川省武警总队汉源县中队团支部等 10 个单位“四川省十佳团组织”荣誉称号；授予共青团重庆市委书记马儒沛等 10 人“四川省十佳团干部”荣誉称号；授予共青团彭州市委、重庆钢铁公司团委、共青团广元市苍溪县委等 172 个单位“四川省优秀团组织”称号，授予扬兴、鲁一实、杜小波等 200 多人“四川省优秀团干部”称号；授予吴军、王德文、刘颖等 171 人“四川省优秀共青团员”荣誉称号。同时，团省委决定，授予此次获“四川省十佳团干部”荣誉称号的 10 人“四川省新长征突击手”荣誉称号；授予此次获“四川省十佳团组织”荣誉称号的 10 个单位“四川省新长征突击队”荣誉称号。

同日　团省委决定，命名成都市公交总公司 4 路车等 100 个青年文明岗位和青年文明工程为“四川省青年文明号”，并予以授牌。

同日　共青团四川省委等 9 家单位决定，在全省工交财贸战线开展’94 四川省首届青年职工科技文化节活动。

5 月 17 日　四川省青年乡镇企业家协会成立。

5 月 18 日　共青团四川省委、四川省乡镇企业管理局在全省举办第二届乡镇企业青工技术比武活动。

5 月 21 日　共青团四川省委等单位下发《关于实施跨世纪青年文明工程“保护明天行动”的意见》。

8 月　中共四川省委组织部、共青团四川省委等 8 个单位决定，授予黄润秋等 10 人第四届“四川十大杰出青年”荣誉称号。

9 月 12 日　团省委追认徐涛为中国共青团团员。

9 月 13 日　团省委授予李继峰等 4 人“四川省新长征突击手”荣誉称号，张先会等 2 人“四川省优秀青年”荣誉称号。

9 月 27—28 日　四川省首届青年职工财会能手大赛总赛暨表彰会在成都市召开。

10 月 12 日　共青团四川省委、中国少年先锋队四川省委员会命名表彰刘小秋、陈玲、胡川、蔡辉、王萍、郑玉华、朱康、黄茂才、陈用国、张铃 10 人为四川省第二届十佳全团带队团干部，表彰张毅、林桦、宋刚等 90 人为四川省优秀全团带队团干部。

同日　共青团四川省委、四川省教育委员会、中国少年先锋队四川省委员会命名表彰林文彬、朱晓飞、陈喜朝、王明俊、杨会宇、何崇莲、杨晓渝、杜林、古春陵、邢真理 10 人为四川省第二届十佳少先队辅导员，表彰焦红宁等 102 人为四川优秀少先队辅导员。

10月30日　共青团四川省委、四川省科学技术委员会决定，授予李正高等9人为四川省农村“青年星火带头人标兵”称号，杨尊彬等179人为四川省农村“青年星火带头人”称号；表彰王智强等51人为四川省农村青年星火带头活动优秀组织者，共青团乐山市委、乐山市科委等12个单位为青年星火带头人活动先进单位。

10月　共青团四川省委等8家单位举办四川省青少年业余民歌、儿歌大赛。

11月1日　成都市东城根街小学等65个“雏鹰大队”受到中国少年先锋队全国委员会表彰，并获授大队旗。

11月24日　团省委在全省开展“巴蜀青年志愿者奉献日”活动。

11月　四川省中国青年旅行社获全国“1994年度百强旅行社”称号。

12月15日　共青团四川省委九届三次全委会在成都市召开。

12月16日　共青团四川省委九届三次全委（扩大）会在成都市召开。

12月18日　四川省青年联合会第九届二次常委会议在成都市召开。

1995年

1月10日　共青团四川省委、中国少年先锋队四川省委员会决定，表彰成都市少工委等15个少先队工作红旗单位；表彰邛崃市少工委等22个实施“雏鹰行动”先进县。

1月13—14日　团省委召开四川省青年志愿者协会成立大会。

1月16日　四川省青年联合会、四川省中医学会举办首届“四川20名杰出青年中医评选活动”。

1月　《少年世界》更名为《少年时代》，由内刊批准为公开发行，发行量达20万份。

2月14日　四川自修大学指导委员会成立并举行第一次会议。

2月16—20日　四川省青工工作会暨世纪行——巴蜀百万青工“争当能手、争创文明号”育人建功大赛表彰会在重庆市召开。

2月24日　共青团四川省委、四川省乡镇企业局在全省乡镇企业中广泛开展创建“青年文明号”活动。

3月29日　共青团四川省委常委（扩大）会在成都市召开。

4月3日　共青团四川省委、四川省扶贫开发办公室在全省开展“服务千村脱贫致富行动”活动。

4月5日　中共四川省委组织部、共青团四川省委等8个单位决定，在全省青年中开展第五届四川十大杰出青年评选活动。

同日　四川青年报社接办共青团四川省委机关内部刊物《四川共青团》。

同日　团省委授予梁强“舍己为民模范共青团员”和“四川省新长征突击手”荣誉称号。

4月10日　团省委在全省范围内开展“‘五四’青年志愿者行动日”活动。

4月18日　共青团四川省委等3个单位决定，开展首届“四川省青年科技创业奖”评选活动。

5月4日　团省委决定，命名成都饭店总机部等86个青年集体“四川省青年文明号”荣誉称号，并授牌；授予巴中团市委、温江团县委、金川团县委、金阳团县委、重庆大学团委、攀枝花钢铁集团公司团委、东方汽轮机厂团委、四川石油局川东钻探公司团委、成都铁路分局团委、宣汉县柳池乡团委10个单位“四川省十佳团组织”荣誉称号；授予邓东华、杨兴、喻唯嘉、彭善平、刘义、扎西、邓明俊、索仓才、杨恩华、文辉10人“四川省十佳团干部”荣誉称号；授予成都团市委、重庆团市委、乐山团市委等275个单位“四川省优秀团组织”荣誉称号；授予周旬、温川平、肖光俊等193人“四川省优秀团干部”荣誉称号；授予田立、喻东、古利等201人“四川省优秀共青团员”荣誉称号。

6月1日 广元师范附小五（3）中队队员马力等39名少先队员获中国少年先锋队全国委员会颁发的一级雏鹰奖章。

7月20日 四川省青年联合会、四川省中医学会授予曾纬等20人首届“四川20名杰出青年中医”称号。

7月24日至8月1日 四川省关心下一代工作委员会开展首届中小学生夏令营活动。

8月25日 共青团四川省委等3家单位授予孙泽辉等24人首届“四川省青年科技创业奖”荣誉称号。

10月6日 共青团中央等4个单位决定，命名四川省双流县等28个县（市）为全国农村青年星火科技示范活动先进示范县；授予四川绵阳市游仙区食用菌研究中心主任罗彩贵等20人“全国优秀青年星火企业家”荣誉称号。

10月12日 刘洋等10名少先队员被中共四川省委宣传部、共青团四川省委、四川省教育委员会、中国少年先锋队四川省委员会评为第三届“四川省十佳少先队员”。

10月23日 四川省学生联合会第六次代表大会在成都市召开。

11月7日 团省委决定，授予邬永平、周礼由、夏吉书、李正高、苏中生、杨同寿6人“四川省新长征突击手”荣誉称号。

11月17日 共青团四川省委、四川省科学技术委员会授予王浦全等91人1994—1995年度“四川省农村青年星火带头人”荣誉称号；授予肖兰等20人“四川省培养青年星火带头人活动优秀组织者”荣誉称号，授予泸州团市委等15个团委、科委活动组织奖。

同日 共青团四川省委、四川省乡镇企业局命名荥经县严道镇工业公司青年突击队等32个青年集体、青年岗位和青年工程为“四川省乡镇企业青年文明号”示范单位，并授牌。

同日 四川省青年乡镇企业家协会第二届理事会在成都市召开。

11月17—18日 共青团四川省委、四川省乡镇企业局授予毛翠英等10人“首届四川省十大明星青年乡镇企业家”称号；授予余碧红等50人“首届四川省优秀青年乡镇企业家”称号。

11月21日 四川省未成年人保护委员会权益部正式挂牌。

12月 共青团四川省委九届四次全委（扩大）会在成都市召开。

1996年

1月11日 四川省青年联合会九届三次常委（扩大）会议在成都市召开。

1月18—19日 中国少年先锋队四川省委员会二届三次全委（扩大）会议暨四川省少先队工作学会五届三次理事会议在成都市召开。

1月19日 四川省中等学校共青团会议暨四川首届“明日之星”中等学校学生实践技能大赛表

彰会在成都市召开。

2月初 中国少年先锋队四川省委员会获共青团中央、中国少年先锋队全国委员会、文化扶贫委员会等单位授予的“手拉手”互助活动优秀组织奖。

4月28—30日 共青团四川省委等5个单位举办“四川省青少年儿童民歌、民乐优秀选手赛”活动。

5月3日 团省委纪念五四运动77周年暨跨世纪青年人才群英大会在成都市召开。

5月18—24日 四川省16所高校的2000名大学生志愿者响应共青团中央、中华全国学生联合会的号召，参加四川省社区援助活动。

5月29日 四川蓝剑集团公司向四川希望工程捐赠200万元。

5月30日 四川省青年运动史研究会第五次青运史暨团学优秀成果评选工作会议在成都市召开。

6月1—2日 团省委在成都市举行“庆‘六一’，手拉手，相聚在蓉城”活动。

6月18日 四川省金融系统“青年文明号”表彰大会在成都市召开。

6月 四川中国青年旅行社由国家二类旅行社上升为国家一类旅行社。

6—8月 四川青年报社组织亚特兰大奥运会报道，报道内容获全国青年报刊好栏目二等奖。

7月15日 团省委在全省青少年中广泛开展红军长征胜利60周年纪念活动。

同日 四川自修大学被国家教育委员会评为全国“高等教育自学考试工作先进集体”。

7月 共青团四川省委、四川省青年企业家协会、四川青年报社实施振兴中小企业“明珠杯”行动。

9月16—18日 中国少年先锋队四川省第三次代表大会在成都市召开。

9月18日 共青团四川省委等7个单位制定在全省中小学生中开展“团结友爱，遵纪守法”的专题教育方案。

10月5日 团省委举行纪念中国工农红军长征胜利60周年大会暨成人宣誓仪式。

10月25日 四川省第三届高等学校“十佳青年教师”“十佳青年学生”颁奖仪式在成都市举行。

10月29—31日 四川省青年联合会第九届二次全委会和“四川十大杰出青年”表彰会在成都市召开。

10月31日至11月1日 共青团四川省委常委（扩大）会议在成都市召开。

11月7—9日 四川省“川电杯”青年电工维修比赛在绵阳市江油市举行。

11月25日 团省委授予杨克会“舍己救人优秀共青团员”光荣称号。

11月 共青团四川省委等6家单位授予李代全等50人为“‘八五’四川省杰出青年农民”荣誉称号。

12月5日 共青团成都市委、四川省直属团委开展“爱心献社会，温暖在蓉城”主题活动。

1997年

1月6日 共青团四川省委九届五次全委（扩大）会在成都市召开。

1月8—9日 团省委召开四川省青年志愿者行动现场推进会。

1月17日 共青团四川省委印发《关于表彰1997年度四川省“共青团服务万村脱贫致富奔小康行动”先进集体的决定》。

3月3日 团省委追授吴翔“四川省新长征突击手”荣誉称号。

3月16日 省少工委组织开展“手拉手情系贫困小伙伴全国统一行动日”活动。

4月24日 共青团四川省委、四川省农业厅、四川省新闻出版局成立四川省青年科技图书站建设促进委员会。

4月30日 团省委纪念五四运动78周年暨颁发四川青年五四奖章和表彰“十佳团干部”“十佳团组织”大会在成都市召开。

5月10日 省少工委在成都组织“雏鹰假日小队手拉手文明行动”万人宣誓仪式。

5月23日 共青团四川省委等9个单位在全省开展“让孩子唱孩子的歌”系列活动。

6月18日 共青团四川省委、四川省科学技术协会等单位主办的“首届中国青年科技发展论坛四川分坛”论文集出版。

6月下旬 共青团中央（以下简称团中央）“服务万村”调查组到四川进行为期一周的检查指导工作。

7月31日 全省“三好”学生、优秀学生干部、先进班集体表彰大会在成都市举行。

8月3—9日 团省委组织“三下乡”活动服务团，赴阿坝州南坪县（现九寨沟县）开展科技、文化、文艺演出等活动。

8月29日 团省委开展大中学生“讲文明、树新风”活动。

10月 经四川省机构编制委员会批准，团省委青运史研究室更名为四川省青少年研究中心。

11月26—28日 共青团四川省第十次代表大会在成都市召开。

1998年

1月12日 共青团四川省委十届二次全委会在成都市召开。

1月17日 共青团四川省委、四川省林业厅发出《关于开展“保护母亲河、关爱我们的家园——四川青年绿色行动”的意见》，在全省全面启动四川青年绿色行动。

2月18日 共青团四川省委印发《关于进一步加强全省发展团员工作的通知》。

2月26日 共青团四川省委印发《关于同意举办四川经济学院的批复》。

3月18日 中共四川省委办公厅、四川省人民政府办公厅印发《关于命名表彰1997年度“四川省十佳青年文明号”的通知》，授予成都市邮政局沙湾邮电局等10个青年集体“四川省十佳青年文明号”称号。

3月26日 四川省下岗青工再就业工作会暨1997年度“双争”活动表彰会在成都市召开。

4月13—15日 四川省青少年宫协会全体会议在自贡市举行。

4月27日 共青团四川省委、四川省劳动厅、四川省个体劳动者协会印发《关于命名表彰西南美容杯十大下岗青工再创业先进个人的通知》，授予柳萍等10人“四川省十大下岗工人再创业先进个人”荣誉称号。

5月4日 四川省纪念五四运动79周年大会在成都市举行。中共四川省委副书记杨崇汇出席会议并讲话。全体与会代表发出《弘扬五四精神、肩负历史使命、争做时代先锋》的倡议书。共青团四川省委印发《关于表彰四川省“十佳团组织”“十佳团干部”“优秀团组织”“优秀团干部”“优秀共青团员”的决定》，授予共青团泸州市江阳区委等10个单位四川省“十佳团组织”称号，谭斌等10人四川省“十佳团干部”称号，共青团成都市委等78个单位四川省“优秀团组织”称号，彭涛等128人四川省“优秀团干部”称号，胥强等188人四川省“优秀共青团员”称号。

5月25日 全省团委系统办公室主任暨信息调研工作会在成都市召开。

6月 共青团四川省委、四川省扶贫开发办公室印发《关于开展百万农村青年脱贫致富奔小康竞赛活动的意见》，全省63个贫困县全面启动“百万农村青年脱贫致富奔小康竞赛活动”。

7月 共青团四川省委、四川省科学技术协会印发《关于领办科技推广项目深化培养青年星火带头人活动的意见》。

8月9日 四川青年志愿者支教扶贫接力计划——平武项目宣传座谈会在成都市召开。

10月17日 “保护母亲河、关爱我们的家园——四川青年绿色行动”在乐山市峨边县启动。

10月20日 中共四川省委组织部、中共四川省委宣传部、共青团四川省委、四川省青年联合会、四川日报社、四川人民广播电台、四川电视台、四川青年报社印发《关于授予龙新平等10位同志“四川十大杰出青年”称号的决定》。

11月6日 第八届四川十大杰出青年、十佳青年自学成才标兵与各界青年举行座谈会，四川省人民政府副省长徐世群出席座谈会并讲话。

11月15日 四川省青年联合会第十届委员会第一次会议在成都市举行。尧斯丹当选四川省青年联合会第十届委员会主席，罗强、丁成明、张建魁、王安泰、李后强、张炜、陈达云、姜志刚、张山、刘作明、周孟林、顾培东、天波、惠朝旭当选副主席。

11月30日 共青团四川省委在凉山州美姑县尔且甲谷村举行形象扶贫取得阶段性成果完工仪式。

12月4日 四川省创建“青年文明社区”组委会办公室、共青团四川省委办公室印发《关于命名我省首批创建“青年文明社区”活动示范点的通知》，确定成都市金牛区青羊北街道等30个社区为四川省首批创建“青年文明社区”活动示范点。

12月17日 四川省教育委员会印发《关于同意设立四川青年专修学院的批复》。

12月23日 四川省暨成都市首届“乡村青年文化节”在成都市郫县红光镇举行。

1999年

1月9日 中共四川省委农村工作委员会、共青团四川省委、四川省精神文明建设办公室印发《关于服务农村经济建设开展“双争双创”活动的意见》。

1月13日 共青团四川省委、中国少年先锋队四川省委员会、四川省教育委员会印发《关于贯彻落实共青团中央、教育部〈关于深入开展“中国少年雏鹰行动”推进素质教育的意见〉的通知》。

2月1日 共青团四川省委、四川省科学技术委员会印发《关于确认、表彰青年星火带头人的若干规定》。

4月12日 共青团四川省委印发《关于〈关于四川自修大学与四川富民中等专业学校联合办学

的请示〉的批复》。

4月23日　四川省青年企业家协会第七次会员代表大会暨中国国际商会四川青年商会第二次会员代表大会在成都市召开，中共四川省委常委甘道明出席会议并讲话。

5月4日　四川省纪念五四运动80周年大会在成都市召开，中共四川省委副书记杨崇汇出席会议并讲话。共青团四川省委印发《关于表彰四川省“十佳团组织”“十佳团干部”“优秀团组织”“优秀团干部”“优秀共青团员”的决定》，授予共青团成都市委等10个单位四川省“十佳团组织”称号，杨君等10人四川省“十佳团干部”称号，共青团绵阳市游仙区委等100个单位四川省“优秀团组织”称号，王明杰等200人四川省“优秀团干部”称号，赵伟刚等390人四川省“优秀共青团员”称号。中共四川省委组织部、共青团四川省委、四川省青年联合会印发《关于颁发“四川青年五四奖章”的决定》，授予周仲荣等10人“四川青年五四奖章”，陈健等23人“四川青年五四奖章”提名奖。

5月10—11日　1999年中国青年科技论坛四川分论坛在西南交通大学学术交流中心举行，中共四川省委常委甘道明出席论坛。

5月19日　共青团四川省委、四川省青年联合会召开四川各界青年学习《江总书记在欢迎我驻南工作人员大会上的讲话》座谈会。

5月25日　共青团四川省委、中国少年先锋队四川省委员会印发《关于隆重纪念中国少年先锋队建队50周年的通知》。

7月25日　团省委召开全省团县委书记会议，研究部署共青团服务农村经济建设开展“双争双创”活动。

8月31日　团省委在广安市召开共青团服务农村经济建设，开展“双争双创”活动座谈会。

9月16日　团省委在成都市大邑县召开“双争双创”工作部署会议。

10月13日　四川蓝剑1000万元社会公益基金暨首批贫困大学生助学金颁发仪式在西南民族学院举行。

10月23日　共青团四川省委权益部、四川省未成年人保护委员会办公室印发《关于成立四川省青少年法律服务中心的通知》。

11月9日　中共四川省委宣传部、共青团四川省委、中国少年先锋队四川省委员会印发《关于在全省少先队员中开展向第六届“全国十佳少先队员”（万伟、王杨、方佳佳、田飞、叶波、兰珍妮、刘哲辰、易雷、陶晓隽、海蒂）学习的通知》。

2000年

1月1日　“奥运健儿祖国西部行”在四川大学举行，奥运冠军唐琳、陈晓敏等为四川绿色希望工程基金捐款。

1月4—5日　共青团四川省委十届四次全委会在成都市召开，中共四川省委副书记席义方、中共四川省委常委甘道明出席会议并讲话。

1月13日　全国“保护母亲河行动”生态教育基地——成都市活水公园授牌仪式在成都市举行。

1月16日　“保护母亲河行动”地级重点工程“清华绿色园”在眉山地区眉山县金花乡正式揭牌。

1月20日　四川省青年联合会十届二次常委（扩大）会议在成都市召开。

1月22日　“保护母亲河行动”省级重点项目——杨柳湾水土保持综合治理工程开工仪式在达州市开江县举行。

2月20日　共青团四川省委作出《关于动员组织团员青年在四川实施西部大开发战略中充分发挥生力军和突击队作用》的决议。

3月3日　共青团四川省委、四川省水电厅、四川省绿化委员会、四川省林业厅、四川省人大城环资委、四川省青少年发展基金会印发《关于动员全省青年积极投身西部大开发全面推进“保护母亲河行动”的意见》。

3月25日　团中央书记处常务书记巴音朝鲁在四川考察全国重点工程乐山项目。

4月17日　四川省青年职工“双争双创”活动暨杰出（优秀）青年厂长（经理）表彰会召开，中共四川省委常委甘道明出席会议并讲话。

4月18日　麦格集团国际公司捐建马边县希望小学50万元人民币仪式在乐山市马边县举行。

4月19日　团省委召开服务西部大开发工作部署大会。

4月22日　共青团四川省委联合四川省民政厅、四川省文化厅、四川省建设委员会、四川省体育运动委员会、四川省工商局、四川电视台在成都市启动四川省“青年文明社区大家乐”活动。四川省政协副主席郝振贤，中共四川省委原书记天宝、中共四川省委原常委张力行、四川省政协原副主席杨岭多吉等出席仪式。

4月27日　四川省纪念五四运动81周年大会在成都市举行。中共四川省委副书记席义方出席会议并讲话。中共四川省委组织部、共青团四川省委、四川省青年联合会印发《关于颁发“四川青年五四奖章”的决定》，授予余海清（羌族）等8人“四川青年五四奖章”。会议表彰了四川省十佳团组织和十佳团干部。

5月28日　“青少年维权热线——阳光热线”在四川人民广播电台正式开通。

6月2日　首批“四川省青少年生态教育基地”命名暨碧峰峡生态教育基地授牌仪式在雅安市碧峰峡举行。

7月4日　四川青年志愿者支教扶贫接力计划工作部署会在成都市召开。

7月10—15日　中华全国学生联合会第二十三次代表大会在北京市召开，17名代表组成的四川省学生联合会代表团参加大会。

7月23日　四川省青年联合会十届三次常委（扩大）会议在成都市召开。

7月　四川、陕西、甘肃、山西、青海、新疆、云南、贵州八省（自治区）建筑系统第九届“贡献杯”联赛表彰会在四川省成都市召开。

8月16日　共青团中央书记处书记赵勇在共青团中央少年部部长郭长江及共青团四川省委、共青团成都市委有关负责人陪同下，前往成都市考察“青年文明社区”创建工作。

8月22日　为纪念邓小平96周年诞辰建成的邓小平故居青年绿色长廊工程，在广安市协兴镇举行揭碑仪式。

同日　中共四川省委常委甘道明对共青团四川省委《关于青工创新创效活动》进行批示。

8月30日　四川支教扶贫接力计划青年志愿者出征仪式在成都市举行。中共四川省委副书记席义方，共青团中央书记处书记、中国青年志愿者协会常务副理事长胡春华出席仪式并讲话。

9月11日　中共四川省委常委甘道明作出《关于团的组织建设》的批示。

9月25日　四川省“青年文明号伴您锦绣天府游”示范单位授牌仪式在成都市举行。

9月30日　中共四川省委组织部、共青团四川省委、四川省青年联合会授予奥运冠军唐琳“四川青年五四奖章”。

10月19日　团省委召开全省基层党建带团建工作会议。中共四川省委常委、组织部部长陈文光出席会议并讲话。

10月29日　第四届全国农运会开幕式在绵阳市举行。团中央书记处书记崔波出席开幕式并慰问四川青年志愿者代表，检查指导四川省共青团工作。

11月14—15日　全省农村团组织领办科技推广项目现场会暨“双争双创”活动表彰会在绵阳市三台县召开。

11月24日　共青团四川省委印发《关于在全省开展第三届“乡村青年文化节”的通知》。

11月25日　保护母亲河行动全国重点工程——“日中绿化交流基金”四川省宜宾市项目揭碑。

12月28日　共青团四川省委、四川省劳动和社会保障厅在成都市召开四川省第三届杰出（优秀）青年兴业领头人表彰座谈会。

2001年

1月15日　共青团四川省委十届五次全委会召开。中共四川省委常委甘道明出席会议并讲话。会议通过《关于动员带领全省团员青年为实现四川国民经济和社会发展“十五”计划作贡献的决议》。

1月16日　四川支教扶贫接力计划青年志愿者座谈会在成都市召开，中共四川省委常委甘道明出席会议并讲话。

1月18日　国家林业局国合司司长曲桂林、副司长金普春，共青团中央国际联络部副部长汤本渊，共青团四川省委、四川省林业厅等领导对四川省保护母亲河行动——中日青年友好交往四川省宜宾市植树项目实施情况进行检查验收。

2月6日　全省“青年文明社区”反邪教行动正式启动。

3月9日　“保护母亲河行动——沱江流域综合整治工程”开工仪式在成都市金堂县三星镇举行。

3月11日　香港青年联合会主席、中华全国青年联合会副主席黄英豪等一行40人在乐山市与当地大中学生共同栽种川港青年友谊林。

3月19日　共青团四川省委印发《关于印发省委副书记席义方、省委常委甘道明对〈共青团四川省委关于参与实施“四川省民族地区教育发展十年行动计划”的报告〉的批示的通知》。

3月27日　保护母亲河省级重点项目——南充市顺庆区滑滩河小流域水土保持综合治理工程项目开工。

3月30日　共青团四川省委、四川省社会治安综合治理委员会办公室、四川省公安厅，共青团成都市委、成都市社会治安综合治理委员会办公室、成都市公安局在成都市玉林中学举行四川暨成都市“保护明天”——向中小学生送书（《中华人民共和国未成年人保护法》《中华人民共和国预防未成年人犯罪法》）送卡（维权岗联系卡）活动启动仪式。

3月31日至4月1日 全国保护母亲河行动领导小组检查验收四川乐山项目造林作业情况。

4月18日 四川省“百家企业、百万青工学习普及计算机网络知识”活动举行启动仪式。

5月9日 2000年度四川省青年职工“双争双创”活动暨四川省杰出（优秀）青年厂长（经理）表彰大会在成都市召开。中共四川省委常委甘道明出席会议并讲话。

5月23日 四川省第七次学生代表大会在成都市召开。中共四川省委常委甘道明出席大会并讲话。

6月26日 团省委召开纪念建党80周年座谈会。中共四川省委常委甘道明、四川省政协原副主席李培根及中共四川省委组织部、中共四川省委统战部负责人出席会议。

7月3日 中共四川省委青少年教育工作领导小组办公室印发《关于对〈中共简阳市委关于原修建‘四川省青少年活动三岔湖中心’所用资金无偿划拨简阳的请示〉的批复》。同日，中共四川省委青少年教育工作领导小组办公室、中共简阳市委、简阳市人民政府达成《关于处置“四川省青少年活动三岔湖中心”有关问题的协议》。

7月4日 四川省基础设施建设行业和重点工程青年突击队命名仪式举行。

7月27日 共青团四川省委办公室印发《关于加强直属事业单位管理试行的意见》。

8月7日 团省委组织召开“三五”普法工作概况和贯彻实施“四五”普法规划及省人大决议座谈会。

8月18日 第十届“四川十大杰出青年”评选活动在广安市启动。

9月24—25日 中共中央组织部、共青团中央“党建带团建”工作检查组到四川省成都市、乐山市等检查指导“党建带团建”工作。

9月25日 海军在川援建希望小学竣工仪式在自贡市富顺县庙坝镇海军希望小学举行。

9月28日 四川省人大常委会主任谢世杰荣获希望工程最高荣誉——希望工程贡献奖。

9月30日 共青团四川省委、四川省社会治安综合治理委员会办公室、中国人民武装警察部队四川省总队政治部印发《关于授予陈世能、肖林同志“四川省青年抗洪卫士”称号的决定》。

10月30日 四川省关心下一代工作委员会在成都市金牛宾馆召开纪念成立10周年暨表彰大会，并印发《关于表彰“全省关心下一代工作先进集体”“全身关心下一代优秀工作者”的决定》，作出《关于授予李干、冯立泰等同志“全省关心下一代事业特别贡献奖”的决定》《关于授予王体乾、邓川等9名同志“全省关心下一代事业荣誉奖”的决定》。

2002年

1月14日 团中央青年志愿者医疗服务团到四川送温暖。

1月15—16日 共青团四川省委十届六次全委（扩大）会在成都市召开。中共四川省委副书记陶武先出席会议并讲话，中共四川省委常委甘道明出席会议。会议审查通过《关于召开共青团四川省第十一次代表大会的决议》，表彰了一批“五四红旗团委标兵”和“五四红旗团委”。

1月30日 四川省人民政府副省长柯尊平到团省委机关考察工作。

3月2—3日 全国保护母亲河工程全国资助项目现场研讨会在乐山市召开。

3月3日　共青团四川省委、共青团成都市委在成都市开展“做一名遵守社会公德的青年志愿者”主题志愿者服务活动。

3月5日　第三个中国青年志愿者服务日，共青团四川省委、共青团成都市委召开座谈会，欢迎中国杰出青年志愿者谭宗俊载誉归来。

3月6日　全省“我为小平故里植棵树”协调工作会议在广安市召开。

3月9日　团中央书记处书记赵勇到四川参加“保护母亲河——天天环保”启动仪式。

3月中旬　四川省第二批56名青年卫生志愿者承接支医扶贫工作岗位。

3月14日　中共四川省委青少年教育工作领导小组会议在成都市召开。中共四川省委常委甘道明出席会议并讲话。

同日　成都市春熙路“青年文明号”创建集体开展信用建设示范活动。成都团市委命名太平洋百货春熙店等10个青年集体为“成都市青年文明号创建单位”。

4月1日　共青团四川省委印发《关于同意四川省青年乡镇企业家协会更名的批复》《关于同意四川省青年乡镇企业家协会变更法定代表人和会长的批复》，同意四川省青年乡镇企业家协会更名为“四川省青年民营企业家协会”，四川省青年乡镇企业家协会法定代表人和会长由宣迅担任，罗强不再担任四川省青年乡镇企业家协会法定代表人和会长。

4月17日　全省“双争双创”暨青年企业家表彰大会在成都市召开。中共四川省委常委甘道明出席会议并讲话，四川省人民政府副省长柯尊平、四川省政协副主席陈官权出席会议。

4月20日　四川省青年乡镇企业家协会三届三次理事会暨四川青年民营企业家协会成立大会在成都市金牛宾馆召开。

4月24日　四川省青少年活动阵地建设工作会议暨省青少年宫协会第四次会员大会在成都市举行。

4月29日　四川省纪念中国共青团成立80周年暨五四运动83周年大会在成都市举行。同日，四川汉龙集团捐赠四川希望工程90万元人民币捐赠仪式在中共四川省委会议室举行。

5月13—19日　全国创建优秀“青少年维权岗”检查组对四川省部分优秀“青少年维权岗”进行检查。

5月15日　四川各界优秀青年代表赴北京参加纪念中国共青团成立80周年大会，并受到中共中央总书记江泽民等党和国家领导人的接见。

5月28日　全省市（州）和省直属团委书记会议在成都市召开。会议举行共青团“县县上网工程”开通及捐赠仪式，通报表彰“全国五四红旗团委标兵”等先进集体和个人。

5月31日　四川省暨成都市“青少年维权行动月”在成都市正式启动。

6月11—19日　全国保护母亲河专家组检查验收四川省保护母亲河全国重点工程四川乐山项目的年度作业情况，并对申报立项的“保护母亲河行动水土保持小流域综合治理——广安小平故里项目”进行实地考察论证。

6月17日　四川省未成年人保护委员会工作会议在四川省人民政府召开。

7月4日　2002年四川省大中专学生志愿者暑期科技、文化、卫生“三下乡”实践活动出征仪式在四川大学举行。中共四川省委常委黄彦蓉、四川省人民政府副省长柯尊平等出席会议并讲话。

8月7日　共青团四川省委直属机关党委发出《关于落实省委组织部〈深入学习实践“三个代表”重要思想，在全省党员队伍建设中实施“党员先锋工程”的意见〉的通知》。

8月8—16日　中共四川省委组织部、共青团四川省委举行赴川博士服务团“重走长征路”活动。

8月22日　共青团四川省委、四川省社会治安综合治理委员会办公室、四川省教育厅、四川省科技厅、四川省民政厅、四川省劳动和社会保障厅、四川省农业厅、四川省文化厅印发《关于进一步加强新阶段四川省农村青年工作的意见》。

9月5—8日　四川省大学生青年志愿者为在成都市举行的中国科学技术协会2002年学术年会提供志愿者服务。

9月9日　四川扶贫接力计划2001—2002年度工作总结表彰大会暨第三批青年志愿者出征仪式在成都市举行。四川省人民政府副省长柯尊平出席仪式并讲话。

9月9—11日　团中央书记处书记赵勇、青农部副部长郭孟谦等一行到四川考察共青团工作。

9月10日　共青团四川省委、四川省公安厅、四川省司法厅、四川省工商行政管理局印发《关于下发〈四川省“千校百万”进城务工青年培训大纲〉的通知》。

9月18日　四川省少先队工作学会下发《关于四川省少先队工作学会第六次会员代表大会第二次全体会议通过〈四川省少先队工作学会章程（修正案）〉的决定》。

10月16日　共青团四川省委印发《关于印发省委常委甘道明、黄彦蓉同志批示的通知》。

10月18日　第二届四川省大学生创新计划竞赛颁奖仪式在成都市举行。

10月23—24日　四川省“青年文明社区”工作现场会暨社区团建工作会在泸州市召开。团中央社区和维护青少年权益部副部长姜新波出席会议。

10月26日　历时13天，行程4500多公里的“志愿服务，爱心之旅——杭天琪走进西部百场义演大型活动”在四川省举行。

10月　2002年四川省共青团学校工作会议在乐山市召开。

11月26—27日　共青团四川省委十届七次全委（扩大）会召开。中共四川省委常委黄彦蓉出席会议并讲话。

11月29日　中日青年宜宾生态示范林建设项目第三期工程在宜宾市刘家镇大同村启动。

12月1日　共青团四川省委、四川省未成年人保护委员会、共青团成都市委、成都市未成年人保护委员会组织成都市第一人民医院、成都市结核病防治医院、四川大学和成都中医药大学等单位的青年志愿者约2000人，参加以“相互关爱，共享生命”为主题的预防艾滋病——“青春红丝带”活动。

12月3日　全国大学生志愿服务西部计划工作会议在四川省召开。中共四川省委副书记刘鹏出席会议并致辞。共青团中央书记处常务书记、全国大学生志愿服务西部计划领导小组副组长赵勇出席会议并讲话。

12月23日　共青团四川省第十一次代表大会开幕。中共四川省委副书记刘鹏出席会议并讲话。

12月30日　全省关心下一代工作会议在成都市召开。

2003年

1月22日　四川省青年联合会十届六次常委（扩大）会在成都市召开。

1月　共青团四川省委、中共四川省委青少年教育工作领导小组办公室命名王光祈纪念馆和成都中医药大学中医药传统文化博物馆为“四川省青少年爱国主义教育基地”。

3月3日　2003年全省共青团组织宣传工作会议召开。

3月4日　四川省纪念学习雷锋活动40周年大会在成都市召开。中共四川省委副书记陶武先出席会议并讲话。

3月12日　中共四川省委组织部、四川省民政厅、共青团四川省委印发《关于加强城市社区团组织建设的若干意见》。

同日　四川省暨成都市第四批支医扶贫青年志愿者出征仪式在成都市举行。

3月22日　首届成都市青少年环保踏青活动在成都市龙泉驿区同安镇山门寺景区开幕。

4月1—2日　团中央书记处书记胡伟到四川考察指导工作。

4月16日　2003年中共四川省委青少年教育工作领导小组会议在成都市召开。中共四川省委副书记刘鹏出席会议并讲话。

4月19日　四川省人民政府副省长柯尊平会见“创业者风采”优秀大学毕业生事迹报告团。

4月22日　共青团四川省委、四川省青年民营企业家协会举办的四川省青年民营企业家协会年会暨表彰会在在成都市彭州市召开。

4月23日　首届四川省青年民营企业家论坛在成都市彭州市举行。

5月13日　中共中央总书记、国家主席胡锦涛视察成都茶店子客运站，慰问青年志愿者。

5月28日　共青团四川省委印发《关于认真学习贯彻落实胡锦涛同志重要讲话精神，团结带领全省广大团员青年为农村经济发展做贡献的通知》。

5月30日　中共四川省委青少年教育工作领导小组办公室、共青团四川省委在成都市召开四川省青少年活动阵地开展职业技能培训工作推进会。

同日　中共四川省委组织部、共青团四川省委、四川省青年联合会印发《关于授予赖辉同志“四川青年五四奖章”的决定》。

6月11日　共青团四川省委、四川省禁毒委员会办公室印发《关于“6·26”国际禁毒日期间深入开展“社区青少年远离毒品”宣传周活动的通知》。

6月13日　共青团四川省委等8家单位印发《关于做好2002—2003年青年志愿者支教扶贫接力计划总结表彰和2003—2004年支教青年志愿者招募派遣工作的通知》。共青团四川省委、四川省卫生厅印发《关于做好2002—2003年青年志愿者支医扶贫接力计划总结表彰和第五批支医青年志愿者招募派遣工作的通知》。

同日　四川省机构编制委员会同意“四川省青少年研究中心”更名为“四川省青少年事务发展中心”。

6月19日　中共四川省委组织部、共青团四川省委、四川省青年联合会授予赖辉“四川青年五四奖章”颁奖仪式在广元市410医院举行。

同日　四川省暨成都市“社区青少年远离毒品”宣传周启动仪式在成都市武侯区置信双楠社区举行。

6月27日　全省共青团“推优”工作座谈会在西南石油学院召开。中共四川省委常委黄彦蓉出席座谈会。

同日　第十一届“四川十大杰出青年”评选活动新闻发布会在成都市召开。

6月　共青团四川省委、四川省教育厅、四川省财政厅、四川省人事厅出台7条优惠政策鼓励大学生志愿服务西部。

同月 团省委组织举行四川省暨成都市“改陋习、树新风，争做文明青少年宣誓仪式”。

7月7日 团省委召开全省共青团组织防治非典型肺炎工作总结表彰电视电话会议。

同日 四川大学生志愿服务计划项目管理办公室、共青团四川省委印发《关于做好四川省大学生志愿服务西部计划志愿者选拔工作的通知》。

7月18日 朗讯科技中国（有限）公司首席运营官赫德在成都市宣布朗讯科技向希望工程捐赠30万元美元启动西部农村网络教育项目。

8月29日 共青团四川省委印发《共青团四川省委机关保持共产党员先进性教育活动总结》。

8月30日 四川省大学生志愿服务西部计划出征仪式在成都市举行。中共四川省委常委黄彦蓉出席仪式并讲话。

9月9日 四川省青少年宫协会四届二次常务理事（扩大）会议在广安市召开。

9月10日 四川省扶贫接力计划2002—2003年度工作总结表彰大会暨第四批青年志愿者出征仪式在成都市举行。

9月17日 保护母亲河绿色工程四川乐山项目提前通过竣工验收。这是全国第一批8个资助项目中唯一提前竣工验收的项目。

9月29日 共青团四川省委、四川省旅游局、四川省建设厅、四川省林业厅组织开展的“魅力四川、青春同行”活动启动仪式暨动员大会在乐山市峨眉山市举行。四川省人民政府副省长柯尊平出席会议并讲话。

10月11日 第十一届“四川十大杰出青年”颁奖典礼在成都市举行。

10月13日 共青团四川省委、四川省教育厅、中国少年先锋队四川省委员会召开的第六届四川省“十佳少先队员”和第一届四川省“十佳少先队辅导员”表彰大会在成都市举行。

10月25日 共青团四川省委、华西都市报社、成都置信实业有限公司主办的首届“置信杯”MBA创业计划大赛决赛及颁奖典礼在成都市温江区举行。

11月1日 全国农村青年中心试点工作座谈会在成都市双流县召开。共青团中央书记处书记尔肯江·吐拉洪出席会议。四川省人民政府副省长柯尊平在会议期间看望了与会代表。

12月3日 团中央书记处常务书记赵勇到四川考察共青团工作。

12月9日 “联谊杯”四川青年文化节闭幕式暨“青春之歌”文艺晚会在西南交通大学举行。中共四川省委常委甘道明等出席闭幕式和晚会。

12月11—13日 2003年全省关心下一代工作会议在成都市召开。

12月23日 四川省第六届“乡村青年文化节”在资阳市简阳市石盘镇开幕。

2004年

1月13日 共青团四川省委十一届三次全委会召开。中共四川省委副书记刘鹏出席并讲话。

1月19日 共青团四川省委十一届三次全委（扩大）会召开。

1月25日 四川省第五届十大杰出青年农民表彰大会暨农村青年经纪人经验交流会在成都市温江区举行。中共四川省委常委李登菊出席会议并讲话。

2月23日 中共四川省委青少年教育工作领导小组办公室、共青团四川省委下发《关于印发

〈四川省青少年爱国主义教育基地管理办法〉的通知》。

3月3日 四川青年志愿者行动十周年表彰大会暨“军地青年共学雷锋、志愿互助”活动启动仪式在成都市举行。中共四川省委常委甘道明出席会议并讲话。

3月10—12日 中国少年先锋队四川省委员会四届三次全委会暨四川省少先队工作学会六届三次理事会议在成都市召开。

3月12日 四川省“青年绿色劳动营”建营仪式在成都市龙泉驿区举行。

3月15—16日 四川省共青团农村工作会议在德阳市召开。

3月19日 共青团中央常委、组织部部长尹德明出席共青团四川省委授予四川联合经济学校“农村青年转移就业培训基地”称号授牌仪式并讲话。

3月23日 共青团四川省委、四川日报报业集团、四川省劳动和社会保障厅等6家单位召开“青春创业大讲堂”巡讲活动新闻发布会。

4月5日 共青团四川省委印发《关于在基层团组织中积极推进不指定候选人直选工作的意见》。

4月17日 共青团四川省委、四川省环境保护局在成都市举行四川省“绿色文明新时尚”宣传活动。团中央书记处书记尔肯江·吐拉洪、团中央青农部部长陶宏等出席活动。

4月18日 中共四川省委组织部、共青团四川省委、四川省青年联合会印发《关于颁发“四川青年五四奖章”的决定》，授予游小明等9人“四川青年五四奖章”，授予宋元刚等15人“四川青年五四奖章”提名奖。

同日 保护母亲河工程四川广安项目——解放军青年林正式开工建设。共青团中央书记处书记尔肯江·吐拉洪、解放军总政治部组织部副部长刘健出席仪式并讲话。

5月4日 团省委召开四川省纪念五四运动85周年电视电话会议。四川省人民政府副省长柯尊平出席会议并讲话。

5月17日 共青团四川省委、四川省未成年人保护委员会召开座谈会，学习贯彻中共中央总书记胡锦涛在全国加强和改进未成年人思想道德建设工作会议上的重要讲话精神。

5月21日 共青团四川省委、中共四川省委青少年教育工作领导小组办公室在成都市召开四川省青少年活动阵地安全检查和专项治理工作总结会。

5月27—28日 青年职工“双争双创”活动表彰大会暨“青年管理论坛”开幕。中共四川省委常委甘道明等出席大会。

5月31日 中共四川省委常委甘道明到团省委机关考察，对做好未成年人思想道德建设工作提出要求。

同日 共青团四川省委、四川省未成年人保护委员会召开四川省“未成年人维权行动月”新闻发布会，启动实施四川省未成年人维权行动月活动。中共四川省委常委甘道明出席维权志愿者出征仪式并讲话。

6月7日 中共四川省委组织部、共青团四川省委、四川省青年联合会印发《关于追授刘荣同志“四川青年五四奖章”的决定》。

6月9日 中共四川省委青少年教育工作领导小组办公室印发《关于印发省委常务副书记、省委青教领导小组组长刘鹏同志对青少年活动阵地工作作重要批示的通知》。

6月15日 共青团中央、共青团四川省委追授刘荣“全国优秀团干部”“四川青年五四奖章”

大会在达州市举行。团中央组织部副部长夏光志出席大会并讲话。

6月16—17日 四川省青年民营企业家协会二届一次全会暨全省杰出（优秀）青年民营企业家表彰大会在成都市举行。中共四川省委常委甘道明出席会议并讲话。

6月23日 中共四川省委宣传部、四川省人才开发暨知识分子工作领导小组办公室、共青团四川省委、四川省经济委员会印发《关于开展首届四川省十大杰出青年经济人物评选活动的通知》。

7月12—19日 全省团干部经济专题研修班在中共四川省委党校举办。

7月23日 2004年四川省大学生志愿服务西部计划出征仪式在成都市举行。中共四川省委副书记刘鹏出席仪式。四川省人民政府副省长柯尊平出席仪式并讲话。

同日 团中央组织新华社、人民日报社、中央人民广播电台、中央电视台等单位记者团赴四川采访“三下乡”社会实践活动。

8月14日 全省共青团加强和改进未成年人思想道德建设暨半年工作会议在成都市召开。

8月16—18日 四川省人大内务司法委员会、共青团四川省委分别对德阳、乐山、攀枝花、眉山贯彻实施《中华人民共和国未成年人保护法》《中华人民共和国预防未成年人犯罪法》和《四川省未成人保护条例》的工作情况进行执法检查。四川省人大常委会委员、内务司法委员会主任委员向阳，四川省人大常委会委员、内务司法委员会副主任委员蒋明政、李锋、鲁满保以及共青团四川省委带队参加检查。

9月17日 四川省十佳（优秀）“青少年维权岗”表彰大会在成都市举行。中共四川省委常委李登菊、四川省人大常委会副主任张宗源出席大会并讲话。共青团四川省委、四川省高级人民法院、四川省人民检察院、四川省司法厅等省创建优秀“青少年维权岗”活动领导小组成员单位负责人参加大会。

9月27日 全省青年文明号活动10周年表彰大会在成都金牛宾馆举行。中共四川省委常委李登菊参会并讲话。

同日 四川省创建精神文明号活动组委会印发《关于表彰全省青年文明号十年成就奖、十年全省青年文明号活动突出贡献奖和优秀组织奖的决定》。

9月29日 中共四川省委宣传部、共青团四川省委、四川省教育厅、中国少年先锋队四川省委员会印发《关于表彰第六届四川省“十佳少先队辅导员”“优秀少先队辅导员”的决定》。

9月 中共四川省委宣传部、中共四川省委青少年教育工作领导小组办公室、共青团四川省委、四川省教育厅、四川省财政厅、四川省文化厅、四川省环保局、四川省国税局等单位举办“四川省首届青少年‘美好家园’电脑绘画及网页设计大赛”。

10月15日 团中央西部地区基层干部培训班在成都市举行开学典礼。

10月21日 全国优秀“青少年维权岗”表彰大会在北京人民大会堂召开。四川省15家单位被共青团中央、中央社会治安综合治理委员会办公室等11部委授予全国优秀“青少年维权岗”荣誉称号，8人获得“全国优秀‘青少年维权岗’创建活动先进个人”称号。成都市公安局成华分局青龙警署代表全国公安系统的优秀“青少年维权岗”向大会作交流发言。

11月1日 第五次全省关心下一代工作“双先”表彰会在成都市举行。四川省关心下一代工作委员会作出《关于表彰“全省关心下一代工作先进集体”“全省关心下一代优秀工作者”的决定》。

11月6日 中国青年就业问题与对策研讨会在成都市召开。共青团中央书记处书记杨岳、中共四川省委常委李登菊、共青团四川省委相关领导出席会议并讲话。

12 月 22—24 日　团中央书记处书记胡伟出席“2004 海外学人回国创业天府行暨成都创业论坛”活动。

12 月 29 日　四川省暨南充市第七届“乡村青年文化节”在南充市仪陇县马鞍镇朱德纪念馆广场启动。

2005 年

1 月 10 日　共青团四川省委印发《关于表彰四川五四红旗团委、四川五四红旗团支部、四川省团建先进县（市区）和创建五四红旗团委活动组织奖的决定》，授予成都市商业银行团委等 10 个基层团委“四川五四红旗团委标兵”称号，授予攀枝花第十中学团委等 63 个基层团委“四川五四红旗团委”称号；授予自贡市大安区国家税务局团支部等 61 个团支部（总支）“四川五四红旗团支部”称号；授予共青团成都市锦江区委等 10 个团县（市、区）委“四川省团建先进县（市、区）”称号；对共青团德阳市委等 10 个团市（州）委颁发创建“五四红旗团委”活动组织奖。

1 月 12 日　共青团四川省委十一届四次全委会召开。中共四川省委常委李登菊出席会议并讲话。

1 月 13 日　四川省农村青年中心建设推进会在遂宁市召开。团中央青农部副部长白平胜出席会议并讲话。

1 月 18 日　中共四川省委宣传部、四川省人才开发暨知识分子工作领导小组办公室、共青团四川省委、四川省经济委员会印发《关于表彰首届四川省十大杰出青年经济人物的决定》，授予王瑞荣等 10 人首届“四川省十大杰出青年经济人物”称号，授予邓坤等 15 人首届“四川省优秀青年经济人物”称号。

3 月 11 日　四川省“青年绿色劳动营”建营仪式暨“3 · 12”植树活动在成都市邛崃市羊安镇举行。中共四川省委常委李登菊出席活动并讲话。

4 月 12 日　中共四川省委组织部、共青团四川省委、四川省青年联合会印发《关于颁发“四川青年五四奖章”的决定》。

4 月 28 日　四川省纪念五四运动 86 周年文艺晚会暨“联通杯”第三届四川青年文化节开幕式在成都市举行。

同日　中共四川省委宣传部、共青团四川省委、四川省建设厅、四川省工商局、四川省地税局、四川省国税局、四川省工商联开展的首届四川杰出城市创业青年暨最受城市创业青年欢迎企业表彰大会在成都市召开。四川省人大常委会副主任张宗源，中共四川省委宣传部副部长殷建中，以及共青团四川省委、四川省工商联、四川省地方税务局、四川省国家税务局、四川省工商行政管理局等部门负责人出席表彰大会。

同日　土耳其副总理阿里 · 沙辛访问共青团四川省委。

5 月 24 日　四川省青年职工“双争双创”活动暨“十杰百优”青年企业家表彰大会在成都市召开。

5 月 24—28 日　中共四川省委组织部、共青团四川省委组织第五批赴川博士服务团开展“川东北革命老区行”活动。

5 月 26 日　共青团四川省委在资阳市举行四川省“农业产业化与农业青年增收成才”论坛。共青团中央青农部副部长陈迈出席论坛活动并讲话。

5月27日　四川省共青团农村工作推进会在资阳市召开。

5月31日　四川省2005年“未成年人维权行动月”活动启动仪式暨“12355青少年维权和心理咨询服务热线”开通仪式在成都市举行。四川省人大常委会副主任张宗源、四川省政协副主席王恒丰以及共青团四川省委、四川省人大常委会、四川省司法厅、四川省广播电影电视局、四川省新闻出版局、四川省人民政府法制办公室、四川省总工会等相关领导出席启动仪式。

6月2日　共青团四川省委联合四川省文化厅、四川省工商行政管理局、四川省质量技术监督局等执法部门开展“未成年人维权行动月”校园周边环境专项整治行动。

6月5日　共青团四川省委、四川省环保局在成都市浣花溪公园举办以“还三江清水，建生态四川——‘绿色环保·文明时尚’”为主题的世界环境保护日宣传活动。

6月7日　四川省2005年大学生志愿服务西部计划工作部署会议在成都市召开。

6月22日　中共四川省委宣传部、共青团四川省委、四川省国家税务局、四川省地方税务局、四川省工商行政管理局、四川省中小企业局、四川省青年民营企业家协会印发《关于表彰第三届四川省杰出（优秀）青年民营企业家的决定》，授予王建兵等10人第三届“四川省十大杰出青年民营企业家”称号，授予余刚等44人“四川省优秀青年民营企业家”称号。

6月29日　团省委举行青春形象片《感谢》首发仪式。

7月5日　四川省关心下一代工作委员会全体委员会议在成都市召开。

7月6—7日　四川省青年民营企业家协会二届二次理事会暨第三届四川省杰出（优秀）青年民营企业家表彰大会在成都金牛宾馆召开。中共四川省委常委李登菊出席会议并讲话，中共四川省委宣传部副部长殷建中等出席大会。

7月10日　中共四川省委农村党员干部现代远程教育试点工作领导协调小组办公室、共青团四川省委印发《关于实施2005年全省农村党员干部现代远程教育扩大试点工作志愿服务行动的通知》。

7月19日　团省委主办的“小时候”青少年社会教育活动启动仪式在成都市青羊区青少年宫举行。

8月12日　团中央书记处书记杨岳在四川检查指导四川省团的工作。

8月15日　2005年娇子助学金颁发仪式在成都市举行。

8月22—24日　2005年全省团干部理论读书班暨半年工作总结会议在成都市召开。

9月5—7日　共青团中央主办、共青团四川省委承办、共青团乐山市委协办的“青春红丝带”行动——青少年预防艾滋病志愿者“面对面”宣传教育培训班在乐山市举行。

9月12日　在北京市举行的“小时候”青少年社会教育欢聚篇活动和中国青少年宫协会第四次会员大会上，四川获中国青少年社会教育“银杏奖”、优秀团队奖、突出贡献奖、终身成就奖等多项奖项。

9月16日　中共中央组织部、共青团中央第五批赴川博士服务团总结欢送座谈会在成都市举行。中共四川省委组织部副部长刘云夏出席会议并讲话。

10月9日　共青团四川省委直属机关委员会作出《关于对四川省团校党委换届选举结果的批复》。新一届四川省团校委员会由董康、曾礼、肖茵、张岷、蒲元仁5人组成，董康任书记。

10月13日　中共四川省委宣传部、共青团四川省委、四川省人事厅、四川省教育厅、中国少年先锋队四川省委员会召开的四川省少先队“双十佳”暨少先队“红旗大队”表彰大会在成都实验小学举行。

10 月 25 日　共青团四川省委、共青团成都市委主办的“四川省暨成都市青年文明号文艺汇演”在成都市举行。

10 月 26 日　首届“十大杰出青年志愿者”评审会举行。

10 月 26—28 日　团中央“增强共青团员意识教育活动”督查组到四川省督查指导教育活动开展情况。

10 月 28 日　四川省青少年犯罪研究会第一次会员大会在成都金牛宾馆召开。

11 月 1 日　中共四川省委宣传部、四川省精神文明建设办公室、四川省教育厅、共青团四川省委、四川省学生联合会印发《关于表彰 2005 年四川省大中专学生志愿者暑期文化科技卫生“三下乡”社会实践活动先进集体、优秀个人的决定》。

同日　共青团四川省委、四川省社会治安综合治理委员会办公室、四川省高级人民法院、四川省人民检察院、四川省教育厅、四川省公安厅、四川省民政厅、四川省司法厅、四川省劳动和社会保障厅、四川省建设厅、四川省文化厅、四川省广播电影电视局、四川省工商行政管理局、四川省新闻出版局、四川省质量技术监督局印发《关于命名表彰 2005 年四川省十佳（优秀）“青少年维权岗”的决定》，命名凉山州会理县人民法院等 10 个单位为 2005 年四川省十佳“青少年维权岗”，四川省劳动争议仲裁委员会办公室等 95 个单位为 2005 年四川省优秀“青少年维权岗”。

11 月 23 日　中国青少年与红色旅游论坛暨四川省青少年宫协会四届四次常务理事（扩大）会议在广安市举行。共青团中央宣传部副部长张学军，中国青少年宫协会副会长、秘书长，中国青少年宫协会事业发展部主任杨华东，共青团四川省委、四川省青少年宫协会等领导出席论坛并讲话。

11 月 28 日　四川省首届“十大杰出青年志愿者”颁奖典礼在西华大学举行。

11 月 29 日　四川省青年联合会第八次代表大会在成都市召开。中共四川省委常委李登菊、四川省人大常委会副主任张宗源出席大会。

12 月 15 日　2005 年四川省未成年人保护工作电视电话会议在成都市召开。四川省人民政府副省长刘晓峰出席会议并讲话。中共四川省委宣传部、四川省人大内务司法委员会、共青团四川省委、四川省司法厅、四川省劳动和社会保障厅、四川省人民政府法制办公室等单位领导出席会议。

12 月 19 日　共青团四川省委印发《关于表彰四川五四红旗团委、四川五四红旗团支部、四川省团建先进县（市区）和创建五四红旗团委活动组织奖的决定》，授予四川航天技术研究院团委等 8 个基层团委“四川五四红旗团委标兵”称号，成都市公共交通集团公司团委等 74 个基层团委“四川五四红旗团委”称号，成都市光明光电股份有限公司销售公司团支部等 51 个团支部（总支）“四川五四红旗团支部”称号，成都市金牛区等 10 个团县（市、区）委“四川省团建先进县（市、区）”称号；对共青团成都市委等 10 个团市（州）委颁发创建“五四红旗团委”活动组织奖。

12 月 27—28 日　共青团四川省委十一届五次全会在成都市召开。中共四川省委常委李登菊出席会议并讲话。

12 月 28 日　四川省青年联合会第十一届四次常委（扩大）会议在成都市召开。

三、重要文献辑存

四川省未成年人保护条例

（1990年9月5日四川省第七届人民代表大会常务委员会第十八次会议通过）

第一章　总　则

第一条　为了维护未成年人的合法权益，保护未成年人健康成长，使未成年人在德、智、体等方面全面发展，成为有理想、有道德、有文化、有纪律的社会主义建设者，根据《中华人民共和国宪法》、国家法律、法规的有关规定，结合四川实际，制定本条例。

第二条　本条例所称未成年人，是指年满六周岁不满十八周岁的公民。

第三条　保护未成年人是全社会的共同责任，所有国家机关、部队、社会团体、企业事业单位、学校以及村民委员会、家庭和每个成年公民都应关心、爱护未成年人，维护未成年人的合法权益，依法履行应尽的职责和义务。

第四条　各级人民政府负责领导、组织有关部门贯彻实施本条例。

第五条　各级教育行政部门和各级各类学校要把对未成年人的思想品德和政治教育放在教育工作的首位，使学校成为社会主义精神文明建设的基地。

第六条　对违反本条例，侵犯未成年人合法权益的行为，任何组织和个人都有权向有关部门检举、控告。

对侵犯未成年人合法权益，危害未成年人成长的行为，按照有关规定进行处理。

第七条　培育未成年人自我保护的意识和能力，树立爱祖国、爱人民、爱劳动、爱科学、爱社会主义的观念，艰苦朴素，勤劳勇敢，努力学习，奋发向上，遵守社会公德，遵纪守法，抵制不良倾向的影响。

第二章　家庭保护

第八条　父母是未成年人的法定监护人。父母死亡或父母无监护能力的，应依法确定监护人。监护人有依法履行保护未成年人的义务，家庭其他成年人也有协助监护人保护未成年人的责任。

第九条 父母或其他监护人应以健康的思想、良好的行为、正确的方法教育和影响未成年人，引导和支持他们参加健康有益的活动。

未成年人的父母或其他监护人应履行以下义务：

（一）保护未成年人的人身安全、身心健康和合法财产；

（二）对未成年人提供必要的物质生活和学习条件；

（三）对未成年人不得歧视、侮辱、虐待或遗弃；

（四）不得放任未成年人在外住宿，未满十六周岁者，一般不得让其分户独居，确需分户独居的，必须采取监护措施；

（五）不得侵占依法属于未成年人的个人财产；

（六）对未成年人进行必要的法律常识和社会公德教育。

第十条 父母或其他监护人应保证适龄子女被监护人依法接受义务教育。提供接受教育的必要条件，不得使其停课或辍学。对旷课、逃学的未成年人，父母或其他监护人、学校应了解其原因，进行教育引导，并送其返校就读。

第十一条 父母或其他监护人以及学校、社会各有关方都应教育、制止未成年人的下列行为：

（一）吸烟；

（二）饮烈性酒；

（三）阅读反动、淫秽读物或收听、收看反动淫秽录音、录像；

（四）参加封建迷信活动；

（五）打架斗殴、偷盗、赌博或其他违法犯罪行为。

第十二条 生父母对其非婚子女、继父母对受其抚养的继子女，养父母对其养子女，离婚父母对其子女，都必须依法履行抚养、教育、保护的义务，不得歧视、虐待或遗弃。

第三章 学校保护

第十三条 学校应当全面贯彻国家的教育方针，在进行文化教育和劳动技术教育的同时，加强对未成年人的思想政治、道德品质、纪律、法制以及文明礼貌教育，提高他们的素质。

第十四条 学校要不断改善办学条件，创造良好的育人环境。

第十五条 学校教师应当为人师表，以自身良好的言行教育和影响学生。教师应尊重学生的人格，维护学生的合法权益，不得侮辱、体罚学生。

第十六条 学校不得拒绝按规定接受义务教育的未成年人就学，不得随意开除学生的学籍。教师不得擅自停止学生上课，不得歧视后进学生。

学校和教师必须执行国家教育行政部门规定的课时和作业量，保证学生必要的休息、娱乐和进行其他有益活动的时间。

第十七条 教育、卫生等有关行政部门应当为学生提供必要的卫生、保健条件，学校对进入青春期的学生应正确、适时地给予生理上、心理上的关心、指导和教育。

第十八条 禁止学校、教师违反国家规定滥收费用和罚款。

第四章 社会保护

第十九条 各级人民政府支持和鼓励科学家、艺术家和作家及其他创作人员，创作有利于未成年人健康成长的精神产品。

第二十条 学校、村民委员会、居民委员会以及少年犯管教所、工读学校等单位，可以聘请热心于未成年人工作的公民担任辅导员，对未成年人进行帮助教育。

第二十一条 新闻出版、广播、电影、电视等部门和文艺团体应当出版、印刷、发行、播映演出有益于未成年人身心健康的书报、杂志、图片、影视、音像制品和文艺节目。

禁止向未成年人提供有害于未成年人身心健康的视听读物和节目。

第二十二条 广播电台、电视台应当为未成年人开辟专题节目，并在适宜未成年人收听收看的时间播出。

电影院、录像室放映未成年人不宜观看的电影、录像，应设置明显的禁入标志，禁止未成年人入内。

第二十三条 营业性舞厅及其他不宜未成年人活动场所，应设置明显的禁入标志，禁止未成年人进入。营业性台球和电子游戏机，在学校上课时间不得向中小学生开放。

第二十四条 博物馆、纪念馆、展览馆等馆所在接待未成年人集体参观时，应实行免费或低价服务。影剧院、体育场（馆）等在寒暑假期间应为未成年人安排专场，实行免费或低价服务。图书馆应为未成年人安排专场，实行免费或低价服务。图书馆应为未成年人阅读图书馆资料提供方便，公园等公共娱乐场所在“六一”儿童节对儿童免收门票。

第二十五条 任何单位和个人不得招收未达到就业年龄或者正在接受义务教育的未成年人就业劳动。文化、艺术、体育等单位需招收未成年人培养专门人才的，按国家规定招收。

禁止安排未成年人从事有毒、有害及其他有损身体健康的劳动。

对已经完成九年义务教育，不能继续就学，达到就业年龄的未成年人，各级人民政府及其有关部门，应为他们参加劳动生产和就业创造条件。

第二十六条 工业、商业部门应当组织生产和经营适合未成年人的日常生活用品和其他有益身心健康的物品。任何单位或个人不得向未成年人出售不符合卫生标准的食品或出售、租借有毒物质含量超过标准的玩具及其他有损身体健康的用品。

第二十七条 保护未成年人继承、受赠和以其他合法方式获得财产的权利。

第二十八条 任何单位和个人不得侵犯未成年人的发现、发明、专利、著作等权利，以及获得报酬的权利。

第二十九条 保护未成年人肖像权、荣誉权。未经未成年人本人和监护人许可，不得以营利为目的使用未成年人的肖像；不得非法剥夺未成年人的荣誉称号。

第三十条 未成年人的人身权利受法律保护，禁止非法剥夺或者限制未成年人的人身自由，严禁虐待、诽谤、殴打、体罚、遗弃未成年人，不得让未成年人表演恐怖或有损身体健康的节目。

对拐卖、拐骗、绑架未成年人的，要从严惩处。对被拐卖、拐骗、绑架的未成年人有关部门应做好解救工作。

严禁对未成年人实施任何形式的性侵害。严禁与未成年人发生性行为。

第三十一条 禁止强迫未成年人信仰宗教或不信仰宗教。

第五章 特别保护

第三十二条 各级人民政府、学校、家庭、基层群众性自治组织和社会团体对有残疾的未成年人应当关心、帮助，任何单位和个人不得歧视、侮辱、虐待和遗弃他们。

第三十三条 各级人民政府应重视和加强盲、聋、哑、弱智等残疾未成年人的特殊教育，举办特殊教育学校（班），培养特殊教育师资，非特殊教育学校对能坚持正常学业的残疾未成年人应按规定予以接收。

第三十四条 女性未成年人在入学和按规定就业及劳动报酬等方面同男性未成年人享有平等的权利。

第三十五条 对有特殊天赋或者有突出成就的未成年人，有关部门、学校、家庭应予以关心、支持，为他们的发展创造条件，保护他们的智力成果或其他成果不受侵犯。专利管理部门对未成年人申请专利，可减缓有关费用。

第三十六条 对流浪乞讨或离家出走的未成年人，由民政、公安部门负责收容遣返。无人抚养的孤儿和无依无靠、无经济来源，生活不能自理的残疾未成年人由社会福利机构实行特殊保护和帮助。

第六章 违法犯罪的预防和矫治

第三十七条 各级人民政府、街道办事处、社会团体、未成年人所在的村民委员会、居民委员会和成年公民都有责任教育未成年人遵纪守法，维护国家利益和社会公德。重视社会治安综合治理，预防未成年人违法犯罪。对有违法犯罪行为的未成年人，劳教、劳改等部门应坚持“教育、感化、挽救”的方针进行有效的矫治。

第三十八条 任何单位或个人不得向未成年人提供、出售火药枪、匕首等公安机关管制的器材，对未成年人持有管理器械的，公安机关或监护人应予以收缴。

第三十九条 任何单位或个人发现未成年人组织、参加违法团伙或进行违法犯罪活动的，应劝阻、制止，并及时报告公安机关。

第四十条 教唆未成年人进行违法犯罪或者向未成年人传授犯罪方法的，要从严惩处。

第四十一条 对违法犯罪的未成年人，依法采取下列办法矫治：

（一）依法免除刑事处罚或适用缓刑的未成年人，责令其父母或其他监护人进行管教；

（二）对违法和轻微犯罪行为的十二周岁以上的未成年人，根据实际情况，由教育、公安部门按规定审批后送工读学校接受教育；

（三）符合劳动教养条件的，由劳动教养委员会审查批准，送劳动教养院（所）教养；

（四）因犯罪受刑事处罚的，由少年犯管所进行强制性教育改造。

第四十二条 公安机关、检察机关和审判机关应采取适合未成年人特点的方式方法讯问、审查和审理未成年人违法犯罪案件。

第四十三条 对违法犯罪的未成年人在羁押、教养和服刑期间，应与违法犯罪的成年人分押、分管。

第四十四条 工读学校和劳改、劳教单位对正在接受教育、矫治或服刑的未成年人，要根据其特点进行思想、文化教育、道德、法制和生产技艺教育，组织他们参加力所能及的劳动。

受过治安处罚、劳动教养、刑事处罚的未成年人，享有与其他未成年人同等的升学、就业的权利。

第七章 未成年人保护机构

第四十五条 县级以上的人民政府设立未成年人保护委员会。未成年人保护委员会由人民政府的有关部门、司法机关、社会团体的负责人和社会知名人士组成，主任委员由人民政府的负责人担任，组成人员由同级人民政府确定。

委员会下设办事机构。

第四十六条 乡、镇及街道、村民委员会、居民委员会应加强对未成年人的工作，发动和组织村民、居民做好对未成年人的保护工作。

第四十七条 未成年人保护委员会的职权：

（一）宣传、贯彻国家有关规定未成年人保护方面的法律、法规和政策；

（二）检查、督促本条例的实施；

（三）指导、协调国家机关、社会团体共同进行未成年人的保护及预防未成年人违法犯罪的工作；

（四）讨论、研究保护未成年人工作中的重大问题，提出保护措施，推广工作经验；

（五）接受侵害未成年人合法权益的检举、控告或申诉，并交有关部门查处，或提供法律帮助；

（六）有关保护未成年人的其他事宜。

第八章 奖励与处罚

第四十八条 国家机关、未成年人保护委员会、社会团体以及企业事业单位在职责范围内对有下列情形之一的单位和个人应给予表彰奖励：

（一）教育、培养未成年人成绩突出的；

（二）为未成年人健康成长提供精神产品或物质条件贡献突出的；

（三）教育挽救违法犯罪未成年人成绩突出的；

（四）与侵害未成年人合法权益行为作斗争表现突出的。

第四十九条 对于违反本条例，应分别情况，严肃处理：

（一）情节轻微的，由有关部门、单位或基层群众性自治组织给予批评教育，责令其改正或给予行政处分。

（二）属行政管理范围的，由公安、司法行政、民政、工商行政管理、教育、文化、广播电视等有关部门根据国家有关规定处理，需要给予行政处罚的，依照有关规定处理。

（三）应当承担民事责任的，依法承担民事责任；构成犯罪的，由司法机关依法追究刑事责任。

第九章　附　则

第五十条　本条例由四川省人民代表大会常务委员会负责解释。

第五十一条　省人民政府有关门部可根据本条例制定实施办法。

第五十二条　本条例自公布之日起施行。

1990 年 9 月 5 日

四川省青少年爱国主义教育基地管理办法

根据中央颁布的《爱国主义教育实施纲要》的要求，结合我省实际，对我省青少年爱国主义教育基地的管理作出如下规定。

第一条　加强青少年爱国主义教育基地的建设，充分发挥全省青少年爱国主义教育基地在对青少年进行爱国主义教育方面的重要作用。

第二条　青少年爱国主义教育基地是以开展爱国主义教育为主要内容的活动场所。本办法所指基地包括命名为“四川省青少年爱国主义教育基地”的各类博物馆、纪念馆、革命纪念地、纪念建筑物、文物保护单位、历史遗迹等。

第三条　四川省青少年爱国主义教育基地的命名条件：

（一）　有丰富的爱国主义教育内容，有比较成熟的宣传资料和讲解词。

（二）　具备开展一定规模教育活动的场地，有固定机构或专职人员负责基地的规划组织和落实工作。

（三）　能以青少年为教育重点，结合自身特色，开展适合青少年特点的各类社会教育活动，并与至少一所（个）以上的学校、部队或企事业单位建立共建关系，定期联系，组织开展活动。

（四）　年接待青少年人数达到年接待总人数的 25%，对集体参观的学生予以免费或优惠收费。

（五）　有固定的讲解员队伍，有针对不同观众的讲解词，能对不同观众进行不同层次的讲解。

（六）　基地每年要制定工作计划，工作总结，并建有基地活动（工作）档案。

市、州级青少年爱国主义教育基地的命名条件，可参照以上内容制定。

第四条　省级青少年爱国主义教育基地的命名程序：

（一）　申报：申请单位向市、州委青教办、团委提出书面申请（凡是申报省级青少年爱国主义教育基地的，必须是市、州级青少年爱国主义教育基地）。

（二）　考核审定：市、州委青教办、团委组织专家进行实地考察，形成考察材料和意见，并在此基础上确定申报单位。

（三） 批准命名：市、州委青教办、团委将申报材料签署意见后，上报省委青教办、团省委审批并命名挂牌。

第五条 省委青教办负责基地的日常管理工作，包括：基地的考核、评比、交流，组织基地开展全省性的活动等。

第六条 青少年爱国主义教育基地坚持分级领导，分层管理的原则。各级青教办、团委要协调当地党委、政府加强对基地工作的领导，重视和关心基地的建设，在人力、物力、财力和政策上给予积极支持。

第七条 青少年爱国主义教育基地应履行下列职责：

（一） 突出爱国主义教育主题。努力挖掘基地的文化内涵和历史内涵，积极开展各种活动，弘扬民族精神，激发爱国热情，增强民族凝聚力，努力培养“四有”新人。

（二） 加强管理工作。搞好教育设施的维护、修缮和环境的美化。精心安排展陈内容，充分发挥好文物、图片、史料和陈列品的教育功能。特别要努力运用现代化的展示手段，增强教育效果。基地要达到本办法第三条所列的标准。

（三） 认真组织开展活动。根据各自的特点，充分运用现有条件，挖掘设施潜力，精心组织活动。基地每年至少要开展1~2项重点社会教育活动，吸引青少年广泛参与。有条件的单位，可深入学校、机关、企业及社区，举办一些富有特色的活动，如流动展览、讲座、演讲、夏、冬令营，团、队、双休日以及重大纪念日等活动、扩大基地的影响。

（四） 加强对基地工作人员的教育和业务培训。采取各种方式，提高他们的政治和业务素质，特别是讲解员的讲解水平。基地应配备专职讲解员，讲解员上岗要进行统一的业务考试。

第八条 青少年爱国主义教育基地在命名后，要进一步挖掘、丰富基地的教育内容，教育活动应逐年有所创新和突破。省委青教办每两年对基地进行考核，对基地命名挂牌后，未开展教育活动或开展教育活动少、教育内容和手段单一陈旧，管理不力、群众反映强烈的基地，先给予批评，限期改进，没有明显改进的，予以摘牌并对社会公布。

第九条 各级共青团、少先队组织要同基地一起，精心安排、周密组织，针对青少年的特点，把团队教育和社会教育结合起来，积极开展各种富有吸引力和感染力的教育活动。

第十条 各地区可根据本办法制定具体实施细则。

第十一条 本办法由省委青教办负责解释。

第十二条 本办法自发布之日起施行。

2004年2月23日

四川省“青年文明号”管理办法

第一章 总 则

第一条 为进一步加强社会主义精神文明建设，实现“两个根本性转变”和“科教兴川”战略，强化青年思想道德文化建设，推动实施跨世纪青年文明工程和青年人才工程，全面深化以职业文明建设为核心的“青年文明号”活动，促进其更加广泛、深入、持久地开展，并加强对其指导和管理，特制定本办法。

第二条 “青年文明号”是以青年为主题，在生产、经营、管理和服务中，体现高度职业文明，具有高超岗位技能、创造一流工作成绩的青年集体（班、组、队）、青年岗位（岗、台、车、船、站、所、店）和青年工程。

第三条 争创“青年文明号”活动在公安、铁道、石油、电力、公交、内贸、旅游、邮电、民航、金融、工商、税务、交通、建筑等行业及重点建设工程、工业企业中开展。

第四条 争创“青年文明号”活动是跨世纪青年文明工程的重要组成部分，是凝聚青年、团结青年、带领青年建功立业的有效形式，是以倡导职业文明为核心，以行业管理规范为标准，以科学管理为手段，以岗位文明、岗位技能、岗位效益为重点，以先进典型为导向的群众性劳动竞赛。

第五条 争创“青年文明号”活动，旨在组织和引导青年立足本职岗位诚实劳动，文明从业，树立适应社会主义市场经济要求的敬业意识、创业精神和质量、安全、效益、竞争、服务等观念，在全社会展示当代青年的精神风貌，塑造行业和企事业单位的良好形象，倡导职业道德和职业文明，为建立社会主义市场经济体制，推动社会主义物质文明建设和精神文明建设作贡献。

第六条 争创“青年文明号”活动坚持内容与形式相统一，继承与创新相结合。一方面要将青工战线以往开展的类似活动与“青年文明号”有机结合，在名称上统一、操作上并轨，另一方面要深刻认识“青年文明号”活动的丰富内涵，紧密结合实际，开展独具特色、富有实效的创建活动。

第二章 条件与考核标准

第七条 “青年文明号”的基本条件。

1. 35岁以下青年占70%以上，负责人中至少有1名年龄不超过35岁的青年集体或由青年集体创建的岗位或工程。

2. 该集体中的青年热爱本职工作，敬业意识强，职业道德良好，积极贯彻执行党和国家的方针、政策，自觉遵守有关法律法规及本单位的各项规章制度、操作规程和服务规范。

3. 在生产、经营、管理、服务中体现出高度的文明素养和牢固的质量、效益观念，在岗位文明、岗位效益方面取得突出成绩。

4. 努力学习业务，钻研技术、掌握本职工作必需的知识和技能，有相当数量的青年成为本职工作岗位能手。

5. 青年集体中团组织健全，能紧密围绕本单位的中心开展工作，发挥团员的模范带头作用，根据青年特点生动活泼、扎实有效地开展争创“青年文明号”活动。

6. 工作及成效得到本单位党政领导肯定，受到周围群众或服务对象赞誉，社会评价良好。

第八条 “青年文明号”的考核标准

1. 符合第七条规定。

2. 符合各行业系统的创建标准。

3. 在生产实践的过程中，紧密集合本单位、本地区的实际、总结、摸索、建立起一整套标准化作业、科学化管理的先进模式。

4. “青年文明号”领头人政治上强，业务上精，能够自觉带动青年争先创优。

5. 注重实效，狠抓落实。实行目标责任管理，在岗位责任制的基础上制定出创建规范。活动有规划，创建有目标，分工明确，责任到位。

第三章 评选办法和要求

第九条 四川省“青年文明号”的评选采取自下而上，逐级申报、考核、推荐的办法进行，评选过程要具有连贯性，必须是本级别的“青年文明号”集体，方能申报更高层次的“青年文明号”。四川省十佳“青年文明号”应为全国“青年文明号”的候选单位。

第十条 各级团组织、精神文明办和行业主管部门要加强协调，密切配合、严把质量关，被推荐的青年集体要具有先进性和代表性，事迹要确有说服力。四川省“青年文明号”由各市、州和省直单位团委、精神文明办及行业主管部门共同推荐，并在此基础上联合推荐四川省十佳“青年文明号”候选单位。

第十一条 四川省争创“青年文明号”活动领导小组根据各市、州、省直单位团委上报的材料，对被推荐的集体、岗位、工程进行检查验收，选出真正符合标准，在各行业系统中确有导向和示范作用的青年集体作为四川省十佳“青年文明号”和四川省“青年文明号”（每年度100名）进行命名表彰。

第十二条 对于已经启动的行业，团省委每年会同行业主管部门，根据争创活动开展情况，研究确定本年度各行业系统四川省“青年文明号”的评选数额，进行名额分配；对于全省尚未启动而地方已根据本地实际先行开展创建活动的行业，地方团组织和行业部门可在年末择优向团省委申报四川省“青年文明号”。

第四章 表彰奖励

第十三条 荣获全国“青年文明号”和四川省十佳“青年文明号”的集体，由团省委、省政府命名为省级“文明单位”；按省级“文明单位”管理办法管理，并按照《中共四川省委办公厅、四川省人民政府办公厅关于印发〈四川省文明单位建设与管理办法〉的通知》（川委办〔1995〕15号）精神执行。对获得省级“文明单位”称号者，当年可根据本单位实际情况按人均一个月工资的标准一次性发给在册职工奖金（奖金由单位自筹资金解决）。

第十四条 团省委、省精神文明办与开展创建活动的有关部门，将联合召开“青年文明号”命名授牌大会，对四川省十佳“青年文明号”和“青年文明号”集体授牌并颁发荣誉证书。

第十五条 在争创“青年文明号”活动中涌现出来的省级、市（州）级、县级“青年文明号”，可纳入各地“文明单位”的管理体系，由各地团委、精神文明办会同有关部门制定具体办法。

第十六条 各单位要大力宣传“青年文明号”的先进经验和典型事迹，营造创建活动的氛围，同时要落实激励措施，将工资奖金、住房分配、上学深造、晋级晋职等纳入本单位奖励序列。

第十七条 各行业、各部门、各单位要把“青年文明号”集体的负责人作为青年干部和管理者加以重点培养，提供学习和锻炼机会。

第五章 考核与管理

第十八条 建立四川省“青年文明号”管理档案，建立和完善全省“青年文明号”申报、推荐、考核、命名、奖励档案资料，实现管理工作科学化、制度化、规范化。

第十九条 对四川省“青年文明号”，要根据考核标准，实施严格的考核评价。考评由团省委、省精神文明办与各有关部门共同实施。四川省十佳“青年文明号”和四川省“青年文明号”集体，必须分别按照省级单位和市（州）级文明单位的条件，经省、市（州）两级团委、文明办和行业主管部门考核后认定。

第二十条 为加强对四川省“青年文明号”的管理监督，团省委、省精神文明办与各有关部门共同成立四川省“青年文明号”监察委员会，其主要职能是协调、指导、考核，聘请活动特约监察员。监察委员会下设秘书处，负责日常具体工作。秘书处设在团省委青工部。团省委设立四川省“青年文明号”热线电话（028－86636804），以加强信息反馈和监察工作。

第二十一条 “青年文明号”实行挂牌制度。“青年文明号”作为加强基层单位形象设计的重要形式，在外观上要严格加以规范。正在创建的青年集体，要统一挂“争创青年文明号”标牌；凡获得各级“青年文明号”荣誉称号的集体，要挂相应级别的“青年文明号”牌匾。牌匾要按标准统一制作，悬挂在岗位现场，窗口行业应公开悬挂在醒目位置，同时，佩戴“青年文明号”统一字样的胸卡，自觉接受社会监督。

第二十二条 各级“青年文明号”牌匾的制作规定：

1. 材料：铜版底；

2. 字体：“青年文明号”统一使用江泽民的题字，落款及日期字体为黑体字；

3. 字体颜色：“青年文明号”为红色，其余字体为黑色；

4. 牌匾尺寸：全国级为650mm×400mm，省级为560mm×350mm，市级及市级以下为480mm×300mm。

第二十三条 采取定期与随机、组织检查与填写反馈表相结合等办法，加强对全省“青年文明号”日常监察。一方面通过各市、州级和省直单位级团委定期对全国、全省“青年文明号”集体进行检查、监督。另一方面，以特约监察员为中介和纽带，进行随机检查、监督。检查结果要及时反馈到四川省“青年文明号”监察委员会。

第二十四条 考核过程中实行红黄牌制，对首次考核中发现创建活动不达标者，出示黄牌，限期1个月整改，到期仍不达标者撤销其荣誉称号。

第二十五条 “青年文明号”不搞终身制，实行年度考核。四川省“青年文明号”每年末都要通过各市、州、省直单位团委向四川省“青年文明号”监察委员会重新提出申报。考核以组织检查情况与特约监察员的意见为主要依据。符合标准的继续挂牌，不符合标准的予以撤销。

第二十六条 凡四川省“青年文明号”由于某些自然条件发生变化，报考集体中35岁以下青年比例低于70%或负责人的年龄超过35岁，则自动撤销四川省“青年文明号”牌匾，四川省“青年文明号”监察委员会将根据该集体的申请颁发纪念证书。

第二十七条 凡四川省“青年文明号”集体发生以下青年之一者，将被强制撤销牌匾：

1. 本集体中有违法、违纪、违反党和国家政策的现象发生，造成了严重经济损失或严重人身伤亡的。

2. 在日常生产、经营、管理、服务工作中发生重大责任事故；经营管理不善、经济亏损或服务水平明显下降，短期内无法改变的。

3. 凡被舆论曝光，群众反映强烈，经检查情况属实的。

4. 申报时弄虚作假，骗取荣誉的。

第二十八条 撤销四川省“青年文明号”牌匾，须经四川省“青年文明号”监察委员会审核批准，由“青年文明号”集体所在地团委与团省委共同实施。撤销的牌匾归至团省委。

第六章　组织机构

第二十九条 为加强对争创“青年文明号”活动的统一指导，团省委、省精神文明办、省计委、省经贸委、省建委、省劳动厅、省公安厅、省冶金厅、省机械厅、省交通厅、省化工厅、省物资厅、省水电厅、省卫生厅、人民银行省分行、省邮电局、省工商局、省国家税务局、省地方税务局、省旅游局、省粮食局、省供销社、省个体劳动者协会、省消费者协会等有关单位将成立四川省争创“青年文明号”活动组织委员会。其基本职责是加强科学管理，严格监督检查，推动整体协调。本着有利于各系统共商共议、齐抓共管的原则进行机构设置，根据工作需要，不定期召开组委会负责同志参加的协调会（组委会成员名单另行文）。

第七章　附　则

第三十条 本办法适用于荣获四川省“青年文明号”的青年集体。

第三十一条 各地可根据实际，参照本办法制定不同层次“青年文明号”管理办法。

第三十二条 本办法的修改、变更和解释权在团省委青工部。

第三十三条 本办法自发布之日起生效。

1996年7月10日

四川省“青年文明号”管理办法实施细则

根据川委办〔1996〕42号文件——中共四川省委办公厅转发《关于将“青年文明号”命名为省级文明单位的请示》的通知精神，按照全国青年文明号组委会的要求，为了适应创建“青年文明号”活动深入持久发展的需要，为加强对创建活动的统一指导，加强对“青年文明号”活动进行宏观调控，科学管理，加强对“青年文明号”进行动态管理、社会监督、整体协调，更好地调动各方的力量，齐抓共管，形成合力，不断提高创建“青年文明号”活动质量。依据《四川省“青年文明号”管理办法实施细则》，结合新形势下的具体情况，特制定《四川省“青年文明号”管理办法》，以规范“青年文明号”的申报和管理。

第一章　申报省级“青年文明号”应具备的条件

第一条　“青年文明号”重在创建，重在落实。申报省级“青年文明号”的单位，必须是创建“青年文明号”单位（或参赛单位），创建时间不少于一年。

第二条　“青年文明号”的创建标准、考核条件，按《四川省“青年文明号”管理办法》第七条的规定执行。

第三条　确定为创建（或参赛）“青年文明号”单位时，必须同时明确创建目标，该目标（创建标准）为具体、可操作可评价的标准，由创建单位根据“青年文明号”的条件，结合本单位实际情况自行制定，报当地行业主管部门和团组织确认备案。

第四条　“青年文明号”的具体创建标准和考核条件，要结合本单位，本行业、本地区的实际情况，本着讲实际、求实效、出实绩的原则，制定微观具体的标准，尽可能的由定性标准向定量标准发展。在窗口服务行业，“青年文明号”以“优质服务、树行业新风”为主题，在执法部门以“为人民服务、公正执法”为主题，在重点工程中以“确保工程质量和工期”为主题。

第五条　在工业企业开展“青年文明号”，以岗位能手为基础，以“高质量、降成本、增产量、保安全、促效益、建机制”为主题，制定创建“青年文明号”的目标。

第六条　凡是创建“青年文明号”单位，须有明显的标志、挂牌，以便社会监督和提醒每位“青年文明号”成员敬业爱岗、恪尽职守。

第七条　申报省级“青年文明号”的单位，其组成成员中，青年岗位能手的数量不得少于总数的10%，申报四川省十佳“青年文明号”和全国“青年文明号”的单位，其组成成员中的青年岗位能手不得少于总数的20%（青年岗位能手，包括县级或相当于县级单位评定的岗位能手、技术能手、管理能手、操作能手、服务明星、标兵等）。

第八条　申报省级“青年文明号”的单位，必须是建成市、州或相当于市、州级的“青年文明号”一年以上的单位，或是由团省委和省级主管部门确定为创建“青年文明号”一年以上的单位。

第二章 省级“青年文明号”申报程序

第九条 自评：各申报单位按照第一章有关条件的要求，经本单位自评准备好有关申报材料。

第十条 申报：申报单位按有关规定，正式逐级向市、州、省直团委和市、州、行业主管部门提出申请。

第十一条 联合推荐：各市、州团委和行业主管部门接到基层单位“青年文明号”申报书后，须组成联合考核组，按照申报单位提出的创建“青年文明号”标准进行考核。确认创建单位确实达到创建目标（条件），符合第一章的规定，由市、州、省直团委和市、州行业主管部门联合向团省委和省级行业主管部门推荐，在申报表上必须同时加盖市、州、省直团委和市、州行业主管部门印章。

第十二条 团省委与相关的省级行业主管部门根据各地联合推荐，经“青年文明号”组委会领导小组核定命名表彰。

第三章 全国“青年文明号”的推荐办法及四川省十佳“青年文明号”的产生办法

第十三条 全国“青年文明号”由省级行业主管部门与团省委共同推荐。必须是获得省级“青年文明号”一年以上的单位，才能成为全国“青年文明号”的推荐单位。

第十四条 “四川省十佳青年文明号”必须是获得省级“青年文明号”一年以上的单位，才能成为“四川省十佳青年文明号”候选单位。

第十五条 “四川省十佳青年文明号”由四川省青年文明号组委会办公室负责考核确定候选单位，由团省委、省精神文明办和相关行业主管部门联合审核或考察验收后，办理上报省委、省政府的手续，由省委、省政府批准，命名表彰“四川省十佳青年文明号”。

第十六条 “全国青年文明号”和“四川省十佳青年文明号”，按照川委办〔1996〕42号文件精神，享受省级文明单位待遇。具体办法按川委办〔1995〕15号《中共四川省委办公厅、四川省人民政府办公厅关于印发〈四川省文明单位建设与管理办法〉的通知》精神执行。

第四章 “青年文明号”管理与监督

第十七条 本着分级管理的原则。各级青年文明号要自觉接受管理和社会监督，确保“青年文明号”的质量。上级可以委托下级考核、检查验收、管理、监督上一级命名的“青年文明号”。

第十八条 各级“青年文明号”要以创建“青年文明号”条件为基本要求，努力提高“青年文明号”的质量，提高“青年文明号”每位成员的素质，使“青年文明号”不断提高水平。在年度检查中，发现有不符合“青年文明号”条件或创建标准的，要按管理办法处理，不予重新确认。

第十九条 “青年文明号”单位，凡有下列情况之一者，要给予一定处理。

1. 发生质量问题：包括（1）产品质量；（2）服务质量：服务对象举报，服务方负有一定责任的均属服务质量问题；（3）执法部门有执法不公正等。

2. “青年文明号”群体中，有违法乱纪现象。

3．“青年文明号”群体中，发生重大责任事故。

4．“青年文明号”单位被新闻媒体曝光，查实确负一定责任的。

5．“青年文明号”单位或其成员，有违背承诺不能履行诺言的（“青年文明号”服务卡中的承诺）。

第二十条　“青年文明号”单位，凡有上述第十九条情况之一的，将根据不同情况和情节轻重及后果，可以做如下处理：

1．警告，口头警告和书面警告。

2．限期整改，发现问题，由“青年文明号”主管单位发出整改通知书，期限三个月或六个月改正“青年文明号单位”存在的问题。整改期间不得悬挂“青年文明号”牌匾，或其他与“青年文明号”有关的标志。整改到期后，由“青年文明号”主管单位组织考察验收，验收合格，可继续悬挂“青年文明号”牌匾；检查验收不合格者，撤销“青年文明号”称号。

3．摘牌，凡是有第十九条情况之一发生，情节严重，造成较大影响，严重影响“青年文明号”形象的，可以不经整改，由命名单位查实后，直接作出撤牌的决定，即撤销“青年文明号”称号。被撤销“青年文明号”称号的单位和成员，不得再享受与青年文明号有关的待遇，不得悬挂“青年文明号”标志。

第二十一条　“青年文明号”的管理，主要由联合推荐单位和命名单位负责，已成立“青年文明号监察委员会”的地方，要充分发挥作用，负责“青年文明号”的日常监督工作。“青年文明号”特邀监察员要切实负责，加强对“青年文明号”的监管力度。通过明察暗访，掌握“青年文明号”情况，发现问题，及时向“青年文明号”主管单位报告。

第二十二条　各级“青年文明号”，原则上都要向社会公布“青年文明号”监督电话。省级青年文明号的监督电话为（028）86636804。

本实施细则从下发之日起执行。

1997年6月12日

编 后 记

根据中共四川省委办公厅、四川省人民政府办公厅《关于全面开展四川省第二轮修志工作的通知》精神，共青团四川省委（以下简称团省委）于2007年6月成立《四川省志·共青团志（1986—2005）》（以下简称《共青团志》）编纂委员会和具体承担编写工作的编辑室，着手组织《共青团志》编纂工作。

编纂工作启动后，得到团省委历届领导的关心。在时任团省委书记张彤和时任团省委书记刘会英的关心和支持下，编辑室组建班子、培训人员、拟订编纂篇目，开展编纂工作。团省委书记张荣任编委会主任后，与副书记张征、唐经天、机关党委书记彭涛（彝），副书记任世强、许静（挂职）、焦浩鹏（兼职）、陆川（兼职）等领导作本书的修改和最终审定。

本志编纂工作情况大致如下：

2007年6月，团省委组建专门的修志班子，调整充实修志人员，并通过学习国务院《地方志工作条例》《四川省地方志工作条例》以及《四川省志编写细则》，提高修志人员业务水平。在此基础之上，经过三易其稿，五次讨论，由上而下，再由下而上反复征求各级团组织和离退休老团干部及相关专家意见，最后经团省委党组办公会集体讨论通过编纂篇目。进入正式编纂阶段后，编辑室又根据资料搜集情况对篇目进行微调，使志书架构更加完善。

2007—2008年，编纂工作进入搜集、整理资料和编辑资料阶段。通过大量细致的搜集、考证和整理工作，完成了志稿原始资料1300万字的收集、整理和录入，并汇编成资料长编。

2008年7月至2010年，编纂工作进入撰稿及编审阶段。2009年10月，志书初稿基本完成，编辑室又在体例、资料及编纂方法上进行修改完善，并于2010年初，完成志稿总纂和修订工作。至此，《共青团志》初稿基本完成。

2010年3—5月，编辑室将初稿再次送请团省委机关各部门和直属单位负责人、离退休老团干部、相关专家征求意见。6月，经团省委党组评议审查通过后，报四川省地方志编纂委员会（2015年7月更名为四川省地方志工作办公室，简称省地方志办）批准，通过初审。

2011年1月至2017年12月，编辑室对初审后的志稿进行补充、调整和修改完善。2018年1月，报送省地方志办复审，并于4月，通过复审验收。

2018年5—9月，编辑室落实复审意见并修改统稿，并再次送团省委党组和各部门征求意见及反复修改。按省地方志办工作进度安排,《共青团志》于该年10月进入终审阶段。

2018年10月30日,《四川省志》审核委员会召开第三十八次终审会,对《共青团志》终审稿进行终审验收。审核委员会认为,《共青团志》送审稿观点正确,体例完备,资料较为翔实,内容丰富,重点突出,具有鲜明的青年特点、时代特征和地方特色,志稿质量达到编纂、出版要求,同意通过终审。终审会后,又根据终审意见对志稿进行修改和完善。2019年7月,志稿最终审定。

《共青团志》编纂是全国同类志书编纂的一次创新尝试,在编纂过程中力求体现青年特点、时代特征和四川地方特色,并充分发挥共青团组织的优势,大力整合社会资源,吸收大批青年志愿者参与工作,使志书编纂的科学态度和共青团组织善打硬仗的精神实现了较好的统一。

《共青团志》除概述、附录外,正文部分共7篇、20章、60节,约40万字。本志以马克思列宁主义、毛泽东思想、邓小平理论、"三个代表"重要思想、科学发展观、习近平新时代中国特色社会主义思想为指导,运用辩证唯物主义和历史唯物主义的立场、观点、方法,通过客观记述1986—2005年四川共青团事业发展历程,展现这20年间全省共青团事业发展的成就和经验。本志以翔实的资料,记载了四川省各族各界青年在团省委引领下,投身改革开放和现代化建设、实现四川"新跨越"的伟大实践,为四川经济、社会的发展与进步所做出的积极贡献;同时,也推动了四川共青团事业和青年的新发展,实现共青团工作的新跨越。

《共青团志》是在团省委党组领导下,由四川省青少年研究与发展中心(根据川编办发〔2018〕9号文件精神,四川省青少年事务发展中心更名为四川省青少年研究与发展中心)全体同志与有关人员集体编纂而成。在编写过程中,得到省地方志办领导和相关专家的关怀和指导,得到省档案馆、省图书馆等省直有关单位,团省委各部门以及老团干部与青运史工作者的大力支持。《共青团志》编纂完成,不仅是全体编纂人员辛苦努力的结果,也是各有关方面的集体智慧和共同努力的成果。在此,谨向为本志编写作出贡献的单位及个人表示诚挚的谢意!同时,向曾参与编纂工作、现已退休的原四川省青少年事务发展中心负责人余文吉,向曾参与编纂工作、现已退休的谢世明、王安泽、金霞,向曾参与编纂工作、现已调离的肖波、朱蓉、王颖,表示诚挚的谢意!

由于部分资料残缺和编纂者水平有限,难以完整展观四川共青团的进步与发展;在叙事详略、史实判断、资料取舍等方面的不当、遗漏,恳请广大读者批评指正!

《四川省志·共青团志(1986—2005)》编纂委员会

编辑室

2020年3月